Das Buch

Menschen unterwegs: Für viele Zeitgenossen ist heute das Reisen schon fast zum Normalzustand geworden. Klimatisierte Düsenjets, Vier-Sterne-Hotels und Traveller-Schecks machen es leicht, selbst die entlegensten Winkel unseres Erdballs zu erreichen und sich dort beinahe wie zu Hause zu fühlen. Doch das war nicht immer so. Zwar unternahm man auch zur Zeit des europäischen Mittelalters Reisen, die jenen der heutigen Traveller in nichts nachstanden, doch war das Reisen weder bequem noch ungefährlich: Unwetter und Überfälle, Hunger und Kälte konnten für den Reisenden unterwegs schnell zu tödlichen Risiken werden, schlecht ausgebaute oder fehlende Wege, ungenaue Karten und mangelnde Verständigung stellten die meist nur auf ihre eigenen Füße angewiesenen »Globetrotter« vor schier unüberwindliche Probleme. Wer waren diese Menschen? Weshalb setzten sie sich den heute unvorstellbaren Gefahren aus? Welche Verkehrsmittel und Unterkünfte standen ihnen zur Verfügung? Welche Unterstützung wurde ihnen unterwegs zuteil? Auf diese und andere Fragen gibt Norbert Ohler im ersten Teil des Buches aufschlußreich und sachkundig Antwort. Im zweiten Teil beschreibt er anschaulich und trotz aller wissenschaftlicher Exaktheit humorvoll und spannend große Reisen: von Karl dem Großen über Marco Polo bis zu Kolumbus.

Der Autor

Norbert Ohler, geboren am 17. Februar 1935, ist Dozent für Geschichte am Historischen Seminar der Universität Freiburg. Bekannt durch zahlreiche Fachveröffentlichungen zur Sozial-, Wirtschafts- und Stadtgeschichte des Mittelalters sowie zum Pilger- und Wallfahrtswesen, u. a. ›Elisabeth von Thüringen‹ und ›Quantitative Methoden für Historiker‹. Zuletzt erschien ›Sterben und Tod im Mittelalter‹ (1990).

Norbert Ohler:
Reisen im Mittelalter

Mit 33 Schwarzweißabbildungen

Deutscher
Taschenbuch
Verlag

Ungekürzte Ausgabe
April 1991
Deutscher Taschenbuch Verlag GmbH & Co. KG,
München
© 1986 Artemis Verlag, München und Zürich
ISBN 3-7608-1913-3
Umschlaggestaltung: Celestino Piatti
Umschlagabbildung: Archiv für Kunst und Geschichte,
Berlin (Miniatur aus der Weltchronik des Rudolf von Ems)
Satz: Jung Satz Centrum, Lahnau
Druck und Bindung: C. H. Beck'sche Buchdruckerei,
Nördlingen
Printed in Germany · ISBN 3-423-11374-X

INHALT

Vorwort 9
Einleitung 11

I. TEIL: GRUNDLAGEN UND BEDINGUNGEN

Raum und Klima 21

Die räumliche Gliederung 21
Gezeiten und Meeresströmungen 22
Das Klima 24
Jahreszeiten 26
  Frühjahr 26
  Sommer 28
  Herbst 29
  Winter 30

Reit-, Zug- und Lasttiere 35
Reisen zu Wasser und zu Lande 45

Landverkehr 45
Binnenschiffahrt 53
Seeschiffahrt 59
Von der Natur- zur Kulturlandschaft 76

Die Bedeutung von Religion, Handel und
Nachrichtenwesen für das Reisen 82

Die Religion und das Reisen 82
Der Handel 85
Botenwesen und Nachrichtenübermittlung 92

Verständigung unterwegs 106
Gastfreundschaft und Gasthaus 113

Gastfreundschaft 113
Herberge bei Glaubensgenossen 116

Kirchliche Gastung: Klöster 117
Kirchliche Gastung: Xenodochien und Spitäler 122
Gasthaus. 128

Reisegeschwindigkeit 138
Herrschaft und Recht 145
Verkehrserleichterungen 151

Fähren. 151
Brücken 153
Eine mittelalterliche Straßenverkehrsordnung 158
Hospiz. 162

Reisen im Hochgebirge 165
Neuerungen 172
Die Erforschung der Erde 178
Abschied, Ankunft und Heimkehr. 183

2. TEIL: QUELLEN UND ZEUGNISSE

Eine Flucht 195
Die Reisen des Bonifatius 200
Reisekönigtum. 208

Karl der Große unterwegs. 208
Königsboten 218
Der Königsdienst des Abtes von St. Quentin 220
Königshöfe 224
Ein Staatsbesuch in Rom 230

Die Seefahrten der »Nordmänner« und
die Grettir-Saga 234
Kleriker auf Reisen. 244

Romreisen und Visitation:
Bischof Ulrich von Augsburg 244
Königsdienst und Schelmenstreiche:
Albero von Trier 249
Wanderprediger und Wandermönche: Norbert von Xanten
und Bernhard von Clairvaux 253

Die Romreise König Heinrichs VII. 269

Ein Pilgerführer nach Santiago de Compostela 282

Die Kosten einer Pilgerfahrt 284
Fromme Pilger? 284
Straßen, Brücken und Hospize 285
Warnung vor Gefahren 287
Vorurteile 289
Heiligenverehrung 292
Am Ziel 294

Die Kreuzzüge 299

Bewaffnete Wallfahrten? 300
Der Aufbruch ins Heilige Land 304
Kreuzfahrer unterwegs 306
Am Ziel 311
Folgen 315

Reisen durch Asien 320

Wilhelm von Rubruk 327
Marco Polo 335
Ibn Battuta 344
Wallfahrt nach Mekka 344
Indien 348

Die Entdeckungsreisen des Kolumbus 353

Reiseverlauf 355
Kontaktaufnahme mit den Indios 357
Forschungen 361
Fabeln 365
Die Rückfahrt 367

Bildungsreisen 371

Eine »Bibliotheksreise« nach Chartres 371
Studenten auf Reisen 374
Petrarca: Das ganze Leben auf Wanderschaft 378
Petrarca in Köln 378
Die Besteigung des Mont Ventoux 380

Eine Kaufmannsreise bei Boccaccio 384
Geißlerprozessionen 391
Eine spätmittelalterliche Pilgerreise
ins Heilige Land 397
Handwerker und Künstler 406

   Ein Handwerker auf Wanderschaft 409
   Das Reisetagebuch Albrecht Dürers 410
      Reiseverlauf 411
      Ausgaben 415
      Eindrücke unterwegs 418
      Ehrungen 420

Ausblick 422

ANHANG

Zeittafel 431
Quellen und Literatur 439
Bildnachweis 445
Register 446

VORWORT

Das Buch wendet sich an den interessierten Laien, der sich ein Bild von der Reisewirklichkeit vergangener Tage machen möchte und vielleicht fragt, ob die »Mobilität« unserer Zeit wirklich so einmalig ist, wie gelegentlich behauptet wird. Ich habe mich bemüht, nicht nur das »Wie« des Unterwegsseins herauszuarbeiten, sondern auch zu fragen, wie fremde Menschen und Bräuche gesehen wurden, wie das Fremde auf den Reisenden wirkte und wie dieser reagierte. Dabei sollen Reisen und Reisende nicht isoliert betrachtet, sondern in größere geschichtliche Zusammenhänge eingeordnet werden.

Bei der Darstellung habe ich mich um Anschaulichkeit und Quellennähe bemüht. Ein Großteil des gesammelten Materials ist nur indirekt in die Arbeit eingegangen; hinter mancher Verallgemeinerung stehen die Zeugnisse von Quellen, die weder eigens aufgeführt, noch ausgewiesen werden konnten. Wo es vertretbar war, habe ich an Bekanntes anzuknüpfen gesucht; Rückblenden in die Antike und Ausgriffe in die Moderne schienen sinnvoll, weil die traditionellen Begrenzungen des Mittelalters für die Geschichte des Reisens keine Einschnitte bilden.

Das Buch ist in zwei Teile gegliedert. Der erste Hauptteil zeigt auf, womit der Reisende zu rechnen, an was er bei der Vorbereitung einer Fahrt zu denken hatte. Dieser eher strukturgeschichtlich ausgerichtete Querschnitt wurde auch deshalb vorangestellt, weil bei der Auswahl der Quellen eine gewisse Willkür nicht zu vermeiden war. Im zweiten, stärker chronologisch ausgerichteten Hauptteil stelle ich gut dokumentierte Reisen und Reisende vor. Beide Teile sind weniger scharf voneinander abgesetzt, als es nach der Gliederung scheinen mag; denn auch im ersten Teil habe ich wiederholt der Versuchung nachgegeben, die Quellen sprechen zu lassen, zu erzählen, statt zu abstrahieren; möglicherweise ist dies der Lesbarkeit des Buches zugute gekommen.

Den räumlichen Schwerpunkt der Arbeit bildet das Abendland; in Ausblicken wird auch die byzantinische, islamische, fernöstliche und westindische Welt miteinbezogen. Ein zeitlicher Schwerpunkt wurde mit dem Frankenreich gesetzt, weil hier Grundlagen für die kommenden Jahrhunderte gelegt wurden.

Von vornherein habe ich nicht beabsichtigt, einen handbuchartigen Abriß vorzulegen; da die Darstellung im zweiten Teil einzelnen Quellen folgt, wird manche Frage einmal hier, einmal da erörtert, bevor sie nach Möglichkeit in größerem Zusammenhang untersucht wird. Der Leser, der sich einen Überblick zu reisenden Frauen, zu Gasthäusern oder Schiffahrt verschaffen will, sei auf das Register verwiesen. Häufig werden die Quellen wörtlich zitiert, ohne daß sie in ihrer Tiefe ausgeschöpft werden könnten. Der Blick des Lesers sollte durch die Interpretation geschärft, nicht aber seiner Deutung zu enge Grenzen gezogen werden.

Freiburg i. B., 1986

Norbert Ohler

EINLEITUNG

Ich ertrug mehr Mühsal, war häufiger im Gefängnis, wurde mehr geschlagen, war oft in Todesgefahr. Fünfmal erhielt ich von Juden die neununddreißig Hiebe; dreimal wurde ich ausgepeitscht, einmal gesteinigt, dreimal erlitt ich Schiffbruch, eine Nacht und einen Tag trieb ich auf hoher See. Ich war oft auf Reisen, gefährdet durch Flüsse, gefährdet durch Räuber, gefährdet durch das eigene Volk, gefährdet durch Heiden, gefährdet in der Stadt, gefährdet in der Wüste, gefährdet auf dem Meer, gefährdet durch falsche Brüder. Ich erduldete Mühsal und Plage, durchwachte viele Nächte, ertrug Hunger und Durst, häufiges Fasten, Kälte und Blöße.«

Mehr als die meisten seiner Zeitgenossen war der Völkerapostel Paulus unterwegs; was er aufgrund jahrzehntelanger Erfahrung bei der Verkündigung des neuen Glaubens so anschaulich schildert (2 Kor 11,23–27), war im Mittelalter gewiß mehr Menschen vertraut als heute. Zwar werden die von Natur und Menschen verursachten Plagen den Reisenden im allgemeinen weniger geballt heimgesucht haben, dafür hatte aber mancher unterwegs noch Schlimmeres zu erdulden.

Schilderungen wie die des hl. Paulus konnten denjenigen vor Illusionen bewahren, der reisen wollte oder reisen mußte. Wer es nicht wußte, konnte sich von Menschen belehren lassen, die Reisen gemacht hatten. Trotzdem – vielleicht galt für viele aber auch: gerade deshalb – waren Millionen von Menschen unterwegs: Pilger und Boten, Kleriker und Studenten, Wanderer und Vagabunden, Bettler und Kranke, Kaufleute, Könige und Päpste – zu schweigen von den germanischen Völkern während der Völkerwanderung, von Hunnen und Arabern, Avaren und Normannen, Ungarn und Mongolen. Bewußt oder unbewußt verbreiteten einzelne, Gruppen und Völker Ideen und Techniken, Güter und Krankheitskeime; sie trugen dazu bei, daß Europa mehr wurde als nur eine geographische Bezeichnung, daß es zu einer Einheit zusammenwuchs und bis auf den heutigen Tag nachwirkende Gemeinsamkeiten hervorbrachte, die es von anderen Kulturräumen unterscheiden.

Wie soll Reisen hier verstanden werden? »Reisen (althochdeutsch rīsan, aufstehen, sich erheben, aufbrechen zu kriegerischer Unternehmung), die Fortbewegung über größere Entfernung zu Fuß oder mit Beförderungsmitteln (z. B. Handels-, Forschungs-, Entdeckungs-, Bildungs-, Pilger-, Erholungs-, Ferien-, Studien-, Jugendreisen)«. So heißt es im 15. Band der Brockhaus-Enzyklopädie (1972). In älterer Zeit wurde das Wort fast ausschließlich für die Heerfahrt, den Landsknechtsdienst gebraucht. Damit ist schon eingeschlossen, daß ein Moment durchaus fehlen kann: die Freiwilligkeit. Für uns gibt es zwar auch die Dienstreise, doch verbinden wir mit »Reisen« eher angenehme Vorstellungen und denken an Ferien- oder Jugendreisen. Handelt es sich um eine unangenehme Reise, so spricht man eher von »fahren«; während des Krieges »fuhren« Soldaten an die Front, sie reisten nicht. Reisen, so kann man daher festhalten, bedeutete jahrhundertelang Verlassen der vertrauten Heimat, Aufbruch zu einer längeren, mit Risiken verbundenen Fahrt in die Fremde. Es ist sicher kein Zufall, daß viele Lieder in Text und Melodie den Schmerz des Abschieds, die Ungewißheit über ein Wiedersehen ausdrücken.

Blickt man auf andere Sprachen, so findet man im Französischen ›voyage‹, im Englischen ›voyage‹, ›journey‹ und ›travel‹. Die Herkunft dieser Wörter verweist auf die Reisewirklichkeit früherer Zeiten. ›Voyage‹ und ›journey‹ haben lateinische Wurzeln: ›viaticum‹ bezeichnet das für den Weg (lat. via) Notwendige; ›journey‹ geht auf das lateinische ›diurnum‹ zurück – soviel wie man an einem Tage schafft. ›Travel‹ leitet sich vom französischen ›travail‹ ab: Mühe, Arbeit. Der sprachliche Befund deckt sich mit dem, was die Brockhaus-Enzyklopädie mit lakonischer Kürze sagt: Bis ins 18. Jahrhundert hinein war das Reisen »anstrengend, teuer und gefährlich«.

Als Mittelalter sei hier die Zeit von etwa 500 bis etwa 1500 verstanden, d. h. ein Jahrtausend vornehmlich abendländischer Geschichte – mit Ausblicken in die außereuropäische Welt. Die Jahreszahlen entsprechen einer weitverbreiteten Periodisierung. Das erste Eckdatum steht stellvertretend für den Jahrhunderte umspannenden Prozeß der Auflösung des Römischen Reiches, der Völkerwanderung und in ihrem Gefolge der Entstehung germanischer Reiche auf dem Boden des Imperium Romanum, schließlich der islamischen Expansion, die die Mittelmeerwelt nachhaltig veränderte. Das zweite Eckdatum markiert das Ausgreifen europäischer Mächte und Eroberer über die ganze Welt.

Die Menschen des Mittelalters waren in einer Weise der Natur ausgeliefert, von der wir uns heute kaum noch eine rechte Vorstellung machen können. Die meisten waren zu Fuß unterwegs, relativ wenige konnten sich ein Reittier leisten; gedeckte Reisewagen, wie man sie in der Antike gekannt hatte, hielten sich allenfalls in Byzanz; im Spätmittelalter wurden sie auch in Europa wieder gebräuchlich, zunächst nur für Frauen, Alte, Kranke – und Verbrecher.

Bedeutsamer als Gefahren der Natur, denen man sich ja auch zu Hause ausgesetzt sah, war das Urerlebnis der Fremde. Die meisten Gesellschaften bedienen sich der einfachen dichotomischen Unterscheidung: Hier stehen »wir«, dort »die anderen«: Hellenen – Barbaren, Russen – Nemjetzki (Fremde, wörtlich: Stotterer), römischer Bürger (civis Romanus) – Fremder (peregrinus, der von auswärts, peregre, d. h. außerhalb des ager Romanus, des Staatsgebietes Kommende), Araber – Nichtaraber, Beschnittene – Unbeschnittene, Christen – Heiden, Muslime – Ungläubige, Deutsche – Undeutsche usf. Schlagartig erfuhr der Reisende, daß er nicht mehr zu den »wir«, sondern zu den »anderen« gehörte und als solcher möglicherweise weder ein Recht auf Leben noch auf Unversehrtheit oder Hilfe in der Not hatte. Gerade deshalb suchte er unterwegs Glaubens»brüder« auf oder Genossen, die dieselbe Sprache sprachen wie er, oder er übernachtete bei Wirten, die aus seiner Heimat in den fremden Ort zugewandert waren.

Da der einzelne den natürlichen und den von Menschen ausgehenden Gefahren weitgehend schutzlos ausgesetzt war, schloß er sich mit anderen zu Gruppen zusammen. Auch Räuber oder Piraten jedoch gingen Bündnisse ein und konnten so den Widerstand der Angegriffenen brechen und bequem Beute machen. Kaufleute und Wallfahrer bildeten zeitlich begrenzte »Eidgenossenschaften« oder »Hansen«, um den von Wegelagerern und Zöllnern, Wirten und Fährleuten ausgehenden Gefahren gewachsen zu sein.

Wer sich auf eine monatelange Reise einrichtet, Tag für Tag über kaum kenntliche, geschweige denn markierte Wege zieht, durch Wälder, über Bäche und reißende Ströme, auf schmalen, oft von Geröll oder Lawinen verschütteten Wegen, von Menschen, Tieren und Elementen bedroht, ohne Aussicht auf einen gedeckten Tisch und ein warmes Bett am Abend, hat im allgemeinen keinen Blick für die Schönheiten der Natur, erfährt sie vielmehr als Feindin: Kälte und Hitze, Hochwasser, Nebel und Schneesturm, Dürre und Krankheit, Sturm und Flaute auf dem Meer bedrohen ihn. Wenn er überleben will, muß er ein Gespür für Gefahren entwickeln; geschickt muß er bösartigen Menschen und der feindlichen Natur ausweichen – oder trotzen. Das Gefühl der Bedrohung spiegelt sich auch in Erzählungen, die beiläufig Seesturm und Schiffbruch bildlich verwenden, in Legenden und Märchen, wenn sie gefürchtete Tiere wie Wolf, Bär oder Löwe ausnahmsweise, z. B. in der Legende des hl. Hieronymus, als Helfer oder Vertrauten des Menschen auftreten lassen.

Obwohl das Reisen oft schier unvorstellbares Ungemach mit sich brachte, waren seit alten Zeiten Menschen unterwegs. Auf der Suche nach Lebensgrundlagen hatten sie immer weitere Bereiche der Erde besiedelt; gruppen- oder stammesweise waren sie – von etwaigen Chronisten oft nicht bemerkt – in unbesiedelte Räume eingesickert. Die Hoffnung auf Überleben oder ein besseres Dasein hatte sie dazu bewogen, ihre bisherige Heimat zu verlassen – wie noch die Millionen von Menschen, die im 19. und 20. Jahrhundert in die Neue Welt auswanderten. Man nahm die vorübergehenden Unbilden der Reise in Kauf, erwartete man doch in der Ferne bessere Lebensbedingungen auf Dauer. Andere zogen – von der Hoffnung auf Gewinn, Heilung oder Abenteuer getrieben – in die Ferne, allerdings mit der Absicht heimzukehren. Dann gab es seit je einzelne und Gruppen, die dauernd umherzogen: Nomaden, die mit ihrer ganzen Sippe und mit ihren Viehherden der Vegetation folgten, Wanderschäfer, die ihre Familien im Frühjahr verließen, um ihre Herden in unzugänglichen Berglandschaften zu weiden, und die im Herbst mit dem ersten Schnee heimkehrten. Es gab Menschen, die als Buße für ein Verbrechen rastlos unterwegs waren, an einem Ort jeweils höchstens eine Nacht verbrachten; andere waren auf der Flucht vor einem Rächer;

14

Gefahr auf Reisen. Der Ritter Wilhelm v. Orange befreit christliche Kaufleute nach einem Raubüberfall aus den Händen der Ungläubigen.

wieder andere wollten in wörtlicher Befolgung der Evangelien in der Fremde umherirren; bewußt verzichteten sie in der Nachfolge Jesu auf das Zuhausesein; freiwillig hatten sie sich für ein Leben im Elend, d. h. im fremden Land, in Ungesichertheit und Not entschieden. Mit dem Blick auf diese Fremden konnte das Leben des Menschen überhaupt als Pilgerreise zur ewigen Heimat gedeutet werden.

Ob freiwillig unterwegs, zum Erwerb des Lebensunterhaltes oder gezwungen – Reisende durften in einer ihnen feindlichen Welt die Orientierung nicht verlieren. Wollte man überleben, mußte man das jeweils durchreiste Land aufmerksam beobachten: Wo waren Trinkwasser, Nahrung für Mensch und Tier zu finden? Wollte man nicht weite, mit anderen Gefahren verbundene Umwege in Kauf nehmen, mußte man sich rechtzeitig nach Pfaden durch Wälder und über Gebirge, nach Furten, Fähren oder Brücken erkundigen; man durfte seine ›Orientierung‹ auch dann nicht verlieren, wenn Sonne und Polarstern hinter Wolken oder Nebel verborgen blieben – Gefahren, die zur See noch unmittelbarer das Leben bedrohten als auf dem Land. Man mußte auf alles so genau wie möglich achten, was für die Reise wichtig sein oder wichtig werden konnte: so etwa auf Wind und Wolken, um das künftige Wetter richtig einzuschätzen. Da man in nördlichen Breiten oft tagelang die Sonne nicht zu sehen bekommt, war man gezwungen, Ersatz-Orientierungshilfen zu gewinnen: vorherrschende Winde, Bewuchs von Bäumen mit Moos und Flechten, zur See Fische und Vögel, aus deren Auftauchen man auf die Nähe von Land schließen kann . . .

Und dennoch: Selbst wenn man auf alles bestens geachtet hatte, dauerte das Reisen noch immer entsetzlich lange; mit jedem Schritt war das Körpergewicht zu verlagern, dreißig- bis vierzigtausendmal am Tag, und das wochen-, monatelang; Schuhe und Kleidung boten oft nur unzulänglichen Schutz, die täglich neue Ungesichertheit belastete Körper und Gemüt auch *der* Menschen, die daheim von Armut und Hunger, Elend und Ungeziefer geplagt wurden – und das war die überwiegende Mehrheit der Bevölkerung. Die Ungehaltenheit darüber, daß man sich nur langsam dem Ziel näherte, spiegelt sich in Märchen und Romanen. Zwar wird das Motiv der ›Siebenmeilenstiefel‹ erst Ende des 17. Jahrhunderts in der europäischen Literatur faßbar (in einem Märchen Perraults), doch ist der Wunsch nach schneller Fortbewegung älter, wie die vom 8.–16. Jahrhundert zusammengestellte Sammlung der ›Märchen aus Tausendundeiner Nacht‹ zeigt oder etwa die Faustsage. In der 1587 gedruckten ›Historia von D. Johann Fausten‹ gelüstet es drei vornehme Grafen, in einer halben Stunde von Wittenberg nach München zu kommen, um »auf der Hochzeit mit des Beyersfürsten Sohn« dabei zu sein; normalerweise mußte man für diese Strecke zehn bis zwanzig Tage veranschlagen. Ein mittelalterlicher Roman spiegelt eine andere Variante der Sehnsucht, dem Menschen gesetzte Grenzen zu überwinden: Alexander erhebt sich in die Lüfte und erforscht die Tiefen des Meeres. Solche Visionen haben Leonardo da Vinci am Ausgang des Mittelalters zu konkreten Plänen angeregt und Kräfte freigesetzt, die im 18. Jahrhundert zur Entwicklung des Heißluftballons und im 19. zur Konstruktion von Tauchfahrzeugen führten.

Das Verlangen nach schneller, sicherer Fortbewegung dürfte für Menschen im Mittelalter auch deshalb groß gewesen sein, weil die Reisegeschwindigkeit seit der Antike abgenommen hatte: Im ersten Jahrhundert v. Chr. erhält Cicero in Rom vier Briefe aus Britannien; drei brauchen 27, einer 34 Tage – obwohl es zu dieser Zeit in Gallien weder ausgebaute Römerstraßen noch perfekten Kurierdienst gab. 1200 Jahre später brauchte ein Eilbrief von Rom nach Canterbury 29 Tage, normalerweise eher 7 Wochen. Sueton berichtet, Caesar sei oft schneller gewesen als das Gerücht seines Kommens. Solche Leistungen blieben in Europa bis in die Neuzeit ebenso unerreicht wie die Qualität der römischen Straßen.

Das europäische Mittelalter also eine Zeit des Verfalls? Hinsichtlich des Landverkehrs ganz ohne Zweifel. Die neuen regionalen und lokalen Machthaber verfügten nicht mehr über den finanziellen Rückhalt des antiken Großreiches; sie waren an der unentbehrlichen laufenden Unterhaltung der Kunstbauten nicht interessiert, vom Bau neuer Straßen, Brücken und Tunnel ganz zu schweigen. Es ist verräterisch, daß römische Großbauten wie Aquädukte als »Teufelsbrücken« bezeichnet wurden; man hielt es für unmöglich, daß Menschen solche Werke errichtet hatten; der Teufel sollte sie in einer Nacht gebaut haben.

Doch gab es nicht nur Rückschritte. Von Europa aus wurden im Mittelalter Island, Grönland und zeitweise sogar Teile Nordamerikas besiedelt, wurden China und Indien erforscht. Das zweite Eckdatum zwingt noch mehr zur Differenzierung: Das die Welt verändernde Ausgreifen Europas nach Übersee war nur möglich, weil hochseetüchtige Schiffe gebaut, nautische Instrumente entwickelt (oder von fremden Kulturen übernommen), Mannschaften ausgebildet, Kapitalien angesammelt worden waren, die es zielstrebigen einzelnen in Zusammenarbeit mit risikobereiten Herrscherhäusern oder Handelsgesellschaften erlaubten, das bis dahin Undenkbare zu wagen. Es hieße die Geschichte unzulässig verkürzen, wollte man die Entdeckung Amerikas 1492 allein mit den spektakulären Fortschritten in der Seefahrt erklären. Ein solcher Erfolg war nur deshalb möglich, weil Technik, Recht, Wirtschaft und Gesellschaft als komplementäre Bereiche einen Reifegrad erreicht hatten, der den allgemeinen Entwicklungsprozeß beschleunigte. Fortschritte – auch Verbesserungen im Reisewesen – wurden dadurch begünstigt, daß Weiterentwicklung neben Verfall stand, diesen nicht selten kompensierte.

Woher wissen wir überhaupt von den Reisen der Menschen? Das Mittelalter hat uns eine schier unüberschaubar große Zahl von Quellen hinterlassen, in denen einzelne Aspekte des Reisens – meist beiläufig – erwähnt werden: Lebensbeschreibungen, Chroniken, Rechnungen, liturgische Quellen, Urkunden, Akten, Zollregister, Berichte von Brücken- und Spitalbauten, Klagen über Gastwirte, Schilderungen des Reisekönigtums ... Solche Quellen sind von unschätzbarem Wert, doch haben sie ihre Tücken hinsichtlich der Sprache, der Repräsentativität sowie der Voreingenommenheiten und Interessen literarisch gebildeter Autoren: Lange Jahrhunderte sind sie in der Sprache der Gebildeten abgefaßt, die sich des lateinischen Vokabulars für Dinge bedienen, die eine gewisse Ähnlichkeit mit den entsprechenden Gegenständen der Antike haben, wie ein Beispiel zeigen mag: ›reda‹ bezeichnet im klassischen Latein einen luxuriösen, vierrädrigen Reisewagen; im Mittelalter wird nördlich der Alpen mit ›reda‹ oft ein einachsiger Karren bezeichnet, oder eine Sänfte. Ein nicht unwichtiges Moment – Wagen mit vier Rädern – fehlt also gerade, dafür ist etwas anderes gegeben: Sowohl in der luxuriösen ›reda‹ als auch in einer Sänfte reiste man relativ bequem. Gelten Aussagen, die zu Toulouse im 12. Jahrhundert gemacht werden, auch für Speyer im 13. Jahrhundert? Erzählende Quellen liefern sehr viel mehr Anschauung als z. B. Urkunden; dafür ist oft nicht auszumachen, was Topos, Vorurteil oder Idealbild ist. Dazu kommt, daß viele Autoren sich gerade für das nicht interessieren, was wir zu erfahren wünschen. In der Lebensbeschreibung Bennos von Osnabrück heißt es z. B. zu den Abenteuern und Entbehrungen, die der Bischof auf einer Romreise zur Zeit des Investiturstreites erlitt: »Wollten wir das und alles andere, was er damals tat, im einzelnen erzählen, so würde unsere Darstellung gewiß mehr lang als gewinnbringend werden.«

Noch geringer ist das Interesse vieler Autoren an »Realien«. Was dem rückblickenden Historiker wie eine Revolution erscheinen mag – z. B. die Erfindung des Steigbügels, die ein bequemeres Aufsitzen auf dem Pferd möglich machte, oder die Entwicklung von Wagen mit beweglicher Vorderachse – ist Chronisten offensichtlich gar nicht bewußt geworden; zumindest hielt man eine solche Neuerung nicht für überlieferungswürdig.

Schriftliche Quellen werden ergänzt durch Miniaturen zu mittelalterlichen Handschriften, durch Siegel, Münzen, Skulpturen. Aber auch bildliche Quellen haben ihre Eigenarten: Will der Künstler ein Schiff oder ein Pferdegespann wiedergeben, wie man sie zu seiner Zeit benutzte? Oder ist er vielleicht nur an einem Typ interessiert, über dessen Darstellung Konventionen entscheiden? So und so hat »man« sich ein Schiff vorzustellen! Wie es in literarischen Werken Gemeinplätze gibt (z. B. zur Schilderung eines Heiligen, eines Bösewichtes, eines lieblichen Ortes), so auch in den bildenden Künsten, oft nach Zeit, Ort bzw. Landschaft und Auftraggeber unterschieden. Mittelalterliche Handschriften, Bilder, Siegel sind nicht vermehrbar (wenn man davon absieht, daß immer wieder einmal in einer Bibliothek oder einem Archiv ein Kodex entdeckt, daß ein Bild hinter Übertünchungen freigelegt wird); Beschädigung, Brand, unsachgemäße Behandlung führen im Gegenteil zu unersetzlichen Verlusten.

Im Gegensatz zu den insgesamt schwindenden Beständen schriftlicher stehen die archäologischen Quellen: Deren Zahl und Qualität ist in den letzten Jahrzehnten außerordentlich gewachsen; dank verfeinerter Methoden bei der Bergung und Deutung des Materials gewann man Einblick in Bereiche, zu denen schriftliche Quellen sich nur selten äußern, auch zum Alltag des Reisens vergangener Jahrtausende. Dank der Unterwasserarchäologie ist man heute oft schon gut informiert über Aussehen, Größe, Fracht, technische Ausstattung antiker und mittelalterlicher Schiffe. Häufig genug bereitet allerdings auch hier die Deutung des Befundes Schwierigkeiten: War das 1903 geborgene Osebergschiff ein Repräsentationsbau, für den täglichen Bedarf nicht gedacht, oder ist es charakteristisch für Hunderte anderer Schiffe? Die Deutung des Fundes ist bei Grabbeigaben oft noch schwieriger: Handelt es sich bei einem Wagen oder einem Schiff um eine Votivgabe, ein Kinderspielzeug, die naturalistische Abbildung eines Gebrauchsgegenstandes? Weist ein Spielzeug bemerkenswerte Einzelheiten auf, so ist weiter zu fragen: Wurde das Neue vielleicht zuerst spielerisch erprobt? Waren Spiel und Spielzeug auch in Mittelalter und Antike wichtig für das Lernen, für Innovationen?

Die geringe Haltbarkeit des Materials erschwert der Archäologie die Deutung des Fundes: Viele für das Reisen wichtige Dinge waren aus leicht vergänglichen, oft sogar brennbaren Materialien hergestellt: Aus Holz waren Brücken, Häuser, Wagen und Schiffe, gelegentlich auch Wegbefestigungen gebaut, aus Stoff und Leder waren Kleidung, Karten, Schuhe, Zaumzeug und Geschirr für die Reit- oder Zugtiere gefertigt. Sie sind im Gebrauch verschlissen, verrottet, verbrannt, von Hochwasser oder bei einem Schiffbruch vernichtet worden. Einzelne Teile, die man in Gräbern finden mag, müssen gedeutet und das heißt oft: ergänzt werden. Ob die Fachleute sich bei solchen Ergänzungen einig werden, ist eine andere Frage.

1. TEIL: GRUNDLAGEN UND BEDINGUNGEN

RAUM UND KLIMA

Die räumliche Gliederung

Europa ist außerordentlich stark gegliedert in Inseln und Halbinseln, Gebirge und Ebenen, Flüsse und Seen. Der Landkarte sieht man nicht an, daß riesige Wälder die meisten Mittelgebirge bis ins Hochmittelalter zu Verkehrsbarrieren machten, daß Moore das Reisen in der Ebene erschwerten, daß Flußtäler oft bis ins 19. Jahrhundert versumpft und daher für den Verkehr ungeeignet waren. Und dennoch: Verglichen mit anderen Kontinenten ist Europa begünstigt. Mehr als ein Drittel seiner Landfläche entfällt auf Halbinseln und Inseln; in Asien und Nordamerika ist es jeweils nur ein Viertel. Daraus ergibt sich eine geringe durchschnittliche Entfernung zur Küste, abgesehen von der Antarktis die geringste aller Kontinente: In Europa beträgt die mittlere Küstenferne nur 340 km, in Asien 750, in Afrika 670 km. Das begünstigte den Verkehr, denn bis weit in die Neuzeit reiste man zu Wasser schneller und oft bequemer als zu Lande; eine grundsätzliche Änderung brachte erst der Bau von Eisenbahnen, Kraftwagen und Flugzeugen in den letzten anderthalb Jahrhunderten.

Die starke Gliederung Europas in Halbinseln und Inseln wurde als Herausforderung verstanden, auf die die Menschen Antwort suchten: Sie machten sich mit dem Wasser vertraut, bauten Boote, um auch die Inseln zu besiedeln, hier Getreide an- und Bodenschätze abzubauen. Da die Inseln vielfach in Sichtweite der Küste liegen, war das Risiko überschaubar; manche Inseln waren sogar bei Niedrigwasser auf dem Landweg zu erreichen, z. B. der berühmte Kloster- und Wallfahrtsort Mont St. Michel in der Normandie. Von Calais aus sieht man England, von Süditalien aus Sizilien, von Syrien aus

Zypern – eine Verlockung für wagemutige oder verfolgte Menschen. Im Ägäischen Meer zwischen Griechenland und Kleinasien, in der Ostsee zwischen Jütland und Südschweden reihen sich Inseln aneinander, die zum »Inselspringen« geradezu einluden. Erfahrungen, die man bei der relativ gefahrlosen Schiffahrt auf Binnengewässern oder in unmittelbarer Küstennähe gemacht hatte, konnte man sammeln und ergänzen, um gelegentlich weitere Fahrten zu wagen – im allgemeinen wohl eher unfreiwillig, wie die isländischen Sagas berichten, von einem Sturm weit aufs Meer hinaus- und an eine ferne, oft siedlungsleere Küste getrieben. So könnte es Menschen aus Irland ergangen sein, die wahrscheinlich schon im frühen Mittelalter Island aufgesucht haben; ähnlich könnte Island von Norwegen aus entdeckt worden sein: Vom Westen des Landes bis zu den Shetlandinseln, von hier bis zu den Färöern und von diesen bis nach Island sind es jeweils etwa 400 Kilometer. Tätige Vulkane waren dem Seereisenden als natürliche Leuchtfeuer allergrößten Ausmaßes willkommen. Der heute 926 Meter hohe Stromboli, *der* Leuchtturm des Mittelmeeres und nachts aus mehr als 100 Kilometern zu sehen, gewährte sichere Orientierung im Südosten des Tyrrhenischen Meeres, im Dreieck zwischen Sizilien und Kalabrien. – Doch so hilfreich Inseln dem Seereisenden waren – sie begünstigten auch Seeräuber. Piraten wußten das unüberschaubare Gewirr von Inseln im Ionischen Meer bis ins 19. Jahrhundert, die Inselwelt von Ost- und Nordsee im Mittelalter als Schlupfwinkel zu nutzen.

Gezeiten und Meeresströmungen

Zu den natürlichen Gegebenheiten, die Menschen nutzen konnten, zählen Gezeiten und Meeresströmungen. Der Höhenunterschied zwischen Ebbe und Flut beträgt in der Deutschen Bucht zwei bis drei Meter, in Flußtrichtern und Meerengen wird er größer, im Ärmelkanal erreicht er etwa sechs Meter. Systematisch ausgenutzt, begünstigt die Flut die Schiffahrt in zweierlei Hinsicht: Der Gezeitenstrom erreicht beachtliche, nutzbare Geschwindigkeiten, bei

St. Malo in der Bretagne z. B. bis zu 9 Stundenkilometer. Auch geringe Gezeitenunterschiede wurden genutzt, z. B. im Gotenkrieg zur Versorgung von Ravenna, das im 6. Jahrhundert noch an der Adria lag. Schiffe mit größerem Tiefgang können bei Flut weit ins Landesinnere vordringen. Im Mittelalter warf man an geeigneter Stelle Anker und konnte bei Ebbe bequem, ohne kostspielige Hafenanlagen entladen. Der Nachteil, daß im Landesinnern gelegene Häfen nur bei steigender Flut zu erreichen sind, gilt nicht für Meere, in denen die Gezeiten wenig spürbar sind; in der Ostsee ist das Einfahren in den Hafen zu jeder Tageszeit möglich.

Meeresströmungen fließen in Breiten von 50 bis über 130 Kilometer recht regelmäßig mit mehr oder weniger konstanter Geschwindigkeit an derselben Stelle; bei freien Strömungen beträgt die Strömungsgeschwindigkeit 0,2 bis 3 Meter pro Sekunde, in Meerengen wesentlich mehr. Eine Strömungsgeschwindigkeit von 2 Metern pro Sekunde bedeutet immerhin gut 170 Kilometer pro Tag, ohne Einsatz eigener (Ruder-)Kräfte oder des Segels! Dank der Meeresströmungen und vorherrschender Winde wurden die Weiten des Pazifiks in vorgeschichtlicher Zeit besiedelt.

So verlockend ein jenseits des Meeres liegendes Land auch sein mag, Meeresstraßen gefährden denjenigen, der ihre Strömungen nicht kennt oder ihnen nicht gewachsen ist. Das gilt nicht nur für die aus der Odyssee bekannte Scylla und Charybdis, die wahrscheinlich in der Straße von Messina zu suchen ist (3 km breit): Bis ins 18. Jahrhundert war sie von Seeleuten gefürchtet, da die Oberflächenströmung eine Geschwindigkeit von 1 Knoten (etwa 2 Stundenkilometer) erreicht und durch die hier spürbaren Gezeiten verstärkt wird. Wegen starker Gezeitenunterschiede war die Straße von Dover berüchtigt (33 km breit); Strömungen in Richtung Mittelmeer sind manchem Schiff verhängnisvoll geworden bei der Durchfahrt durch die Straße von Gibraltar (14 km breit) sowie durch Bosporus und Dardanellen (0,7 bzw. 1,3 km breit): Da im Mittelmeer mehr Wasser verdunstet als zufließt, »saugt« es aus Schwarzem Meer und Atlantik Wasser an (die tieferliegende Gegenströmung in der Straße von Gibraltar kann hier vernachlässigt werden).

Meeresströmungen bringen Schiffe leicht vom geplanten Kurs ab;

sie führten in der Vergangenheit ungewollt zur Entdeckung neuer Länder. So wurde der südamerikanische Kontinent rein zufällig 1500 von Cabral bei Pernambuco angesteuert, weil sein Schiff auf der Fahrt nach Ostindien im Äquatorialstrom zu weit nach Westen abgetrieben worden war.

Das Klima

Europa wird zur gemäßigten Klimazone gerechnet, die vom nördlichen Wende- bis zum nördlichen Polarkreis reicht, grob gerechnet von den Kanarischen Inseln im Süden bis nach Island im Norden. Das Meer wirkt als Wärmespeicher, es sorgt für warme Sommer, milde Winter, begrenzte Temperaturschwankungen im Laufe des Jahres. Regelmäßige Niederschläge trugen zum Gedeihen unterschiedlicher Pflanzen und Tiere bei; sie sorgten für – relativ! – regelmäßige Erträge und ermöglichten eine, mit anderen Kontinenten verglichen, bessere Ernährung der Menschen. Die Niederschläge begünstigten das Reisen dadurch, daß die Flußschiffahrt fast das ganze Jahr über möglich war; vor allem aber mußte man keine beschwerenden Wasservorräte für Mensch und Tier mit sich führen. Winde aus wechselnden Richtungen begünstigten schließlich Fluß- und Seeschiffahrt. Einschränkend muß allerdings betont werden, daß ungünstiges Klima im Laufe der Geschichte den Verkehr von Menschen, Waren und Ideen allenfalls verzögern, jedoch nicht verhindern konnte, wie ein Blick über die Grenzen der gemäßigten Klimazone hinweg zeigt: In Ost- und Nordosteuropa, wo strengere Winter, in Nordafrika, wo höhere Temperaturen und geringere Niederschläge überwiegen, war Reisen möglich, sogar durch die vegetationsarme Trockenwüste der Sahara, in der die Verdunstung die Niederschläge überwiegt. Mensch und Tier haben sich im Laufe der Jahrtausende der Umgebung angepaßt: Die Wüste war Arabern ähnlich vertraut wie die See manchen Westeuropäern. Vieles spricht dafür, daß um das Jahr 1000 die Reisen der Wikinger in die Ferne und die Besiedlung von Island und Grönland auch durch ein wärmeres Klima als heute begünstigt wurden.

Das Reisen wurde in Europa auch dadurch erleichtert, daß die Natur sich hier weniger feindlich zeigt als in vielen anderen Landstrichen der Welt: Die Treibeisgrenze verläuft dank des Golfstromes so, daß der Schiffsverkehr nicht einmal zwischen Norwegen und Island gefährdet ist. Es gibt seltener katastrophale Erdbeben, daher auch seltener städteverschlingende Flutwellen infolge von Seebeben; es fehlen tropische Wirbelstürme, die in Süd- und Südostasien sowie im nordamerikanischen Raum verheerend über See und Land dahinrasen; in Europa richten Überschwemmungen im allgemeinen weniger Schäden unter Mensch, Vieh und an Verkehrswegen an als in Indien und China; wegen der regelmäßigen Niederschläge kommt es nicht zu der andernorts riesige Landstriche heimsuchenden Dürre; Wanderheuschrecken hatten im allgemeinen nicht so katastrophale Auswirkungen für die menschliche Ernährung wie im Mittelmeerraum. Es fehlt in Europa völlig die die menschliche Aktivität lähmende, von der Tsetsefliege übertragene Schlafkrankheit; gegen die – auch nördlich der Alpen auftretende und von der Anophelesmücke übertragene – Malaria war man in ihren Hauptverbreitungsgebieten offensichtlich relativ gut immunisiert. Reisende aus dem Norden sind ihr dagegen zu Tausenden zum Opfer gefallen, u. a. Kaiser Heinrich VII. Die Gunst der Lage ist auch fremden Besuchern aufgefallen. In den 1480er Jahren schreibt Laonikos Chalkokondyles in seinem Geschichtswerk mit dem Blick auf Deutschland: »Weder gibt es Seuchen, die bekanntlich durch faule Luft entstehen, wie sie hauptsächlich im Osten umgehen und einen großen Teil der dort Lebenden hinwegraffen, noch suchen andere Krankheiten, wie sie im Sommer und Herbst gewöhnlich zu uns kommen, sie häufig heim. So bleibt ein Großteil des Volkes verschont. Auch gibt es keine Erdbeben, die der Rede wert wären.«

Jahreszeiten

Wenn milder Regen, den April uns schenkt,
Des Märzes Dürre bis zur Wurzel tränkt
Und badet jede Ader in dem Saft,
So daß die Blume sprießt durch solche Kraft;
Wenn Zephyr selbst mit seinem milden Hauch
In Wald und Feld die zarten Triebe auch
Erweckt hat und die Sonne jung durchrann
Des Widders zweite Sternbildhälfte dann,
Wenn kleine Vögel Melodien singen,
Mit offnen Augen ihre Nacht verbringen
– So stachelt die Natur sie in der Brust –:
Dann treibt die Menschen stark die Wallfahrtslust,
Und Pilger ziehn zu manchem fremden Strand,
Zu Heiligen, berühmt in fernem Land.

Was Chaucer zu Ende des 14. Jahrhunderts im Allgemeinen Prolog zu seinen ›Canterbury Tales‹ sagt, galt auch für Kaufleute, Krieger, Boten und andere Reisende in zahlreichen Gegenden Europas: Nach der Winterruhe brach man im Frühjahr zu Reisen auf. Die Tage werden länger und wärmer, so daß der Schnee auf den Feldern schmilzt und Reittiere frisches Futter finden. Im Süden zieht der Frühling früher ein als im Norden, abzulesen etwa an der Apfelblüte, mit der man im Oberrheingebiet zwischen dem 10. und 19. April, in Dänemark dagegen erst einen Monat später rechnet.

Das fränkische Heer wurde zu einem ›Märzfeld‹ einberufen, solange es sich vorwiegend aus Fußsoldaten rekrutierte; seit 755 erging das Aufgebot jedoch zu einem ›Maifeld‹: Große Teile des Heeres waren nun beritten und konnten längere Reisen zum Sammelplatz erst antreten, wenn die Pferde ausreichend Nahrung fanden. Im kirchlichen Bereich sollten die zwei jährlich vorgeschriebenen Synoden in der vierten Woche nach Ostern und Mitte Oktober stattfinden, wenn die Kleriker auf dem Weg zum Versammlungsort schon bzw. noch mit Futter für ihre Reittiere rechnen konnten.

Wege sind im frühen Frühjahr besonders schwer passierbar, wenn sie tagsüber zeitweilig auftauen und Mensch, Reittier oder Wagen tief im Morast einsinken. Diese Zeit bedeutete eine Herausforderung für die Wagemutigsten; dem risikobereiten Kaufmann winkten die größten Gewinne, wenn er zu einer Zeit aufbrach, da die trägeren oder vorsichtigeren Konkurrenten aus Furcht vor Frost, Hochwasser, unzureichender Nahrung für Mensch und Tier noch daheimblieben; denn jetzt kam er als erster auf den Markt, sehnsüchtig erwartet von den Kunden: Wer monatelang durch Schnee und Eis von der Umwelt abgeschnitten war, war am meisten auf die begehrten Waren angewiesen und bereit, höhere Preise zu bezahlen als einige Zeit später, wenn das Angebot größer wurde.

Im Frühjahr verbessern sich beinahe täglich die Reisebedingungen: Die höher steigende und länger scheinende Sonne sorgt dafür, daß die Wege trocknen und niedrige Pässe wieder leidlich begehbar werden, daß das Eis auf den Flüssen und der Schnee auch in höheren Regionen schmilzt, so daß die Flußschiffahrt ausreichend Wasser hat. Regelmäßige Frühjahrswinde wurden von den Wikingern genutzt, die seit etwa 800 Jahr für Jahr mit dem vorherrschenden Ost- bzw. Nordostwind von Norwegen aus in England einfielen; im Herbst segelten sie mit dem dann vorherrschenden Westwind in ihre Heimat zurück.

Das spätere Frühjahr bzw. der Frühsommer waren bevorzugte Termine für Feste. Seit mindestens 1311 feierte man jährlich am Himmelfahrtstag die feierliche Ausfahrt des ›Bucintoro‹ und die symbolische Vermählung des Dogen mit dem Meer vor Venedig. In Deutschland wurden große Feste bevorzugt an Pfingsten gefeiert. 965 versammelte Otto der Große, 1007 Heinrich II., 1184 Friedrich Barbarossa eine große Festgesellschaft in Köln bzw. Mainz um sich. Zu dieser Jahreszeit konnte man auch Vornehmen die Übernachtung in Zelt»städten« zumuten. Das Wetter galt als sicher, was nicht ausschloß, daß ein Sturm dem Fest ein unvorhergesehenes plötzliches Ende bereitete, wie 1184 in Mainz.

Die bevorzugte Reisezeit war der Sommer. Die Tage sind länger, dem Reisenden stehen in Mitteleuropa bis zu sechs Stunden mehr als im Winter zur Verfügung. Auf den Märkten wurde vielfältige Nahrung relativ preiswert angeboten. War nichts Besseres zu finden, konnte man im Sommer und noch im Herbst unter freiem Himmel übernachten. Zahlreiche Alpen- und Pyrenäenpässe waren nun begehbar, die wegen der Lawinengefahr im Frühjahr noch gefährlicher waren als im Winter.

Im Sommer trat in Island der Althing zusammen, die gesetzgebende Versammlung, die jährlich zwei Wochen lang im Südwesten der Insel tagte und zu der manche Siedler vierzehn Tage und länger zu Pferd unterwegs waren. In südlichen Gegenden konnte das Reisen jetzt zur Qual werden. Dem islamischen Reisenden Ibn Battuta, von dem wir noch hören werden, fällt es Mitte des 14. Jahrhunderts auf, daß man in Südrußland der Mittagshitze ausweicht und lieber vormittags und abends reist. Und im Sommer vermehren sich die Mücken, die die Malaria übertragen. Unter deutschen Italienreisenden dürfte sie mehr Opfer gefordert haben als Krieg, Fehde und Überfall zusammen.

Regelmäßige Winde begünstigen die Seefahrt im Mittelmeer, im Indischen und im Atlantischen Ozean: Über der Ägäis und Kreta steigt heiße Luft auf, aus dem Norden fließt kalte Luft nach; die dadurch entstehenden Etesienwinde aus Nordwest und Nord erreichen Stärken von 6–7 (14–17 m/sec), gegen Abend zu flauen sie im allgemeinen ab. Ein solcher Wind hatte Odysseus nach der ›Odyssee‹ neun Tage und Nächte lang von der Insel Kythera südlich des Peloponnes bis nach Dscherba in Tunesien getrieben. Mit demselben Wind fuhren später Schiffe von Rom nach Alexandrien, um dort Getreide für die Hauptstadt zu laden, noch später die Schiffe der Jerusalempilger und Kreuzfahrer, die in Marseille, Genua, Pisa oder Venedig an Bord gingen; im September und Oktober konnte man mit dem oft bis zu einem Monat lang aus der Sahara wehenden heißen Schirokko zurückfahren. Mit dem mindestens seit dem ersten nachchristlichen Jahrhundert bekannten und genutzten Südostpassat segelten Schiffe im Juli in wenigen Wochen von der Nordostküste Afrikas nach Indien; mit dem Nordostmonsun fuhren sie im Januar auf derselben Strecke zurück. Seit dem ausgehenden Mittelalter nutzte die Atlantikschiffahrt den Nordostpassat im Juli zur schnellen Rückfahrt von Amerika nach Europa.

Der Schiffahrt dienten nicht nur großräumige Winde wie Etesien, Monsune und Passate, sondern auch Luftströmungen, die dadurch entstehen, daß die Luft sich tagsüber über dem warmen Land erwärmt und aufsteigt; in den frühen Abendstunden weht daraufhin ein Seewind landeinwärts. Auf dem Tiber setzten dann Schiffe ihre Segel, die nach Rom unterwegs waren, um die treidelnden (die Schiffe an langen Seilen ziehenden) Ochsen oder Menschen zu entlasten.

Wer auf regelmäßige Winde vertraute, mußte auch an Ausnahmen denken. Trotz Erfahrung und aufmerksamer weiträumiger Wetterbeobachtung werden heute nicht selten Gebirgswanderer und Segler von einem plötzlichen Wetterumschlag überrascht; solche Gefahren drohten auch in früheren Jahrhunderten den Reisenden.

HERBST

Landreisende sahen sich im Herbst durch mehrere Umstände begünstigt: Die Tage waren noch lang und das Wetter oft warm genug, um im Freien zu übernachten; die Wege waren trocken; die Sommersonne hatte den Schnee auch auf hohen Gebirgswegen zum Schmelzen gebracht. Da viele Menschen in der Ernte und Weinlese arbeiteten, auch die Schäfer noch mit ihren Herden unterwegs waren, war die Sicherheit auf den Wegen größer. Es ist daher verständlich, daß z. B. das Generalkapitel der Zisterzienser jährlich im September zusammentrat.

Dank der frisch eingebrachten Ernte sanken die Lebensmittelpreise. Notfalls konnte man sich eine Zeitlang von wilden Beeren und Gemüsen ernähren; man konnte für die weitere Reise Nüsse und Bucheckern sammeln, die als Reiseproviant geschätzt waren: Sie sind nahrhaft (auf das Gewicht bezogen, enthalten Haselnüsse fast ebenso viele Kalorien wie Butter!) und, wie wir heute wissen, reich an Vitaminen und Spurenelementen.

Vorteile des Reisens im Herbst wurden allerdings oft dadurch aufgewogen, daß feindliche Heere sich genau in dieser Zeit aus dem Land ernähren oder die frische Ernte zerstören wollten, um den Gegner verhandlungsbereit zu machen.

WINTER

Spätestens im November mußte man mit Regen, oft sogar mit Frost rechnen; die Wege waren verschlammt, ohne schon fest gefroren zu sein. Wohlhabende Reisende, die noch weit vom Ziel entfernt waren, bezogen nun ein Winterquartier. Im gegebenen Falle ließ man allerdings weder schlechtes Wetter noch Krankheit als Hinderungsgrund für eine Reise gelten. Nach Gregor von Tours befahl der Frankenkönig Childebert im 6. Jahrhundert den Bischöfen seines Reiches, sich Mitte November in Verdun einzufinden, wo sie über einen des Hochverrats angeklagten Mitbischof zu Gericht sitzen sollten: »Es regnete dazumal sehr stark, das Wasser war sehr groß, die Kälte unerträglich und die Wege in Schmutz aufgelöst, die Flüsse über die Ufer getreten; doch konnten sie sich dem königlichen Befehl nicht widersetzen.« Als 1025 ein Bischof sich unter Berufung auf eine Krankheit weigert, eine Versammlung zu besuchen, erklärt man ihm, er könne sich ja im Bett zum Konferenzort tragen lassen.

Im Mittelmeerraum waren die Äquinoktial- und die Winterstürme gefürchtet. Die Seefahrt galt von Mitte September bis zum 10. November als unsicher, danach das Meer als unbefahrbar bis zum 10. März; wer das Risiko gering halten wollte, reiste zwischen dem 26. Mai und dem 14. September. Mit diesen Erfahrungswerten erklärt es sich, daß Karl der Große im Jahre 800 eine Gesandtschaft aus Jerusalem erst im Frühjahr entließ. Auch eilige Nachrichten konnten durch die Ungunst der Jahreszeit um Monate verzögert werden. Noch im 16. Jahrhundert ließ sich Philipp II. von Spanien mit der Erledigung diplomatischer Korrespondenz viel Zeit. Wozu sollte man sich eilen, wenn der Kurier in Valencia oder Barcelona kein Schiff fand, das den Winterstürmen zu trotzen wagte, wenn Pyrenäen- und Alpenpässe monatelang unpassierbar waren?

Im Winter war die Seefahrt auf dem Mittelmeer gefährlicher als auf Nord- und Ostsee. Bei einer Wassertiefe von etwa 50 Metern, wie zwischen den Niederlanden und England, kann sich ein sehr hoher Seegang gar nicht erst aufbauen; das Mittelmeer dagegen ist nicht nur zwischen den Balearen und Sardinien mehr als 3000 Meter tief. Bei gleicher Windstärke muß die See hier höher gehen als im Flachwasser. Deshalb stellte man die Seefahrt auf der Nordsee erst an Martini (11. 11.) ein, bis zum 2. (auf der Ostsee bis zum 22.) Februar. Im Mittelmeerraum reiste man, das sei betont, jedoch gelegentlich auch im Winter zur See, häufiger seit dem Spätmittelalter.

Die zeitweilige Einstellung der Seefahrt empfahl sich aus mehreren Gründen: Die Winterstürme bedeuteten ein großes Risiko für Mensch und Material; wer unbedingt reisen mußte, kam nun im allgemeinen zu Lande schneller weiter als zu Wasser; denn mit Winden aus konstanten Richtungen durfte man jetzt nicht rechnen. Das erfuhren der Missionar und spätere Bischof von Eichstätt Willibald, der 726 von Tyrus bis nach Konstantinopel mehr als ein Vierteljahr unterwegs war, und Heinrich VII., der 1312 für die kurze Strecke von Genua bis Pisa 19 Tage brauchte (vom 16. 2. bis zum 6. 3.).

Die Schiffe mußten gegen Wind und Wetter gesichert und überholt werden, was am einfachsten im jeweiligen Heimathafen im Winter geschah, bei geringem Arbeitsangebot und entsprechend niedrigen Löhnen. Gegen die Seefahrt im Winter sprach auch, daß man bei sturmgepeitschter See nicht mehr leicht an Land gehen konnte, ganz abgesehen davon, daß bei winterlichen Temperaturen und Niederschlägen auch im Mittelmeerraum eine Übernachtung unter freiem Himmel nicht in Frage kam.

Im Nord- und erst recht im Ostseeraum kommt der Winter im wahrsten Sinne des Wortes oft über Nacht; was das für Reisende bedeutete, wird die Grettirsaga zeigen. Die Schiffahrt kommt zum Erliegen, wenn Buchten und Flußmündungen, an denen im allgemeinen die Häfen liegen, zufrieren. Tiefe Temperaturen, geringe Bewegung und niedriger Salzgehalt des Wassers beschleunigen die Eisbildung. Im Durchschnitt enthalten alle Ozeane 35 Promille Salz, Nord-

und Ostsee 30 bzw. 8, der Bottnische Meerbusen (zwischen Schweden und Finnland) nur ein Promille. Infolgedessen frieren auch Meere im Winter zu, Finnischer und Bottnischer Meerbusen durchschnittlich fünf Monate lang; auch heute können hier schmale Fahrrinnen allenfalls mit starken Eisbrechern offengehalten werden.

Im westlichen Europa war die Reisezeit auch deshalb mit dem Spätherbst zu Ende, weil Mensch und Reittier beim Durchwaten von Flüssen lebensgefährliche Erkältungen drohten. Das Ungewöhnliche wird von den Quellen eher festgehalten als das Übliche. Aus dem 10. Jahrhundert berichtet die Lebensbeschreibung Ulrichs von Augsburg ein Wunder, und mit Wundern durfte man niemals rechnen. Bischof Ulrich hatte eines Tages mit seinem Pferd einen Nebenfluß des Lech zu überqueren. Wegen des Hochwassers wagten sich seine Begleiter mit Ausnahme eines gewissen Herewig nicht durch die Furt, die auf direktem Weg lag, sondern suchten nach einer besser geeigneten Übergangsstelle. Ulrich dagegen ritt ohne Zagen hindurch. »Weil es Winter war, trug er Filzschuhe gegen die Kälte. Als sie den Fluß durchquert hatten, war Herewig, obwohl er auf einem größeren Pferd saß als der Bischof, bis zum Gürtel hinauf durchnäßt. Als er aber auf die Kleider des Bischofs schaute, ob auch sie naß geworden wären, konnte er nicht einmal an den Schuhen auch nur ein einziges feuchtes Haar erblicken.« Auf das Wunder angesprochen, verbietet Ulrich seinem Begleiter, zu seinen – Ulrichs – Lebzeiten »einem andern zu erzählen, was du gesehen hast«!

Viele Siedlungen waren im Winter von der Außenwelt abgeschnitten, da Radfahrzeuge auf verschlammten Wegen und in lockerem Schnee einsinken. In Westeuropa waren Kleidung und Ausrüstung für das Reisen zu dieser Jahreszeit im allgemeinen ungeeignet. Dazu kam, daß die meisten Menschen unterernährt waren; wenn die Haut nicht mit Fett abgepolstert ist, fängt man schnell an zu frieren, bekommt Frostbeulen und kann nachts vor Jucken nicht schlafen.

Wenn es sein muß, erweisen sich vor allem Kaufleute und Krieger als erfinderisch und anpassungsfähig. Zum Jahr 860 verzeichnen die Fuldaer Annalen einen für Feld- und Baumfrüchte verderblichen Winter. Da sogar das Ionische Meer mit einer dicken Eisschicht bedeckt gewesen sei, hätten Kaufleute ihre Waren auf Pferd und Wagen geladen und seien so nach Venedig gezogen. Etwa ein halbes Jahrhundert später kampierten Krieger während eines Aufstandes trotz Winterkälte in Zelten und eilig erstellten Hütten, um rasch einen strategisch wichtigen Berg zu befestigen.

Alles, was bestimmte Formen des Reisens im Winter unmöglich machte, begünstigte andere Formen für denjenigen, der sich mit Kleidung und Gerät angemessen auszurüsten wußte. Je weiter in Europa Ströme und Seen vom Golfstrom entfernt sind, desto länger sind sie zugefroren, der Rhein Tage oder Wochen, die Weichsel bei Warschau schon zwei Monate, die Newa bei Leningrad und die Wolga bei Kasan annähernd fünf Monate, ebenso lang wie Bottnischer und Finnischer Meerbusen. Das bringt dem Reisenden Vor- und Nachteile: Binnen- und Seeschiffahrt müssen eingestellt werden; aber Meer, Flüsse und Sümpfe sind nicht länger Hindernisse. Das bekamen während der Völkerwanderung romanisierte Kelten und Germanen zu spüren, als die Vandalen im Winter 406 über den zugefrorenen Rhein setzten. Eine ähnliche Erfahrung mußten ein halbes Jahrtausend später Slaven machen, die sich in ihrer Burg Brennabor sicher wähnen konnten, bis Heinrich I. die Gunst der Stunde nutzte: Die versumpften Niederungen hatten im Sommer idealen Schutz geboten; im Winter 928/29 waren sie mit einer dicken Eisschicht überzogen. Das sächsische Heer rückte unbehindert an und eroberte die Burg. – Wiederholt war das Kattegatt, 1323 die Ostsee zugefroren, so daß man von Dänemark bzw. Deutschland nach Schweden gehen konnte.

Frost befestigt die im Herbst noch aufgeweichten Wege; Eis trägt sogar schwere Fahrzeuge. Weite Teile Europas liegen im Winter unter einer Schneedecke, die Unebenheiten ausgleicht und ideale Verkehrsbedingungen für Winterfahrzeuge schafft, so daß sich dann sogar Massengüter wie Bau- und Langholz transportieren lassen. Die Bewohner Nord- und Osteuropas sind ähnlich akklimatisiert wie die Menschen heißer Wüstenzonen; sie haben Vorteile genutzt, die ihnen Frost und Schnee bieten, und sie haben mancherlei nützliches Gerät entwickelt: Skier und Schneeschuhe (spätestens seit dem 10. Jahrhundert in Skandinavien), Schlittschuhe (mit Kufen aus Tierknochen) und Schlitten. Einen Schlitten, Vorläufer der Prunkschlitten, wie sie

33

seit der Renaissance in Deutschland gebräuchlich wurden, fand man im Oseberg-Schiffsgrab. Schlitten sind nicht nur im Winter einsatzfähig, sie lassen sich über feuchte Wiesen, schlammige Wege und sogar über harten Untergrund ziehen, sofern man für eine Verringerung des Widerstandes sorgt, z. B. dadurch, daß man die Kufen mit Fett schmiert oder mit Wasser naßhält; bei Kälte gefriert das Wasser auf den Kufen zu Eis; der Reibungswiderstand sinkt, und man kommt mit geringen Zugkräften aus. Der Schlitten war dann besonders beliebt, wenn er – anders als Radfahrzeuge – steuerfrei blieb.

In Novgorod unterschied man zwischen Sommerfahrern (An- und Abreise im Frühjahr bzw. Herbst) und Winterfahrern. Diese reisten im Herbst noch vor Ende der Schiffahrtszeit zur See oder mit dem ersten Schnee über Land nach Novgorod; im Frühjahr kehrten sie mit dem letzten Schnee oder mit Beginn der Seefahrt wieder heim. Sofern sie im Winter reisten, genügten ihnen leichte Hundeschlitten. Wer Einkäufe machen wollte, brauchte ausreichend Kleidung und Bargeld; weiteres Gepäck erübrigte sich.

Da die Schneedecke die Grenzen zwischen Grundstücken sowie zwischen Straße und bebautem Land verwischt, kann man ›querfeldein‹ gehen; mit Schneeschuhen kann man sogar über weichen Schnee gehen, ohne daß darunterliegende Saaten geschädigt werden. Da Spuren im Schnee gut zu erkennen sind, war im Winter leicht Jagd zu machen auf Wild, aber auch auf Menschen; war diesen die Lebensgrundlage entzogen – durch Verbrennen von Behausungen und Vorräten –, so waren sie schutzlos ihren Verfolgern ausgeliefert: Heinrich von Lettland schildert Fahrten, die europäische »Pilger« (Kreuzfahrer) zu Anfang des 13. Jahrhunderts jährlich gegen die noch heidnischen Bewohner im Baltikum unternahmen. Am Ende einer gnadenlosen Verfolgungsjagd stand oft der Tod durch das Schwert (für die Männer), durch Verhungern und Erfrieren – oder (für Frauen und Kinder) der Verkauf in die Sklaverei.

REIT-, ZUG- UND LASTTIERE

Reisenden standen im Mittelalter Reit- und Zugtiere für unterschiedliche Aufgaben und Klimate zur Verfügung. Die wichtigsten seien hier genannt.

Der *Esel* ist in den warmen Gegenden von Arabien und Nordafrika heimisch; gezähmt wurde er offenbar schon im vierten, als Karawanentier erwähnt wird er im dritten vorchristlichen Jahrtausend. Beliebt und verbreitet war der Esel auch außerhalb des Mittelmeerraumes in den kühleren Ländern nördlich der Alpen und in den Weiten Asiens. Für den Esel sprachen mehrere Gründe: Er verfügt über eine im Gebirge erworbene Trittsicherheit und Genügsamkeit (er kann sich von Disteln und Stroh ernähren), weshalb er in vielen Gegenden dem Pferd vorgezogen wurde; da er kleiner als das Pferd ist, kann man ihn leichter besteigen. Gebraucht wurde der Esel in erster Linie als Pack- und Reit-, weniger als Zugtier. Mit 150 Kilogramm trägt er etwa die Hälfte dessen, was man einem Kamel aufladen kann; ein Erwachsener kann also mit einigem Gepäck auf einem Esel reiten. Wurde das Pferd in der Bibel und von christlichen Autoren oft mit Luxus, Arroganz und Krieg assoziiert, so der Esel mit Demut und Bescheidenheit; da Jesus auf einer Eselin in Jerusalem eingeritten war, kam im Mittelalter der Esel als Reittier auch für Menschen in Frage, die mit der Nachfolge Jesu Ernst machen wollten; Norbert von Xanten und andere Anhänger der mittelalterlichen Armutsbewegung ritten auf Eseln, sofern sie nicht zu Fuß gingen. Nach den Beobachtungen Battutas galt es in Indien als schimpflich, auf einem Esel zu reiten.

Das *Pferd,* schneller und stärker als der Esel, wurde wohl als letztes der wichtigen Zug- und Lasttiere, spätestens Ende des 3. Jahrtausend v. Chr. domestiziert, möglicherweise gleichzeitig in Westeuropa, Südwestasien und in der Mongolei. Es ist besonders geeignet als Reit- und Zugtier; richtig angeschirrt, kann es mehr als 1000 Kilogramm ziehen; als Packtier trägt es nicht wesentlich mehr als der Esel

Romzug Heinrichs VII., Troß. Das Zugpferd geht in der Deichsel; vor ihm ist ein Vorspannpferd an Zugsträngen angeschirrt, wie man es vor jeder Gebirgs-überquerung zusätzlich einspannte.

(170 kg). Das Pferd der germanischen Frühzeit war – wie das der Mongolen – sicher wesentlich kleiner als das Pferd heute (vielleicht 130 statt 160 cm hoch). Der Sachsenspiegel macht im 13. Jahrhundert die volle Testierfähigkeit des Mannes davon abhängig, daß er ohne fremde Hilfe von einem »eine Daumenelle« (etwa 40 cm) hohen ›Pferdestein‹ ein Roß besteigen kann. Vom 5. bis 11. Jahrhundert fand man das Pferd in Westeuropa eher selten; bezeichnenderweise-leitet sich die im 6. Jahrhundert aus dem Lateinischen entlehnte Bezeichnung ›Pferd‹ von ›Paraveredus‹, Postpferd, ab. Im Hochmittelalter standen dank systematischer Züchtung vor allem im islamisch geprägten Morgen-, aber auch im Abendland Schlachtrosse zur Verfügung: Schnell in Lauf und Reaktion und so kräftig, daß sie noch einen schwergepanzerten Ritter tragen konnten. Da Zuchthengste als wichtige »Rüstungsgüter« galten, wurde ihre Ausfuhr in Länder potentieller Feinde wiederholt verboten (unter den Karolingern z. B.

36

781 und 864; derartigen Verboten war seinerzeit nicht mehr Erfolg beschieden als in der Gegenwart). Die Widerstandskraft der jahrzehntelang rebellischen Sachsen wurde auch dadurch permanent geschwächt, daß die fränkischen Herrscher sie zur jährlichen Lieferung von Pferden zwangen (seit 758 mußten sie statt des bis dahin üblichen Tributes von 500 Kühen jährlich 300 Pferde an die Franken liefern). Nutznießer der Züchtungen wurde nach einiger Zeit auch der zivile Bereich, so daß das Pferd – auch dank seiner weiteren Verbreitung – nach und nach den Charakter eines rein aristokratischen Reittieres verlor. Für das Pferd sprachen gewichtige Gründe: Technische Verbesserungen – bessere Anschirrung und das Beschlagen mit Hufeisen – ermöglichten ihm, mehr Kraft zum Ziehen von Wagen und landwirtschaftlichen Geräten einzusetzen. Das Bevölkerungswachstum im Hochmittelalter dürfte in unmittelbarem Zusammenhang mit dem Einsatz von Pferden in der Landwirtschaft stehen: Auch schwere, hohe Erträge versprechende Böden konnten nun bearbeitet werden; die Dreifelderwirtschaft begünstigte mit dem Haferanbau die Pferdezucht. Da das Pferd rascher geht als der Esel, vom Ochsen zu schweigen, konnten Pferde als Reit- oder Zugtiere Reisende schneller transportieren; langfristig wichtiger war, daß verderbliche Güter (z. B. Fisch, Gemüse) aus einem weiteren Umkreis in die Städte transportiert werden konnten, die auch auf Grund der besseren Versorgung seit dem Hochmittelalter rasch wuchsen.

Anderes sprach gegen das Pferd: Trotz seiner insgesamt zunehmenden Bedeutung für Landwirtschaft und Verkehr blieb es bis weit in die Neuzeit bevorzugtes luxuriöses Reittier, und als solches Statussymbol von Adel, Rittern, Bischöfen. Es ist bezeichnend, daß die Dominikaner 1228 in ihren Konstitutionen anordnen mußten, daß »unsere Brüder« weder eigene Wagen noch eigene Pferde haben, noch fremde Pferde in ihren Häusern unterstellen sollen. Das Pferd war ein ernsthafter Nahrungskonkurrent des Menschen: Weniger genügsam als der Esel, frißt es Hafer, ein wichtiges Grundnahrungsmittel für die Unterschicht; im Mittelalter kann der größte Teil der Bevölkerung sich nicht einmal Brot, sondern allenfalls Haferbrei leisten. Hohe Ansprüche an ihr Futter stellen vor allem die mitteleuropäischen Pferde. Auf seiner Reise zu den Mongolen Mitte des 13. Jahrhunderts erhält

37

Carpini in Kiew den Rat, seine Pferde dort unterzustellen und auf Mongolenpferde umzusteigen; nur diese könnten sich unter dem Schnee Nahrung scharren.

Züchtungserfolge haben zu allen Zeiten auch ihre Kehrseite: Hochgezüchtete Tiere sind im allgemeinen anfälliger für Krankheiten; 791 scheiterte ein Feldzug der Franken gegen die Avaren, weil die meisten Reittiere einer Pferdeseuche zum Opfer gefallen waren. Schließlich war Reiten nicht ungefährlich. Abaelard bricht sich beim Sturz vom Pferd einen Halswirbel; Norbert von Xanten stürzt vom Pferd und bekehrt sich daraufhin zu einer »neuen Art von Leben«. Nicht zu unterschätzen waren schließlich die laufenden Kosten: Wer hoch zu Roß reiste, mußte damit rechnen, daß die Ausgaben für das Pferd (Hafer, Heu, Stall, Brückengelder usf.) den eigenen Aufwendungen für Verpflegung, Unterbringung usf. mindestens entsprachen. Er kam zwar schneller voran als der Fußgänger, galt dafür aber als wohlhabend und konnte nicht Vergünstigungen in Anspruch nehmen, die für den Bedürftigen vorgesehen waren (z. B. kostenlose Unterbringung in Hospizen u. ä.).

Maultier (Abkömmling von Eselhengst und Pferdestute) und Maulesel (Bastard von Pferdehengst und Eselstute) sind robuste Lasttiere. Das Maultier ist größer und stärker als der Maulesel; es ist so kräftig wie das Pferd, dabei so genügsam, geduldig und widerstandsfähig gegen Krankheiten wie der Esel; hinsichtlich Lebensarbeitszeit, Ausdauer bei schwerster Arbeit und der Sicherheit, mit der es als Saumtier unter großen Lasten auf schwierigen Pfaden auch in unwegsamem Bergland marschiert, ist es dem Pferd überlegen. Als Pack-, Zug- und Reittier kam das Maultier vor allem für Menschen in Frage, die unterhalb der Schicht der Ritter rangierten. Auf einer Maultierkarawane wird 1623 die Palatina, die berühmte Heidelberger Universitätsbibliothek, nach Rom transportiert. Wegen seiner Trittsicherheit ist das Maultier bis auf den heutigen Tag bei den Gebirgstruppen der Bundeswehr geschätzt.

Das *Kamel* – es ist zu unterscheiden zwischen dem einhöckerigen, in West-, Südasien sowie Nordafrika verbreiteten Dromedar und dem zweihöckerigen, vor allem in Zentralasien verbreiteten Trampeltier – verfügt über einzigartige Eigenschaften; extremen Lebens-

38

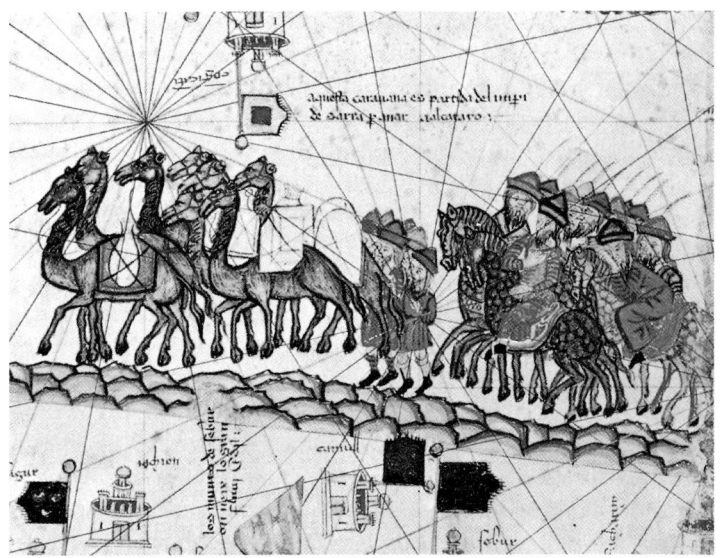

Kamelkarawane auf der Seidenstraße in Sinkiang. Ausschnitt aus einer Karte des Katalanischen Weltatlas von 1375.

verhältnissen ist es geradezu ideal angepaßt, zum Reisen in menschenfeindlichen trockenen und heißen Gebieten ist es wie kein anderes Reit- und Tragtier geeignet: Noch besser als der Esel kann es sich von harten, dornigen Wüstenpflanzen ernähren; es kommt tagelang ohne Futter und notfalls eine Woche lang ohne Wasseraufnahme aus; unterwegs zehrt es von dem in den Höckern gespeicherten Wasser und Fett. Das Kamel liefert den Menschen Milch, Wolle, Fleisch, ferner mit dem getrockneten Dung wertvolles Brennmaterial. Da die Körpertemperatur im Laufe des Tages um bis zu sieben Grad ansteigen kann, sondert das Kamel nur geringe Mengen von Wasser in Form von Schweiß ab. Gegen Wärme und Kälte ist es durch das feine Unterhaar seines Felles geschützt. Dicke Schwielenpolster an den Fußsohlen bewahren es vor der Hitze des Wüstenbodens und erlauben ihm, ausdauernd auch über harte Pfade felsiger Gegenden zu stapfen. Diese Fähigkeiten sowie sein schwankender Gang haben ihm die Bezeichnung ›Wüstenschiff‹ eingetragen.

Gezähmt wurde das Kamel wahrscheinlich seit dem zweiten vorchristlichen Jahrtausend; Kamelkarawanen begegnen in den Quellen seit etwa 1100 v. Chr. Als Reit- und Transporttier war das Kamel für zivile und militärische Zwecke gleichermaßen geeignet. Ohne das Kamel wäre es nicht möglich gewesen, mit Karawanen die Sahara oder die Weiten Innerasiens zwischen China und Byzanz zu durchqueren; was Tragfähigkeit, Ausdauer und weiteren Nutzen angeht, ist es Pferd, Esel und Maultier eindeutig überlegen: An einem Tag kann es bis zu 150 Kilometer zurücklegen und eine Last von bis zu 270 Kilogramm tragen. Dem entspricht eine Aussage Battutas, daß man mit einem schnellen Kamel in zehn Tagen von Kairo nach Mekka reiten könne (in der Luftlinie 1300 km).

Zwar wurde das Kamel von den Arabern auch mit nach Spanien und Sizilien gebracht, auch kam es im merowingischen Gallien zum Einsatz, doch ist es – anders als Esel und Pferd – in Europa nie recht heimisch geworden. Kaiser Friedrich II. liebte es, mit exotischem Gefolge während der Reisen durch seine Reiche für Aufsehen zu sorgen. 1235 führte er viele in Italien unbekannte Tiere mit sich: einen Elefanten, mehrere Dromedare und Kamele, Leoparden, Gerfalken und Habichte; die Annalen von Colmar melden seinen Zug durch das Rheintal »mit einer Menge von Kamelen«; sechs Jahre später war er im Kloster San Zeno zu Verona zu Gast und brachte, kaum zur Freude der Gastgeber, einen Elefanten, 24 Kamele und fünf Leoparden mit!

Der *Elefant,* in Europa im Mittelalter noch seltener als das Kamel, ist langsamer als Pferd, Esel und Maultier. Da der Elefant mehrere Personen tragen kann, diente er nach dem Bericht Battutas in Indien zur Kriegführung. Als Statussymbol orientalischer Herrscher schenkte der Kalif Harun Kaiser Karl dem Großen einen Elefanten mit Namen Abul Abaz; dieser langte im Sommer 802 auch gesund am Hofe in Aachen an, wo er Staunen auslöste.

Ochsen waren im Mittelalter die meistverbreiteten Zugtiere für Wagen und landwirtschaftliche Geräte. Ihre Beurteilung als Zugtier ist deshalb schwierig, weil sie sicher wesentlich kleiner und schwächer waren als heute; erst spät haben Viehzüchter dem Rind ähnliche Aufmerksamkeit wie dem Pferd geschenkt. Ochsen, meist paarweise neben- oder hintereinander angeschirrt, sind leicht zu führen und zu überwachen; sie gehen langsamer und sind weit weniger ausdauernd als Pferde; es heißt, daß man ihnen nicht wesentlich mehr als fünfzehn Kilometer am Tag zumuten könne. In der Lebensbeschreibung Karls des Großen höhnt Einhard über den letzten Merowingerkönig, der zu arm war, um sich aristokratische Rosse leisten zu können: »Überall, wohin er sich begeben mußte, fuhr er auf einem Wagen, den ein Joch Ochsen zog und den ein Rinderhirte nach Bauernweise lenkte. So fuhr er zum Palast, so zur öffentlichen Volksgemeinde, die jährlich zum Nutzen des Reiches tagte, und so kehrte er dann wieder nach Hause zurück.« Mit einer Mischung von Spott und Erbarmen berichtet Guibert von Nogent, ein Chronist des ersten Kreuzzuges, wie unzulänglich manche Teilnehmer vorbereitet waren, welchen Illusionen sie sich über die Weite des Weges hingegeben hatten: »Ihr hättet bei dieser Gelegenheit wahrhaft wunderliche und sehr zum Lachen reizende Dinge sehen können. Arme Leute beschlugen die Hufe ihrer Ochsen nach Art der Pferde mit Eisen, spannten sie vor zweirädrige Karren, luden darauf ihre winzigen Vorräte und ihre kleinen Kinder und zogen sie so hinter sich her; und sobald die kleinen Kinder ein Schloß oder eine Stadt erblickten, fragten sie eifrig, ob das jenes Jerusalem sei, zu dem sie auf dem Weg waren.« Über solchen Äußerungen darf man nicht vergessen, daß Ochsen als Zugtiere im Abendland bis ins 20. Jahrhundert für den »kleinen Mann« unentbehrlich waren; ohne sie wären die wirtschaftlichen Leistungen Europas nicht möglich gewesen.

Solange leidlich befahrbare Straßen und Wege fehlten – und für die Hochgebirge galt das auch in Europa bis ins 19. Jahrhundert –, war man zum Transport von Menschen und Waren auf Pack- oder Saumtiere angewiesen. Diese mußten auf den oft sehr schmalen Pfaden sicher und geschickt gehen können und dabei über Ausdauer, Genügsamkeit, große Tragfähigkeit und feste Hufe verfügen. Maultiere und Maulesel wurden als Saumtiere bevorzugt. Die Last, die man ihnen aufbürden konnte, bildete vielerorts eine Maßeinheit (etwa 150 kg, bei erheblichen Schwankungen von Land zu Land). Auch im Flachland waren Saumtiere oft ökonomischer als Ochsenwagen, selbst wenn ein Ochse im Wagen soviel ziehen konnte, wie zwei

41

Pferde trugen. Denn wegen der Langsamkeit der Ochsen schlugen Löhne und Nahrung für die Treiber sowie Futter für das Vieh bei großen Entfernungen stark zu Buche. Gegen die Verwendung von Saumtieren sprachen mehrere Gründe: Sie können allenfalls mit geringen Lasten durch Flüsse schwimmen, Tier und Fracht sind dabei gefährdet. Einen beladenen Karren kann man abends abstellen und morgens mit ihm losfahren; dagegen verlangt das Saumtier Zeit und Mühe: Es will nach einer Tagereise, wenn auch die Menschen müde sind, seiner Last entledigt, gefüttert, getränkt werden; am nächsten Morgen muß es neu gepackt werden; dabei ist auf die gleichmäßige Verteilung der Last zu achten, damit das Tier nicht aus dem Gleichgewicht gerät. Solche Überlegungen stellte auch der Franziskanermönch Wilhelm von Rubruk auf seiner Reise zum Khan der Mongolen an. Auf der Krim angekommen, stand er 1253 vor der Entscheidung, wie er sein Gepäck transportieren sollte. Kaufleute aus Konstantinopel überzeugten ihn von den Vorteilen einer Art von Planwagen, wie Russen sie zum Transport von Fellen benutzten und auf denen das Gepäck ständig bleiben könne. Rückblickend bedauert Rubruk, diesem Rat gefolgt zu sein: Mit den Ochsengespannen brauchte er für die erste große Etappe zwei Monate; mit Packpferden, so meint er, hätte er die Strecke in der Hälfte dieser Zeit zurückgelegt.

Träger – vielleicht Kriegsgefangene oder Sklaven, auch sie gehörten zu den (unfreiwilligen) Reisenden im Mittelalter – waren gefragt, wenn in weglosem Hochgebirge sogar geschickte Saumtiere überfordert waren; das Wort ›Sklave‹ leitet sich von ›Slave‹ ab: In den slavischen Gebieten gefangen, wurden Sklaven im Frühmittelalter über Verdun ins islamische Spanien gehandelt; um sie »nutzbringender« einzusetzen, wurden ihnen Lasten aufgebürdet, z. B. Felle aus den osteuropäischen Ländern; wertvolle Sklaven, wie Liutprand von Cremona sie dem byzantinischen Kaiser im Auftrag Ottos I. zum Geschenk machte, wird man allerdings so sorgfältig wie andere »Sachen« unterwegs behandelt haben. Anfang des 10. Jahrhunderts spricht das Zollweistum von Raffelstetten (an der Donau, in Oberösterreich) von »Sklaven, Pferden, Ochsen und sonstigen Fahrzeugen«. Nach Zollverordnungen zu urteilen, trug ein Mensch gelegentlich ein Viertel der Last, die man einem Packpferd aufbürdete.

Außer den erwähnten Tieren nutzte man notfalls auch Ziegen und Schafe als Lasttiere, z. B. auf dem Kreuzzug; diese eigneten sich auch deshalb als Packtiere, weil sie ohnehin als lebendige Fleischreserve mitgeführt und nach und nach geschlachtet wurden; der Ertrag verminderte sich allerdings in dem Maße, wie die Strapazen der Reise an den Fleisch- und Fettreserven der Tiere zehrten. – In Nord- und Osteuropa zog schließlich der Hund leichtere und das halbdomestizierte Ren schwerere Schlitten.

Zum Reiten eine Ergänzung: Wie ritten Frauen? Ein Kapitell in Autun zeigt die Heilige Familie auf der Flucht nach Ägypten: Josef

Flucht nach Ägypten. Kapitell der Kathedrale von Autun (1120–1130). Um die Hl. Familie zu ehren, wird sie in der Kleidung wohlhabender Menschen dargestellt; das Ledergeschirr des Esels ist fein gearbeitet.

43

führt einen Esel, auf dem Maria, das Jesuskind im Arm, im Damensitz Platz genommen hat. So galt es als schicklich, wie auch eine Beobachtung Rubruks bei den Mongolen zeigt: »Die Frauen sitzen nämlich wie die Männer mit gespreizten Schenkeln auf den Pferden.« Frauen hatten sich in der Öffentlichkeit nicht mit gespreizten Schenkeln zu zeigen, ein solches Auftreten galt in Europa bis ins 20. Jahrhundert als anstößig. Aber ritten Frauen wirklich nur im Damensitz? Pferd und Esel waren nicht so gut zu lenken, wenn an die Stelle des Schenkeldrucks die Gerte trat. Und nicht jedes Pferd war bereit, als sanfter Zelter einen holzversteiften Damensattel zu tragen. Und nicht jeder Frau, die weit zu reiten hatte, stand ein solcher Sattel zur Verfügung. Wenn es auf Sicherheit ankam, wurden wohl auch im Abendland Schicklichkeitsfragen hintangestellt. Nach Ausweis der Bilderchronik vom Romzug Heinrichs VII. ritt die Königin in den Alpen jedenfalls im »Herrensitz«.

REISEN ZU WASSER UND ZU LANDE

Landverkehr

Vom Goldenen Meilenstein auf dem Forum Romanum gingen in der Blütezeit des Römischen Reiches etwa 5000 Kilometer Straßen aus; über ein vergleichbar gutes Straßennetz verfügten manche europäische Staaten erst seit dem 18. Jahrhundert. Wie die Römerstraßen im Idealfall aussahen, beschreibt Plutarch: Gaius Gracchus war beim Straßenbau auf Nutzen, Schönheit und Bequemlichkeit bedacht. »In schnurgeraden Linien durchliefen die Straßen das Gelände, sie wurden mit behauenen Steinen gepflastert oder mit Sandaufschüttungen bedeckt, die dann festgestampft wurden. Vertiefungen wurden ausgefüllt; wo Gießbäche oder Schluchten das Gelände durchschnitten, baute man Brücken, und da man beide Ufer gleichmäßig erhöhte, gewann die ganze Anlage ein ebenmäßiges, erfreuliches Aussehen.« Meilensteine markierten die Strecken; Trittsteine, in geringerem Abstand auf beiden Seiten der Straße gesetzt, erleichterten den Reitern das Aufsteigen ohne fremde Hilfe.

Diese Straßen kompensierten die geringe Zahl der Truppen, konnten doch die Vorteile der inneren Linie ausgenutzt werden: schnell war eine Legion vom Rhein an Donau oder Euphrat verlegt. Für den Zivilverkehr waren diese Straßen nicht gebaut; für Wagen und Zugtiere waren sie auch deshalb weniger geeignet, weil ihre Oberfläche bei Feuchtigkeit schlüpfrig wurde, die Zugtiere leicht ausglitten und die unbeschlagenen Hufe der Tiere sich schnell abnutzten. Ein weiterer Nachteil zeigte sich während der Völkerwanderung: Waren die Grenzbefestigungen erst einmal genommen, so luden die Straßen die Eindringlinge zu schnellem Vormarsch ins Innere des Reiches ein. Als Einfallschneisen möglicher Feinde ließ man die Römerstraßen daher in der Spätantike in Grenzgebieten (nicht im Innern Galliens, Italiens, Spaniens) vielfach verfallen oder benutzte sie als Steinbrüche. Gutshöfe wurden weit von ihnen entfernt angelegt und durch ein neuentstehendes Wegenetz miteinander verbunden. Da mit der Straße das Land vermessen worden war, dienten die Römerstraßen oft als Grenze (›limes‹ kann ›Grenze‹ und ›Straße‹ bedeuten). An einer alten Römerstraße in England, der Watling Street, schieden sich die Reiche Alfreds des Großen und des Dänenkönigs Guthrum.

Trotz Desinteresses am Straßenbau waren in den frühmittelalterlichen Reichen die weltliche und die geistliche Macht sowie die Kaufleute an guten Verkehrsverbindungen interessiert; nur so ließen sich Ordnung und Herrschaft aufrechterhalten, nur so waren Ideen und Waren zu verbreiten. Aber Krieger, Missionare und mit Luxusgütern handelnde Fernkaufleute kamen mit schmalen Wegen aus, über die Menschen und Reittiere gehen konnten. Sturmi, Abt von Fulda, zog im 8. Jahrhundert mit seinem Esel durch die weglose Wildnis im Gebiet von Fulda. Jeden Abend war er gezwungen, Bäume zu fällen und aus ihnen einen Zaun zu errichten, um sein Reittier vor wilden Tieren zu schützen. Angesichts solcher Wegeverhältnisse war den meisten Reisenden schon gedient, wenn sie sicher von einem Ort zu einem anderen gehen oder reiten durften – unabhängig davon, ob es einen gebahnten, geschweige denn ausgebauten Weg gab.

Anhand der Orts- und Datumsangaben in Urkunden, Annalen, Chroniken lassen sich die Etappen in Herrscheritineraren oft recht genau rekonstruieren; doch weiß man auch dann über den genauen Verlauf und die Beschaffenheit des Weges nicht viel. Die Altstraßenforschung weist noch viele Lücken auf: Spuren im Gelände sind ebenso zu deuten wie Flurnamen, Hinweise auf Raststationen oder Gasthäuser, archäologische Reste, alte Karten, der Befund des Luftbildes u. a. Und selbst wenn man einen »alten« Weg entdeckt hat, ist es oft schwer auszumachen, ob schon Karl der Große oder erst Gustav Adolf über ihn gezogen ist. Denn Wege haben noch häufiger ihren Verlauf geändert als Flüsse; es reichte schon, daß ein neuer Zoll erhoben oder eine Brücke gebaut wurde, und vordem bedeutende Straßen wurden wieder unter den Pflug genommen. Mit der gewaltsamen Verlegung der Isarbrücke von Oberföhring fünf Kilometer flußaufwärts nach München schuf Herzog Heinrich der Löwe 1158 eine wichtige Voraussetzung für das Aufblühen der Isarstadt seit dem 12. Jahrhundert.

Über Bäche war für Fußgänger bestenfalls ein Balken gelegt, sonst durchwatete man sie, wie auch die Furten von Flüssen. Hier mußte man schon froh sein, wenn ein von einem Ufer zum anderen gespanntes Seil der Hand notdürftig Halt bot. Denn das Wasser konnte den Passanten auch bis über den Scheitel reichen. Bei Hochwasser bildeten schon kleine Flüsse unüberwindliche Hindernisse. Bau und Unterhaltung von Brücken waren kostspielig. Die Einrichtung von Fähren war nur sinnvoll, wenn ein Fährmann und seine Familie vom Fährbetrieb leben konnten. Es gab allerdings auch Fälle, in denen Fährleute sehr genügsam waren oder von eigenem Vermögen leben konnten; in dieser Hinsicht enthalten Legenden von Fährleuten einen historischen Kern: Christophorus trug Reisende durch einen Fluß; Julian sühnte den Mord an seinen Eltern durch den Fährdienst am Fremden.

Auch die »Straßen« genannten Wege dürften im allgemeinen nicht mehr als vier bis fünf Meter breit gewesen sein, so daß sich zwei Gefährte begegnen konnten. Vorsorgende Straßenunterhaltung gibt es – von Ausnahmen abgesehen – in Mitteleuropa erst seit dem ausgehenden 18., beginnenden 19. Jahrhundert; bis dahin wurden Schlaglöcher notdürftig mit Erde und Reisig aufgefüllt. Solche Wege hatten gegenüber den gepflasterten römischen Straßen sogar Vorteile: Sie waren weniger frostempfindlich, leicht instandzuhalten und boten eisenbeschlagenen Zug- und Reittieren besseren Halt.

Straßen verliefen im allgemeinen nicht auf der versumpften, von Flußschlingen durchzogenen Talsohle, weil hier mit jedem Hochwasser Gefahr und Schaden für etwaige Kunstbauten drohten. Zudem fürchtete man die schlechte Luft: Man wußte nicht, daß Mücken die Malaria übertragen; aber man blieb stehenden Gewässern möglichst fern. Auch deshalb wurden Straßen oberhalb der Talsohle bzw. am Fuß von Gebirgen angelegt, z. B. am Fuß von Schwarzwald, Vogesen und Appenin (Via Emilia Piacenza-Rimini), oder der uralte, schon von Karl dem Großen genutzte Hell(Salz)weg, die spätere Reichs- und Bundesstraße 1, am Fuße des Haarstranges, weit oberhalb des versumpften Lippetales. Hier folgen in die Zeit der fränkischen Eroberung zurückreichende Etappenorte einander wie die Perlen einer Schnur, im Abstand von höchstens einer Tagereise: Im

9. Jahrhundert konnten der reisende König und seine Beauftragten, später alle Reisenden sicher sein, in Steele, Bochum, Dortmund, Wickede, Werl, Soest, Erwitte usf. Unterkunftsmöglichkeit, Werkstätten und Vorräte, vor allem aber Trinkwasser für sich und ihr Reittier vorzufinden.

In dem Maße, wie sich Handel und Verkehr belebten, etwa seit der Jahrtausendwende, berichten die Quellen vereinzelt, dann immer häufiger vom Straßenbau durch kirchliche und weltliche Machthaber. Straßen- und Brückenbauer wurden gelegentlich sogar heiliggesprochen – wie ein Dominikus, der einen Teil des Pilgerweges nach Santiago de Compostela befestigen, oder ein Benedikt, der bei Avignon eine Rhônebrücke bauen ließ. Bischof Benno von Osnabrück ließ »durch einige Sümpfe, deren es in diesen Gegenden viele gibt, trockene und schön geebnete Reisewege« anlegen. »Geebnet« mußten seit der Jahrtausendwende Wege sein, auf denen schwere, zerbrechliche Lasten transportiert werden sollten, z. B. Steine zum Bau der zahlreichen neuen oder erweiterten Kirchen, später auch der Paläste und Brücken. Um Wagen und Räder zu entlasten und die Straße zu schonen, wurden die Steine möglichst schon im Steinbruch zugehauen; mit dem bei der Bearbeitung anfallenden Schotter füllte man Schlaglöcher auf. So verfuhr noch Michelangelo, als er 1518/19 eine Straße zum Transport von Marmorblöcken bauen ließ.

Das Zusammentreffen mehrerer Verbesserungen in der Zeit um die Jahrtausendwende lief auf eine Revolution im Verkehrswesen hinaus, eine Revolution auf leisen Sohlen allerdings. Dem Reisenden standen zur Verfügung: In der Landwirtschaft abkömmliche Reit- und Zugtiere; angemessene Anschirrung; Hufeisen; bessere Wagen; relativ ausgebaute Wege; eine zunehmende Zahl von Brücken. Verbesserungen im Verkehrswesen und in anderen Bereichen bedingten sich wechselseitig: Mehr Menschen konnten auch deshalb zu günstigeren Kosten ernährt werden, weil Nahrungsmittel preiswerter hergestellt und mit geringerem Energieeinsatz und Materialverschleiß in die aufstrebenden Städte transportiert werden konnten.

Bis ins 19. Jahrhundert ging die Masse des Volkes zu Fuß, weil sie sich nichts Besseres leisten konnte. Viele Menschen reisten gar bar-

48

Rodung und Brückenbau. Rodung kam auch den Reisenden zugute, drohten im Wald doch Räuber, Mörder und wilde Tiere. Im Bild verbindet eine Straße zwei Städte. Während man Straßen oft erst im 18./19. Jh. dauerhaft befestigte, wurden Brücken – z. B. die Steinerne Brücke in Regensburg – schon früh gepflastert.

fuß, aus Armut, wegen der Hitze und des unbequemen Schuhwerks, oder zur Buße. Wohlhabende gingen nur dann zu Fuß, wenn sie sich mit Schwachen identifizieren, Demut bekunden oder das Gespräch mit den Menschen suchen wollten. Beda berichtet, Bischof Aidan († 651) sei in Stadt und Land zu Fuß gereist, es sei denn, ein schwerwiegender Grund hätte ihn zu reiten gezwungen. »Begegneten ihm unterwegs Menschen, gleich ob hoch- oder niedriggestellt, so blieb er stehen und unterhielt sich mit ihnen. Waren es Heiden, so redete er auf sie ein, sich taufen zu lassen; waren es Christen, so kräftigte er ihren Glauben und gab ihnen mit Wort und Tat das Beispiel zu einem guten Leben und zur Wohltätigkeit anderen gegenüber.«

Mit dem Wagen zu reisen galt als unmännlich, sicher auch deshalb, weil er trotz mancher Verbesserung unbequem blieb; auf Wagen reisten Frauen und nur die Männer, die es nicht anders konnten: Alte, Kranke – und gefangene Verbrecher. Der vornehme weltliche oder kirchliche Herr ritt hoch zu Roß. War er alt, krank oder wollte er auffallen, so ließ er sich in einer Sänfte tragen. Welches Aufsehen diese noch in der Mitte des 12. Jahrhunderts erregte, zeigt die Lebensbeschreibung eines Trierer Erzbischofs: 1148 erschien Albero auf einer Synode in Reims »in solcher Pracht, daß alle Mund und Augen aufrissen. Er saß nämlich in einer ledernen, innen mit feinem Linnen ausgeschlagenen und von zwei Pferden getragenen Sänfte.«

VORBEREITUNGEN

Reisen wurden um so länger und sorgfältiger vorbereitet, je höher der Reisende auf der gesellschaftlichen Leiter stand: Ein König oder Papst plante im allgemeinen von langer Hand seine Reiseroute; Menschen und Institutionen, auf deren Hilfe er angewiesen war, sollten sich vorbereiten, Einheimische und Fremde sollten wissen, wo sie ihn unterwegs erreichen konnten.

Was sollte man an Gepäck mitnehmen? Für alle, besonders für den Fußreisenden galt: so wenig wie möglich. Marco Polo berichtet, der Tatarenreiter habe zwei Lederflaschen für Trinkmilch, einen Topf zum Kochen von Fleisch und ein kleines Zelt gegen den Regen mit sich geführt. Ein Zelt war für die meisten Reisenden sicher schon zu schwer; fand man keine Scheune, in der man übernachten durfte, so suchte man eine wind- und regengeschützte Stelle, wickelte sich in seinen Mantel und versuchte zu schlafen. Pilger – Prototypen des mittelalterlichen Reisenden – werden oft folgendermaßen dargestellt: Bekleidet sind sie mit einem langen Mantel, der nachts als Decke dient; einem breitkrempigen Hut, der das Gesicht vor der Sonne schützt und dafür sorgt, daß der Regen nicht in den Nacken läuft; mit Strümpfen und mehr oder weniger soliden Schuhen; ferner einer Tasche, in der Ausweis- und andere Papiere geborgen sind, sowie ein paar Münzen (gelegentlich auch sehr viel Geld!), ein kleiner Vorrat an Nahrung und andere Habseligkeiten; in der Hand hat der Wallfahrer einen Stab, auf den er sich im Gebirge und beim Durch-

Zwei Jakobspilger unterwegs. Aus einem Pilgerführer, Leipzig 1521.

waten von Flüssen gegen die Strömung stützt, mit dem er schmale Bäche überspringen und sich vor angriffslustigen Tieren schützen kann. Dazu kamen ein (Tisch-)Messer, vielleicht ein Lederbecher, Steine, um Feuer schlagen zu können, auf dem unterwegs in einem Netz gefangene Fische gebraten wurden. Ein Empfehlungsschreiben an Verwandte und Bekannte konnte viel Gepäck ersetzen; ebnete es den Weg zu kostenlosem Essen, Trinken, Unterkunft, Überfahrt auf Fähren usf., so war es soviel wert wie ein »Tischlein deck dich!«, von dem Reisende oft genug geträumt haben werden. Ein solches Schreiben ersetzte auch Bargeld und Wertgegenstände; Räuber waren an schriftlichen Dokumenten nicht interessiert.

Regelmäßige Niederschläge und ausgedehnte Wälder sorgten dafür, daß der Reisende in Mitteleuropa im allgemeinen ohne große Schwierigkeiten seinen Durst stillen konnte. Erwachsene brauchen normalerweise zweieinhalb Liter Wasser am Tag; ein Teil dieser Menge ist in der Nahrung enthalten. Bei schwerer Arbeit oder großer Hitze steigt der tägliche Bedarf auf fünf bis dreizehn Liter an. Bei Belagerungen und während der Kreuzzüge lernten auch Reisende aus Mitteleuropa, was Durst heißen kann. Einzelreisende führten meist einen kleinen Wasservorrat mit sich, in ausgehöhlten Kürbissen oder in Tierblasen, in Steinkrügen oder Glasflaschen; als bruchsichere Behälter von nur geringem Eigengewicht empfahlen sich Lederschläuche zum Transport von Trinkwasser für Gruppen, zumal in südlichen Breiten. Auch in Mitteleuropa mußte man einen Blick dafür haben, wo mit Trinkwasser zu rechnen sei; beiläufig erwähnt Ekkehard in seinen St. Galler Klostergeschichten, wie die Mönche seines Klosters beim Bau einer Schutzburg gegen die Ungarn vorgingen: »Dort, wo vorher gewöhnlich die Binse wuchs, gruben sie einen Brunnen sehr tief hinab, überzeugt, Wasser zu finden, und fanden auch das allerreinste.« Beda berichtet in seiner Kirchengeschichte von einer ungewöhnlich menschenfreundlichen Maßnahme: In den 620er Jahren machte der angelsächsische König Edwin sich den Reisenden dadurch nützlich, daß er unterwegs an den Brunnen Schöpfgefäße befestigen ließ, wie man sie heute wieder mancherorts sehen kann. Auch wegen der Trinkwasserversorgung waren Schiffe gezwungen, regelmäßig Land anzusteuern. Hatte man Trocken- oder Wüstengebiete zu durchqueren, so mußte die Versorgung mit Trinkwasser sorgfältig und langfristig geplant werden.

An Nahrung waren Brot und Käse gefragt, mit denen man den Bedarf an Kohlehydraten und tierischem Eiweiß sowie Fett decken konnte. Einen Käse hat auch das tapfere Schneiderlein als Wegzehrung eingesteckt. Von Nüssen wurde schon im Zusammenhang mit den Jahreszeiten gesprochen.

Schiffbare Flüsse begünstigen Handel und Wandel in Europa. Bis ins 19. und 20. Jahrhundert schlängelten sich die Flüsse – wie die Loire heute noch – zwischen Inseln und Sandbänken hin. Trotz geringer Fahrtiefe waren auch Gewässer für den Reisenden nutzbar, die uns heute unbedeutend erscheinen mögen, z. B. die Ill zwischen Colmar und Straßburg. Einbäume aus Eichen- oder Kiefernstämmen, wie sie auch in Europa noch im 20. Jahrhundert gebaut wurden, Boote, Lastkähne und Flöße hatten einen nur geringen Tiefgang; dem entsprach die Ladekapazität von oft nicht mehr als dreiviertel Tonnen – soviel wie ein Ochsenkarren faßte.

Was das mittelalterliche Wasserstraßennetz zu leisten vermochte, sei am Beispiel der heutigen Schweiz veranschaulicht. Der Weg von der Nordsee über Rhein, Aare, Rhône bis zum Mittelmeer war bis auf etwa 30 Kilometer (bei schätzungsweise 2000 Stromkilometern) schiffbar: Man reiste rheinauf bis Waldshut, bog bei Koblenz in die Aare ein und kam über den Bieler zum Neuenburger See; dessen südwestlicher Zipfel liegt etwa eine Tagereise vom Genfer See entfernt; über diesen konnte man dann rhôneabwärts zum Mittelmeer fahren. Wollte man nach Oberitalien, so bog man zwanzig Kilometer aareaufwärts in die Limmat ein und fuhr durch den Zürich- und den Walensee bis nach Walenstadt; oder aare- und reußaufwärts, an Luzern vorbei durch den Vierwaldstätter See bis nach Flüelen; oder arreaufwärts, an Bern vorbei durch den Thuner- bis in den Brienzer See. Jenseits der Alpen boten sich die oberitalienischen Seen als Erholungsstrecke für die Strapazen des Alpenübergangs an. Ein großer Teil der westlichen und mittleren Schweiz war verkehrsmäßig an die großen Wasserstraßen Rhein und Rhône angebunden; weitere Flüsse waren flößbar. Von einer Tagereise abgesehen, konnte man mit dem Schiff vom Rhein- zum Rhônedelta reisen.

Das heißt nicht, daß man ununterbrochen an Bord blieb. Auf einem schmalen, schwankenden Kahn hatte man kaum Bewegung. Man wird sich daher gern gelegentlich die Füße vertreten haben, mindestens abends, wenn man an Land übernachtete. Bei Niedrig-

wasser (vor allem im Sommer, der Hauptreisezeit), an Wasserschei-
den, Stromschnellen und Wasserfällen wurde das Boot ausgeladen
und über Land gezogen oder getragen, wie es Wikinger zwischen
Dnjepr und Düna, Kaufleute zwischen Nord- und Ostsee, die Türken bei der Belagerung von Byzanz 1453 und die Pioniere im Westen
Amerikas im 18. und 19. Jahrhundert taten. Man nimmt an, daß bei
Haithabu in Schleswig, an der Nahtstelle von Ost- und Nordsee,
schon eine Art von Container bekannt war, damit die Fracht schnell
und warenschonend umgeladen werden konnte. Bei unbestreitbaren
Vorteilen hatte das Überlandtragen oder -schleifen von Schiffen auch
Nachteile: Reisende verloren Zeit; in nicht befriedeten Landstrichen
waren sie – wie die Nordmänner an den Stromschnellen des Dnjepr –
Angriffen der Einheimischen ausgesetzt. Andererseits garantierten
Stromschnellen und andere Hindernisse langfristig Arbeitsplätze.
Schaffhausen dürfte seinen Aufstieg zu einer bedeutenden Stadt der
Tatsache verdanken, daß am Rheinfall die Schiffe ausgeladen und die
Waren ein Stück über Land transportiert werden mußten; in Rußland
bildete sich eine eigene, selbstbewußte Genossenschaft derer aus, die
die Schiffe der Novgorodfahrer über die Stromschnellen des Wol-
chow zogen.

Flußabwärts ließ man die Boote treiben. Gesteuert wurde das Boot
von einem Schiffer im Bug mit einem Stechpaddel. Daß man schon
durch die Strömung recht schnell vorankam, sei an folgender Über-
legung verdeutlicht: Der Rhein fließt heute bei Straßburg mit einer
Geschwindigkeit von 2,15 Meter pro Sekunde bei Mittelwasser. Früher strömte der Fluß langsamer; er ergoß sich in zahlreichen Flußar-
men talwärts, wie man sie in den Rheintalauen heute noch sieht; allein
zwischen Karlsruhe und Mannheim wurde der Rheinlauf durch die
Tullasche Rheinkorrektion um 50 Kilometer verkürzt. Rechnet man
mit einer Geschwindigkeit von zwei Metern pro Sekunde, so ergibt
sich eine Stundengeschwindigkeit von etwas über sieben Kilometern; theoretisch hätte man bei dieser Geschwindigkeit in vierundzwanzig Stunden gut 170 Kilometer zurücklegen können. Ob solche
Werte je erreicht wurden, sei dahingestellt; immerhin ließ die Reise
sich durch Rudern, Staken und Segelsetzen beschleunigen, und in
hellen Sommernächten konnte man Tag *und* Nacht fahren. Schiffer

Getreideltes Schiff. Aus dem sog. Kleinen Ursula-Zyklus, Köln 1450–1460. Die hl. Ursula und ihre Gefährtinnen reisen zu Schiff nach Köln. Ihr Boot wird getreidelt: zwei Pferde (beim rechten ist das Kummet zu erkennen) ziehen an einem langen Seil das Schiff, das ein Mann auf dem Heckkastell auf Kurs hält. Der Reisende erkennt die Stadt von fern nicht nur an der charakteristischen Silhouette, sondern auch an den drei Kronen, die gleich zweimal zu sehen sind: auf der am Bayen-Turm aufgezogenen Fahne und an dem am Stadttor prangenden Wappen. Auf der Stromseite reicht die Mauer nicht bis ans Wasser; vielmehr hat man einen Streifen unbebaut gelassen, wegen der Hochwasser und damit Schiffe getreidelt sowie be- und entladen werden können.

überwanden auf ihnen bekannten Strömen in kurzer Zeit große Entfernungen: Liutprand von Cremona legte 943 die Strecke Pavia–Venedig in drei Tagen zurück, mindestens 320 Kilometer Wasserweg auf Po und Adria. Ein Boot schaffte einmal die Strecke Metz–Trier in einer Nacht; zu Lande hätte man mindestens zwei Tagereisen rechnen müssen. Karl der Große fuhr gelegentlich an einem Tag von Ingelheim bis Koblenz, Friedrich Barbarossa 1152 nach seiner Wahl zum König in einem oder anderthalb Tagen von Frankfurt über Rhein und Main bis Sinzig (135 km). Die Unfreien der Ingelheimer Pfalz waren anschließend sicher eine Woche unterwegs, um die Boote Karls wieder in ihren »Heimathafen« zurückzutreideln. Ein flacher Lastkahn brauchte auf der Rhône von Lyon bis Avignon zwei bis fünf Tage (200 km Luftlinie); das Treideln zurück erforderte dagegen etwa einen Monat!

Flußaufwärts wurde gesegelt (noch zu Anfang des 20. Jahrhunderts zählte die britische Handelsflotte auch Binnen-Segelschiffe), gerudert (wie bei der Überführung der Leiche des Bonifatius rheinaufwärts), gestakt oder getreidelt: Pferde, Ochsen oder Menschen zogen das von einem Mann auf Kurs gehaltene Boot an Seilen; Pferde mochten dabei auf Tagesleistungen von 15–20 Kilometer kommen, Ochsen und Menschen schafften weniger. Unfreie – und das war der größte Teil der Bevölkerung – waren zu Abgaben und Leistungen an ihre Herrschaft verpflichtet. An einem Fluß lebende Unfreie hatten dann eventuell Pferde oder sich selber zum Treideln von Schiffen zu stellen.

Die Vorteile der Binnenschiffahrt für Verkehr und Handel waren so offenkundig, daß man schon in der Antike natürliche Wasserläufe durch Kanäle zu einem Wasserstraßennetz ausgebaut hat. Nach Tacitus wollten die Römer Saône und Mosel durch einen Kanal verbinden. Jahrhunderte später faßte Karl der Große die Kräfte seines Reiches zum Bau eines Main-Donau-Kanals zusammen. Nach umfangreichen Arbeiten, deren Spuren noch heute im Gelände zu sehen sind, wurde das Vorhaben aufgegeben, zumal kein Zweifrontenkrieg gegen Sachsen und Avaren mehr drohte. Im Spätmittelalter nahm der Verkehr so zu, daß auch Kanalbauten lohnten. Ein Vorläufer des 1895 eingeweihten Nord-Ostseekanals, der Stecknitzkanal zwischen Lübeck und der Elbe, wurde 1398 fertiggestellt. Welche Hilfe er für die Schiffahrt bedeutete, wird schon daran deutlich, daß ein Abschnitt an der Nordwestküste Jütlands den Namen »Jammerbucht« trägt.

Zu Wasser reiste man im allgemeinen nicht nur schneller, sondern auch bequemer und billiger als zu Lande. Wenn Bonifatius über Rhein, Ijssel und Zuidersee nach Friesland gefahren ist, dann sicher auch deshalb, weil das Reisen auf einem Flußschiff für einen alten Mann bequemer war. Massengüter wie Getreide, Wein, Salz, deren Transportkosten zu Lande den Wert der Ladung oft schon nach wenigen Tagen überstiegen, ließen sich preisgünstig auf Schiffen über große Strecken befördern.

Der Transport zu Wasser war auch deshalb verhältnismäßig preisgünstig, weil man lange Zeit ohne kostspielige Kunstbauten auskam. Beim Landverkehr forderte die Unterhaltung von Straßen und Brükken, so sehr beide oft genug vernachlässigt waren, ja laufende Unterhaltungsarbeiten. Als Landeplätze für Binnenschiffe reichten im allgemeinen Schuttkegel bei der Einmündung kleinerer Gewässer in den Strom oder in das Meer. Die Schiffe landeten durch Auflaufen; eine Klappe, die am Bug geöffnet wurde, erleichterte das Ausladen; ähnlich gebaute Schiffe wurden noch 1944 bei der Landung der Alliierten in der Normandie verwendet.

Unschlagbar preiswert waren Personen und Waren dann zu befördern, wenn man in erster Linie Holz flußabwärts führen wollte, in Gegenden, in denen die Wälder schon abgeholzt waren oder in denen es Holz der gefragten Qualität nicht gab. Am Ende der Reise – im Rheindelta etwa – wurde das Floß auseinandergenommen und das Holz verkauft; anschließend reisten die Flößer zu Fuß in ihre Heimat zurück. Es ist bezeichnend, daß das Holz für die 1962 bei Baggerarbeiten am Unterlauf der Weser entdeckte, um 1380 gebaute Hansekogge aus dem hessischen Bergland stammt, also wahrscheinlich fulda- und weserabwärts geflößt worden ist. Flößern brachte der Personentransport bis ins 19. Jahrhundert willkommene zusätzliche Einnahmen. Einfache Kajüten auf den Flößen boten den Passagieren ein Minimum an Schutz vor Wind und Wetter.

Ganz ungefährlich war das Reisen auf den Flüssen nicht. Die noch nicht regulierten Flußläufe waren länger und flacher als heute; größere Ströme änderten oft von einem Jahr zum anderen ihren Lauf, so daß die Schiffer sich immer wieder neu zurechtfinden mußten. Daher konnte ein Schiff leicht auflaufen und sinken. Nicht von ungefähr rühmen die Quellen – etwa die Lebensbeschreibung Karls des Großen und die Alberos von Trier oder die Grettirsaga – die Schwimmkünste ihrer Helden. 1062 wurde ein Flußschiff zu einem Staatsstreich gebraucht. Der deutsche Königshof hielt sich auf der Rheininsel Kaiserswerth auf. Nach dem Bericht Lamperts von Hersfeld lud Erzbischof Anno von Köln den zwölfjährigen König Heinrich IV. auf eines seiner prächtig hergerichteten Schiffe ein; nichtsahnend ging Heinrich an Bord. »Kaum aber hatte er das Schiff betreten, da umringen ihn die vom Erzbischof angestellten Helfershelfer seines Anschlags, rasch stemmen sich die Ruderer hoch, werfen sich mit aller Kraft in die Riemen und treiben das Schiff blitzschnell in die Mitte des Stroms. Der König, fassungslos über diese unerwarteten Vorgänge und unentschlossen, dachte nichts anderes, als daß man ihm Gewalt antun und ihn ermorden wolle, und stürzte sich kopfüber in den Fluß, und er wäre in den reißenden Fluten ertrunken, wäre dem Gefährdeten nicht Graf Ekbert trotz der großen Gefahr, in die er sich begab, nachgesprungen und hätte er ihn nicht mit Mühe und Not vor dem Untergang gerettet und aufs Schiff zurückgebracht. Nun beruhigte man ihn durch allen nur möglichen freundlichen Zuspruch und brachte ihn nach Köln. Die übrige Menge folgte zu Lande nach.« Gefahren, wie sie dem Schiffer drohen, sind in die Sage von der Loreley eingegangen; erst 1832/34 wurde bei Bingen eine tiefere Rinne für die Schiffahrt in das Strombett gesprengt; bei Niedrigwasser sieht man noch heute die Riffe.

Was für das Reisen allgemein galt, galt auch für die Fluß- und Seeschiffahrt: Störender als die von der Natur drohenden Gefahren waren die Hindernisse, die Menschen dem Reisenden in den Weg legten. Konkurrierende Nutzungswünsche mußten austariert werden: Jede Brücke war dem Landverkehr willkommen, aber Brückenpfeiler bedrohten die Schiffahrt, da sie flußauf- bzw. flußabwärts zu Wasserstau und Strudeln führten. Brücken wurden bewußt so gebaut, daß man den Fluß leicht sperren konnte, z. B. im 9. Jahrhundert die Seine bei Paris gegen angreifende Wikinger. Auch sollte der Fluß nicht nur als Transportmittel, sondern als Nahrungs-, Energie- und Einnahmequelle dienen. Fischer spannten ihre Netze über den Strom; in den Fluß gebaute Wehre sollten Mühlen mit gleichmäßig, kräftig fließendem Wasser versorgen; geistliche und weltliche Obrigkeiten erwiesen sich als phantasiebegabt, wenn es darum ging, verschiedene Nutzungsarten eines Flusses mit Abgaben zu belegen; sie ließen deshalb den Strom mit Seilen oder Ketten sperren. 1157 klagt Kaiser Friedrich Barbarossa, Bürger und Kaufleute hätten sich bei ihm darüber beschwert, »daß von Bamberg bis Mainz auf dem Main an recht vielen Stellen neue, nicht herkömmliche und jeden Rechts entbehrende Zölle von den Kaufleuten gefordert und bei dieser Gelegenheit die Kaufleute recht häufig ausgeplündert werden.« Mit Rat und Zustimmung der Fürsten wurde allen Zolleinhebern eine Frist gesetzt, bis zu der sie ihr Recht nachweisen sollten; da sich auf einem ordnungsgemäß anberaumten Hoftag niemand von den neuen Zollherren einfand, wurden »aufgrund eines Rechtsspruchs der Fürsten alle Zölle von Bamberg bis Mainz für immer und ewig verurteilt«, ausgenommen die von Neustadt, Aschaffenburg und Frankfurt. Kraft kaiserlicher Vollmacht verfügt Barbarossa, »daß sich niemand herausnehmen soll, die Kaufleute, die mainaufwärts fahren oder auf dem Flußufer, das bekanntlich ein königlicher Weg ist, ein Treideltau ziehen, jemals unter dem Vorwand eines Zolls oder sonstwie zu behindern«. Wie selbstverständlich nimmt der Kaiser auch die Treidelwege als königliche Wege (via regia) in Anspruch; wer hier Unrecht tut, unterliegt dem Gericht des Königs.

Was dem zivilen Reisenden zugute kam, begünstigte auch den Feind. Im 9. Jahrhundert ist immer wieder von Einfällen der Wikinger bis tief ins Karolingerreich die Rede: Arles und Valence an der Rhône, Angers und Tours an der Loire, Rouen und Paris an der Seine, Lüttich an der Maas, Köln, Bonn und Mainz am Rhein, Trier an der Mosel wurden geplündert oder eingeäschert; nicht besser erging es Prüm, Stablo, Aachen, die weiter entfernt von Flüssen liegen. Diese Plünderungen führten Herrschern und Beherrschten drastisch vor Augen, daß kühn zupackende, abenteuerlustige, skrupellose Männer mit hochseetüchtigen Schiffen oft schneller ins Binnenland gelangten, als Boten die Schreckensnachricht übermittelten, so daß die überrumpelten Opfer nicht an Gegenwehr denken konnten.

Seeschiffahrt

In mancher Hinsicht bot die Seeschiffahrt noch größere Vorteile als die Flußschiffahrt: Bei günstigem Wind legte man in kurzer Zeit Strecken zurück, von denen der Landreisende nur träumen konnte.

Damit erklärt es sich, daß immer wieder Einzelmenschen, Gruppen und Völker Chancen nutzten, die die Seefahrt ihnen eröffnete. Zur Zeit der Völkerwanderung bewiesen Bewohner des Binnenlandes oft eine erstaunliche Lern- und Anpassungsfähigkeit. Die Vandalen hatten weite Teile Europas durchzogen, bevor sie mit 20 000

Kriegern und vermutlich 80 000 Köpfen 429 die Straße von Gibraltar überquerten und in Nordafrika ein Reich gründeten, das große Teile des westlichen Mittelmeerraumes beherrschte. Ähnlich schnell waren im 7. und 8. Jahrhundert Araber mit dem Meer vertraut, wie Byzantiner, Langobarden, Römer und Franken schon bald erfahren mußten. Von Nordafrika und den Mittelmeerinseln aus machten Sarazenen (die in den Quellen oft mit Piraten gleichgesetzt werden) das Meer, Italien und Südfrankreich unsicher. Oft benutzte man die See aber nur notgedrungen, wie eine Bemerkung Adams von Bremen zeigt: Gewährsmänner hätten ihm versichert, es gebe Leute, die von Schweden aus auf dem Landwege bis ins Byzantinische Reich gezogen seien; »doch die Barbarenvölker dazwischen machen solche Reisen unmöglich, deswegen versucht man das Wagnis zu Schiff«.

Wie in anderen Bereichen hinterläßt auch in der Seefahrt das Alltägliche, Übliche keine Spuren: Millionen von Menschen haben im Mittelalter die Meere befahren, ohne daß wir von ihnen etwas wüßten; wer von ihnen Aufzeichnungen hinterlassen hat, äußert sich oft nicht zu Einzelheiten seiner Seereise. Daher seien hier »Hintergrundinformationen« zusammengestellt.

Der wichtigste Vorteil der Seeschiffahrt bestand bis zum Bau von Dampfschiffen darin, daß man eine billige Energiequelle optimal zu nutzen wußte. Segeln wird in einem modernen Seemännischen Wörterbuch definiert als »die Kunst, ein Schiff nur durch Ausnützung der Windkraft mit möglichst hoher Geschwindigkeit und auf allen physikalisch überhaupt möglichen Kursrichtungen vorwärts zu bringen.« Das Segel mußte so strapazierfähig sein, daß es nicht von einem plötzlichen Windstoß zerfetzt wurde; es sollte an Bord und an Land als Zelt dienen. Form und Größe des Segels, Zahl und Anordnung der Masten mußten durch lange Erfahrung bestimmt werden. Für zusätzlichen Antrieb konnten Paddel oder Ruder, Strömungen und Gezeiten sorgen. Wichtiger als solche Einzelheiten aber waren für den Seemann, wie der gesamte Bau, der hölzerne Rumpf, die Segel und die Takelage auf See zusammenarbeiteten. Tausende von Holzstückchen, die nur durch hölzerne Dübel und Eisenbolzen zusammengehalten waren, mußten Wind und Wellen von ständig wechselnder Stärke trotzen.

Das zum Schiffbau nötige Holz war oft nur schwer zu finden, zumal für Masten und Kiel große Stämme gebraucht wurden. Nähte und Fugen zwischen den Planken wurden mit Werg (Abfallprodukt beim Hecheln des Flachses) abgedichtet, der Rumpf mit Teer (aus natürlichen Pechvorkommen oder Birkenholz) gegen Fäulnis, Verwitterung und Holzwurm geschützt.

Berichte von Schiffbrüchigen zeigen, daß Schiffsbesatzungen im allgemeinen über großes handwerkliches Geschick verfügten und in der Lage waren, aus einem gestrandeten Schiff ein oder mehrere Boote herzustellen; das gilt sowohl für die Nordlandfahrer im Hochmittelalter als auch für die portugiesischen Indienfahrer zu Beginn der Neuzeit.

Im Mittelmeerraum hielt sich von der Antike bis in die Neuzeit die ruder- und segelgetriebene Galeere neben eigentlichen Lastschiffen. In Irland und Schottland erwiesen sich Fischerboote aus mit Tierhaut bespanntem Weidengeflecht, sogenannte Koraklen, vom 4. bis 9. Jahrhundert als erstaunlich seetüchtig. Irische Mönche sind mit solchen Booten bis nach Island, vielleicht gar – wenn man der Brendansage folgt – bis nach Amerika gereist.

Seit dem 8. Jahrhundert wurde in Skandinavien das sogenannte Wikingerschiff immer mehr vervollkommnet. Aus dem offenen Ruderboot entwickelt, war es hochseetüchtig und auch für die Flußschiffahrt geeignet (Tiefgang bei voller Beladung nur ein Meter); wegen seines geringen Gewichtes konnte es über Land getragen werden. Bei einer Länge von 12–20, gelegentlich bis zu 25 Metern und einer Breite von höchstens fünf Metern dürfte es mit seinem großen trapezförmigen Segel eine Geschwindigkeit von maximal 11 Seemeilen (gut 20 km/h) erreicht haben. Bug und Heck waren praktisch gleich gebaut, deshalb konnte man leicht landen und ohne Wendemanöver wieder ablegen. Die Ruder erlaubten das Fahren bei Windstille, das Segel in gewissen Grenzen ein Kreuzen gegen den Wind. 1893 erwiesen sich bei einer Fahrt über den Atlantik mit einem nachgebauten Boot Seetüchtigkeit und vorzügliche Segeleigenschaften der nordischen Schiffe; es zeigte sich, daß das Schiff mit dem Steuerruder auf der rechten (daher Steuerbord) Seite leicht zu lenken war.

Von diesen Schiffen wurden vor allem zwei Typen gebaut: Trup-

Aus dem Teppich von Bayeux. Der Ausschnitt zeigt offene Truppentranspor-
ter, die die Krieger Herzog Wilhelms und ihre Pferde nach England übersetzen.
Die Schiffe tragen jeweils nur einen Mast, an dem das trapezförmige Segel an
einer Rahe befestigt ist. Durch die Löcher in der Bordwand wurden die Ruder
gesteckt, dank derer man auch bei Flaute oder gegen den Wind fahren konnte.

pentransporter mußten schnell sein, sie waren daher lang, schmal und
boten vielen Ruderern Platz. Aus Gräbern hat man Prunkschiffe für
78, ja für 120 Ruderer geborgen, die kaum repräsentativ für das Wikingerschiff sein dürften. Mit der Zahl der Ruderer stieg zwar die
Maximalgeschwindigkeit, doch mußte man häufiger die Wasser-
und Nahrungsvorräte ergänzen. Das Handelsschiff war breiter, bau-
chiger, kürzer, mit Stauraum für viel Ladung; um möglichst viel
Platz für Fracht und Passagiere zu haben, nahm man nicht mehr
Mannschaft als nötig an Bord und verzichtete bewußt auf alternative
Antriebsarten: Der Wind mußte genügen, bei längerdauernder Flaute
drohte der Tod durch Verdursten. Mit einem solchen Schiff könnte
Grettir von Island nach Norwegen gefahren sein. Herzog Wilhelm
von der Normandie fuhr Mitte des 11. Jahrhunderts zur Eroberung
von England mit Schiffen, wie sie den Wikingern seit Jahrhunderten
gedient hatten. Der Teppich von Bayeux zeigt zahlreiche konkrete
Einzelheiten dieser Schiffe: Da die Bordkante oft weniger als ein Meter über der Wasseroberfläche lag, wurden als Schutz gegen überkommendes Wasser die Planken mit Schilden besteckt; auch schnelle

Truppentransporter waren zum Transport von Pferden und Material geeignet.

Im Hochmittelalter wurde im Nord- und Ostseeraum dieser Schiffstyp allmählich durch andere Schiffsarten abgelöst, die sich aus Küstenschiffen entwickelt haben dürften und zu denen auch die sogenannte Hansekogge gehörte: Diese war nicht schneller, wohl aber größer und wirtschaftlicher als das Wikingerschiff; sie war dank des Heckruders leicht zu steuern und konnte eine fast zehnmal so große Ladung aufnehmen (für das 1880 gefundene Gokstad Boot schätzt man eine Wasserverdrängung von fast dreißig, für die Kogge von etwa 270 Tonnen). Halbdecks an Heck und Bug (hier hatte der Lotse seinen Platz) und das Hauptdeck schützten Passagiere und Waren besser gegen überkommendes Wasser. Die Halbdecks wurden mit Brustwehren weiter zu Kastellen ausgebaut und fest in den Schiffskörper integriert; dieses Schiff wurde Hulk genannt; es verdrängte seit dem Beginn des 15. Jahrhunderts im Norden die Kogge. Im Mittelmeerraum lernte man diese Schiffe Ende des 12. Jahrhunderts kennen, als eine englisch-französische Flotte 1188 Kreuzfahrer ins Heilige Land fuhr. Das nordische Schiff erregte Interesse wegen seines großen Laderaums, der einfachen Takelung, der niedrigen Mannschaftsstärke und der sich daraus ergebenden geringen Unterhaltskosten; dieser Schiffstyp wurde daher im Mittelmeerraum als Frachtsegler (Nao) übernommen. Auch diese Schiffe blieben noch recht klein, wie die, mit denen Ende des Mittelalters Kolumbus nach Amerika und Vasco da Gama nach Indien segelten. Die Kogge maß vielleicht 30 auf 8 Meter (Länge und Breite), das Flaggschiff des Kolumbus, die ›Santa Maria‹, vielleicht 23 auf 7, das kleinere der beiden Begleitschiffe, die wesentlich schnellere ›Niña‹ vielleicht 17 auf 6 Meter. Bei den unter dem Begriff »Karavelle« zusammengefaßten Segelfahrzeugen handelt es sich um unterschiedliche Typen. Unter Einbeziehung arabischer und nordeuropäischer Erfahrungen waren sie aus kleinen Handels- und Fischfangseglern der südwestlichsten (und windigsten) Ecke Europas weiterentwickelt worden.

Mit dem Bau von Schiffen, die den Gezeiten und der rauhen See des Atlantiks gewachsen waren, hatte das Mittelalter nicht nur Anschluß an die Schiffbaukunst der Antike gefunden, sondern diese in

63

mancher Hinsicht schon überholt; vergleichbare Fortschritte im Landverkehr ließen noch Jahrhunderte auf sich warten. Es gab sogar wieder ein gewisses Maß an Komfort, schon deshalb, weil die Schiffe nicht mehr offen waren. Die meisten Passagiere (und die Mannschaften) mußten sich zwar immer noch – so wie Grettir – im Vor- oder Hinterschiff, bei gutem Wetter an Deck einen Schlafplatz suchen, vielleicht auch erkämpfen; doch stellte man sich auf vielbefahrenen Strecken – z. B. zwischen Venedig und dem Heiligen Land – auch auf den wohlhabenden Wallfahrer ein: Dieser mietete eine oder mehrere Kabinen und Stauraum für Gepäck, Vorräte usf. im voraus; war das nicht möglich, so hatte William Wey einen Rat: »Besteigst du das Schiff, mache dich als erstes mit dem Kapitän gut Freund, auf daß du einen Platz in den Seitengängen des obersten Decks findest, denn drunten ist es stickig warm und dort stinkt es.«

Die theoretisch mögliche große Geschwindigkeit der Schiffe wurde fast nie erreicht. Denn bis in die Neuzeit fuhr man aus Sicherheits- und Bequemlichkeitsgründen nicht den idealen Kurs, sondern in Küstennähe bzw. von Insel zu Insel, in einer Abfolge von Bögen mit mehr oder weniger langen Aufenthalten in Häfen. Bei drohendem Sturm wollte man sich in den Schutz eines Hafens, mindestens in den Windschatten einer Insel oder eines Kaps flüchten. An Land fand man frisches Trinkwasser, Nahrung und Feuerholz, um ohne Gefahr für das Boot eine warme Mahlzeit zu bereiten; vielleicht konnte man sogar Abwechslung in den Speisezettel bringen, Seefisch durch Wild und Geflügel ergänzen; an Bord waren die Kochmöglichkeiten – wenn es sie gab! – primitiv. Auch war die Übernachtung an Land (weder Gestank noch am frühen Morgen aufsteigende Kälte und Nebel) bequemer. An Land ließen sich größere Schäden am Schiff ausbessern; hier fand man Werkholz für Bootskörper oder Steuer, ferner Lianen, Binsen u. ä., um die Planken zusammenzubinden oder das Segel zu flicken. Auf festem Land ließ sich schließlich die Position genauer bestimmen als auf einem schwankenden Schiff, wo Messungen der geographischen Breite zu Fehlern von bis zu 5 Grad geführt haben.

Verglichen mit den Mitteln, die in den Bau von Schiffen gesteckt wurden, tat man lange Zeit nur wenig für die Verbesserung der Infra-

64

struktur: Manche der von den Römern gebauten Leuchttürme standen zwar noch im Mittelalter, z. B. bei La Coruña in Nordwestspanien, oder bei Dover und Boulogne am Kanal; doch ist nicht sicher, ob sie gebraucht wurden. Zum Jahre 811 melden die Reichsannalen immerhin, Karl der Große habe den »von alters her« bei Boulogne stehenden Leuchtturm, »der den Seefahrenden die Richtung weisen sollte, wiederherstellen und auf der Spitze ein Nachtfeuer anzünden lassen«. Es muß offen bleiben, wieweit die Anordnung im Alltagsleben befolgt wurde. Im Mittelmeerraum unterhielt man Leuchtfeuer und ähnliche Hilfen besser als im Norden, schon deshalb, weil der größte Teil der Bevölkerung in unmittelbarer Küstennähe lebte, die Seefahrt daher für die Versorgung der Bevölkerung und den Verkehr wichtiger war als in den Ländern nördlich der Alpen. Das änderte sich mit der Zunahme des Reise- und Handelsverkehrs in Nord- und Ostsee. Besonders hohe, von weitem sichtbare Kirchtürme waren Ausdruck des Bürgerstolzes und Orientierungshilfe für den Seemann.

Noch nicht recht geklärt ist die Frage, wie die Wikinger auf hoher See navigierten. An erster Stelle müssen hier die auf vielen Seereisen erworbenen Erfahrungen des Steuermanns genannt werden, die durch Erzählungen von anderen Reisenden bereichert wurden. Vertrautheit mit der Natur war für den Seemann noch viel wichtiger als für den Landreisenden. Aufmerksam beobachtet wurden Wolken und Wind, Sonne und Sterne, Eigentümlichkeiten des Wassers (Farbe, Salzgehalt, Treibgut), Flora und Fauna; in seinem Schiffstagebuch schreibt Kolumbus, die Portugiesen hätten die meisten Inseln durch Beobachtung des Vogelfluges entdeckt; Zugvögel könnten den irischen Mönchen den Weg nach Island gewiesen haben. Man kannte aus Erfahrung den »Aktionsradius« von Vögeln und Fischen, wußte, ob Vögel auf dem Meer oder auf dem Land schlafen. Mindestens bis ins zweite vorchristliche Jahrtausend reicht eine Methode zurück, sich die Richtung zum nächstgelegenen Land durch eigens mitgenommene Vögel zeigen zu lassen; die bildenden Künste haben wiederholt Noah dargestellt, wie er die Taube aus der Arche entläßt. Der Kompaß, seit dem 10. Jahrhundert in China zur Navigation benutzt, wird im Abendland erstmals zum Jahr 1190 erwähnt; da technische Neuerungen von den literarisch gebildeten Chronisten oft ignoriert werden, kann man davon ausgehen, daß der Kompaß in Europa schon früher, vielleicht sogar schon von den Wikingern benutzt wurde. Man fragt sich, ob diese vielleicht sogar eine bessere Orientierungshilfe gekannt haben, die bewußt geheimgehalten oder im Laufe der Jahrhunderte vergessen worden ist; es ist nämlich auffällig, daß sie bei ihren Fahrten von Norwegen nach England offensichtlich ohne sonderliche Schwierigkeiten ihren Kurs halten konnten, um an einer bestimmten, vorher festgelegten Stelle anzulegen. Von Norwegen nach Grönland fuhren die Wikinger möglicherweise auf einem Breitenkreis; denn die geographische Breite ließ sich durch einfache Messung der Sonnenhöhe auch an Bord eines offenen Bootes bestimmen. Bei Fahrten auf der Nord- und Ostsee mußte man – da nicht damit zu rechnen war, daß man am Tag die Sonne und nachts den Polarstern sehen konnte, da man oft sogar in Nebel geriet – andere Methoden entwickeln. Bei der Positionsbestimmung spielte ein eingefettetes Lot die ausschlaggebende Rolle, mit dem man die Wassertiefe messen und Proben vom Meeresboden heraufholen konnte; der Befund – sandig, felsig, steinig, ggf. von charakteristischer Farbe – erleichterte dem Steuermann die Orientierung, zumal wenn er aufmerksam andere Indikatoren beachtete.

Schriftliche Segelanweisungen, wie die Antike sie hervorgebracht hat, kannte man erst wieder im Spätmittelalter, zumal die meisten Steuermänner weder lesen noch schreiben konnten; noch im 16. Jahrhundert gab es unter den bewährten Steuermännern auf der portugiesischen Ostindienroute zahlreiche Analphabeten. Die Steuermänner des Hochmittelalters verfügten aber über ein erstaunlich zuverlässiges Gedächtnis. Wichtige Erfahrungen wurden von Mund zu Mund, von Nachbar zu Nachbar, vom Vater an den Sohn weitergegeben und eines Tages schriftlich festgehalten. Teile isländischer Sagas lassen sich wie Segelanweisungen verstehen, wurden von den Autoren wohl auch wie Versatzstücke in ihre Werke aufgenommen. »Von Hernar in Norwegen«, der Insel Hennö in der Nähe von Bergen, so heißt es in einer solchen Segelanweisung aus spätmittelalterlicher Zeit, »soll man rechtswärts nach Hwarf in Grönland (Kap Farwel an der Südspitze Grönlands) segeln. Man segelt dabei so weit nördlich von Hjalvland (Shetland Inseln), daß man es nur gewahrt, wenn die Sicht auf See ganz klar ist; sodann so weit südlich von den Färöern, daß der Wasserspiegel bis zur halben Höhe der Berge reicht, und so weit südlich von Island, daß man von da Vögel und Walfische sieht.« Bis in die Mitte des 15. Jahrhunderts wurden Einzelheiten der Fahrtrouten mündlich weitergegeben, dann handschriftlich fixiert, 1541 folgte die erste gedruckte Segelanweisung. In Segelhandbüchern wurden wichtige Angaben wie Beschreibung der Küsten, Land- und Seezeichen, Wassertiefen, Segelanweisungen eingetragen, die mit jeder Fahrt vervollständigt und aktualisiert wurden.

Wer sich zwischen vielen Inseln und Untiefen zurechtfinden mußte, dem genügte das Lot nicht mehr; Battuta schreibt, in der Inselwelt der Malediven im Indischen Ozean sei man auf einen Lotsen angewiesen. Jahrhunderte später hat Vasco da Gama das Glück, in Ostafrika einen berühmten arabischen Gelehrten als Lotsen für die Überfahrt nach Indien zu gewinnen. Im großindischen Raum muß man schon früh Seekarten gekannt haben; denn Marco Polo beobachtet, daß »kluge Seeleute, die jene Meeresgebiete befahren«, die Inseln beschrieben und auf Karten eingezeichnet haben. Während seiner Fahrten durch die westindische Inselwelt erarbeitet Kolumbus möglichst genaue Seekarten der von ihm erforschten Gegenden.

Anders als den Wikingern, standen Kolumbus bei seinen Fahrten ein reiches Instrumentarium und theoretisches Wissen zur Positionsbestimmung zur Verfügung: Jakobsstab, Astrolabium, Quadrant, Kompaß (dessen Mißweisung ihm unterwegs auffällt), Zeitmesser, Karten und Globen. Unter Anknüpfung an Arbeiten arabischer Wissenschaftler hatten im Abendland Astrologen Instrumente zur Bestimmung der Höhe der Gestirne weiterentwickelt. Verbesserte Geräte kamen im Laufe des Spätmittelalters der Seefahrt zugute. Dabei muß allerdings zweierlei beachtet werden: Die meisten Schiffe werden weiterhin statt mit Instrumenten mit der Erfahrung des Steuermanns und dem Vertrauen in Gottes Hilfe gefahren sein. Und: Es war schwierig, auf einem schwankenden Schiff die Position zu bestimmen. Andererseits zeigen portugiesische Berichte, daß manche Passagiere im 16. Jahrhundert über Instrumente und Fertigkeiten verfügten, Aussagen des Steuermanns zu überprüfen.

Schwierigkeiten bereitete lange Zeit weniger die Bestimmung der geographischen Breite als die der geographischen Länge; denn es fehlte an Geräten, um Zeit und Geschwindigkeit genau zu messen. Das Glas der Sanduhr mußte jede halbe Stunde, achtmal während einer Wache, herumgedreht werden, was oft genug vergessen wurde. Die Geschwindigkeit konnte man nur schätzen anhand der Zeit, die das Schiff brauchte, um an Treibgut vorbeizufahren; ob man Ende des 15. Jahrhunderts die Logleine schon kannte, ist fraglich. Meeresströmungen erschwerten zusätzlich die Positionsbestimmung. Wie die Bestimmung des Kurses konkret aussah, beschreibt der venezianische Gesandte Quirini 1506 in einem Bericht über die erste Indienfahrt der Portugiesen: »Das Astrolabium sagt ihnen, wann sie den Äquator erreichen. Nachdem sie ihn passiert haben, segeln sie etwa zweitausendeinhundert Meilen südwärts, bis das Astrolabium anzeigt, daß sie 35 Grad vom Äquator entfernt sind und sich somit auf der Breite vom Kap der Guten Hoffnung befinden. Während dieser langen Fahrt steuern sie immer nach der Karte und dem Kompaß und benutzen den Magneten. Und obwohl sie unseren Polarstern aus dem Gesicht verlieren, gebrauchen sie den Kompaß weiter, weil der Magnetstein überall, wo immer es sein mag, nach Norden zeigt. Auf diese Art und Weise kennen sie die Winde genauer, als wenn sie den Polarstern nicht aus ihrer Sicht verlören. Mit dem Astrolabium berechnen sie ferner die Höhe der Sonne. Mittags sehen sie so, um wieviel Grade sie vom Äquator entfernt sind, und wissen daher, wie weit es bis zu den Stellen ist, die sie vermeiden wollen, oder bis zu den gesuchten Häfen.«

Die Islandfahrten irischer Mönche in Nußschalen ähnlichen Koraklen, die Grönland- und Amerikafahrten der Wikinger in ihren offenen Booten, die Entdeckungsfahrten von Portugiesen und Spaniern sind um so höher zu bewerten, als sie ohne derartige Hilfsmittel oder allenfalls mit Hilfe sehr einfacher Methoden und Instrumente durchgeführt worden sind.

Wer realistisch dachte, rechnete mindestens mit Ungemach während einer Seereise, wenn nicht mit Gefahren für Leib und Leben. Unangenehm waren das ständige Knarren und Ächzen des hölzernen Schiffes, das Klatschen und Krachen der Wellen gegen den Rumpf;

störend waren das Geraschele der Ratten, mehr noch die Seekrankheit; ekelerregend waren der Gestank, der zumal bei Hitze und Flaute aus dem Bilgenwasser aufstieg, die Maden, mit denen bei längeren Fahrten alle Lebensmittel durchsetzt waren, der penetrante Gestank von Rattenurin, der einem auch aus dem Schiffszwieback entgegenschlug, schließlich das faulige Wasser. Zwar wurden Trinkwasser und Wein in hölzerne, innen mit Ton ausgekleidete Fässer gefüllt, doch nach einer monatelangen Reise kostete es Überwindung, mit solchem Trunk den Durst zu löschen.

Gefährlich waren Sturm und Flaute, Seeräuber und Meuterei, Hunger und Durst. Bezeichnend für die grundsätzliche Skepsis von »Landratten« dürfte der Rückblick Joinvilles sein, der 1248 zum Kreuzzug in See stach: »In kurzer Zeit hatte der Wind die Segel gebläht und uns den Anblick des Landes entzogen, in dem wir geboren waren. Und damit will ich euch zeigen, daß tollkühn ist, wer sich solcher Gefahr auszusetzen wagt. Denn abends schläft man ein, ohne zu wissen, ob man sich nicht am folgenden Morgen auf dem Grund des Meeres befindet.«

Es ist sicher kein Zufall, daß die Dichtung so häufig Bilder wie »Seesturm« und »rettender Hafen« verwendet und daß Künstler gern den Sturm auf dem Meere dargestellt haben; bezeichnenderweise fand der hl. Nikolaus als mächtiger Schutzpatron der Seeleute – übrigens gleich, ob Kaufmann oder Seeräuber; mehr als einer war beides zugleich – weite Verehrung. Glücklich schätzte sich schon, wer die »kurze« Fahrt über den Kanal von England zum Festland heil überstanden hatte. Oft kam ein Unwetter so schnell, daß die Besatzung kaum darauf reagieren konnte. War das Segel zerrissen, das Ruder zerbrochen, so konnte nur noch ein Wunder das Schiff vor dem Untergang bewahren. Beda berichtet aus der Mitte des 7. Jahrhunderts, während eines Seesturmes hätten Reisende heiliges Öl, das ihnen Bischof Aidan in Erwartung des Unwetters mitgegeben hatte, auf die Wogen gegossen; daraufhin habe sich gleich der Wind gelegt. Auf der Rückreise von seiner ersten Amerikafahrt gerät Kolumbus in einen Orkan; schließlich weiß er sich keine andere Hilfe mehr, als eine Wallfahrt zu geloben.

Die mit dem Meer vertrauten Küstenbewohner hatten besondere

Sturm auf dem Meere. Eine Illustration der Bibel (Mk 4, 38) sprach jeden Reisenden im Mittelalter, der schon einmal zur See gefahren war , unmittelbar an: im Sturm sind die Menschen in offenen Booten, die wie Nußschalen von den Wo-

Gebete, die – aus der Sicht der Seefahrer – recht zweideutig klangen. An einem Kap der südenglischen Küste, an der manches Schiff zerschellt ist, soll man bei Sturm gefleht haben: »Gott, bewahre die Schiffe vor Sturm – aber wenn sie schon auflaufen müssen, dann laß es an unserem Strand geschehen.« Die Menschen waren hier im allgemeinen arm; vom Fischfang und dem Ertrag karger Böden konnten sie kaum leben. Da war ein gestrandetes Schiff willkommen, ließ sich doch das Strandrecht geltend machen, das einem wenn schon nicht die Personen der Schiffbrüchigen, so doch Waren und Schiff zusprach. Etwa vorhandene Seezeichen wurden oft bewußt falsch gestellt, um Schiffe auflaufen zu lassen. Sprach das Recht Schiff und Güter den anliegenden Bewohnern für den Fall zu, daß die Eigentümer tot waren, war das Leben derer in höchster Gefahr, die gerade dem Meer entronnen waren. Seefahrende waren deshalb daran interessiert, das Strandrecht einzuschränken – als Privileg für einen engeren (Lübeck im Reichsfreiheitsprivileg von 1224) oder weiteren Personenkreis (die Hanse im Stralsunder Frieden 1370 gegenüber Dänemark).

Ärgerlich war es, wenn die Passagiere in Verdacht gerieten, mit einer Seuche infiziert zu sein. Sebald Rieter fährt 1479 zu Schiff ins Heilige Land. Da im Ausgangshafen Venedig zur Zeit der Abfahrt die Pest grassiert, läßt man die Pilger unterwegs nicht an Land. Oft können sie nur durch Bestechung die Erlaubnis erwirken, die Lokalheiligtümer an den Zwischenhalten aufzusuchen.

Vasco da Gama und seine Leute hatten bei ihrer Fahrt nach Ostindien mehr als einmal Schwierigkeit, an der afrikanischen Küste Trinkwasser zu bekommen; einmal müssen sie es sich mit Waffengewalt erkämpfen. Ein andermal kommen ihnen die Eingeborenen weit entgegen. Während die Entdecker wiederholt die Orte nach dem jeweiligen Fest oder Tagesheiligen benannten, z. B. Santa Cruz oder Natal (Weihnachtsland), gaben Vasco da Gama und seine Leute einem Landstrich in Ostafrika den Namen Terra da Boa Gente, Land

gen hin- und hergeworfen werden, fast schutzlos. Die Darstellung will die Menschen darauf verweisen, daß sie – wie die Jünger in der Umgebung des schlafenden Jesus – auch in solcher Not auf die Hilfe Gottes vertrauen dürfen.

der guten Leute. Manche Schiffsbesatzung ist in einer langdauernden Flaute unter entsetzlichen Qualen verdurstet. Vom Unheil, das Flaute und Durst bewirken konnten, kündet der Roman von Tristan und Isolde.

Viele Berichte handeln von Seeräubern. Zur See waren die Grenzen zwischen rechtmäßiger und unrechtmäßiger Gewalt ähnlich fließend wie zu Lande. Oft dauerte es lange, ehe man sich zu einer wirksamen Bekämpfung entschließen konnte – zumal fast immer jemand mit den Seeräubern im Bunde stand oder befriedigt feststellte, daß sie einen Konkurrenten erwischt hatten. So schnell, offensiv und effektiv, wie Caesar nach dem Bericht des Sueton gegen die Seeräuber im Mittelmeer vorgegangen war, handelten weder Karl der Große gegen Sarazenen und Wikinger noch die Hanse gegen Vitalienbrüder und Störtebecker.

Begegneten sich zur See Christen und Muslime, so hatte die unterliegende Partei nicht viel Gutes zu erwarten. 1394 war Hans Schiltberger zum Kampf gegen die Türken in Ungarn aufgebrochen. Das Heer wird geschlagen; Schiltberger und viele seiner Leute ergreifen die Flucht, um sich mit Schiffen über die Donau zu retten. Die Ereignisse, die er beschreibt, dürften sich bei manchem Schiffbruch nicht anders abgespielt haben; von Solidarität unter Christen ist keine Rede: »Da wurden die Schiff so voll, daß sie niemand darauf wollten lassen, und sie schlugen auch vielen die Hände auf den Schiffen ab, wann sie darauf wollten, und die ertranken dann im Wasser.« Schiltberger gerät in türkische Gefangenschaft; da ihm und seinen Leidensgefährten der Verlust von Nase und Ohren und das Schicksal von an ihre Bänke geschmiedeten Galeerensklaven droht, fliehen sie. Von einem Berg am Schwarzen Meer aus sehen sie ein christliches Schiff; nach Einbruch der Dunkelheit geben sie der Mannschaft von einem Berg aus Feuerzeichen. Der »Schiffmann« schickt ein Boot aus, das feststellen soll, was es mit den Zeichen auf sich hat. Schiltberger und seine Gefährten geben sich als Christen zu erkennen, die »in der Heidenschaft gefangen gewesen und mit Gottes Hilf bis hierher gekommen, daß man uns in die Christenheit überführe«. Die Bootsleute überprüfen die Aussagen mit einem interessanten Test: Sie »fragten uns, ob wir nicht das Paternoster könnten und den Glauben. Da mußten wir ihnen das Paternoster sagen und den Glauben.« Die Bootsleute nehmen die fünf Flüchtlinge nicht gleich mit, sondern fahren zunächst zur Berichterstattung zu ihrem Kapitän. Schließlich werden die Flüchtlinge an Bord genommen und teilen nun das Schicksal des Schiffes: Es entkommt mit Mühe drei türkischen Schiffen, geht in einem Seesturm beinah zugrunde, wird weit aufs Meer getrieben, so daß alle fast verhungern und verdursten. »Da kamen wir auf dem Meere zu einem Felsen, und da funden wir Schnecken und Meerspinnen, die klaubten wir auf und speisten uns vier Tage damit.« Schließlich erreicht Schiltberger (das damals noch christliche) Konstantinopel und kann weiterreisen in »welsche Lande«.

Eine Lübecker Chronik erwähnt zum Jahre 1453, ein Schiff mit etwa 300 Pilgern sei auf der Rückreise aus dem Heiligen Land Sarazenen in die Hände gefallen: Wie Wölfe fielen die »bosen mynschen« über die christlichen Pilger her: Sie schlugen alle Männer tot, die nicht »an eren god Mahumet« glauben wollten; die Frauen schonten sie, »uppe dat se erer bruken mochten to vleschliker wollust«.

Mit den langen Reisen der Entdecker kamen zwei weitere Gefahren für die Seereisenden dazu: Meuterei und Skorbut. Als sich die Fahrt des Kolumbus nach Westen allzusehr in die Länge zieht, begehrt die Mannschaft auf; rückblickend räumt Kolumbus ein, daß es sich um eine Meuterei gehandelt hat. Kolumbus hatte für seine drei Schiffe Freiwillige rekrutieren können; Vasco da Gama hatte bei seiner Fahrt nach Ostindien 148 Mann und zusätzlich 12 zum Tode oder zur Verbannung Verurteilte an Bord, die unter der Bedingung begnadigt worden waren, daß sie sich während der langen Seefahrt zu gefährlichen Aufgaben bereit erklären würden. Eine Meuterei war hier mehr oder weniger vorprogrammiert; Vasco da Gama konnte sie niederschlagen.

Mit einem anderen Übel wurde er nicht fertig, weil ihm hier die Erfahrung fehlte. Vasco nahm Proviant für drei Jahre mit; als Tagesration waren für die Besatzung vorgesehen: 750 g Schiffszwieback, 500 g gepökeltes Rind- oder 250 g gepökeltes Schweinefleisch, 1½ Liter Wasser, ¼ l Wein, ¹⁄₁₀ l Olivenöl, ¹⁄₂₀ l Essig, ferner Bohnen, Mehl, Linsen, Sardinen, Pflaumen, Zwiebeln, Knoblauch, Zucker, Mandeln und Honig, um die Speisen abwechslungsreicher zubereiten zu können. Bei längeren Fahrten wurde der Schiffsproviant mehr oder weniger ungenießbar; schlimmer war, daß das in frischem Obst und frischem Gemüse enthaltene Vitamin C fehlte. Der Skorbut erwies sich als tödliche Krankheit: Von den 160 Ausgefahrenen kehrten nur 55 Mann lebend heim (bei der ersten Weltumsegelung Magellans überlebten 18 von 237; hier waren aber einige, unter ihnen Magellan selbst, im Kampf gefallen).

Unter der Mannschaft Vasco da Gamas trat der Skorbut erstmals an der Mündung des Sambesi in Ostafrika auf; seit der Abfahrt von San Tiago, einer der Kapverdischen Inseln, waren fünfeinhalb Monate verstrichen. Bei der Weiterfahrt erhalten die Portugiesen in Mombasa von dem dortigen König Orangen und Zitronen. »Es gefiel Gott in Seiner Gnade, plötzlich alle von uns, die krank waren, genesen zu lassen, während wir vor dieser Stadt lagen, denn die Luft an diesem Ort war sehr gut.« Ein Zusammenhang zwischen dem Genuß von Zitrusfrüchten und dem Rückgang der Krankheit ist den Portugiesen natürlich nicht bewußt geworden. Als sie auf der Weiterfahrt frisches Obst und Gemüse erhalten hatten, konnten sich die Kranken rasch erholen. Während der kurzen Überfahrt (mit dem Südwest-Monsun in 23 Tagen) trat kein weiterer Fall von Skorbut auf, auch nicht während des Aufenthaltes in Indien. Die Rückreise dauerte sehr lange, da die Portugiesen noch nicht wußten, daß sie erst ab November/Dezember mit dem Nordost-Monsun rechnen konnten. Sie brachen also sechs Wochen zu früh auf. Häufige Flauten und Gegenwind ließen die Rückfahrt nach Afrika, für die sie »drei Monate weniger drei Tage« brauchten, zur Qual werden. Die ganze Mannschaft wurde krank: »Das Zahnfleisch wucherte ihnen so über die Zähne, daß sie nicht mehr essen konnten; außerdem schwollen ihnen die Beine an, und sie bekamen auch sonst am ganzen Körper große Geschwüre, die einen Mann so weit herunterwirtschafteten, bis er starb, ohne an irgendeiner anderen Krankheit zu leiden.« Auf der Hinfahrt hatte Vasco dreißig Mann verloren, jetzt starben dreißig weitere. »Und diejenigen, die auf den einzelnen Schiffen noch Dienst taten, mochten sieben oder acht Mann sein, und sie waren weit davon entfernt, so gesund zu sein, wie sie es hätten sein sollen . . . Wir waren an einem Punkt angekommen, an dem alle Manneszucht aufhörte.

Während wir so in Todesnot weiterfuhren, taten wir auf den Schiffen viele Gelübde an Heilige und Fürsprecher.« Die Kapitäne überlegten schon, ob sie nicht mit dem nächsten günstigen Wind nach Indien zurücksegeln sollten, als sie endlich mit Ostwind (dem jetzt einsetzenden Nordost-Monsun) nach wenigen Tagen, am 2. Januar 1499 bei Mogadischu in Afrika wieder festen Boden unter ihren Füßen hatten, »worüber wir so glücklich waren, als wenn es portugiesischer Boden gewesen wäre«.

Der anonyme Autor, dem wir diesen Bericht verdanken, schildert mit klinischer Genauigkeit Symptome der lange Zeit gefürchteten Vitamin C-Avitaminose: Blutungen des Zahnfleisches, der Haut und der Muskulatur, Unterschenkelgeschwüre, rasche Ermüdbarkeit, Arbeitsunlust. In einem modernen Handbuch der Inneren Medizin heißt es lakonisch: »Unbehandelt führt Skorbut mit Sicherheit zum Tode.« Der Organismus kann eine gewisse Menge Vitamin C speichern; bei völlig Vitamin C-freier Kost dauert es etwa drei Monate, bis die ersten klinischen Symptome eines Skorbuts sichtbar werden. Vasco da Gama brauchte für die Rückfahrt über den Indischen Ozean nicht ganz drei Monate; vielleicht war die Mannschaft von dem Mangel auf der Hinreise noch so geschwächt, daß die Krankheit sie jetzt schon nach kürzerer Zeit mit voller Wucht heimsuchte.

Battuta hatte Mitte des 14. Jahrhunderts bei seinen Fahrten durch Ostasien beobachtet, daß die Matrosen chinesischer Schiffe in Holzkübeln »Grünzeug, Gemüse und Ingwer« ansäten. Wahrscheinlich handelte es sich hier um eine vorbeugende Maßnahme gegen das Übel, dem zwischen 1500 und 1800, also seit dem Aufkommen längerer, ununterbrochener Seereisen mehr Seeleute zum Opfer gefallen sind als in Seeschlachten und bei Schiffsunglücken zusammen. Die vorbeugende und heilende Wirkung von Zitrusfrüchten war in Europa erst seit Mitte des 18. Jahrhunderts bekannt; die britische Admiralität ordnete 1795 die Mitnahme von Zitronensaft für alle ihre Kriegsschiffe an.

Von der Natur- zur Kulturlandschaft

Gegen Ende des ersten nachchristlichen Jahrhunderts betont Tacitus in seiner ›Germania‹ die Unwegsamkeit des freien Germaniens: »Das Land sieht zwar im einzelnen recht verschieden aus, ist jedoch im ganzen schaurig durch seine Urwälder oder häßlich durch seine Moore.«

Die ausgedehnten und schwer durchdringlichen Wälder waren dem Römer unheimlich. Bis ins Hochmittelalter wurden große Teile des Waldes gerodet, in Deutschland allerdings weniger stark als in den Mittelmeerländern. Mit den häßlichen Mooren dürften weniger echte Hochmoore gemeint sein als versumpfte Flußauen und die großen Altwassergebiete in den Tälern von Rhein, Donau und Elbe. Durch Wälder und sogar durch Moore waren schon zur Zeit des Tacitus Wege gebahnt; ohne die hätte weder der begehrte Bernstein von Nord- und Ostsee nach Italien transportiert werden, noch hätten sich immer wieder germanische Krieger gegen die Römer sammeln können. Obwohl das von Tacitus entworfene Bild auch in anderer Hinsicht differenziert werden muß, trifft es – wie die spärlichen schriftlichen und die reicheren archäologischen Quellen zeigen – für manche Bereiche zu, sogar noch fast tausend Jahre später.

Um 1080 berichtet Lampert, ein Mönch des Klosters Hersfeld in Hessen, in seinen Annalen von der Gefahr, in die Heinrich IV. 1073 geraten war. Der König wurde von den Sachsen in der hochgelegenen Harzburg belagert, die nur auf einem sehr schwierigen Weg zugänglich war. »Die übrigen Seiten des Berges hüllte ein ungeheuer ausgedehnter Wald in Dunkel, der sich als zusammenhängender Urwald von dort viele Meilen weit bis an die Grenze von Thüringen hinzieht.« Um die Belagerer zu täuschen, tritt der König mit ihnen in Unterhandlungen ein. Als die Feinde nichts Arges ahnen, flieht er eines Nachts mit kleinem Gefolge. »Drei Tage, so wird berichtet, zogen sie ohne Essen durch den Urwald auf einem schmalen, bis dahin nur wenigen bekannten Fußpfad, den ein Jäger, ihr Führer, entdeckt hatte, als er in seinem Jagdeifer abgelegene Teile des Waldes eingehend durchforschte.« Von Hunger, Nachtwachen und den Anstrengungen der langen Reise erschöpft, kamen sie am vierten Tage in Eschwege an, wo sie sich ein wenig stärkten; am folgenden Tage, als dem Kaiser schon zahlreicheres Kriegsvolk zuströmte, zogen sie nach Hersfeld. »Hier blieb Heinrich vier Tage und wartete auf das Heer, das er aus dem ganzen Reiche für einen Feldzug gegen Polen aufgeboten hatte.«

Dieser Bericht ist in mehrfacher Hinsicht bemerkenswert. Noch lange nach einer ersten Rodungsperiode im Frühmittelalter gab es in Mitteldeutschland zu Ende des 11. Jahrhunderts ausgedehnte Urwälder. Wahrscheinlich ist mehr als ein Weg von Jägern entdeckt worden, die ein Wild tagelang verfolgten; möglicherweise gehen Straßen unserer Tage auf Wildwechsel zurück. Unheimlich ist der Wald dem Mönch, der an den Komfort des wohlhabenden Reichsklosters Hersfeld gewöhnt ist; denn er handhabt nicht Pfeil, Bogen oder Axt, sondern die Feder. Ein Mönch hatte ein, zwei Jahrhunderte vor Lampert in dem Hersfeld benachbarten Fulda die ›Germania‹ des Tacitus abgeschrieben.

In früheren Jahrhunderten war der Wald nicht so menschenleer wie heute, denn auch Heinrich und sein Gefolge rechneten unterwegs ständig mit plötzlichen Angriffen. Heinrich floh Mitte August; zu dieser Zeit hausten im Wald Köhler und Harzsieder, Grasrupfer und Laubrechner, Pottaschbrenner, Schindelmacher und Hirten. In Wäldern suchten Menschen Schutz, die das rauhe Dasein in Freiheit dem bequemeren Leben im Dienste eines ungeliebten Herren vorzogen, ferner Verfemte und Verfolgte. Im Wald legten Bauern getarnte Vorräte an, die ihnen das Überleben ermöglichen sollten, wenn Räuberbanden oder Krieger ihre Wohnsitze unsicher machten; an solche Verstecke mochte Karl der Große denken, als er den Verwaltern seiner Hofgüter einschärfte, darauf zu achten, daß niemand Saatgetreide an abgelegenen Stellen versteckte. Möglicherweise haben Heinrich und sein Gefolge unterwegs solche Vorräte entdeckt.

In Deutschland dürften zur Zeit der Flucht Heinrichs IV. etwa fünf bis sieben Menschen pro Quadratkilometer gelebt haben, in Thüringen mit seinen ausgedehnten Wäldern weniger. Trotzdem ist es unwahrscheinlich, daß dem kleinen Trupp in den drei Tagen, in denen sie auch das altbesiedelte Eichsfeld durchquerten, niemand begegnet ist; das Gegenteil dürfte zutreffen, sonst hätten sich nicht schon Getreue des Kaisers in Hersfeld einstellen können.

In manchen Gegenden – z. B. im Pariser Becken und im Rhein-Main-Dreieck – entstand schon im Frühmittelalter ein dichtes Netz von Siedlungen, die oft in Sicht-, manchmal gar nur in Rufweite voneinander entfernt lagen. Man kann die Bedeutung menschlicher Behausungen im Abstand von nur ein, zwei Kilometern für den Reisenden im Mittelalter kaum überschätzen: Er hatte jeweils das nächste Ziel vor Augen; er konnte damit rechnen, bei Hitze Trinkwasser und bei Regen ein Dach vorzufinden; sollte er von Nebel, Schneetreiben oder Dunkelheit überrascht werden, so mochte ihm ein fernes Licht, das Bellen eines Hundes oder das Krähen eines Hahnes den Weg zu einem Dach weisen. In späterer Zeit bekamen viele dieser gewachsenen Orte eine Kirche, deren Glocken bewußt bei ungünstiger Witterung und Dunkelheit geläutet wurden, um Reisende vor der Gefahr des Verirrens zu bewahren; der E-Schlag der fünfhundertjährigen »Gloriosa« des Erfurter Domes hallte bei günstigem Wind bis zu zwanzig Kilometer weit! Aber selbst wenn dem Reisenden weder ein anschlagender Hund noch eine Glocke den Weg wies, konnte er aus Grenzsteinen sowie Wiesen, Feldern und Gärten, die sich ringförmig um Siedlungen legten, auf die Nähe von Menschen schließen.

Eine der größten Leistungen des Mittelalters besteht darin, daß es isolierte Siedlungsinseln durch ein immer besseres und dichteres Netz von Wegen untereinander verbunden hat. Lange Zeit lagen die Wege allerdings nicht endgültig fest. Wurde ein Weg nicht genutzt – sei es, daß er als gefährlich galt oder daß ein bequemerer Weg sich bot, daß unterwegs abschreckend hohe Gebühren gefordert wurden oder daß vom Sturm umgerissene Bäume ihn versperrten – so war er bald wieder zugewachsen. Das galt sogar für Fernwege.

Im Laufe der Jahrhunderte wurden einzelne Gehöfte weiter ausgebaut zu Königshöfen, Pfalzen oder auch zu Klöstern. Zwar wird immer wieder betont, dieses oder jenes Kloster sei in einer menschenleeren Einöde entstanden. Das trifft zu für ein Kloster in Südfrankreich mit dem charakteristischen Namen St. Guilhem-le-Désert, St. Wilhelm in der Wüstenei, wichtige Etappe auf einer der Routen nach Santiago. Das gilt schon weniger für Prémontré in Nordfrankreich; das Stammkloster der Prämonstratenser soll in einer unwirtlichen, völlig unbesiedelten Gegend gegründet worden sein; es heißt, das

Land sei mit Gestrüpp und Sümpfen bedeckt gewesen, nichts habe zum Bleiben eingeladen – außer einer kleinen Kapelle, einem Obstgärtlein und einem kleinen Teich! In der Gegend des späteren Zisterzienserklosters Maulbronn sollen Räuber ihr Unwesen getrieben und Reisende überfallen haben; wo Räuber ihr ›Auskommen‹ finden, gibt es auch Menschen, was nicht weiter verwunderlich ist in einem verkehrsgünstig gelegenen Raum, durch den heute Autobahn, Eisenbahn und Bundesstraßen führen. Mit der Anlage von Klöstern und Königshöfen veränderte sich der Charakter der Landschaft (Bau von Repräsentationsbauten, Kirchen, Anlage von Wein- und Obstgärten, Fischteichen usf.), und der Verkehr nahm zu; es gab ein Kommen und Gehen von Boten, Klerikern und Laien.

Fluchtburgen – oft angelegt, um vor Ungarn, Normannen, Sarazenen Schutz zu bieten – wurden später oft auf Dauer besiedelt; sie trugen dazu bei, das Siedlungsbild weiter zu differenzieren und das Siedlungsnetz dichter zu knüpfen; aus Wirtschaftshöfen am Fuße solcher Burgen mochten sich im Laufe der Jahrhunderte städtische Siedlungen entwickeln, z. B. Freiburg im Breisgau.

Im Oberrheingebiet kann man wie in einem Lehrbuch das Entstehen städtischer Siedlungen beobachten: Lücken werden im Abstand von einer Tagereise systematisch geschlossen. Entscheidendes Merkmal der Stadt gegenüber der ländlichen Siedlung war weder Größe noch Einwohnerzahl: Es gab große Dörfer und kleine Städte. Ausschlaggebend waren die Rechte, über die die städtische Gemeinde verfügte, allen voran das Selbstverwaltungsrecht und eigene Gerichtsbarkeit, dann Markt-, Stapel-, Zoll-, Münz- und Befestigungsrecht.

Das Recht, das Gemeinwesen zu befestigen, es durch eine Mauer vom Umland abzugrenzen, und das Privileg, Recht zu sprechen und das Urteil gleich vollstrecken zu lassen, wurden dem Reisenden unübersehbar vor Augen geführt, wenn er sich einer Stadt näherte: Von ferne schon sah er die Stadtmauer, mit oft reichgeschmückten Türmen und Toren bewehrt, Ausdruck des Selbstbewußtseins und der Vorsicht: An den bewachten Toren wurden Identität und Reiseziel des Einlaßbegehrenden festgestellt. Ein Galgen in unmittelbarer Nähe vielbegangener Straßen mahnte den Ankömmling, das in der Stadt geltende Recht zu wahren; die Richtstätte verhieß aber auch

Schutz für den Fall, daß dem Fremden Unrecht widerfahren sollte. Die Obrigkeit wachte über den Stadtfrieden: Schon das Zücken des Schwertes war mit hoher Buße belegt. Ein besonderer Friede schützte die Marktbesucher in der Stadt sowie auf der Hin- und Rückreise; infolgedessen waren Städte an der Sicherheit von Reisenden auch außerhalb ihrer Mauern interessiert. Städtische Siedlungen prägten ihre Bewohner, sie begünstigten das Aufkommen eines selbstbewußten, risikobereiten Menschenschlages, wie er uns in Fernkaufleuten und Entdeckern entgegentritt, in Marco Polo und Kolumbus.

In städtereichen Landschaften – Oberitalien, Südfrankreich, Westfalen, Flandern – durfte der Reisende davon ausgehen, am Abend eine Herberge für sich und einen Stall für sein Reittier zu finden, ferner Schuhmacher, Stellmacher (für die Reparatur von Rad oder Wagen), Geldwechsler, Barbier, Bader und Freudenmädchen. Auf dem Markt konnte er sich informieren über Brücken und Fähren, über die Sicherheit seiner weiteren Straße und über das Nahrungsangebot der jeweiligen Gegend; zwar wurden die Preise von der Obrigkeit überwacht, doch finden sich in städtischen Akten häufig die Klagen Fremder, sie seien am Ort übervorteilt worden. In der Stadt fand der Reisende vielleicht auch mitleidige Menschen oder Institutionen, die ihm weiterhalfen, wenn er unterwegs ausgeplündert worden oder von vornherein mittellos aufgebrochen war: Zünfte unterstützten ihre Berufskollegen (wandernde Handwerker etwa), Bruderschaften widmeten sich anderen frommen Reisenden (Angehörige der Jakobusbruderschaft in Paris unterstützten Jakobspilger auch aus fernen Ländern), Spitäler hatten sich zum Ziel gesetzt, Mühseligen und Beladenen aller Art zu helfen.

Angesichts der Annehmlichkeiten einer Stadt darf man nicht deren Schattenseiten übersehen: Trotz Androhung drakonischer Strafen hohe Kriminalität, Folge der Armut; erhöhtes Seuchenrisiko, Folge unzureichender hygienischer Verhältnisse, der dichten Bebauung und des unvorstellbaren Schmutzes. Es gab weder Kanalisation noch Müllabfuhr, zumeist noch keine Pflasterung. Es war schon eine große Hilfe, wenn man bei Regen von Trittstein zu Trittstein springen konnte, um Schuhe und Kleider nicht mit dem Kot zu besudeln.

Europa war in der ersten Hälfte des 14. Jahrhunderts von einem wesentlich dichteren Siedlungsnetz als heute überzogen; Fehlgründungen wurden aufgegeben, sobald der Bevölkerungsdruck nachließ, vor allem seit der Großen Pest in der Mitte des 14. Jahrhunderts. Ein Beispiel mag das Ausmaß dieses »Wüstungs«prozesses für einen kleinen Raum veranschaulichen: Im südlichen Fulda-Werra-Bergland verschwanden zwischen 1300 und 1500 auf etwa 750 Quadratkilometern 169 Einzel- und Gruppensiedlungen. Hatte es um 1300 in diesem Gebiet 180 Siedlungen gegeben, so um 1500 nur noch gegen 80 Dörfer. Die Folgen dieses Rückgangs liegen auf der Hand: Für den Reisenden wurde der Weg bis zur nächsten Siedlung, wo er Nahrung, Unterkunft oder Hilfe finden konnte, weiter. Verglichen mit anderen Räumen, sah der Reisende sich aber immer noch in einer angenehmen Lage: Rubruk fällt auf, daß er auf der Rückreise vom Hof des Mongolenkhans in zwei Monaten und zehn Tagen weder eine Siedlung noch die Spur eines Gebäudes sieht.

Der Wüstungsprozeß bescherte dem Reisenden in Europa unbestreitbare Verluste. Darüber darf man jedoch nicht den Gewinn an Sicherheit und Bequemlichkeit vergessen, der im Laufe des Mittelalters durch den Landesausbau erzielt worden ist: Genannt sei hier die Zurückdrängung von Wald und Sumpf. Generationenlange Gefahren spiegelt das Märchen: Hänsel und Gretel verirren sich im Wald, wo sie von Menschenfressern bedroht werden. Tausenden von Kriegern, Wallfahrern, Kaufleuten, Männern und Frauen ist im Laufe der Jahrhunderte die »verdorbene Luft« nicht nur in Italien zum Verhängnis geworden. Man kannte den Übertragungsmechanismus der Malaria nicht; doch man wußte um einen Zusammenhang zwischen dem Auftreten dieser Krankheit und sumpfigen Gegenden in der Sommerhitze. Mit Sümpfen trocknete man auch Brutstätten der Malariaüberträger aus. Die Erleichterung darüber, daß man in der Niederung – anders als erwartet – »gute Lüfte« vorfand, spiegelt noch der Name der argentinischen Hauptstadt »Buenos Aires«, das genaue Gegenteil von »Malaria«.

DIE BEDEUTUNG VON RELIGION, HANDEL UND NACHRICHTENWESEN FÜR DAS REISEN

Einzeln oder in Gruppen waren Tausende und Abertausende von Menschen auf mittelalterlichen Straßen unterwegs; sie standen im Dienst einer der drei großen monotheistischen Religionen, wollten die Menschen mit Wirtschaftsgütern oder mit Nachrichten versorgen.

Die Religionen und das Reisen

Der in diesem Buch betrachtete Raum wurde von Christentum und Islam geprägt. Beide verfügten in ihren Anfängen über eine ungewöhnliche Dynamik, der Islam noch mehr als das Christentum; hundert Jahre nach seiner Gründung griff er von Süden über die Pyrenäen und im Osten bis nach Persien aus. Jüdische Gelehrte und Kaufleute verklammerten die christliche mit der islamischen Welt.

Die Kirche hatte zu allen Zeiten ein gespaltenes Verhältnis zum Reisen. Einerseits warnte sie (besonders Frauen) vor den Gefahren auf den Wegen, andererseits schickte sie Millionen von Menschen in die Fremde. Insgesamt überwog die reisebejahende Seite, auch wegen der vielen Vorbilder, die die Christen in Altem und Neuem Testament fanden, von Abraham über die Heilige Familie bis zu den von Jesus »in alle Lande« ausgesandten Jüngern. Auf ein Wort aus dem Alten Testament beruft sich Rubruk in dem Bericht über seine Mission zu den Mongolen: »Er bereist das Land fremder Völker, erfährt Gutes und Böses unter den Menschen« (Jes Sir 39,4). Benedikt fordert von seinen Mönchen die stabilitas loci; aber auch er rechnet mit reisenden Mönchen: Zu zweit nur sollen sie ausgesandt werden; von fremden reisenden Mönchen soll der Abt ein Empfehlungsschreiben verlangen. Mönche der mit Cluny rechtlich verbundenen Klöster sollten in die Hände des Abtes von Cluny die Profeß ablegen.

Synoden mobilisierten Tausende von Menschen; die spätmittelalterlichen Reformkonzilien von Konstanz und Basel bildeten die größten mittelalterlichen Kongresse. Manche Zisterzienseräbte reisten mit großem Gefolge, begleitet von bewaffneten Dienstleuten, zum Generalkapitel nach Cîteaux. Fromme Christen wollten nicht nur heilige Stätten besuchen, sondern möglichst auch Reliquien mit heimnehmen. Dabei handelt es sich nicht selten um hochpolitische Angelegenheiten. Widukind von Corvey, einer der bedeutendsten Chronisten des 10. Jahrhunderts, schreibt, Abt Fulrad von St. Denis habe bei einem Besuch in Rom das Grab des hl. Vitus (Veit) entdeckt, die Reliquien gehoben und ins Frankenreich überführt; von dort wurden sie später in feierlichem Zug nach Sachsen geleitet. Da nun die Sachsen den mächtigen Fürsprecher »besaßen«, sei es mit den (West)Franken bergab-, mit den Sachsen aber bergaufgegangen (ex hoc res Francorum coeperunt minui, Saxonum autem crescere).

Beschwernisse der Reise ließ die Amtskirche nicht gelten, am wenigsten, wenn es sich um die Mission handelte, aber auch dann nicht, wenn Bischöfe oder Kirchen zu weihen, Christen zu firmen, Synoden zu besuchen, Bücher zu holen waren usf. Wie sehr sich die Kirche auf reisende Christen einstellte, wird daran deutlich, daß eigene Tragaltäre für den Priester hergestellt und die Bischöfe immer wieder verpflichtet wurden, ein Drittel oder ein Viertel der Einkünfte ihrer Kirche für den Unterhalt von Reisenden und die Unterstützung von Armen (oft waren beide identisch) bereitzustellen.

Das Christentum bildete die stärkste Klammer des mittelalterlichen Europa; trotz zahlreicher Spaltungen prägt es die europäischen Länder bis auf den heutigen Tag. Seit dem Großen Schisma 1054 war es in eine römische und eine griechische Kirche geteilt; die römische Christenheit sah sich wiederholten Zerreißproben ausgesetzt: Aus dem Orient kommende Lehren, die eine Gemeinschaft der ›Reinen‹ (Katharer) propagierten, entzweiten Länder, Gemeinden, Familien. Das benediktinische Mönchtum, wichtig für den Zusammenhalt der abendländischen Christenheit, wurde im 12. Jahrhundert dadurch geschwächt, daß Zisterzienser und Prämonstratenser bewußt eine »neue Lebensordnung« anstrebten.

Mit Festen und Feiertagen bestimmte das Christentum den Lauf des Jahres und der Woche; es überzog Europa mit einem Netz von – bei aller landschaftlichen Verschiedenheit – einheitlich gestalteten Kirchen. Es beeinflußte das Verhalten der Menschen zum Bedürftigen; es schuf Gemeinsamkeiten über sprachliche, kulturelle und soziale Grenzen hinweg: Im Gebet zu Gott, in der Verehrung der Gottesmutter, der Apostel und Heiligen erfuhren die Menschen sich als Gemeinschaft. Reisende konnten sich ›wie zu Hause fühlen‹, wenn sie die lateinischen Worte der Messe oder die Lossprechung von ihren Sünden hörten. Das Asylrecht von Kirchen und Friedhöfen konnte für den von »kurzem Prozeß« bedrohten Reisenden lebensrettend werden.

Die Bedeutung von Wallfahrten für das Reisen der Menschen im Mittelalter kann nicht überschätzt werden. Christen, Muslime und Juden reisten an heilige Orte, um zu beten. Im islamischen Glauben hat die Wallfahrt einen ungleich höheren Rang als im Christentum: Jeder Muslim ist verpflichtet, die heiligen Stätten in Mekka mindestens einmal in seinem Leben frommen Sinnes aufzusuchen; jahraus, jahrein bevölkern Millionen von Menschen die Straßen nach Mekka, unterwegs und erst recht angesichts der Kaaba werden sie sich ihrer Gemeinsamkeiten bewußt. Die Verehrung gemeinsamer Heiliger, z. B. der Apostel oder des hl. Nikolaus, verbanden die in anderen Fragen zerstrittene östliche und westliche Kirche; Wallfahrten der Christen ins Heilige Land, nach Rom, Santiago, Canterbury, Einsiedeln . . . setzten Massen in Bewegung und schufen ein übernationales Wir-Gefühl, über unterschiedliche Hautfarbe, Muttersprache, rechtlichen und sozialen Status, Alter, Geschlecht usf. hinweg.

Die Juden bildeten ein wichtiges Bindeglied zwischen Abend- und Morgenland. Als einzige Nichtchristen in einer Gesellschaft, die das Abweichen vom rechten Glauben als todeswürdiges Verbrechen verstand, waren sie die längste Zeit des Mittelalters in einer prekären Lage: Sie unterstanden dem besonderen, teuer bezahlten Schutz des jeweiligen Herrschers; oft sahen sie sich starkem Druck, wiederholt – z. B. zur Zeit der Kreuzzüge und der Großen Pest – schwerster Demütigung und Verfolgung ausgesetzt.

Der Handel

Im Frühmittelalter liegt der Fernhandel im Mittelmeerraum und im Frankenreich in der Hand von Syrern und Juden. Die Worte ›mercatores‹ und ›Iudaei‹ werden oft synonym verwendet. Juden standen als Kaufleute, Geldverleiher und Ärzte so lange in hohem Ansehen, wie es keine Christen mit gleichwertiger Qualifikation gab. Syrer und Juden hatten das Erbe der handelstüchtigen Phönizier und Griechen angetreten; oft beherrschten sie mehrere Sprachen; gewandt fanden sie sich in der christlichen und in der islamischen Welt zurecht. Karl der Große gab 797 seiner Gesandtschaft an den Kalifen von Bagdad auch den Juden Isaak mit; dieser dürfte ein Fernhändler gewesen sein, der als Dolmetscher und Führer dienen sollte. Nach dem Tod der beiden anderen Gesandtschaftsleiter überbrachte er dem Kaiser die Geschenke Harun al Raschids.

Seit dem 8. Jahrhundert bahnten europäische Kaufleute – und hier als erste die Friesen – immer weitere Handelsbeziehungen an; sie kamen aus Familien, deren Männer noch kurz vorher mordend, plündernd und brandschatzend große Teile Europas verheert hatten. Sie machten die Erfahrung, daß der Güteraustausch in gesitteten Formen langfristig mehr Gewinn verspricht.

Der Stand der Händler wurde immer wieder angegriffen, auch von der Kirche. Bezeichnend ist eine Predigt, die Petrus Damiani, einer der Führer der kirchlichen Reformbewegung, 1057 zum Fest des hl. Nikolaus hielt; Nikolaus ist einer der Schutzpatrone der Kaufleute. Petrus Damiani führt aus: »Du fliehst aus deiner Heimat, kennst nicht deine Kinder, verläßt deine Frau; alles, was wirklich unentbehrlich ist, hast du vergessen. Du begehrst, um hinzuzuerwerben, erwirbst, um wieder zu verlieren, verlierst, um dich zu grämen.«

Solche Schmähungen änderten nichts daran, daß Fernhändler der weltlichen und kirchlichen Oberschicht nicht nur als Lieferanten begehrter Luxusgüter willkommen waren; denn Fernhändler kannten fremde Sprachen und Länder; oft konnten sie wertvolle Informationen über mögliche Feinde und Verbündete geben. Deshalb wurden Kaufleute von den Herrschern privilegiert, z. B. durch die Befreiung von lästigen Schiffs-, Wagen-, Saumtier-, Geleit- und anderen Geldern und durch besonderen Schutz. Ende des 12. Jahrhunderts garantiert der Fürst von Novgorod Deutschen und Gotländern im Novgoroder Herrschaftsbereich Friede und Rechtsschutz; sie sollen vor Raub und Körperverletzung sicher sein, »ungeschädigt, unverletzt von irgend jemand«. 1269 wird den Hansekaufleuten erlaubt, zu Schiffsreparaturen oder zu Bauzwecken beliebig Holz zu schlagen: »So wanne dhe gast comet in dhe Nu [Newa] unde hevet to dunde holtes odher mast, dhe mach he howen an beidhen sit dhes wateres, war so he wil.« Solche Privilegien weckten die Begehrlichkeit der ›Unterprivilegierten‹; es kam deshalb ein Prozeß der Nivellierung in Gang: Kaum waren bestimmten Kaufleuten besondere Rechte verliehen worden, da bemühten sich schon andere um dieselben oder noch weitergehende Konzessionen; was ursprünglich das Privileg eines Standes gewesen war, weitete sich im Laufe der Jahrhunderte zum Recht aller Bürger aus.

Da Schutzbriefe der Könige nur so weit reichten wie deren Macht, waren Kaufleute auf Selbsthilfe angewiesen; sie schlossen sich zu Gilden oder Hansen zusammen; die Mitglieder verpflichteten sich eidlich zu wechselseitiger Treue bis zur glücklichen Heimkehr – oder bis in den Tod. Geeint, gegebenenfalls bewaffnet, waren sie Wegelagerern und Seeräubern nicht hilflos ausgeliefert. Den Karawanen auf dem Land entsprachen Konvois zur See. Das im Spätmittelalter von den Landesherren angebotene oder aufgezwungene Geleit war nur so lange interessant, wie die dafür geforderte Gebühr Schutz garantierte; oft genug wurde die Abgabe wie eine Steuer eingetrieben, nicht selten diente das Geleitrecht zur Ausweitung des Territorialstaates. In der ersten Hälfte des 13. Jahrhunderts sieht der Sachsenspiegel vor, daß der Geleitherr etwaige Schäden durch Räuber ersetzt; aber Wiedergutmachungsansprüche ließen sich nur dann durchsetzen, wenn der Geschädigte über Macht und Einfluß verfügte: Er konnte seine Obrigkeit bewegen, zu seinen Gunsten Druck auf den Schädiger auszuüben; er konnte sich mit anderen Schutzbedürftigen zu solidarischem Handeln zusammenschließen. Die Drohung, gegebenenfalls Straßen, Wege und Brücken, Märkte und Messen, Waren und Dienstleistungen des säumigen Kontrahenten zu boykottieren, war keine hohle Geste, wie die Hanse in ihren Auseinandersetzungen mit Brügge 1388–1392 bewies.

Händler sehnten sich danach, am Ende mühevoller Reisen in vertrauter Umgebung zu leben; sie unterhielten deshalb an wichtigen Fernhandelsorten eigene Häuser. Solche Höfe besaß Venedig in zahlreichen Orten des östlichen Mittelmeerraumes und des Schwarzen Meeres, oberdeutsche Kaufleute in Venedig mit dem Fondaco dei Tedeschi, die Hanse in Bergen, London und Novgorod; in Brügge lebten die Deutschen verteilt in der Stadt. Der Deutsche Hof in Novgorod maß 54 mal 32 Meter, war damit etwa so groß wie die Höfe reicher Bojaren. Der Hof war von einem hohen Palisadenzaun aus Holzpfählen umgeben. Er besaß nur ein Tor, das nachts von dem Hofwächter geschlossen wurde. Bluthunde sollten ›Freunde‹ des wertvollen Handelsgutes auf Distanz halten (in Venedig gab es ein von Deutschen geführtes Haus, dessen Wachhund böse zu knurren anfing, sobald er eine andere als die deutsche Sprache hörte!). Den Mittelpunkt des Hofes bildete die Peterskirche, nach der das Anwesen auch »Petershof« genannt wurde. Als einziger Steinbau des Kontors diente die Kirche als sicherer Lagerraum, als Ort des Gebetes und – oft genug – als letzte Zufluchtsstätte, wenn aufgebrachte Novgoroder ihr Recht mit der Faust erkämpfen wollten. Alle anderen Einrichtungen des Hofes waren aus Holz errichtet: Die einfachen Wohnhäuser, jeweils mit Eß- und Schlafstube ausgestattet, boten insgesamt Platz für 80 bis 120 Meister mit Gesinde. Es gab eigene Versammlungsräume für Meister und Gehilfen (»Kinderstube«), Speicher, Läden und Keller (auch als Gefängnis genutzt, obwohl das Recht des Arrestes der Novgoroder Obrigkeit vorbehalten war); eine gemeinsam benützte Mahlstube, ein Brauhaus, eine Krankenstube sowie eine Badestube runden das Bild eines relativ autonomen Anwesens ab. Für jeweils eine Handelssaison übernahm der Ältermann die Leitung; er wurde beim Einfahren in die Newa aus den Reihen der selbständigen Kaufleute gewählt, seit Mitte des 15. Jahrhunderts von Lübeck ernannt; den Schriftverkehr erledigte der Priester der Peterskirche.

Ähnlich sah es in anderen Höfen aus, die Kaufleute gemeinsam in fremden Städten unterhielten. Hier fanden die Gäste ein Stück Heimat vor; es war für ihr leibliches und seelisches Wohl gesorgt: Die Küche servierte dem Besucher heimische Gerichte; in der Kirche oder Kapelle wurden vertraute Lieder gesungen; in seiner Muttersprache wurde gepredigt, konnte er beichten und Zuspruch erfahren. Das Personal solcher Häuser stammte aus der Heimat der Kaufleute oder war doch mindestens der Sprache der Händler mächtig; es konnte den Gästen im Verkehr mit Kaufleuten, Handwerkern und Behörden der Gaststadt helfen.

Die Bezeichnung ›Messe‹ verweist auf die Bedeutung des kirchlichen Kalenders für den Handel im Mittelalter. Wenn Menschen ohnehin zusammenströmten, z. B. zum Patroziniums- oder Kirchweihfest, fanden sich auch Händler und Hausierer von nah und fern ein, konnten sie doch hier auf dem Markt eine aufnahmebereite Käuferschicht erwarten. Handelsmessen von überregionaler Bedeutung wurden von Großstädten (z. B. Frankfurt und Leipzig) und kleineren Orten beherbergt (z. B. St. Denis nördlich von Paris und Zurzach am Hochrhein).

Hochwertige Güter bildeten bis ins Hochmittelalter die wichtigsten Gegenstände des Fernhandels: Edelmetalle, Schmuck (Edelsteine, Bernstein, Korallen, Perlen, Seidenwaren, Pelze), Sklaven (wurden als Waren geführt), Weihrauch und Gewürze. Gewürze waren gefragt, um Nahrungsmittel zu konservieren, Abwechslung in den eintönigen Speisezettel zu bringen und den Geruch von nicht mehr einwandfreiem Fleisch zu übertünchen; manches Gewürz war als Aphrodisiakum, Narkotikum oder Arzneimittel gesucht. Pfeffer spielte zeitweilig im Fernhandel eine so überragende Rolle, daß Abgaben für Zoll und Geleit in Pfeffer erhoben und Kaufleute verächtlich als »Pfeffersäcke« bezeichnet wurden. Die Entdeckungsreisen im Spätmittelalter wurden mitausgelöst durch die Suche nach einem direkten Zugang zu den Gewürzen Indiens.

Eine Sonderrolle im Fernhandel spielten Waren für den Gottesdienst: Tausende von christlichen Gemeinden brauchten für die Messe Wein, für die Weihen Öl, für kirchliche Feiern Weihrauch. Der Weihrauchbedarf sorgte über die Jahrhunderte hinweg für ununterbrochene Handelskontakte zwischen der christlichen und der islamischen Welt, über maximal mehr als 7000 Kilometer Entfernung. Das

88

Ein Kaufmann unterwegs. Fernkaufleute handelten mit hochwertigen Gütern, z. B. kostbar gearbeiteten Lederwaren. Eine wertvolle Ladung mußte, wie auf der Abbildung, von einem oder wenigen Saumtieren getragen werden können. Der Fernhändler, hier im Gespräch mit einer adeligen Dame, die als Statussymbol ein Hündchen auf dem Arm trägt, übermittelte auch Nachrichten und Neuigkeiten; ein Grund mehr für mittelalterliche Herrscher, Fernhändler zu privilegieren.

heißt nicht, daß isländische Händler nach Arabien gezogen wären; wie seit der Frühzeit Bernstein von der Ostsee in den Mittelmeerraum gehandelt wurde, ohne daß sich Händler aus dem Samland in Phönizien nachweisen ließen, dürfte auch Weihrauch von Kaufmann zu Kaufmann weitergegeben worden sein. Da Händler ihre Frachtkapazitäten auf der Hin- und Rückreise nutzen wollten, kam der Handel auch aus der Gegenrichtung in Gang. Island z. B. exportierte Schaffelle, Wolle, Häute, Pelze, Fleisch, Talg, Butter, Käse, Fisch, Tran, Jagdfalken, Schwefel. Wie das Beispiel zeigt, bildete sich dank der kirchlichen Nachfrage nach Wein, Öl und Weihrauch ein – wenn auch noch so rudimentärer – einheitlicher Wirtschaftsraum aus, über trennende Sprach-, Kultur- und (im Falle Weihrauch) Religionsgrenzen hinweg.

Seit den Kreuzzügen wurden weitere Kreise als Abnehmer wertvoller Güter erschlossen. In immer größeren Mengen wurden auch Waren des täglichen Bedarfs, Getreide, Wein, Fisch und Salz gehandelt. Solange man vorwiegend hochwertige Ware in kleinen Mengen zu transportieren gehabt hatte, war der Zustand der Verkehrswege weniger wichtig gewesen. Der Handel mit Bernstein zwischen Ostsee und Mittelmeerraum, mit Seide zwischen China und Byzanz bzw. Indien, mit Weihrauch zwischen dem Jemen und Alexandrien ist ohne ausgebaute Straßen ausgekommen: Für Träger und Kamelkarawanen reichten einfache Pfade. Je mehr Güter in den Handel aufgenommen wurden, je größer und schwerer diese Güter wurden – man denke an Weinfässer und Heringstonnen – desto wichtiger wurden Wege und Verkehrsmittel. Auch deshalb kümmerte man sich seit dem Spätmittelalter vermehrt um den Ausbau der Straßen und die Entwicklung stabilerer Gefährte; beides kam auch den übrigen Reisenden zugute. – Ortsnamen wie Salzburg und Hall sowie die vielerorts zu findende ›Salzstraße‹ erinnern noch heute daran, daß reisende Kaufleute hierher gezogen sind mit dem wichtigsten Konservierungsmittel und Gewürz. Aus dem Hansegebiet fuhren gemeinsame Flotten aus, um von der französischen Atlantikküste das für die Fischverarbeitung unentbehrliche Salz zu importieren. Solche Fahrten schufen Bindungen zwischen dem Nord- und Ostseeraum sowie den Ländern am östlichen Atlantik.

Da es im Mittelmeerraum schon früh zu einem spürbaren Mangel an Holz kam, mußten Lederschläuche für manche Güter verwendet werden, die man im Norden in Holzfässern transportierte und die man in der Antike in Amphoren abgefüllt hatte, Wein zum Beispiel. Die in der Bibel und in den ›Märchen aus Tausend und einer Nacht‹ erwähnten Lederschläuche bieten gegenüber Krügen mehrere Vorteile: Sie sind leicht und unzerbrechlich; bei Bedarf lassen sie sich aufblasen und wie ein Rettungsring oder als Hilfe bei der Überquerung eines Flusses benutzen. Aufgeblasene Lederschläuche wurden nach dem Bericht Battutas im Indischen Ozean zu Rettungsflößen zusammengebunden.

Zu allen Zeiten hat es Zusammenstöße zwischen Politik und Wirtschaft gegeben. Konfliktträchtig waren Monopole, Embargos, exterritoriale Gebilde und die Forderung von Abgaben. China drohte jedem mit der Todesstrafe, der das Seidenmonopol des Landes brechen wollte. Angeblich gelang es Mönchen, in ihre Wanderstöcke versteckt Eier des Seidenspinners nach Byzanz zu schmuggeln, wo bald eine blühende Seidenindustrie entstand. Mit der Klugheit der Kinder dieser Welt begabt war auch Willibald, später Bischof von Eichstätt; um 720 umging er ein Exportverbot dadurch, daß er Balsam in ein Gefäß füllte, den typischen Balsamgeruch aber durch den durchdringenden Geruch von Petroleum übertünchte. Byzanz beanspruchte als einzig wahrer Kaisersitz ein Monopol auf die königliche Farbe Purpur; einem vornehmen Gesandten, Bischof Liutprand von Cremona, wird legal erworbener Purpurstoff bei der Abreise gegen Erstattung des Kaufpreises abgenommen mit der Begründung, andere Völker seien nicht würdig, mit Purpurstoff geschmückt einherzugehen. Kaufleute waren versucht, Gebühren zu hinterziehen. Da die Höfe der Kaufleute in fremden Städten sich zahlreicher Privilegien erfreuten, die die einheimische Bevölkerung nicht genoß, waren Konflikte fast unvermeidlich, z. B. in Fragen des Strafrechtes: Wer sollte nach welchem Recht richten bei Mord, Raub, Diebstahl, Vergewaltigung? Mehr als einmal gaben sich Kaufleute als Pilger aus, um von Zöllen und Abgaben befreit zu sein. In solchen Fällen begnügte man sich meist damit, einen (vielleicht erhöhten) Zoll nachzuerheben. Aus dem Deutschland des 10. und dem China des 14. Jahrhunderts sind aber auch Anordnungen überliefert, nach denen Ware und Schiff des Übeltäters konfisziert werden sollten.

Der Fernhandel überwand die räumliche und zeitliche Trennung zwischen Erzeuger und Verbraucher, zwischen Angebot und Nachfrage; durch den Austausch wirtschaftlicher Güter verband er Sprach-, Religions- und Kulturräume untereinander. Über manchen von Händlern erschlossenen Weg zogen später Krieger, Künstler, Missionare, z. B. Anskar im 9. Jahrhundert auf seinen Bekehrungreisen in Skandinavien. Für Händler galt nicht weniger als für andere Reisende die Maxime, mit möglichst wenig Bargeld zu reisen; infolgedessen war der Handel Wegbereiter des bargeldlosen Zahlungsverkehrs, in dessen Genuß auch andere Reisende kamen, z. B. Palästinawallfahrer. Die Grenzen zwischen Raub und Handel waren oft fließend, bis ins 17. und 18. Jahrhundert. Ein Wiederaufleben der Piraterie heute zeigt, daß die Gewichte zwischen individuell oder bandenmäßig verübtem Raub und der den öffentlichen Frieden garantierenden Obrigkeit immer wieder neu austariert werden müssen; was gelegentlich in bestimmten Räumen erreicht ist, ist andernorts noch immer – oder: schon wieder – außer Kraft gesetzt.

Botenwesen und Nachrichtenübermittlung

In diesem Abschnitt wird nicht unterschieden zwischen Boten und Gesandten; die einen sind meist von bescheidener Herkunft, ohne Handlungsvollmacht; die anderen – oft Adlige, Kleriker, reiche Kaufleute – sind autorisiert, im Namen des Auftraggebers sogar Verträge abzuschließen.

Große und kleine Herrschaften waren an möglichst vollständiger, genauer, aktueller, schneller Information interessiert; denn man wollte das Verhalten von Gegnern und Verbündeten richtig einschätzen können und unnütze Ausgaben sparen: Es war mißlich, wenn eine kostspielige Gesandtschaft nach einer langen Reise hörte, der Herrscher, zu dem sie ausgesandt war, sei längst verstorben oder ihr Auftraggeber sei mittlerweile gestürzt. Auch Stadtstaaten waren an

92

Bote aus dem Ursula-Zyklus. Der Legende nach warb der heidnische Königs-sohn Aetherius um Ursula, Tochter eines englischen Königs. Im Bild überbringt ein vornehm und zweckmäßig mit einem halblangen Rock gekleideter Bote einen versiegelten Brief. Sporen an seinen Füßen zeigen, daß die Nachricht eilig ist.

rascher Nachrichtenübermittlung interessiert; berühmt ist der Bote, der 490 v. Chr. den glücklichen Ausgang der Schlacht bei Marathon nach Athen meldete.

Im Persischen Reich standen Reichsstraßen und Botendienste dem Herrscher, nicht dem Privatmann zur Verfügung. Hellenistische, rö-mische, byzantinische, islamische und osmanische Machthaber paß-ten das persische Boten- und Nachrichtenwesen den jeweiligen Ver-hältnissen an; in den Reichen der Mongolen und des Großmoguls in Indien wurden Botendienste aufgebaut, die in der Tradition des Per-sischen Reiches standen, aber weit leistungsfähiger arbeiteten; über-troffen wurden sie in dieser Hinsicht vielleicht von den Stafettenläu-fern im Inkareich.

Im Abendland reißt die Tradition des staatlichen Botendienstes mit dem Untergang des Römischen Reiches, spätestens mit den Ka-rolingern, ab. Seit dem 10./11. Jahrhundert entsteht ein neues Boten-wesen, in dem – anders als in den antiken Reichen – die weltliche Ge-walt nur noch ein Träger unter mehreren ist. Nach dem 1035 aufge-zeichneten Recht der Leute von Limburg war jeder Lehnsmann dieses Klosters verpflichtet, täglich dahin zu reiten, wohin der Abt es befahl. Cluny schuf sich im 11. Jahrhundert einen eigenen Botendienst, um die Verbindung mit seinen zahlreichen Tochterklöstern aufrechtzuerhalten. Jede große Handels- und Bankgesellschaft war auf ein funktionierendes Botensystem angewiesen, das die Verbindung zwischen der Zentrale und den Filialen sicherte. Vergleichbares galt für große Städte. An den Universitäten war für Studenten der Kontakt mit ihren Familien wegen regelmäßiger Geldüberweisungen lebensnotwendig; Lehrer und Studenten organisierten eigene universitäre Kurierdienste, für die sie Schutz und Privilegien der Könige bekamen.

Die Stellung der Kirche im Nachrichtenwesen wurde um so überragender, je mehr sie auf das Papsttum hin zentralisiert und je stärker diesem die – ihrerseits zentralisierten – neuen Orden der Franziskaner und Dominikaner unterstellt wurden. Beim Aufbau eines Botenwesens griff das Papsttum, das in der Tradition des spätantiken Staates stand, auf eigene und die Erfahrungen von Bischöfen und Klöstern zurück. Daher wurde Rom im Spätmittelalter die bestinformierte Stadt der Christenheit; hier sammelte man über tausend Kanäle Nachrichten, die verarbeitet und gezielt wieder in Umlauf gebracht wurden. Da die Kurie ständig weitere Kompetenzen an sich zog, waren immer mehr Kleriker und Juristen gezwungen, aus dienstlichen und persönlichen Gründen nach Rom zu reisen. Die großen Orden hatten in Rom ihre Häuser, von denen – oft in unmittelbarem Kontakt mit dem Papsttum – Missionare ausgesandt wurden, deren Berichte wieder an die römische Zentrale gingen. Seit der Antike zieht Rom Wallfahrer an, unter ihnen Grafen, Herzöge und Könige, Äbte und Bischöfe, deren Informationen aufmerksam ausgewertet wurden.

Die Kurie ließ nicht nur Bischöfe regelmäßig zum ad limina-Besuch nach Rom kommen, sondern entsandte selber bevollmächtigte Nuntien zu den Ortskirchen, die Entscheidungen des Papstes überbringen und sich über das Leben von Laien und Klerikern, Bischöfen und Königen informieren sollten. Diese Legaten traten im Schmuck päpstlicher Gewänder und Insignien auf, »nicht anders, als ob der Papst selber käme«, wie es in der Vita Bernwards von Hildesheim heißt; der Sattel des Pferdes war »wie der des Papstes nach römischem Brauch mit einer Purpurdecke bedeckt«. Oft genug erschienen allerdings auch die Päpste in eigener Person; seit der Zeit der Kirchenreform im 11. Jahrhundert übten sie ihr Hirtenamt auch im Herumreisen aus, vergleichbar dem Reisekönigtum. Auf einer Reformsynode in Clermont stellte sich Papst Urban II. an die Spitze der Kreuzzugsbewegung.

Die Einrichtung ständiger Botschafter geht auf Venedig zurück. Ein Erlaß von 1288 gebot den venezianischen Gesandten, innerhalb von fünfzehn Tagen nach ihrer Heimkehr einen umfassenden Bericht vorzulegen über ihre Tätigkeit, ihre Erfahrungen und Beobachtungen in dem fremden Land, das heißt, über alles, was sie auf offiziellen und inoffiziellen Wegen an ihrem Tätigkeitsort und unterwegs hatten in Erfahrung bringen können. Es ist kein Zufall, daß es in Venedig zu einer in die Zukunft weisenden Neuerung in der Geschichte der Diplomatie kam: Generalbevollmächtigte der am vierten Kreuzzug interessierten Mächte fanden sich 1201 in Venedig mit gesiegelten Blankopergamenten ihrer Herrscher ein, auf die dann die mit der Signoria ausgehandelten Verträge aufgezeichnet wurden.

Die Unterhaltung eines eigenen Botendienstes war kostspielig. Zur Besoldung kamen die Aufwendungen für Pferde, Übernachtung, Wege- und Fährbenutzung, zu schweigen von Bestechungs- und anderen Geldern. Es konnte z. B. geboten sein, eine Reise dadurch zu beschleunigen, daß der Schiffseigner bewogen wurde, früher als vorgesehen oder zu ungünstiger Jahreszeit auszulaufen. Wenn Venedig Anfang des 16. Jahrhunderts einen Sonderboten nach Rom entsenden wollte, mußte es eine Summe aufwenden, die dem Monatsgehalt eines hohen Beamten der Stadt bzw. den Jahresausgaben einer Familie von drei Erwachsenen für Brot entsprach. Der einzelne konnte sich solche Ausgaben nicht leisten, und auch für Städte, Universitäten, Könige wogen sie so schwer, daß zur Unterhaltung »hauptamtlicher« Boten oft das Geld fehlte.

Deshalb schlossen sich Interessierte zusammen, oder man suchte Gelegenheitsboten. Kaufleute konnten ein Vermögen gewinnen oder verlieren, je nachdem, ob sie vom Untergang oder der glücklichen Ankunft eines Schiffes früher oder später als die Konkurrenz erfuhren. 1357 gründeten daher in Florenz siebzehn Handelsgesellschaften einen gemeinsamen Botendienst, die »Scarsella dei Mercanti Fiorentini« (die Botentasche der Florentiner Kaufleute), der bald darauf ähnliche Organisationen andernorts folgten. Als Gelegenheitsbote, der mündliche oder schriftliche Mitteilungen überbrachte, war jeder Reisende geeignet: Könige und Bischöfe, Kaufleute und Fuhrmänner, Mönche und Pilger, fahrende Sänger und Hirten (sie verlassen ihre Herden, um das Kommen des Wandermönchs Norbert anzukündigen, wie in der Vita Norberti erzählt wird). Als Bernward von Hildesheim 1000/1001 nach Rom reist, nimmt er Briefe »von allen Bischöfen diesseits der Alpen« mit; auf dem Rückweg vertraut Kaiser Otto III. ihm an, was er nur über seinen ehemaligen, ihm als verschwiegen bekannten Lehrer übermitteln will.

Damit ist auf die Anforderungen verwiesen. Als Boten kamen nur Männer in Frage. Sie mußten gesund, schnell und abgehärtet, belastbar und anpassungsfähig sein, um den Strapazen des Dienstes gewachsen zu sein; zuverlässig, damit man ihnen auch geheime Mitteilungen anvertrauen konnte; möglichst auch mehrsprachig. Für Verhandlungen mit Papst, Bischöfen und Äbten empfahlen sich Kleriker, die lesen und schreiben konnten, das Lateinische und Umgangsformen beherrschten. Gesandtschaften der Franken zu Sachsen und Slaven wurden wiederholt Männern anvertraut, die als Geiseln ins Frankenreich gekommen und für die fränkische Sache gewonnen waren. Gelegentlich betraute Karl der Große auch Nichtchristen mit Gesandtschaften, z. B. den schon erwähnten Juden Isaak. Vielerorts verpflichteten Boten sich in einem Amtseid, ausschließlich ihrem Auftraggeber zu dienen, sich eher foltern und in Stücke hauen zu lassen als die Botschaft preiszugeben. Von schlecht behandelten Leibeigenen waren Treue und Selbstverleugnung nicht zu erwarten.

Boten sollten es ihrem Auftraggeber recht machen, ohne es mit dem Empfänger zu verderben. Sie sollten durch »angemessenes« Auftreten den Inhalt der Botschaft fördern. Thangmar, ein nach Rom entsandter Priester, weiß, wie er der Sache seines Bischofs Bernward dient: Mit dem ganzen Körper wirft er sich vor Papst und Kaiser auf den Boden. Der Franziskaner Rubruk hat zunächst Skrupel, den Khan der Mongolen durch eine Kniebeuge zu ehren.

96

Boten sollten auf ihrem Weg durch das fremde Land soviel Informationen wie irgend möglich sammeln – und sich trotzdem nicht dem Vorwurf der Spionage aussetzen. Der byzantinische Kaiser Nikephoros wirft Liutprand, dem Gesandten Ottos des Großen, offen vor, er treibe zum Krieg und sei »unter dem Schein des Friedens als Spion (explorator)« geschickt – womit er nicht unrecht hatte: In dem Pamphlet, das Liutprand über seine mißglückte Gesandtschaft verfaßte, hetzt er versteckt und offen zum Krieg.

Ein geregeltes Gesandtschaftswesen war nur dann möglich, wenn Boten und Gastland sich an bestimmte Regeln hielten. Prokop betont zwei Pflichten und ein Recht von Gesandten: Sie dürfen sich nicht gegen den König vergehen und nicht mit verheirateten Frauen verkehren; dafür dürfen sie im Namen ihres Auftraggebers frei sprechen, auch wenn sie Unangenehmes zu sagen haben. Dieses »Grundgesetz« sei kurz betrachtet.

Heiligkeit des Königs: Immer wieder wurden »Mordboten« ausgesandt. An der mehr oder weniger demütigenden Art der Leibesvisitation vor der Audienz konnten Gesandte ablesen, wie sie eingeschätzt wurden.

Verhältnis zu Frauen: Das Verkehrsverbot betraf die verheirateten Frauen des Gastlandes; fremden Gesandten wurden im Rahmen der Gastfreundschaft Frauen oft genug zur Verfügung gestellt, wenn nicht geradezu aufgedrängt.

Freiheit des offenen Wortes: Wie wenig selbstverständlich dieses Recht war, zeigen spätere Quellen. Im Nibelungenlied bitten Boten ausdrücklich um Erlaubnis, eine feindliche Botschaft vorzubringen.

Heiligkeit der Gesandten: Leben, Gesundheit und Freiheit für die Hin- und Rückreise sowie die Zeit ihres Aufenthaltes an dem fremden Hof war den Gesandten nur dann sicher, wenn sie mehr als die von Prokop genannten Bedingungen erfüllten. Boten durften keine Aufstände anzetteln, sich nicht in die »inneren Angelegenheiten« einmischen, keine Nachrichten schmuggeln, den Feind nicht begünstigen. Und selbst wenn sie sich korrekt verhielten, waren sie ihres Lebens keineswegs sicher, wie zwei Beispiele zeigen mögen. Beda erwähnt in seiner Kirchengeschichte zwei englische Missionare, die Ende des 7. Jahrhunderts in Friesland zu einem lokalen Machthaber reisten, um die Erlaubnis zum Missionieren zu erwirken. Unterwegs quartieren sie sich für einige Tage bei einem Gutsverwalter ein, der ihnen verspricht, sie wunschgemäß zum Gauältesten zu führen. Als die Menschen sehen, daß die Priester eine fremde Religion ausüben, fürchten sie, der Gauälteste könnte sich für die neue Religion entscheiden, und sie müßten dann ihren überkommenen Kult aufgeben. Sie erschlagen die Missionare und werfen die Leichen in den Rhein. Die Härte der Strafe betont die Unverletzlichkeit von Boten: Erzürnt darüber, daß man »Fremde, die zu ihm wollten«, erschlagen habe, ließ der Gauälteste alle jene Dorfbewohner töten und das Dorf verbrennen. – In einer gespannten Lage konnte die eine Partei ihren Willen, die »diplomatischen Beziehungen« abzubrechen oder die Treue aufzukündigen, dadurch bekunden, daß sie die Boten der anderen Partei umbrachte, möglicherweise in betont brutaler oder schimpflicher Weise. 798 haben die bis dahin nur sehr locker an das Frankenreich angeschlossenen »Nordleute jenseits der Elbe« unmißverständlich zu verstehen gegeben, daß sie die fränkische Herrschaft abschütteln wollten. Sie empörten sich und nahmen die Gesandten König Karls fest, die sich damals bei ihnen aufhielten, »um sich Genugtuung geben zu lassen«. Hinter dieser Ausdrucksweise könnte Kritik am Verhalten der Gesandten stehen; vielleicht waren sie allzu schroff aufgetreten und hatten geglaubt, das Pochen auf die Macht ihres Herren könne Takt ersetzen. Einige der Gesandten wurden gleich erschlagen, andere ließ man am Leben, um sie später gegen Lösegeld freizugeben; einigen von diesen gelang die Flucht, die übrigen wurden losgekauft. Der Auftraggeber tat deshalb gut daran, seinen Boten Sicherheit und Unversehrtheit für Hin- *und* Rückweg garantieren zu lassen, gegebenenfalls durch Stellung von Geiseln (und auch das war kein absolut sicheres Mittel zum Schutz der eigenen Gesandten!). Was eine feierliche Zusage im gegebenen Falle wert war, erfuhr Jan Hus: Im Vertrauen auf das von König Sigismund gewährte freie Geleit reiste er 1414 von Böhmen nach Konstanz – und wurde hier 1415 verbrannt.

Der Schutz der Gesandten wurde zeitweilig sehr weit ausgelegt, wie eine programmatische Erklärung zum Völkerrecht zeigt, die Lampert von Hersfeld aufständischen Sachsen in den Mund legt.

1074 sandte Heinrich IV. den Abt von Hersfeld zu den aufständischen Sachsen; er sollte feststellen, ob Abgesandte des Königs ungefährdet zu ihnen kommen und wieder zurückkehren könnten. Der stolze Bescheid der Sachsen lautete, »sie seien nicht so vernunftlos, nicht so ohne Achtung gegenüber dem selbst bei barbarischen Völkern allgemein anerkannten Völkerrecht (ius gentium), daß sie nicht wüßten, daß man sich auch in den erbittertsten Fehden keine Beleidigung gegen Gesandte zuschulden kommen lassen dürfe«. Mit dieser Feststellung ging Lampert über das hinaus, was Prokop gesagt hatte. Liutprand hat seine Freiheit weidlich zum Austausch von Schmähungen mit den Byzantinern genutzt.

Der Bote durfte mit einer Belohnung für die gute, er mußte – trotz aller gegenteiligen Beteuerungen – mit einer Rüge oder Schlimmerem für eine schlechte Nachricht rechnen. Bischof Otto von Freising gibt einen menschenfreundlichen Zug Bertholds von Zähringen wieder: Zögerte ein Bote mit einer Unglücksnachricht, »wie es ja zu geschehen pflegt, sagte er: ›Rede nur, rede! Ich weiß ja, daß stets Betrübliches Erfreulichem und Erfreuliches Betrüblichem vorausgeht, deshalb ist es mir einerlei, ob ich zuerst das Trübe höre, da ich ja danach das Heitere hören werde, oder ob ich zuerst das Heitere und dann das Trübe höre.‹«

Boten hatten sich auszuweisen mit Gesten, Gegenständen oder einem Beglaubigungsschreiben. Ekkehard von St. Gallen bringt interessante Einzelheiten zu einem Goldtransport von Verona nach St. Gallen; die Boten sollten sich beim Almosenbitten mit dem »in die Handfläche gebogenen Daumen« ausweisen: Die sechs zuverlässigsten Boten, die die St. Galler haben, sollen je zu zweit auf drei Wegen nach Verona reisen und sich durch Kleidung und Rede für Pilger ausgeben; haben sie sich zu erkennen gegeben, wird ihnen das Gold »mit den Schenkelbinden« an den Beinen befestigt. – Seit der Antike weisen Boten sich vorzugsweise durch die Hälfte einer Münze aus, die zu der anderen Hälfte passen muß. Als der Landgraf Ludwig IV. zum Kreuzzug aufbricht, vereinbart er mit seiner Frau, daß Elisabeth dem Boten Glauben schenken solle, der mit einem bestimmten Ring vor sie trete.

Als Beispiel eines freimütigen Beglaubigungsschreibens sei hier der Brief vorgestellt, den Papst Innozenz IV. 1245 Carpini, seinem Gesandten zu den Mongolen, mitgibt. In drei Teilen mahnt der Papst den Großkhan zum Frieden, tadelt ihn hart wegen seines bisherigen Verhaltens und empfiehlt ihm schließlich seinen Boten. Naturrechtlich argumentierend, ruft der Papst eingangs zum Frieden auf (gleichzeitig sammelt er alle Kräfte zum Kampf gegen Kaiser Friedrich II.!): Die Menschen, die unvernünftigen Tiere und sogar die Elemente des Weltgebäudes sind »wie durch ein natürliches Bündnis miteinander vereinigt und ... dadurch ausgezeichnet, daß ein beständiges und unverbrüchliches Band des Friedens alle ihre verschiedenen Ordnungen umschlingt«. Es folgen Anklagen, daß der Adressat »viele Länder sowohl der Christen als auch anderer Völker überfallen und schrecklich verwüstet« habe und auch jetzt noch seine »mordgierigen Hände« nach fernen Gegenden ausstrecke, »ohne auf das natürliche Band der Verwandtschaft zu achten, das alle Menschen umschlingt, und ohne ein Geschlecht und Alter zu schonen«. Der Papst beschwört den Khan, »von derartigen Einfällen und vor allem von der Verfolgung der Christen ganz und gar« abzulassen; er solle die Strafe Gottes fürchten und die bisherigen Untaten durch Buße sühnen. Erst dann stellt der Papst seinen »geliebten Sohn, den Bruder Johannes, und seine Begleiter« vor. »Nehmt sie mit göttlicher Ehrfurcht freundlich auf, ja gleich als ob ihr uns persönlich in ihnen aufnähmet, behandelt sie ehrenvoll und schenkt ihnen Glauben und Vertrauen in dem, was sie euch von unserer Seite zu sagen haben. Pflegt mit ihnen erfolgreiche Unterhandlungen über die vorgenannten Angelegenheiten und im besonderen über das, was auf den Frieden abzielt.« Der Khan soll den Papst durch die Gesandten »ganz unumwunden und offenherzig« wissen lassen, warum er andere Völker vertrieben hat und was er weiterhin zu tun gedenkt. Schließlich bittet Innozenz um Unterstützung für seine Gesandten: »Versehet sie auf der Hin- und Herreise mit sicherem Geleite und allem, was zu ihrem Unterhalt notwendig ist, damit sie wohlbehalten wieder zu uns zurückkehren können.«

Boten konnten sich an dem fremden Hof im allgemeinen frei bewegen – so frei wie Geiseln und im Rahmen gewisser, als bekannt vorausgesetzter oder ausdrücklich eingeschärfter Grenzen. In einer

Hinsicht waren sie gar nicht frei: Ihre Rückkehr hing von der ausdrücklichen Genehmigung des Herrschers ab, die ohne Angabe von Gründen oft lange auf sich warten ließ. Karl der Große empfing 797 in Aachen eine arabische Gesandtschaft, entließ sie aber erst in Sachsen, zudem im Winter; mit diesem Vorgehen führte er den Gesandten handgreiflich vor Augen, daß die fränkische Herrschaft zwischen Rhein und Elbe mittlerweile solide verwurzelt war und daß die Sarazenen sich keine falschen Hoffnungen auf die Sachsen als mögliche Verbündete gegen die Franken machen sollten. – Es gab viele Möglichkeiten, fremde Gesandte zu schikanieren, ohne das Recht zu verletzen, wie der Bericht Liutprands zeigt, der in dieser Hinsicht sehr empfindlich war: Man ließ die Gesandten warten, um sie mürbe zu machen; das konnte sehr ärgerlich werden, wenn den Gesandten die Mittel für ihren Lebensunterhalt ausgingen. Man versuchte in jeder Weise, die Gesandten zu demütigen – durch Bewachung, Einengung ihres Bewegungsspielraumes, Bevorzugung der Gesandten anderer Völker, Verbote (mit Pferden einzuziehen, ihre vertraute Kopfbedeckung aufzubehalten), Zurücksetzung an der herrschaftlichen Tafel (rangniedriger Platz, ohne Tischtuch), Schwierigkeiten bei der Rückreise (Pferde nur für die Personen, nicht für das Gepäck) usw. Folgt man Liutprand, dann revanchierte er sich damit, daß er die Byzantiner zutiefst dadurch verletzte, daß er von ihrem Herrscher abwertend als dem »griechischen Kaiser« sprach, die Byzantiner mit Verbalinjurien reizte, ein Spottgedicht hinterließ u. ä.

Einer delikaten Mission sahen sich Boten gegenüber, die in der Fremde um eine Braut werben und diese auf einer langen Reise zu ihrem Herren geleiten sollten. Auch Norbert von Xanten ist, als Mönch, für einen Freund, den Grafen Theobald, einmal als Brautwerber unterwegs gewesen. Zu welchen Verwicklungen eine solche Mission führen konnte, zeigt der Roman von Tristan und Isolde. Im späteren Mittelalter und in der frühen Neuzeit war es nicht ungewöhnlich, daß der Brautwerber »prokuratorisch«, stellvertretend für seinen Herrn, mit der Braut getraut wurde.

Berufs- und Gelegenheitsboten kamen natürlich auch als Informanten in Frage: Statt unter hohen Kosten eigene Leute in die Ferne zu schicken, befragte man die Fremden bei ihrer Einreise in das eigene

Land; in Gasthäusern, an vielbesuchten Messeplätzen und Wallfahrtsstätten kamen geschickte Späher schnell zu wertvollen Informationen. Je schlechter die Boten besoldet waren, desto leichter konnte man sie »anzapfen«.

Berufsmäßige Boten waren von weitem zu erkennen; im Mongolenreich trugen die Stafettenläufer einen mit Glöckchen besetzten Gürtel, damit der Nachfolger sich rechtzeitig fertigmachen konnte. Oft sollte auch der nichtprofessionelle Bote auffallen; Person und Ausstattung (Kleidung, Schmuck, Pferde, Sattel, Zaumzeug usf.) sollten den Adressaten beeindrucken, vielleicht auch ehren. Im Nibelungenlied läßt man für die Boten eigens reiche Kleidung anfertigen. Bei Reisen in ferne Länder fielen die Boten durch Kleidung, Sprache, Reittier, Gewohnheiten auf. Wollten sie inkognito reisen, mußten sie sich verkleiden und damit Kopf und Kragen riskieren. Mit Ungelegenheiten mußte aber auch rechnen, wer sich von vornherein zu erkennen gab. Wiederholt machten Gesandtschaften zu den Mongolen die Erfahrung, daß sie falsch geplant hatten. Auf der Tausende von Kilometern weiten Hin- und Rückreise durch das Tatarenreich waren Rubruk und seine Begleiter auf das Wohlwollen lokaler Machthaber angewiesen, die einen schier unersättlichen Hunger nach »Geschenken« bekundeten, die dem eigentlichen Adressaten der Mission zugedacht waren. Wer weiterkommen wollte, mußte über Festigkeit und Geschmeidigkeit, vor allem Menschenkenntnis verfügen.

Wichtige Nachrichten wurden oft zwei getrennt reisenden Boten anvertraut (da einer erkranken, sterben, in die Hände des Gegners fallen konnte), verschlüsselt, versteckt oder durch unauffällige bzw. unter einem besonderen Schutz stehende Personen übermittelt. Als Versteck kamen der Körper, die Kleidung und mitgeführte Gegenstände in Frage: Ein Brief wurde etwa unter der Wachsschicht eines hölzernen Tabletts versteckt. Wiederholt mißbrauchten Wallfahrer den besonderen Schutz, den sie auch in einer nichtchristlichen Umwelt genossen. Im Pilgerstab wurden Eier des Seidenspinners aus China geschmuggelt oder Geheimnachrichten befördert. Erzbischof Albero von Trier versteckte ein hochpolitisches Schreiben des Papstes in einem angeblichen Reliquienbehälter; die Kontrolleure scheuten sich, genauer nachzuforschen. Da auch höchste kirchliche Würdenträger nicht davor zurückschreckten, im Interesse der »guten Sache« die Ehrfurcht ihrer Mitmenschen vor dem Heiligen zu mißbrauchen, konnte grundsätzlich jeder, auch der scheinbar harmloseste Pilger, in den Verdacht von Schmuggel, Spionage und Subversion geraten. Mißtrauische Obrigkeiten reagierten mit scharfen Kontrollen und waren bei der Verhängung abschreckender Strafen nicht zimperlich: Relativ harmlos war noch Beugehaft in kalten, feuchten, finsteren Verliesen bei schlechter Luft- und Nahrungsversorgung. Böse erging es dem hl. Coloman nach der – in dieser Hinsicht glaubwürdigen – Legende: Als Wallfahrer von England ins Heilige Land unterwegs, wurde er in der Nähe von Wien als Spion verdächtigt und kurzerhand aufgeknüpft.

Gesandte kamen nicht mit leeren Händen. Geschenke und Gegengeschenke mußten der jeweiligen Person und ihrer gesellschaftlichen Stellung angemessen sein. Kaiser Konstantin sandte 757 König Pippin eine Orgel, wahrscheinlich das erste derartige Instrument, das im mittelalterlichen Abendland zum Klingen gebracht wurde. König Alfons von Galicien und Asturien, mit dem Karl der Große befreundet war und in lebhaftem Gedanken- und Geschenkaustausch stand, ließ 798 ein Zelt »von wunderbarer Schönheit« überbringen. Im selben Jahr schickte er »im Winter«, nachdem er Lissabon geplündert hatte, als Zeichen seines Sieges Panzer, Maulesel und maurische Gefangene. Das Geschenk mußte keineswegs materiell faßbar sein. Gesandte, die 800 aus Jerusalem zu Karl kamen, brachten Reliquien mit, d. h. Garanten für die Nähe eines schutzmächtigen Heiligen, wenn nicht Christi selber; die Boten wären auch dann willkommen gewesen, wenn sie nur den Segen des Patriarchen übermittelt hätten. Ein großes Geschenk konnte als Statussymbol verstanden werden, z. B. der Elefant, den der Kalif aus Bagdad Karl dem Großen schickte. 944 reist Liutprand, der spätere Bischof von Cremona, im Auftrag seines damaligen Herren, des Markgrafen Berengar von Ivrea, nach Byzanz. Hier gerät er in eine peinliche Lage: Die ihm mitgegebenen Geschenke können in gar keiner Weise den Vergleich mit den Gaben anderer Gesandter aushalten; kurz entschlossen gibt er seine eigenen, wertvolleren Präsente mit vielen schönen Worten als die seines Auftraggebers aus: Neun Panzer, sieben Schilde mit vergoldeten Bukkeln, zwei vergoldete silberne Becher, Schwerter, Lanzen, Spieße, und vier Sklaven aus der Landschaft Kharezem südlich des Aralsees. Diese schätzt der Kaiser höher ein als alles andere; Liutprand erläutert: »Als Carzimasier aber bezeichnen die Griechen ganz entmannte, auch der Rute beraubte junge Eunuchen, dergleichen die Kaufleute von Verdun sich wegen des unermeßlichen Gewinnes zu verschaffen und nach Spanien auszuführen pflegen.« Ein halbes Jahrtausend später will Vasco da Gama in Indien dem Samorin Geschenke seines Königs übergeben: Als der Hofmeister des Königs sieht, was die Portugiesen mitgebracht haben – zwölf Stück gestreiften Baumwollstoff, vier Kapuzen von scharlachfarbenem Tuch, sechs Hüte und vier Korallenzweige, ferner sechs Metallbecken, eine Kiste Zucker, je zwei Fäßchen Olivenöl und Honig – lacht er sie aus und erklärt, das sei nichts, was man dem König schicken könne; der ärmste Kaufmann, der aus Mekka komme, gebe mehr als das. Vasco rettet die Situation mit der Erklärung, die Gaben seien aus seinem eigenen Besitz; wenn der König von Portugal ihn wieder herschicke, werde er ihm wertvollere Geschenke mitgeben.

Kirchliche und weltliche Große waren sehr viel unterwegs; zur Ausübung ihrer Herrschaft blieben sie aber auf Boten angewiesen. Oft erlaubten ganz einfach die Entfernungen ein persönliches Erscheinen nicht. Das war der Fall z. B. bei den Kontakten, die Karl der Große zum Kalifen von Bagdad oder die Ludwig der Heilige zum Großkhan der Mongolen knüpfte. Die Aufgabe von Boten bestand oft auch darin, persönliche Begegnungen der Herrscher vorzubereiten. Auf solche »Gipfeltreffen« sei abschließend kurz eingegangen.

Bei Begegnungen zwischen gleichrangigen Herrschern traf man sich oft an der Grenze zwischen beiden Machtbereichen. Da Flüsse sich als Grenzen von Verwaltungsbezirken eignen – wegen ihrer länder- und völkerverbindenden Funktion sind sie nie »natürliche« Grenzen gewesen – wurden Gipfeltreffen wiederholt in der Mitte des Flusses veranstaltet. Gregor von Tours berichtet von einer Begegnung des Gotenkönigs Alarich mit dem Frankenkönig Chlodwig auf einer Insel in der Loire, bei Amboise. Jahrhunderte später begegnen sich der »Westfrankenkönig« Karl III. und der »Ostfrankenkönig« Heinrich I. bei Bonn. »Nach wechselseitigem Verkehr der Gesandten« war man übereingekommen, sich auf dem Rhein zu treffen. Am Sonntag, den 4. November 921 sahen sich beide lediglich von Angesicht zu Angesicht jeweils von Ufer zu Ufer, »damit ihre Getreuen gerechtfertigt würden hinsichtlich des Eides, mit dem sie die Zusammenkunft versprochen hatten«. Am darauffolgenden Mittwoch ließen sich die Könige vom westlichen bzw. östlichen Ufer zur Strommitte rudern; beide Herrscher stiegen in ein hier verankertes drittes Boot und bekräftigten, von ihren Großen unterstützt, eidlich einen vorher ausgehandelten Vertrag. Ähnliche Treffen hat es wiederholt gegeben, auch auf der Mitte von Brücken. Damit wurde der gegenseitige Herrschaftsbereich ausdrücklich anerkannt.

Der Verkehr mittels Gesandten hat dazu beigetragen, Länder und Kulturen miteinander bekanntzumachen. Er regte die Neugier an, weckte – zumindest bei manchen Zeitgenossen – Aufgeschlossenheit für das Andersartige. Langfristig trugen der Austausch von Gesandten und die Berichte, die Boten bei ihrer Rückkehr erstatteten, dazu bei, daß Europa sich eher dem Fremden öffnete als andere Kulturen, China zum Beispiel, die stärker vom Bewußtsein der eigenen Überlegenheit durchdrungen waren.

VERSTÄNDIGUNG UNTERWEGS

Im Mittelalter konnte der gebildete Reisende im abendländischen Raum sich unter seinesgleichen in Island und Sizilien, Portugal und Polen auf Lateinisch verständlich machen. Griechischkenntnisse halfen in der von Byzanz geprägten Welt weiter: Unteritalien (wo es heute noch griechischsprachige Gemeinden gibt), Sizilien, östlicher Mittelmeerraum, Teile Südosteuropas, der Küstensaum um das Schwarze Meer. Wer das Arabische beherrschte, fand leichter Zugang zur islamischen Welt, die im Spätmittelalter von Spanien bis nach Hinterindien reichte. Erzbischof Wilhelm von Tyrus (1130–1184) sprach Französisch, Latein, Griechisch, Arabisch und las das Hebräische; was seine sprachliche Bildung anging, war er wie kein zweiter für sein Amt geeignet.

Arabischkenntnisse waren im Abendland nicht sonderlich verbreitet, obwohl weitblickende Gebildete wie Petrus Venerabilis, Abt von Cluny, das Studium des Korans in der Originalsprache als Voraussetzung für die militärische und geistige Auseinandersetzung mit dem Islam forderten, obwohl die Kreuzzüge sowie der wirtschaftliche und wissenschaftliche Austausch mit der islamischen Welt wenigstens rudimentäre Arabischkenntnisse verlangten. Wer arabischsprachige Länder bereiste oder in die Gefangenschaft von Sarazenen fiel und überleben wollte, mußte sehen, wie er zurechtkam.

Juden beherrschten oft mindestens zwei Sprachen, die des Landes, in dem sie lebten, und ihre Kultsprache. Infolgedessen konnten sie sich mit Glaubensbrüdern in anderen Ländern verständigen. Da das Hebräische unter Christen nur wenig bekannt war, verfügten Juden über eine Art Geheimsprache, die ihnen bei der geschäftlichen Korrespondenz und in Krisenzeiten hilfreich war; allerdings schürten die andersartige Sprache und Schrift, von dem anderen Lebensstil zu schweigen, auch Abneigung und Mißtrauen. Mit dem Jiddischen entwickelten Juden – wahrscheinlich nach der Jahrtausendwende in Gemeinden am oberen und mittleren Rhein, deren Mitglieder zum

Teil aus romanischsprachigen Ländern zugewandert waren – ein Idiom, das in Spätmittelalter und Neuzeit als Verkehrssprache im osteuropäischen Raum große Bedeutung gewinnen sollte. Das Vokabular dieser Sprache umfaßt hebräisch-aramäische Elemente und Worte aus verschiedenen deutschen, französischen und italienischen Dialekten der Zeit. Über das Jiddische sind hebräische Wörter ins Deutsche gekommen. Zum Teil geschah das auf dem Umweg über die Geheimsprache der Gauner und Vaganten, die auf den Straßen mit wandernden jüdischen Kaufleuten und Wechslern in Berührung kamen. Manche Elemente wurden später aus dem Rotwelsch in die Umgangs-, dann auch in die deutsche Literatursprache aufgenommen.

Prediger wie Bernhard von Clairvaux, Norbert von Xanten, Jakob von Vitry begeisterten ihre Zuhörer, ohne sich in deren Muttersprache ausdrücken zu können. Es wäre zu kurz gegriffen, wollte man in den Berichten der Zeitgenossen von dem außerordentlichen Widerhall, den das Wort der Wandermönche fand, nur »Topoi« sehen, literarische Rückbezüge auf das in der Apostelgeschichte geschilderte Sprachenwunder am Pfingstfest. Charismatiker fanden den Weg zu den Menschen nicht über den Intellekt, sondern über die Herzen; ihre Erfolge wurden auch deshalb möglich, weil sie die Gebärdensprache beherrschten. Diese gehörte zur antiken Rhetorik, die zusammen mit Grammatik und Dialektik das Trivium bildete, das so grundlegend für das mittelalterliche Bildungswesen wurde, daß die Ausdrucksweise »trivial« sich daher ableitet.

Gebärden boten sich zur Verständigung zwischen Angehörigen verschiedener Sprachen an. Je elementarer das menschliche Bedürfnis ist, desto formkonstanter und damit leichter verständlich sind die entsprechenden Gesten, z. B. für Essen- oder Schlafenwollen. Andere Zeichen wurden nur zu bestimmten Zeiten eindeutig verstanden. Guibert von Nogent, einer der Chronisten des ersten Kreuzzuges, ruft Gott zum Zeugen an, daß er hat sagen hören, es seien 1096 »in einem unserer Seehäfen Männer von ich weiß nicht welchem barbarischen Volk angekommen, die eine so unbekannte Sprache hatten, daß sie sich nicht verständlich machen konnten und die Finger in Kreuzform übereinanderlegten, um anstelle von Worten so anzudeuten, daß sie für die Sache des Glaubens ausziehen wollten«. In Klöstern, deren Bedeutung für das Reisewesen kaum überschätzt werden kann, wurde die Zeichensprache systematisch gefördert; ihrer durfte man sich auch dann bedienen, wenn Stille geboten war. In seinen Konstitutionen (Satzungen zur Ergänzung der Regel Benedikts; um 1080) schreibt Abt Wilhelm von Hirsau: »Das Zeichen für Brot: Mache mit den beiden Daumen und den Zeigefingern einen Kreis, dann meinst du ein rundes Brot.« Zwischen jugendlichen Klosterzöglingen gab es zu allen Zeiten besondere Zeichen, etwa der Art ›Sieh dich vor, der Abt kommt!‹ oder ›Es ist niemand in der Vorratskammer‹. In diesem Bereich überlappt sich die in einem Kloster ›gesprochene‹ Sprache mit dem Rotwelsch der Gauner.

Sofern man nicht über ein ausgeklügeltes, nur Eingeweihten verständliches System von Zeichen verfügt, ist man bald am Ende der Gebärdensprache. Auf seiner Entdeckungsfahrt durch die westindische Inselwelt nimmt Kolumbus Eingeborene an Bord, damit diese das Kastilische, die Kastilier die Sprache der Indios lernen. Zunächst ist Kolumbus aber auf die Zeichensprache angewiesen. Wiederholt trägt er in sein Tagebuch ein: »Durch Gebärden fragte ich«, »durch Zeichensprache konnte ich herausfinden«. Aber mehr als einmal hört er, was er zu hören erwartet, merkt allerdings, daß er die Menschen nicht oder nicht richtig versteht – und sie ihn nicht.

Kaufleute, Handwerker, Pilger waren auf die Kenntnis der jeweiligen Verkehrssprache angewiesen. Im Hanseraum kam man gut mit dem Niederdeutschen zurecht. In den Häfen des Vorderen Orients und in Byzanz diente als internationale Verständigungssprache das Französische (Fränkische); in Französisch ist der Vertrag von 1229 zwischen Kaiser Friedrich II. und dem Sultan abgefaßt, der christlichen Wallfahrern auf zehn Jahre freien Zugang zu den heiligen Stätten garantieren sollte. Aus französischen, italienischen und griechischen Elementen entwickelte sich auf Zypern die sog. lingua franca. In dem von Marco Polo (dessen ›Il Milione‹ auf Französisch verfaßt ist) und Battuta bereisten Indien hatte sich aus dem Urdu, der Lagersprache der muslimischen Eroberer, unter Einschmelzung türkischer, persischer und indischer Sprachelemente eine weitere allgemeine Verkehrssprache herausgebildet.

Wer zu Fuß in ein fremdsprachiges Land kam, verfügte über mindestens einen Vorteil. Im Gespräch mit Weggefährten konnte er sich in das andere Idiom einhören, einleben, einsprechen. Zu Fuß reisten auch die ersten Franziskaner, begeistert von der neuen Form, die evangelische Armut zu leben. Als sie nach Deutschland kamen, erfuhren sie, daß vor bösen Mißverständnissen auch der Einsatz für eine gute Sache nicht schützt. Auf die Frage, ob sie Ketzer seien, antworteten sie in franziskanischer Einfalt mit dem einzigen deutschen Wort, das sie sich eingeprägt hatten und das sie auf den Scheiterhaufen hätte bringen können: »Ja!«

Wer in ein fremdsprachiges Land fuhr, tat gut daran, sich vor Reiseantritt mehr als nur das Wort für »Ja« einzuprägen. Kaufleute und Missionare, Boten und Pilger machten sich am besten rechtzeitig mit den Anfangsgründen des fremden Idioms vertraut, die sich später ausbauen ließen. Eine erhebliche Schwierigkeit bestand allerdings darin, daß in den meisten Ländern mehrere – nach Auskunft Bedas im England des 8. Jahrhunderts z. B. vier – Sprachen gesprochen wurden; die nationalen Hochsprachen haben sich ja erst in der Neuzeit durchgesetzt. Trotzdem: Ein gewisser ›Grundwortschatz‹ in einer dieser Sprachen bedeutete schon einen Gewinn für den Reisenden, Gewinn auch an Sicherheit. Im Laufe der Jahrhunderte sind zahlreiche Sprachführer verfaßt worden, die – waren sie gut – das Schicksal guter Karten teilten: Sie wurden viel gebraucht und ausgeliehen, von Wind und Wetter zerzaust, eines Tages verloren oder vergessen. Wahrscheinlich hat es bessere Karten und Sprachführer gegeben als die, die in Bibliotheken und Archiven die Jahrhunderte überdauert haben.

Zu den auf uns überkommenen Hilfen, die man in romanischsprachigen Ländern für Reisende nach »Deutschland« erarbeitete, gehören sogenannte ›Altdeutsche Gespräche‹ aus dem 9. und 10. Jahrhundert, die hier auszugsweise vorgestellt seien. Sie bringen das Wort bzw. die Wendung jeweils in althochdeutscher und in lateinischer Sprache; das mit volkssprachigen Worten durchsetzte Latein könnte damals noch manchen Menschen in Innerfrankreich und Italien verständlich gewesen sein.

In einem ersten Teil werden einzelne Wörter angegeben, althochdeutsch-lateinisch (das althochdeutsche Wort oder die althochdeutsche Wendung wird im folgenden nur dann in Klammern beigefügt, wenn es einfach zu erkennen oder besonders anschaulich ist): Haupt, Haare, Ohr, Augen, Mund, Zunge, Zähne, Bart, Hand, Handschuhe, Brust, Bauch, voller Bauch (follo guanbe, ›Wanst‹), hilf!, mein Herr (fro min), guter (bzw. schlechter, hübscher, schneller) Lehnsmann.

Darauf folgen Wendungen, wie sie unterwegs und im Quartier gefragt sind. Mit dem obligatorischen »Wer?« und »Woher?« werden Brücken zu einem friedlichen Miteinander gebaut:

Wer bist du (Wer pist du)? Woher kommst du (Wanna quimis)? Aus welcher Gegend reisest du (Fona weliheru lantskeffi sindos)?

Woher kommst du, Bruder (Guane cumet ger, brothro)? – Aus dem Haus meines Herren.

Aus welchem Lande kommst du (Gueliche lande cumen ger)? – Ich war in Franzien (bzw. ich war in einem anderen Dorf).

Was hast du dort gemacht? – Ich war dorthin geschickt.

Ich habe dich dort nicht gesehen. – Auch ich habe euch dort nicht gesehen.

Wo hast du letzte Nacht Unterkunft gefunden? – Im Haus des Grafen.

Hast du meinen Herren in der Frühmesse gesehen? – Nein.

Wo ist dein Herr? – Ich weiß es nicht.

Mein Herr will mit dir sprechen. – Auch ich will mit ihm sprechen.

Ich will ausreiten (E guille har uthz rite); gib mir mein Roß (Gimer min ros); sattele mein Roß (Guesattilae min ros); gib mir meinen Schild (meinen Speer, meine Handschuhe, meinen Stab, mein Messer, eine Kerze).

Der Ritter reist möglicherweise nicht allein, sondern von seiner Frau begleitet:

Wo ist deine Frau (Guar es taz wip)? Warum warst du nicht in der Frühmesse? – Ich wollte nicht.

Du hast bei deiner Frau in deinem Bett gelegen. Wenn das dein Herr wüßte, er wäre erzürnt auf dich, bei meinem Kopfe! – Was sagt ihr?

Hör doch zu, du Narr!

Beim Eintritt in eine Taverne oder in eine Herberge braucht man folgende Wendungen:

Ich möchte gern etwas trinken (Erro, e guille trenchen). – Willst du guten Wein trinken?

Das will ich. Hast du Futter für die Pferde? – Ja, das habe ich (bzw. habe ich nicht, genug, wenig).

Bring meinen Schuh in Ordnung (emenda meam cabattam).

Die Wiedergabe des Wortes für Begleiter (guenoz) mit ›conpagn‹ läßt sich so deuten, daß im Herkunftsland des Autors der Glossen (das heutige Innerfrankreich?) schon Brot als Hauptnahrung diente (und nicht Brei): Der Begleiter ist derjenige, mit dem man sein Brot teilt. Der Erfolg des Wortes ›conpagn‹ bis in unsere Tage spiegelt sich ja in Worten wie ›Kumpan‹ und ›Kompanie‹ sowie (in der heutigen französischen Umgangssprache) ›copain‹ bzw. ›copine‹. Noch ein anderes Wort wirft ein Schlaglicht auf das Essen: Die Frage ›Hast du heute schon gegessen‹ (Adst cher heute)? deutet nicht gerade auf mehrere Mahlzeiten am Tage hin. Die Wiedergabe mit ›disnasti te hodie?‹ deckt weitere kulturgeschichtliche Zusammenhänge auf: Das heutige französische ›dîner‹ (zu Abend essen) geht auf ein erschlossenes ›disjunare‹ zurück, wörtlich ›entfasten‹, das Fasten brechen; ›disnare‹ bezeichnete ursprünglich also die erste Mahlzeit am Tag; in dem Maße, in dem die Hauptmahlzeit immer später eingenommen wurde, das Mittag- und schließlich das Abendessen. Für die erste Mahlzeit benötigte man daher ein anderes Wort ›déjeuner‹, aus derselben Wurzel, ursprünglich die erste leichte Mahlzeit nach dem Aufstehen. Diese wurde im Laufe der Zeit umfangreicher und später eingenommen, deshalb wurde das Frühstück mit dem heute gebräuchlichen ›petit déjeuner‹ bezeichnet.

Zu den Sprachhilfen gehören auch Kollektiv(vor)urteile, die zeigen, daß der romanische Verfasser wußte, wie man bei den ›Eingeborenen‹ Sympathien gewinnen kann: Man muß sie loben und ihre Nachbarn schlechtmachen. Es fängt harmlos an, geht dann aber recht angriffslustig weiter; hinter den letzten Worten dieses Abschnittes könnte sich die Ironie des Autors der Glossen verbergen:

Ein weiser bzw. törichter Mensch (spaher bzw. toler man).

Narren sind die Romanen, weise sind die Bayern.

Mit Maßen findet man Weisheit in der Romania, sie haben mehr Torheit als Weisheit (Tole sind Walha [Walchen, Welsche, Romanen], spahe sint Peigira).

Denk an dich selbst! – Ich habe immer an mich selbst gedacht.

Die Glossen enthalten schließlich auch Gruß und Segenswunsch, mit dem man sich verabschieden kann:

Gott grüße euch. – Gott segne dich.

Wie die Glossen zeigen, weitete das mittelalterliche Reisen nicht nur den Horizont, sondern provozierte auch Animositäten, Dünkel, Haß. Reisende, die sich als Angehörige einer bestimmten, von ihnen als besser, gebildeter, kultivierter eingeschätzten Gruppe verstanden und deren »Wir-Gefühl« in erster Linie auf sprachlichen Gemeinsamkeiten beruhte, verachteten die dieser Sprache nicht mächtigen Menschen. Auf einen Pilgerführer nach Santiago de Compostela ist noch einzugehen.

Viele Reisende dürften in einer fremdsprachigen Umwelt ihr Anderssein wie ein Urerlebnis der Ohnmacht erfahren haben: Als Fremde waren sie grundsätzlichem Mißtrauen ausgesetzt; sie hatten keine andere Möglichkeit, als mit mißverständlichen Gesten die anderen von ihren friedlichen Absichten zu überzeugen.

GASTFREUNDSCHAFT UND GASTHAUS

Wo finde ich nächste Nacht eine Unterkunft? Wie werde ich aufgenommen? Jahrtausendelang stellten sich Reisende Tag für Tag diese Fragen. Die zweite war dringender, da im Laufe der Geschichte das Verhalten Fremden gegenüber zwischen zwei Polen pendelte: Einen Fluchbeladenen, Unglück oder Krankheit mit sich Bringenden durfte man wie einen Feind ohne Warnung erschlagen. Aber der Fremde konnte ein Gott sein – eine Vorstellung, die auch dem Christentum vertraut war: »Wer euch aufnimmt, nimmt mich auf« (Mt 10,40).

Neben der spontanen, unentgeltlichen Aufnahme von Fremden hat es im Laufe der Geschichte mehr oder weniger »organisierte« Formen der Gastlichkeit gegeben: Beherbergung von Glaubensgenossen, Recht der Obrigkeit auf herrschaftliche Gastung, kommerzielle Gastung.

Gastfreundschaft

Abgerissen, als Bettler verkleidet, kehrt Odysseus nach jahrzehntelanger Irrfahrt heim. In seinem Haus findet er mehr als hundert übermütige junge Männer vor, die um seine Frau freien und den Fremden verhöhnen; mit ihnen entspinnt sich mancher ahnungsvolle Dialog, auch um Rechte und Pflichten des Gastes. Als Antinoos, Wortführer der Freier, Odysseus mit einem Schemel an der Schulter trifft, tadeln ihn sogar seine Genossen: »Unseliger! wenn er nun vielleicht irgendein Gott vom Himmel ist! Durchwandern die Götter doch, Fremdlingen gleichend, die von weither sind, in mancherlei Gestalt die Städte.« Penelope bewirtet den Fremden zuvorkommend: Sie läßt einen Sessel holen, ein Fell darauf legen und lädt den Gast ein, sich neben sie zu setzen; sie erkundigt sich nach Name, Eltern, Herkunft; sie treibt ihre Mägde zum Dienst an: »Wascht ihn und stellt ein Lager auf: eine Bettstatt und Decken und schimmernde Tücher... morgen in der Frühe badet ihn.«

Die klassische Schilderung Homers, die Bibel, das Recht von Kelten, Germanen und Slaven bringen viele Einzelheiten zum Thema ›Gastfreundschaft in archaischen Gesellschaften‹. Grundsätzlich hat der Gast sich an bestimmte Regeln zu halten. Die Standesgenossen des Odysseus konnten durchaus mit Gastfreundschaft rechnen. Aber in langen Jahren haben sie gegen das Recht des Hauses verstoßen: Sie haben Tabuschranken verletzt, als sie dem Sohn des Hausherren nach dem Leben trachteten, mit Dienerinnen schliefen, die Hausherrin zu einer neuen Ehe nötigen wollten, obwohl der Ehemann möglicherweise noch lebte; sie haben das Gastrecht zur Zwangsgastung pervertiert und den Aufenthalt weit über das Maß des Zumutbaren ausgedehnt; sie haben sich wie der Hausherr gebärdet, als sie Mägde und Knechte in ihre Dienste nahmen, Hab und Gut verpraßten.

Als Fremder hat Odysseus sich »auszuweisen«, Name, Herkunft und Lebensumstände dem Gastgeber zu offenbaren. Denn der Gastherr muß wissen, wen er beherbergt, da er gegebenenfalls den Gast gegen Angriffe zu verteidigen hat, woran Penelope die Freier drohend erinnert. Wie weit diese Schutzpflicht gehen kann, zeigt das Buch Genesis (19,8) aus einem anderen Kulturbereich: Lot ist eher bereit, den Sodomitern die eigenen Töchter auszuliefern als die Gäste, die er beherbergt.

Aus der Schutzpflicht ergeben sich Rechte für den Gastherrn: Stirbt der Gast in seinem Haus, so fällt dessen Habe an den Gastgeber – ein Recht, das Herbergswirte noch im Hochmittelalter beanspruchen; demgegenüber ordnet Kaiser Friedrich II. an, daß der Fremde frei über seine Fahrhabe solle verfügen können, daß die Erben nicht zugunsten des Wirtes von der Erbfolge ausgeschlossen werden dürfen.

Odysseus bittet um das, was man bis weit in die Neuzeit niemandem verweigern darf: Obdach und Wasser. Je nach Landstrich kann der Gast auch Feuer erwarten (um sich eine wärmende Mahlzeit zu bereiten, nachts als Schutz gegen Kälte und wilde Tiere) und Pferdefutter (in grasreichen Gegenden), schließlich Auskunft über den rechten Weg. Penelope geht in ihren Anordnungen weit über das Selbstverständliche hinaus: Wie einen Gleichen bittet sie den Fremden, sich zu ihr zu setzen und zu erzählen, denn noch immer rechnet sie mit einem Lebenszeichen ihres verschollenen Mannes. Jeder Fremde ist auch Bote: Bewußt oder unbewußt bringt er Nachrichten aus der fernen Welt in das Haus des Gastgebers.

Penelope läßt dem Gast ein Bad richten – mehr als eine Erfrischung; das Bad als rituelle Reinigungszeremonie ist vielen Religionen bekannt. Der Santiagopilger wusch unmittelbar vor der Ankunft am Grab des heiligen Jakobus allen Schmutz in einem Fluß von sich ab, und noch heute nehmen Hindus jährlich zu Hunderttausenden im heiligen Fluß Ganges ein reinigendes Bad. Odysseus läßt sich von einer zuverlässigen Dienerin, seiner einstigen Amme, die Füße waschen. In der Karolingerzeit erkennt ein Abt bei der von der Regel Benedikts gebotenen Fußwaschung junge Männer, die sich als Bettler verkleidet haben, an deren »zarten und weißen Beinen« als Adlige. Ein höflicher Gastgeber bot dem Gast mindestens an, sich vor Tisch die Hände zu waschen. Vor, während und nach der Mahlzeit goß in vornehmen Häusern ein Diener aus einem besonderen Gefäß, dem Aquamanile, dem Gast über die Hände (oft parfümiertes) Wasser, das ein zweiter Diener in einer Schale auffing; dieser Brauch hat sich in der kirchlichen Meßfeier über die Jahrhunderte erhalten. In Klöstern gab es häufig sogar fließendes Wasser, wie in dem schönen Brunnenhäuschen in Maulbronn, gleich gegenüber dem Herrenrefektorium.

Gastfreundschaft zwischen miteinander bekannten Familien gibt es seit unvordenklichen Zeiten. Diese Form der Beherbergung von Fremden stand lange an erster Stelle, auch noch zur Zeit der Kreuzzüge, als Adlige auf dem Weg ins Heilige Land bei Verwandten in Deutschland, Ungarn und Byzanz gastfreundliche Aufnahme fanden. Aber auch wirklich Fremde durften über die Jahrhunderte hin um so eher mit Beköstigung und Beherbergung rechnen, je weniger die Gesellschaft des Gastlandes entwickelt war. Mitte des 12. Jahrhunderts preist Helmold aufgrund eigener Erfahrung die Gastlichkeit der Slaven: »Gäste nehmen sie alle mit einhelligem Eifer auf, so daß niemand um Gastfreundschaft zu bitten braucht. Was immer sie durch Ackerbau, Fischfang oder Jagd erwerben, geben sie alles mit vollen Händen hin.« Hat jemand erwiesenermaßen einen Fremden abgewiesen, »so darf man dessen Haus und Habe niederbrennen«.

Gastfreundschaft war höchst unterschiedlich ausgeprägt: Es gab die vielen, in den Quellen nur selten aufscheinenden Fälle, in denen wildfremden Menschen Dach, Wasser und Feuer angeboten oder ihnen erlaubt wurde, ihr Zelt auf dem eigenen Grund aufzustellen. Es gab Fälle von Kannibalismus, wie Rudolf Glaber sie mit Schaudern aus dem Hungerjahr 1033 berichtet: »Viele Menschen reisten von einem Ort zu einem andern, um dem Hunger zu entfliehen. Hatten sie unterwegs Gastfreundschaft gefunden, so wurden sie nachts von denen umgebracht und verspeist, die sie aufgenommen hatten.« Es gab aber auch weitergehende Gastfreundschaft, in der die Hausherrin den Gast einlud, Tisch *und* Lager mit ihr zu teilen – so berichten es jedenfalls die Odyssee von Kirke und Odysseus, eine Lebensbeschreibung vom hl. Bernhard und schließlich Boccaccio in seinen lebensnahen Novellen.

Herberge bei Glaubensgenossen

Äußerer Druck stärkte den Zusammenhalt jüdischer Gemeinden über Sprach- und Ländergrenzen hinweg. Ihre Gemeinden unterhielten deshalb bei den Synagogen Herbergen für reisende Glaubensgenossen. In einer solchen Unterkunft könnte der Jude Abraham in Rom abgestiegen sein, den Boccaccio in einer seiner eindrucksvollsten Novellen vorstellt (I,2): Christliche Kaufleute in Paris bemühen sich, den jüdischen Händler Abraham, einen rechtschaffenen und gottesfürchtigen Mann, zur Konversion zu bewegen. Bevor dieser sich taufen läßt, will er sehen, wie es in der »Zentrale« der Kirche aussieht, für die man ihn gewinnen will. Um das Leben von Papst und Kardinälen zu beobachten, reist er zu Pferd nach Rom, wo er »von seinen Glaubensgenossen auf das ehrenvollste empfangen wird«. – Das Vorbild jüdischer Gemeinden dürfte die Christen angeregt haben, ähnliche Formen der Gastfreundschaft zu entwickeln.

Zahlreiche Stellen im Neuen Testament gebieten den Menschen, Fremde aufzunehmen und sich um Unglückliche zu kümmern. Diese Gebote blieben nicht toter Buchstabe, sondern wurden im Laufe der Geschichte in Wort und Bild immer wieder den Menschen nahegelegt.

In den ersten nachchristlichen Jahrhunderten werden die Gemeinden aufgerufen, vor allem Glaubensgenossen zu beherbergen. Die Gläubigen sollen Boten, die Briefe und heilige Bücher von Gemeinde zu Gemeinde tragen, Pilger, die die heiligen Stätten aufsuchen, Abgesandte, die zu Synoden eingeladen sind, aufnehmen – selbstverständlich unentgeltlich. Da dieses Recht schon bald mißbraucht wurde, schränkte man es ein: Der Fremde sollte sich mit einem Empfehlungsschreiben ausweisen und – wollte er länger als drei Nächte bleiben – arbeiten. Die Tatsache, daß die Herbergspflicht jahrhundertelang regelmäßig Bischöfen und Priestern, Klöstern und Laien eingeschärft wird, kann man unterschiedlich deuten: Eine solche Erinnerung war oft sicher nötig; ihre Wiederholung hat dazu beigetragen, daß sie auch befolgt wurde, wie andere Quellen zeigen.

Kirchliche Gastung: Klöster

Klösterliche Gastung wurde in Antike, Mittelalter *und* Neuzeit geübt, sie zieht sich daher wie ein roter Faden durch die Jahrhunderte. Über die kirchliche Gastung sind wir besser informiert als über die von Adligen und Bürgern: In Klöstern gab es häufig schreibkundige Mönche; die hier angefertigten Schriften unterlagen dem besonderen, der Kirche und ihren Einrichtungen vorbehaltenen Schutz; Dokumente wurden hier besser aufbewahrt, und sie waren nicht dem Risiko der Zerstreuung durch Erbauseinandersetzungen ausgesetzt.

Für den Reisenden wurde die kirchliche Gastung besonders dann interessant, wenn Einsiedeleien und (oft aus diesen hervorgegangene) Klöster in siedlungsleeren Räumen lagen. »Alle Gäste, die kommen, sollen wie Christus aufgenommen werden; denn er wird einst sagen: ›Ich war fremd, und ihr habt mich aufgenommen.‹ Und allen erweise man die ihnen gebührende Ehre, besonders den Glaubensgenossen und den Pilgern.« Ist ein Gast gemeldet, so sollen ihm der Obere und die Brüder »in vollkommener Erfüllung christlicher Liebespflicht« entgegengehen; erst nach dem gemeinsamen Gebet sollen sie einander den Friedenskuß geben. »Bei der Begrüßung selbst zeige man vor allen Gästen große Demut: Wenn sie kommen und wenn sie gehen, verneige man vor ihnen das Haupt oder werfe sich ganz zur Erde nieder und verehre so in ihnen Christus, den man in ihnen ja auch aufnimmt... Ganz besonders gewissenhafte Sorge zeige man jedoch bei der Aufnahme von Armen und Pilgern, weil in ihnen Christus im wahrsten Sinne aufgenommen wird; denn das gebieterische Auftreten der Reichen erzwingt sich die Ehrerbietung ja von selbst.«

Benedikt von Nursia hatte um 530 am Monte Cassino ein Kloster gegründet, dessen Regel 816 allen Klöstern im Frankenreich, die vielleicht noch andere Regeln befolgten, verbindlich vorgeschrieben wurde. Mit der Regel waren Normen gesetzt, an denen sich Gastfreundschaft in den folgenden Jahrhunderten ausrichten konnte, wie das soeben zitierte 53. Kapitel weiter zeigt: Abt und Mönche sollen den Gästen die Füße waschen, der Abt soll den Gästen Wasser über die Hände gießen, er soll eines Gastes wegen sogar das Fasten brechen. Auch deshalb soll für ihn und die Gäste eine eigene Küche eingerichtet sein; »so stören die Gäste, die zu unbestimmten Zeiten ankommen und im Kloster niemals fehlen, das Leben der Brüder nicht«.

Da die Regel Benedikts nur eine Art Rahmenanweisung bot, mußten die Klöster sich auf Klima, Brauchtum und besondere Gegebenheiten einstellen. Im 9. Jahrhundert hielt man es in Benediktinerklöstern nicht mehr für angemessen, Mächtigen die Füße zu waschen; die Fußwaschung wurde einzelnen (oft zwölf) oder allen Armen gewährt; Großen wurde zur Erfrischung, wenn sie es wünschten, ein Bad bereitet.

Unterkunft, Verpflegung und Betreuung richteten sich nach dem Rang der Gäste; »denn es geht nicht an, daß Bischöfe und Grafen mit Armen, Äbten und Fremden zusammen sind«, wie es in einem Kommentar zur Regel Benedikts heißt. Wenn die Mittel es erlaubten, soll-

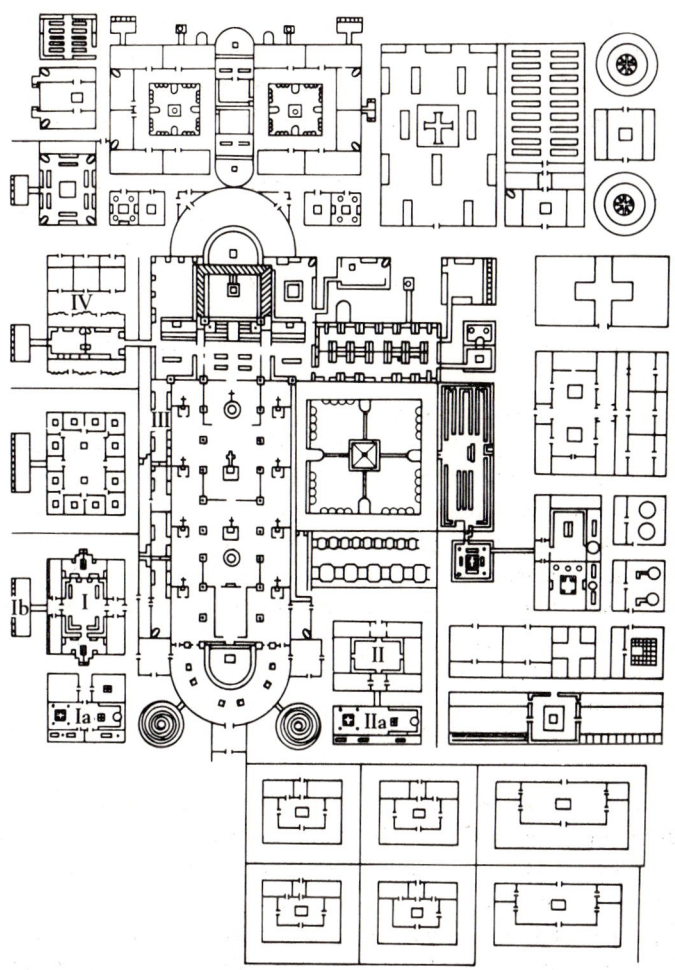

Der Klosterplan von St. Gallen (um 820) – als Ideal und Muster eines karolingischen Klosters zu verstehen – weist u. a. folgende Einrichtungen eigens aus: das (beheizbare) Haus für vornehme Gäste (I), mit eigenen Latrinen (Ib); die Herberge für Pilger und Arme (II); beide Häuser jeweils mit eigener Küche und Brauerei (Ia bzw. IIa); ferner, auf der Nordseite an die Kirche angelehnt, die Wohnung für fremde Ordensbrüder (III); schließlich das Haus des Abtes mit eigenen Wirschaftsgebäuden (IV).

ten unterschiedliche Schlafräume gegeben sein. Der Klosterplan von St. Gallen läßt sich als Beispiel verstehen: Sollte ein neues Kloster gebaut werden, dann mochte man sich an dieser Vorlage orientieren, damit bei der Planung nichts Wesentliches vergessen wurde. Der Plan sieht daher auch Zellen für Gastmönche, eine Armenherberge und ein Haus für vornehme Gäste vor. Dieses hat in der Mitte einen Speiseraum mit Feuerstelle, an den Seiten heizbare Schlafkammern bzw. Räume für Knechte und Pferde; ein Nebengebäude umfaßt Küche, Keller, Bäckerei und Brauerei, eigens zur Bewirtung der Gäste; von der realistischen Planung zeugt eine Latrine mit achtzehn Plätzen.

Da die Gäste nicht der mönchischen Disziplin unterworfen waren, vor allem nicht deren Schweigegebot, ging es in ihrer Herberge oft recht lebhaft zu, bis spät in die Nacht. Deshalb sollte das Gästehaus weit entfernt vom Schlafsaal der Mönche und von den schmucklosen Zellen der Gastmönche (an der Nordwand der Kirche) gebaut werden. Die Armenherberge war ähnlich wie das Gästehaus geplant, insgesamt aber einfacher und kleiner: Im Plan fehlen Ställe (Arme kommen nicht hoch zu Roß), Küche, Heizgelegenheit in den Schlafkammern und die Latrinen: Arme mochten halt im Stall ihre Notdurft verrichten (wie in ländlichen Gegenden Mitteleuropas noch in der Mitte dieses Jahrhunderts) und an einem Baum ihr Wasser abschlagen.

War ein großes Gefolge unterzubringen, so wurden mitgebrachte oder klostereigene Zelte für Troß und Gesinde aufgeschlagen. Mancher Diener suchte sich zum Schlafen wohl irgendwo auf dem Klostergelände einen trockenen, nicht zugigen Platz. Klöster, die an vielbegangenen Pilgerstraßen lagen, richteten auch Massenquartiere ein. Ringe, wie man sie in Kreuzgängen südwestfranzösischer Klöster heute noch sieht, machen wahrscheinlich, daß hier außer Pilgern auch Pferde untergebracht wurden. Bei großem Zustrom wurden schließlich sogar Wallfahrtskirchen für die Übernachtung geöffnet; wiederholt mahnen Synoden, Sitte und Ordnung an heiliger Stätte auch zu nächtlicher Stunde zu wahren.

Unterschiedlicher Unterbringung entsprach Verpflegung je nach Rang und Würde. Wer sich des Privilegs erfreut, regelmäßig (wenn

120

auch bescheiden) essen zu können, wendet sich angewidert ab, wenn er erlebt, was Arme in kürzester Zeit in sich hineinstopfen, wenn sie einmal nach Herzenslust zulangen können; er mag dann in einem Kommentar zur Benediktregel schreiben: Arme können sich nicht mäßigen; sie essen lassen, soviel sie wollen, heißt, zur Völlerei anstiften; das würde dem Kloster nicht als Verdienst, sondern als Sünde angerechnet. Daher sollte man Armen »Bohnen oder etwas anderes Bäuerliches« kochen, auf jeden Fall weniger als den Reichen. Je nach Wohlstand des Klosters, der Abgaben, die es beanspruchen konnte, der Einstellung der für die Verpflegung der Gäste verantwortlichen Mönche, der Zahl der zu Beköstigenden schwankten Art und Menge der Verpflegung auch für die Armen: Mindestens durften sie mit einer Suppe rechnen; im besten Fall wird man sie mit Brot und Käse, Speck, Fleisch oder Fisch, Wein oder Bier bedient haben, zusätzlich gab es vielleicht Geld, Holz, abgelegte Kleidung ...

Eine gesunde wirtschaftliche Grundlage war die Voraussetzung dafür, daß die Klöster die ihnen von Benedikt zugewiesene Aufgabe erfüllen konnten, im Armen, im Pilger Christus selber aufzunehmen. Die grundsätzlich unentgeltliche Aufnahme von Fremden bedeutete eine erhebliche Belastung. Benediktinerklöster haben diese ihnen von Evangelium und Regel gebotene Norm auch dann zu erfüllen gesucht, wenn es ihnen wirtschaftlich schlecht ging; die Quellen bezeugen dann das Murren der Mönche darüber, daß für sie nur noch eine dünne Suppe statt solider Kost übrig blieb. Ursache solcher Verelendung konnte die Tatsache sein, daß der Konvent sich übernommen hatte, auch durch die Beköstigung von Armen und Pilgern. In Notzeiten sahen sich Klöster besonders herausgefordert. Norbert von Xanten schickt von einer Predigtreise Geld nach Prémontré, seiner ersten Klostergründung, damit dort während einer Hungersnot zu den 400 Armen weitere 120 Bedürftige beköstigt werden können.

Viele Klöster leisteten unfreiwillig Gastfreundschaft im großen Stil, etwa wenn sie für längere Zeit den König und sein Gefolge oder diplomatische Gesandtschaften aufnehmen, d. h. standesgemäß beköstigen, beherbergen, vielleicht sogar mit angemessenen Geschenken bedenken mußten. Wohlhabende Besucher zeigten sich in mancher Weise erkenntlich: Herrscher garantierten Schutz, verliehen Privilegien, übereigneten dem Klosterheiligen Liegenschaften oder Rechte; reiche Besucher spendeten Votivgaben, die später eingeschmolzen und ausgemünzt werden konnten. Weniger Begüterte kamen mit Kerzen, einem Huhn oder ein paar Silberpfennigen.

Insgesamt zehrten hohe Besuche wahrscheinlich weniger an der Substanz als die täglich massenhaft gewährte Armenspeisung. In Cluny und von Cluny abhängigen Klöstern war es üblich, am Todestag eines verstorbenen Mönches einem Armen dieselbe Kost zu reichen, wie die Mönche sie erhielten. Da die Zahl der Verstorbenen im Laufe der Jahrhunderte beängstigende Ausmaße annahm, wurden die Lebenden von den Verstorbenen geradezu ausgezehrt, und es mußten besondere Vorschriften erlassen werden: Man beherbergt nicht mehr »alle Gäste«, wie Benedikt es angeordnet hatte, sondern »alle, die man aufnehmen kann«; man setzt Höchstzahlen fest für die täglich an Arme zu gebenden Essensrationen, für die Aufenthaltsdauer des einzelnen Gastes; man grenzt Teile des Klostervermögens aus, die nicht zur Bewirtung von Fremden herangezogen werden dürfen, damit dem Konvent genug zum – standesgemäßen – Leben bleibt.

Die Mönchsgemeinschaft konnte durch die Aufnahme von Gästen in Zielkonflikte geraten; denn sie sollte sich dem Gebet, dem Studium, der Arbeit widmen, *und* sie sollte in jedem Fremden Christus ehren. Gelebte caritas ging mindestens einmal direkt in den Namen des Konvents ein: Ein großes französisches Kloster wurde nicht nach einem Ort (wie Maulbronn) oder einem Fluß (wie Fulda) oder einem Heiligen (wie St. Gallen) benannt, sondern nach seiner Funktion: Caritas super Ligerim, La Charité sur Loire, an der Loire geübte Nächstenliebe.

Kirchliche Gastung: Xenodochien und Spitäler

In der Antike hatte man keine besonderen Häuser für Kranke (um die sollte sich die Familie kümmern), wohl aber für Reisende und Fremde: Xenodochien. Eine Änderung brachte die Spätantike: Die Christen sollten sich aller Mühseligen und Beladenen annehmen.

Mildtätigkeit der Heiligen Joachim und Anna. Teil eines Flügelaltares, um 1490. Der hl. Joachim (links vorn) und die hl. Anna (rechts, im Hintergrund) verteilen Almosen, Joachim an einen bettelnden Krüppel sowie an zwei Pilger; diese erkennt man an Abzeichen, u. a. der Jakobsmuschel, die sie sich »an den Hut gesteckt« haben.

Man wies daher vorhandenen Einrichtungen, z. B. den oft Kirchen angegliederten Xenodochien, noch andere Aufgaben zu: Sorge also nicht nur für Fremde, Reisende, Pilger, sondern auch für ortsansässige Bettler, Witwen, Waisen, Alte, Kranke, Gebrechliche. Bis in die Neuzeit kommt es immer wieder zur Konkurrenz unter den verschiedenen Aufgaben dieser Häuser; erst im 18. und 19. Jahrhundert werden aus den überkommenen Einrichtungen mit gemischten Funktionen einzelne Aufgaben ausgegliedert, z. B. die Betreuung von Waisen oder Blinden.

Spitäler gehen wahrscheinlich auf schottische Pilger zurück, die auf dem Weg nach Rom eine auf ihre Bedürfnisse abgestimmte Unterkunft vermißt hatten und die, zunächst für ihre Landsleute, ›hospitalia‹ anlegten. Um 800 werden Xenodochium und Hospital als gleich bezeichnet, in späterer Zeit setzen sich die Bezeichnungen Hospiz, Spital durch. Wie unscharf lange Zeit die Terminologie ist, zeigt der Bedeutungsumfang des Wortes ›hospitium‹: Haus, Zwangsgastung, Unterkunft, Hospiz, vermietetes Zimmer. Seit dem 12. Jh. verstehen die Quellen unter ›hospitium‹ vorzugsweise ›Gastwirtshaus mit Unterkunft und Verpflegung für Reisende‹.

In Italien sind Hospitäler seit dem 8. Jahrhundert quellenmäßig faßbar; im 11. Jahrhundert schwillt ihre Zahl sprunghaft an; im Raum von Lucca, in Mittelitalien, gab es zeitweilig an der großen nach Rom führenden Straße alle vier bis fünf Kilometer ein Spital. Seit dem 12. Jahrhundert wird das Spital zur karitativen Einrichtung im weitesten Sinne.

Spitäler brauchten zur Erfüllung ihrer Aufgaben Besitz und laufende Einkünfte; beide verdankten sie Spenden und testamentarischen Verfügungen. Seit dem Hochmittelalter begegnen immer mehr Spitäler, die als eigene Rechtsperson gegründet wurden; sie konnten Vermögen haben, ein Siegel führen und Legate annehmen. Wie Kirchen und Klöstern, so drohte Spitälern die Entfremdung ihrés Besitzes. Privatleute, kirchliche oder weltliche Herrscher eigneten sich entschädigungslos Gebäude, Weinberge, Äcker oder Geldeinkünfte an. Eine Zweckentfremdung lag auch dann vor, wenn Spenden ausdrücklich zur Unterstützung bedürftiger Reisender gemacht worden waren, die Erträge aber für karitative Aufgaben im weiteren

Sinne verwendet wurden. Da Reisende vorzugsweise im Frühjahr, Sommer und Herbst unterwegs waren, Ortsarme aber das ganze Jahr über Unterstützung brauchten, da obendrein »vorhandene Kapazitäten« genutzt werden sollten, lag eine Zweckentfremdung von Mitteln und Einrichtungen nahe.

Über das Aussehen der Xenodochien und frühen Spitäler sind wir aus zwei Gründen nicht gut informiert: Die Archäologie hat sich erst vor einiger Zeit der systematischen Untersuchung von Gasthäusern zugewandt; diese sind deshalb oft nicht genau zu erforschen, weil ihr Platz immer wieder neu bebaut worden ist. Manchem Reisenden war das Leben gerettet, wenn er im Gebirge etwas unterhalb des Passes (seit dem 11. Jahrhundert auf der Paßhöhe) ein ständig bewohntes Haus vorfand. Hier konnte er sich wärmen und mit einer Suppe stärken, Kleider und Schuhe trocknen, gegen Kälte, Schnee und Wind geschützt nächtigen. Ob ein solches Haus nun ein oder mehrere Räume hatte, von einem Einsiedler oder einer Familie mit Gesinde betreut wurde, war unerheblich.

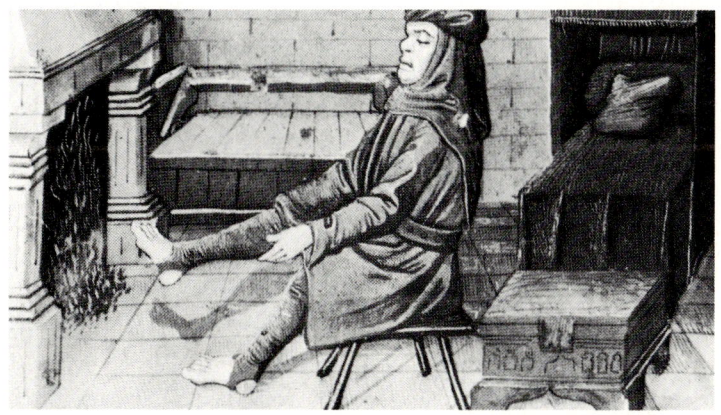

Ein Gast wärmt sich die Füße. Unzweckmäßige Kleidung und unzureichende Ernährung machten die Reisenden anfällig für Frostbeulen und Erfrierungen. Wer durch eiskaltes Wasser hatte waten oder durch Schneewehen seinen Weg bahnen müssen, dem war mit einem offenen Feuer gedient, so einfach das Haus auch eingerichtet sein mochte. Größere Gasthäuser hatten nach Geschlechtern getrennte Wärmeräume.

Seit der Jahrtausendwende richteten Städte und Ritterorden, später auch Bruderschaften große Spitalanlagen ein, mancherorts – in Mailand z. B. – für mehrere hundert Bewohner, gleichsam eine Stadt in der Stadt. In großen Häusern gab es im allgemeinen nach Geschlechtern getrennte Schlafsäle; auch Eheleute wurden dann in unterschiedlichen Räumen untergebracht. Mancherorts hatte man für Männer und Frauen getrennte offene Kamine zum Wärmen eingerichtet.

Dem Reisenden bescherte die Unterkunft in einem Hause, das auch der Pflege von Kranken diente, Vor- und Nachteile: Er durfte hier eher mit Beköstigung rechnen. Aber ihm drohte Ansteckung, zumal angesichts primitiver hygienischer Verhältnisse; auf seiner Weiterreise trug er vielleicht Krankheitskeime in bislang noch nicht verseuchte Orte weiter. Kurzfristig konnte die Ausbreitung von Krankheitskeimen Tausenden den Tod bringen; langfristig begünstigte das Kommen und Gehen der Reisenden jedoch die (mehr oder weniger starke) Immunisierung der europäischen Bevölkerung gegen viele Krankheiten. Was das wert war, zeigte sich Anfang des 16. Jahrhunderts, als die Indios in der Neuen Welt durch Pocken, Scharlach und Diphterie fürchterlich dezimiert wurden.

Die Beköstigung der Durchreisenden richtete sich jeweils nach der Landschaft und den materiellen Möglichkeiten des Hauses. In England mochte dem Gast Bier, in Frankreich Wein, mancherorts in Spanien Apfelmost eingeschenkt werden. Klopften wenige Reisende an und verfügte das Spital (wieder einmal?) über umfangreiche Einnahmen, so konnte man dem Durchreisenden abwechslungsreiche und nahrhafte Kost anbieten; warteten viele Menschen auf eine Mahlzeit, so mußte man die Zahl der Aufenthaltstage begrenzen (oft auf höchstens drei) und konnte nur eine Suppe, einen Erbsen- oder Bohneneintopf oder einen mit Öl angerichteten Hirsebrei reichen. Manche Spitäler in abgelegenen Gegenden gewährten dem Reisenden außer Unterkunft und Verpflegung weitere wertvolle Hilfen. Sie unterhielten Brücken, markierten Wege, gaben Geleit durch unsicheres Gebiet.

Im Laufe der Jahrhunderte haben Millionen von Fremden die Gastfreundschaft von Klöstern, Hospizen, Spitälern erfahren. Das heißt, daß Mächtige und Arme persönlich, vielleicht sogar freundlich begrüßt, aufgenommen, mit Verpflegung, oft auch Unterkunft versorgt worden sind. Wenn in Kommentaren zur Regel Benedikts von »Armen« die Rede ist, dann sind hier auch arme Reisende gemeint. Da Bischöfe und Priester, Kathedral- und Klosterkirchen, seit dem Hochmittelalter verstärkt auch Spitäler und Hospize Gastfreundschaft übten, war das Reisen im Mittelalter kein Privileg der Wohlhabenden. Auch Arme unternahmen weite Reisen; denn beim Aufbruch durften sie darauf vertrauen, daß ihnen wenigstens gelegentlich unentgeltlich ein Dach und eine Suppe angeboten wurden.

Die Anlage von Pilgerspitälern deutet auf eine verstärkte Reisetätigkeit seit dem 8./9. Jahrhundert hin, der die Klöster allein nicht mehr gewachsen waren. Als Kristallisationspunkte sozialen Handelns haben Städte seit dem 12. Jahrhundert die Klöster überholt: Hier entstanden Bruderschaften, hier wurden Spitäler gegründet, hier wirkten die Bettelorden. Aber auch im Spätmittelalter und in der Neuzeit blieben Benediktinerklöster den Idealen ihres Gründers treu: Im Fremden ehrten sie Christus, eingedenk der Mahnung, auf das Weltgericht vorbereitet zu sein: »Ich war fremd, und ihr habt mich beherbergt.«

Obwohl Europa von Klöstern übersät war, obwohl seit dem Hochmittelalter zahlreiche Spitäler eigens für reisende Pilger gegründet worden sind, dürfte die private Gastfreundschaft noch zugenommen haben. Von ihr hört man in den Quellen eher beiläufig; ein Pilgerführer nach Santiago macht sie allen Gläubigen zur Pflicht. Das Spektrum mittelalterlicher Gastfreundschaft reichte von der Gratisübernachtung und -bewirtung in einem Kloster oder Hospiz, bei einem Pfarrer oder einer Witwe, bei einem Bauern im Stroh, in einem gerade noch warmen Backofen, bis zu der Bereitschaft, den Fremden für Unterkunft und Verpflegung ein paar Tage in der Ernte arbeiten zu lassen (ein Grund mehr zu einer Zeit zu reisen, da viele Arbeitskräfte in der Landwirtschaft gebraucht wurden) und ihm zum Abschied einen »Zehrpfennig« oder eine unbezahlbare Empfehlung an Freunde und Bekannte mit auf den Weg zu geben.

Gasthaus

So wenig, wie es »den« Wirt gab, gab es »das« Gasthaus. Wollte eine Herberge diesen Namen verdienen, so mußte sie als zusätzliche Ausstattung mindestens ein Gästebett nachweisen können. Ein Gelegenheitswirt, den Boccaccio vorstellt, hatte in seiner Kammer ein Bett für sich und seine Frau, ein weiteres für seine etwa fünfzehnjährige Tochter, ein drittes für etwaige Gäste; der einjährige Sohn schlief in einer Wiege. Wollte der Gast abends noch etwas essen, mußte er Lebensmittel mitbringen und selber anrichten. Auch andernorts gab es Herbergen, in denen sich die Gäste ihre Speisen zubereiteten, wie eine Episode aus der Geschichte der Kreuzzüge zeigt. Auf dem Rückweg vom dritten Kreuzzug nötigt ein Schiffbruch 1192 König Richard Löwenherz, durch Österreich nach England heimzukehren. Da er vor Akkon Herzog Leopold V. von Österreich schwer gekränkt hat, reist er verkleidet. Um nicht aufzufallen, widmet er sich sogar dem »servile opus«, der knechtischen Arbeit des Kochens in der Herberge. Aber er verrät sich, da er vergessen hat, einen kostbaren Ring abzunehmen. Dieser Irrtum kostet ihn zwei Jahre Gefangenschaft und seine Untertanen ein Lösegeld in der schier unvorstellbaren Höhe von 150 000 Mark (etwa 35 000 kg Silber)!

Es gab im Spätmittelalter auch Gasthäuser, die dem Reisenden, seinem Gefolge und den Reittieren allen erwünschten Komfort boten. Sie umfaßten einen großen Gebäudekomplex mit Gästehaus, mit Back-, Schlacht- oder Brauhaus, mit Ställen und Lagerschuppen, nicht zu vergessen den Hof, auf dem Wagen abgestellt werden konnten. Ende des 15. Jahrhunderts wird in Spanien eine Verordnung erlassen, die eine gewisse, vielerorts nicht erreichte Mindestausstattung der Herbergen garantieren soll: Vorgesehen sind z. B. für die Küche Kamin und Feuer, Kochtöpfe, Bratpfannen und -spieße, Licht, Tische mit Decken, Bänke aus Stein oder Holz, Suppenschüsseln, Teller, Salzfässer, Tassen, Krüge, Bottiche, Kessel, Holzeimer. Wer Wert auf Komfort und gutes Essen legte, schickte Boten voraus, die gegebenenfalls Betten, Decken, Teppiche mitnahmen und dafür sorgten, daß bei der Ankunft das Gewünschte zur Verfügung stand.

Ankunft und Übernachtung im Gasthaus. Von fern ist die Herberge an dem ausgehängten, dem jeweiligen Haus eigenen Schild zu erkennen. Auch wohlhabende Gäste, die hoch zu Roß anreisen, müssen mit gemeinschaftlicher Unterbringung rechnen, wie der Blick in die Schlafkammer zeigt. Im allgemeinen schlief man unbekleidet; Kleider und Habseligkeiten wurden auf einer Bank abgelegt – und nachts oft genug gestohlen.

Die Entsendung eines Vorauskommandos war weniger sinnvoll, wenn man Tag für Tag ein anderes Quartier beziehen mußte. Die Schwierigkeiten häuften sich, wenn man zu einer Zeit reiste, da Tausende von Menschen unterwegs waren – Konkurrenten bei der Suche nach passender Unterbringung. Nicht nur »arme Schlucker« mußten mit dem vorliebnehmen, was das Land bot. Der Artusritter Erec schleicht sich in ein »altes Gemäuer«, das sich als bewohnt herausstellt; statt eines Grußes fährt er seinen künftigen Schwiegervater an: »herre, mir waere herberge nôt« (Herr, ich brauche Quartier!). Wohlhabende konnten höhere Preise bieten, aber mit Geld war nicht alles zu bekommen. Auf einer Pilgerfahrt erfuhr Arnold von Harff erst unterwegs, daß es zwischen Burgos und Santiago keinen Hafer zu kaufen gebe. Also mußten die Pferde in Burgos untergestellt werden, die Reisegesellschaft stieg auf Esel und Maultiere um, ritt, so schnell es ging, nach Santiago und wieder zurück, um ab Burgos wieder auf den eigenen Pferden zurückzureiten. Es ist verständlich, daß der Pilger Nordspanien als »Buesser-lant« bezeichnet.

Auch bei den Wirtshausnamen gab es eine »Internationale« in Europa. Der Reisende konnte in Deutschland in der »Krone«, in Frankreich in der »Couronne« absteigen. Namen wie »Zum Sternen«, »Zum Rappen«, finden sich nördlich und südlich der Alpen. Wirtshausnamen wie »Zum Löwen«, »Zum Adler« können auf das Wappentier der jeweiligen Herrschaft verweisen. Im Haus »Zum Rad« mögen die Fuhrleute besonders willkommen sein. Andere Namen erinnern an einmalige Ereignisse: Die »Drei Könige«, »Drei Kronen«, »Zum Sternen«, »Zum Mohren« begegnen auffällig häufig im Rheintal; in ihnen könnte die Erinnerung an die Übertragung der Reliquien der Heiligen Drei Könige, Schutzherren der Reisenden, weiterleben, die Rainald von Dassel 1164 von Mailand über Chur nach Köln brachte.

Kommerzielle Gasthäuser fanden sich vorzugsweise in Städten, Marktflecken oder größeren Orten, da sie auf Stammkunden angewiesen waren; in bedeutenden Hafenstädten und an allen Orten, wo Verkehrsströme gebündelt wurden, konnten Herbergen wohl auch allein vom Durchgangsverkehr leben. Kommerzielle Gasthäuser dienten auch zum Abschluß von Geschäften, als Vergnügungsstätten und als Versammlungsorte für die Bevölkerung der Umgegend. Gelegentlich wurden Gasthäuser zur Aufrechterhaltung der öffentlichen Sicherheit planmäßig von der Obrigkeit eingerichtet. 1286 war der dänische König Erik V. Klipping in einer Scheune ermordet worden, weil er unterwegs kein Rasthaus gefunden hatte. Unter Bezug auf dieses Ereignis gebot 1396 Königin Margarethe I., im Abstand von jeweils vier Meilen einen Krug einzurichten. Das Hotel in Oeversee in Schleswig steht in der Nachfolge eines der 113 königlich privilegierten Krüge, die als für den Reisenden segensreiche Einrichtung seinerzeit gegründet wurden.

Größere Städte in Südfrankreich, einem ausgesprochen verkehrsreichen Land, zählten im Spätmittelalter jeweils etwa zwanzig bis dreißig Gasthäuser. Davon hebt sich Avignon um 1370 mit etwa 60 Herbergen ab; die große Zahl erklärt sich damit, daß zu dieser Zeit der Papsthof hier residierte.

Je stärker der Reiseverkehr im Spätmittelalter anschwoll, desto näherliegend war die Differenzierung der Wirtshäuser: In England unterscheidet man um 1400 zwischen drei Typen: In der ›Inn‹ kann man übernachten, vielleicht auch essen; in der ›Inn‹ von Southwark, einem südlich der Themse gelegenen Stadtteil Londons, findet sich die Pilgerschar zusammen, die Chaucer nach Canterbury ziehen läßt. In der ›Tavern‹ wird Wein, im ›Alehouse‹ Bier ausgeschenkt. Oft war das Gasthaus in mehrere, nach ihrer Funktion getrennte Räume unterschieden: Ein vielleicht direkt mit der Küche verbundener Gastraum, die Schlafkammer des Wirtes, ein oder mehrere Gästezimmer. Die Zahl der Betten schwankte von Herberge zu Herberge. In Aix-en-Provence gab es in der ersten Hälfte des 15. Jahrhunderts elf Gasthäuser, davon zwei mit 18 bzw. 20, sechs mit 7–12, drei mit 3–4 Betten. Eine Mindestzahl von drei Betten galt mancherorts als Voraussetzung dafür, daß das Haus als Herberge anerkannt wurde.

Die Ausstattung der Schlafkammern richtete sich nach dem »Standard« des Hauses und dem Klima, nach Zeit und Ort. In südlichen Ländern mochten leichte Decken reichen; in nördlichen Breiten waren Federkissen oder mehrere Felle gefragt. In der Hausordnung des Jerusalemer Johanniterspitals ist von frischer Bettwäsche die Rede; möglicherweise paßte man sich damit höheren Anforderungen an die Hygiene an, wie sie in vergleichbaren muslimischen Einrichtungen üblich war. Wie oft die Bettwäsche gewechselt wurde, muß offenbleiben. Allzu hohe Erwartungen wären fehl am Platz, auch angesichts der Begleitumstände des Kampfes gegen das Kindbettfieber: Noch in der zweiten Hälfte des 19. Jahrhunderts mußte Philipp Semmelweis darum kämpfen, daß für jede neue Wöchnerin das Bett frisch bezogen wurde.

Daß man differenziertes Bettzeug kannte, geht aus ganz unterschiedlichen Quellen hervor. Der Sachsenspiegel zählt zur Heeresausrüstung Bett, Kopfkissen, Leintuch (ferner Tischlaken, zwei Waschschüsseln, ein Handtuch). Abaelard empfiehlt Heloise, die Betten in dem von ihr geleiteten Frauenkloster mit Matratze, Unterbett, Kopfkissen, Decke (evtl. soll der Mantel als Decke dienen) und Laken auszurüsten. Gleichzeitig spricht die Vita Norberts von Xanten davon, daß im ersten Prämonstratenserkloster die Brüder auf Lagern aus Farnkraut schliefen. Lager aus frisch getrocknetem Farnkraut können komfortabler und gesünder sein als Matratzen, deren Bezüge und Stroh jahrelang nicht gewechselt werden.

In Mitteleuropa hatte im 20. Jahrhundert noch nicht jedes Kind ein eigenes Bett. Es fehlte an Raum, Betten, Bettzeug – und Heizung. Denn hinter dem Bibelwort »Wenn man zu zweit schläft, kommt die Wärme; aber allein, wie soll einem da warm werden?« (Prd 4,11) steht uralte Erfahrung. Auf die Körperwärme eines Bettgenossen war man auch deshalb oft angewiesen, weil man im allgemeinen unbekleidet schlief, nicht durch Schlafanzug oder Nachthemd zusätzliche Wärme finden konnte. Auf das selbstverständliche Schlafen mit einem Bettgenossen deutet eine Wendung hin: Hat man sich müde geredet oder gar zerstritten, so rückt man auseinander, dreht sich um und zeigt dem anderen die »kalte Schulter«. – Auch in Gasthäusern war ein Bett im allgemeinen für mindestens zwei Personen vorgesehen (wie noch heute in französischen Hotels), oft für drei, vier oder fünf, wenn nicht zehn; in Brüssel zeigte man Dürer 1520 ein Bett für fünfzig Personen, das möglicherweise für betrunkene Gäste gedacht war. 1385 zählte ein Haus in Arezzo (Mittelitalien) 180 Übernachtungen in 19 Tagen, täglich zwischen vier und fünfzehn; den Gästen standen vier Betten und eine Matratze zur Verfügung! Das Schlafen zu mehreren Personen in einem Bett galt nicht als deklassierend; sonst hätte der Künstler auf einem der Kapitelle in Autun nicht wie selbstverständlich die Heiligen Drei Könige in einem Bett und unter einer Decke liegend dargestellt.

Wenn mehrere Betten auf engstem Raum beieinander standen, in

132

Die Hl. Drei Könige. Kapitell der Kathedrale von Autun. Nicht einmal Herrscher waren sicher, auf Reisen nachts ein eigenes Bett und eine eigene Decke zu haben. Hier schlafen die Hl. Drei Könige, an ihren Kronen zu erkennen, einträchtig zu dritt unter einem reichverzierten Mantel.

denen jeweils mehrere Personen schliefen, kam es zu ersehnten oder peinlichen Begegnungen: Novellen und Komödien spiegeln weitverbreitete gesellschaftliche Wirklichkeit. Licht war teuer und gefährlich; nachts sollte es im Schlafsaal eines Klosters brennen, nicht aber in den Gästezimmern der Herberge. Den Komfort eines »Kammertopfes« konnte sich nicht jedes Haus leisten; wer nachts »verschwinden« mußte, tastete auf den Hof oder in den Stall und fand sich auf dem Rückweg in der Dunkelheit eines fremden Hauses und zwischen mehreren Betten auf engem Raum nicht immer zurecht, oder er stieg bewußt in das Bett eines geliebten Menschen, wie Boccaccio in seiner eingangs erwähnten Novelle zeigt.

Die sanitären Verhältnisse in den Gasthäusern dürften im Mittelalter, so wie heute, denen der Gesamtgesellschaft entsprochen haben. Der Körper wurde eher vernachlässigt als gepflegt – was üppiges Essen und verschwenderische Kleidung nicht ausschloß. Mit dem Untergang des Römischen Reiches verschwand, mindestens nördlich der Alpen, die antike Bäderkultur. Das Waschen und Baden des ganzen Körpers kam weiterhin vor, doch blieb es eher die Ausnahme. Klöster, die manche Elemente antiker Zivilisation an spätere Jahrhunderte weitergegeben haben, verfügten im allgemeinen über Aborte und Badezuber. Diese wurden selten benutzt, da sie als Luxus galten und man meinte, sie ständen im Widerspruch zum klösterlichen Ziel der Askese. In den Konstitutionen von Hirsau heißt es u. a.: »Sonst pflegen sich die Menschen, wenn sie sich rasiert haben, zu baden. Von unseren Brüdern brauchen wir nicht viel zu sagen. Nur zweimal im Jahre, dann freilich ohne Erlaubnis, kann baden wer will: vor Weihnachten und vor Ostern. Sonst darf man mit Erlaubnis baden, wenn es die Gesundheit erfordert.« Wilhelm von Hirsau überliefert auch Regeln für das morgendliche Waschen: Die Mönche »waschen sich die Hände, und wenn sie wollen, auch das Gesicht«. Unterschiedliche Handtücher sind vorgesehen für Priester, für Diakone, für die Subdiakone und die ungebildeten Nichtpriester, ein viertes für jene, »welche keine gesunden Hände haben«. Es wäre unangemessen, wollte man die Nase rümpfen angesichts des den »Klassen« gemeinsamen Handtuches; vielmehr muß man sehen, daß es eigens zum Trocknen der Hände vorgesehene Tücher gab und daß eine wichtige hygienische Maßnahme half, die Übertragung von Hautkrankheiten zu vermeiden.

Von Latrinen war schon im Zusammenhang mit dem St. Galler Klosterplan die Rede. Eigene, zur Verrichtung der Notdurft gedachte Räumlichkeiten bildeten in Europa eine Luxuseinrichtung, die nach und nach auch von Adel und Bürgertum übernommen wurde; auf den »heimlichen Ort« glaubte man um so eher verzichten zu können, als es das Nachtgeschirr gab – und Diener, die es leerten, in Städten auf die Straße, gegebenenfalls auf Passanten, wie Klagen städtischer Behörden noch in der Neuzeit zeigen. Nach einer Novelle Boccaccios, der für solche Einzelheiten als zuverlässiger Gewährsmann gelten darf, dienten in Neapel Mitte des 14. Jahrhunderts einem Haus als Abort zwei Bretter, die in luftiger Höhe eine Gasse überspannten; ein blauäugiger Freier, der sich auf diesem Hochsitz nachts Erleichterung verschaffen will, kann von Glück reden, daß er sich beim Fall in den Kot nicht den Hals bricht. Auch die Fortsetzung der Geschichte gehört zum Thema Hygiene: Um sich von dem unerträglichen Gestank zu befreien, wäscht der betrogene Liebhaber sich und seine Kleider in einem Brunnen, aus dem die Bewohner am Morgen Trinkwasser schöpfen werden. – Toilettenpapier lernten die Europäer, wie den Pyjama, in China kennen; bis dahin dürfte Heu oder weiches Stroh als komfortabel gegolten haben, wie Ekkehard es in seinen St. Galler Geschichten erwähnt.

Abort und Bad, die wir als selbstverständlich heute in einem Hotel erwarten, wird der Reisende nur selten in einer Herberge vorgefunden haben. In Städten gab es öffentliche Bäder, die sich im späteren Mittelalter allerdings eines zweifelhaften Rufes erfreuten: Die Unterschiede zwischen Bordell und Bad waren häufig verwischt. Da dem Körper wenig Pflege angedieh – noch im Zeitalter des Barock ersetzte man das Waschen oft durch Parfümieren – verbreiteten Menschen einen starken Körpergeruch; dieser fiel vielleicht deshalb nicht sonderlich auf, weil er jedermann von frühester Jugend an vertraut war und weil er sich allenthalben mit ekelerregendem Gestank verband: Auf den Straßen der Städte mußte der Reisende Umwege machen um tierische Ausscheidungen, Katzen- und Hundekadaver, weggeschüttetes Blut von Aderlässen, Küchen- und Schlachtabfälle. Daß Menschen im Mittelalter hinsichtlich des Geruchssinnes nicht unempfindlich waren, zeigt Johannes von Hildesheim: In seiner ›Legende von den Heiligen Drei Königen‹ (zweite Hälfte des 14. Jahrhunderts) deutet er den Weihrauch, den die Magier dem neugeborenen Jesuskind schenkten, als Mittel »gegen die schlechte Luft im Stall«.

Viele Herbergen wurden von eingewanderten Wirten geführt. Ein Reisender aus Köln wußte es zu schätzen, wenn er in Lyon bei einem deutschen Wirt absteigen konnte: Hier konnte er sich seiner Muttersprache bedienen, mit vertrauter Küche sowie mit Rat und Tat rechnen, wenn es darum ging, einen Schiffsplatz für die Reise nach Marseille zu buchen, mit Behörden, Händlern und Handwerkern zu verhandeln. Das Interesse der Obrigkeit an einer möglichst einfachen Kontrolle der Fremden konnte sich mit dem Nutzen reisender Kaufleute verbinden, denen – zumal in Hafenorten – an eigenen Stützpunkten für den Fernhandel gelegen war. Vielerorts waren »Deutsche«, »Franzosen«, »Spanier« gehalten, in einer Herberge ihrer »Nation« abzusteigen. Gegen eine solche Einschränkung der Freiheit war nichts einzuwenden, wenn der jeweilige Gastwirt über einen guten Leumund verfügte oder das Haus von den interessierten Kaufleuten geführt wurde. Einer der bekanntesten Fernhandelsstützpunkte dürfte der Fondaco dei Tedeschi gewesen sein, die obligatorische Herberge deutscher Kaufleute in Venedig, wo der Kaufmann vorfand, was er für sich und seine Geschäfte brauchte. Hier konnte er essen, trinken, schlafen, seine Waren stapeln, verzollen und verkaufen. Der Fondaco – das Wort leitet sich wahrscheinlich vom arabischen ›funduq‹ ab: Herberge, Warenmagazin und Zollstätte in einem – in einer der teuersten Lagen Venedigs gelegen, umfaßte Küche, Speisesaal, Weinschenke und Zimmer, die die Kaufleute auch für längere Zeit mieten konnten.

Erheblich weiter als die Unterschiede zwischen dem einfachen Hospiz im Gebirge und der Nobelherberge einer Stadt klafften die Unterschiede bei den Speisen auseinander. Mußte ein Angehöriger der Unterschicht zufrieden sein, wenn er unterwegs etwas Brot, ein Stück Käse und ab und an eine Suppe bekam, so wurden zu Anfang des 16. Jahrhunderts für den Aufenthalt des Erzbischofs von Salzburg in Tirol zugekauft: Fleisch von Rind, Lamm, Schwein und Kalb; Zunge; Kapaune, Gänse, Hühner, Eier; verschiedene Sorten Fisch; Brot, Semmelmehl, Hafermehl, Gerste; Milch, Rahm, Käse, Schmalz; Birnen und Äpfel; Kraut, Rüben, Kohl; Essig und Senf, Hefe, Zimt und viele andere Gewürze. Bankette mit zwanzig und dreißig Gängen waren keine Ausnahme.

War jemand an einem Ort längere Zeit oder wiederholt zu Gast gewesen, so spendierte er oder es wurde ihm spendiert ein Abschiedsessen, oft musikalisch umrahmt von Sängern und Bläsern, vielleicht ein Nachklang zur antiken Essensfreude; heißt es doch in der Odyssee, daß die Götter die Leier geschaffen haben »dem Mahl zur Begleitung«.

Wirte kommen in den Quellen häufig schlecht weg. Harmlos war noch, was Studenten sich in ihrem lateinisch-deutschen Jargon zuriefen: »Hospes illum amat, qui vil trinkt und modice clamat« (Der Wirt schätzt den, der viel trinkt und nur in Maßen grölt). Ernster war, was Bischof Liutprand von Cremona in einer bitterbösen Streitschrift beklagt: Der Wein sei in Byzanz ungenießbar, da ihm Pech, Harz und Gips beigemischt seien. Liutprand weiß, daß auch im Abendland dem Wein Honig, Kräuter u. a. zugesetzt wurden; er ist nicht bereit, den anderen das Recht auf ihren Geschmack zuzubilligen. Schwer wogen Vorwürfe des Betruges und des Mordes. Wie weit die Klagen von Hotelgästen berechtigt sind, läßt sich auch heute nur schwer feststellen.

Wenn die Quellen so oft unerfreuliche Seiten des Aufenthaltes in fernen Gasthäusern der Nachwelt überliefern, dann dürfte das mehrere Ursachen haben: Einmal könnte sich hier die Arroganz der Gebildeten, die diese Quellen schrieben, gegenüber dem einfachen Volk auswirken, dem man sich in der Fremde ausgeliefert sah. Ferner sind Menschen hinsichtlich Essen, Trinken, Schlafen auswärts besonders empfindlich und anspruchsvoll. Während man eigene Unzulänglichkeiten gern verdrängt, scheinen sich negative Erfahrungen gerade im Bereich des Herbergswesens tiefer der Erinnerung einzuprägen als erfreuliche Dinge, sicher nicht nur deshalb, weil man für ein Bett bezahlen muß, das man daheim umsonst zu haben glaubt. Das gilt es zu berücksichtigen, will man den Reisenden *und* den Gastwirten vergangener Tage gerecht werden.

REISEGESCHWINDIGKEIT

Wie schnell reisten die Menschen im Mittelalter? Daß die Berechnung von »Durchschnitten« problematisch ist, sei an Extremwerten vorgeführt. In vierundzwanzig Stunden soll der wohlorganisierte Stafetten- und Kurierdienst im Mongolenreich 375 Kilometer geschafft haben (die römische Staatspost, der ›cursus publicus‹, war »nur« auf 300–335 Kilometer gekommen). Es gab aber auch Krüppel, die sich zentimeterweise weiterschleppten, mit Hilfe sogenannter »Schemelchen«, die die Hände vor dem Zerschundenwerden auf dem Weg bewahrten. Die auch für die Geschichte des Reisens wertvollen Elisabethmirakel berichten von einem einundzwanzigjährigen Krüppel, der 1232 in fünf Wochen seinen gelähmten Körper von Grünberg/Hessen nach Marburg schleifte, über eine Entfernung von 28 Kilometern Luftlinie, etwa 35 Wegekilometer. Die Geschwindigkeit mittelalterlicher Reisender bewegte sich also zwischen 1 und weit über 100 Kilometern am Tag!

Die meisten Menschen reisten bis ins 19. Jahrhundert zu Fuß; bei einer Stundengeschwindigkeit von vier bis sechs Kilometern konnten sie 30 bis 40 Kilometer am Tag schaffen. Zu Pferde mochte man eine Tagesleistung von 50 bis 60 Kilometern erreichen. Daß man diese Werte nicht extrapolieren darf, sei an einem Beispiel erläutert: Den 1200 Kilometern Luftlinie zwischen Hildesheim und Rom dürften im Mittelalter mindestens 1500 Wegekilometer entsprochen haben. Dividiert man diese Strecke durch 30 bzw. 50 (Tagesleistungen, niedrigere Annahme, von Fußgänger und Reiter), so kommt man auf 50 bzw. 30 Tage. Nur wenige Fußreisende werden in sieben Wochen 1500 Kilometer hinter sich gebracht haben. Und Bernward von Hildesheim, der sicher gute Pferde zur Verfügung hatte, brauchte etwas über zwei Monate für die Hin- (2. 11. 1000–4. 1. 1001, über Trient) und etwas weniger als zwei Monate für die Rückreise (16. 2.–10. 4. 1001, über St. Maurice d'Agaune im oberen Rhônetal). Wesentlich schneller war Rubruk auf der Rückreise von seiner Mission zum

Krüppel auf der Straße. (Federzeichnung von Hieronymus Bosch, 1516). Krüppel bedienten sich der unterschiedlichsten Prothesen. Leicht aus einem Ast mit vier Zweigen herzustellen und daher auch für Arme erschwinglich waren die »Schemelchen« (der sich auf sie Stützende hieß daher »Schemeler«).

Großkhan der Mongolen: Vom Lager in Karakorum bis zur mittleren Wolga war er etwa zehn Wochen unterwegs (9. 7.–16. 9., Luftlinie etwa 4000 km), dem würde ein Durchschnitt von etwa 60 Kilometern pro Tag entsprochen haben. Rubruks Behauptung, seine tägliche Reitstrecke habe der Entfernung Paris–Orléans (110 km Luftlinie) entsprochen, klingt durchaus glaubwürdig.

Ein Rechnen mit Durchschnittswerten wird der Wirklichkeit nicht gerecht; denn es sind weder (freiwillige und unfreiwillige) Ruhetage berücksichtigt noch längere Pausen, von denen in Reiseberichten immer wieder die Rede ist: Mensch und Tier brauchen Erholung; der eine will die Gastfreundschaft eines Verwandten genießen, der andere Kirchen und Reliquien am Ort ehren, der dritte eine (Handels-) Messe besuchen und den Kontakt zu Geschäftsfreunden pflegen; andere werden aufgehalten von Krankheit, Hochwasser, Schnee, bösartigen Zöllnern; das Pferd wird gestohlen, es gibt Ärger mit dem Wirt, die Fähre läuft auf Grund...

Wer realistisch seine Reise plante, rechnete mit Verzögerungen im Gebirge und erst recht zur See. Im Hochgebirge konnten je nach Witterung, Jahreszeit, Konstitution schon vier oder fünf Kilometer täglich eine achtbare Leistung bedeuten. Für die Strecke Chur–Bellinzona (etwa 80 km Luftlinie) über den San Bernardino-Paß rechnete man mindestens vier bis sechs Tage; noch in der ersten Hälfte des 19. Jahrhunderts brauchte man in einem eleganten Reisewagen für die Strecke Innsbruck–Bregenz über den Arlbergpaß (Luftlinie 130 km) eine Woche.

Dreißig Kilometer täglich bedeuteten für Landreisende einen guten Durchschnitt. Auch wer ritt, kam in zehn Tagen nur dann auf mehr als 300 Kilometer, wenn er unterwegs die Pferde wechselte und auf Ruhetage, oft nach vier bis sechs Tagen, verzichtete. Erst seit dem 18. Jahrhundert konnten dank besserer Straßen, der Einrichtung von Umspannstationen zum Pferdewechseln und der Einführung leidlich bequemer Reisewagen die Ober- und immer größere Teile der Mittelschichten schneller reisen; eine grundsätzliche Änderung brachte erst die Motorisierung des Verkehrs im 19. und 20. Jahrhundert.

Völlig unberechenbar waren Verzögerungen zur See. Günstiger Wind, sehnsüchtig herbeigebetet, ließ oft Tage, wenn nicht Wochen auf sich warten. Für die Strecke Zypern–Damiette (400 km) brauchte Ludwig der Heilige 1249 statt der erwarteten drei ganze dreiundzwanzig Tage. Marco Polo legte auf Sumatra wegen schlechten Wetters einen fünfmonatigen unfreiwilligen Aufenthalt ein.

So problematisch die Berechnung durchschnittlicher Tagesleistungen ist (auch wegen der unterschiedlich langen Tageszeiten im Winter und im Sommer), so gab es doch Erfahrungswerte; mit diesen mußten weltliche und geistliche Obrigkeiten, Personen und Korporationen rechnen können, die häufig Eilnachrichten zu übermitteln hatten. Solche Werte seien tabellarisch zusammengestellt; bewußt wurde darauf verzichtet, alle Stundengeschwindigkeiten auf Tagesleistungen »hochzurechnen«.

Der relativ niedrige »Durchschnitt« bei Seereisen erklärt sich vor allem damit, daß die Schiffe selten den idealen Kurs steuerten; unterwegs ging man häufig an Land. Von Lübeck nach Bergen rechnete man als reine Segelzeit neun Tage bei einer Reisedauer von drei bis vier Wochen. Bei gutem Wind Tag und Nacht schaffte man in einer Woche bis zu 1400 Kilometer (Lissabon–Kanarische Inseln). Das nachgebaute Gokstader Schiff, mit dem 1893 der Atlantik überquert

140

Reisender	Stunden-geschwindig-keit in km	Tages-leistung in km
Fußwanderer	4–6	25–40
Läufer	10–12	50–65
Pferd im Galopp	20–25	
»Durchschnittsreisende«, wenig eilig, mit Gefolge und Gepäck (z. B. Kaufleute)		30–45
Rüstige normale Reiter, die es eilig haben		50–60
Berittene Kuriere, mit Pferdewechsel		50–80
Pferdestafetten im Mongolenreich, 13. Jh. (nach Marco Polo)		375
Stafettenläufer in Indien, 14. Jh. (nach Ibn Battuta)		300
Päpstliche Eilboten, 14. Jh., Ebene		100
Dieselben, im Gebirge		50
Eilboten in Frankreich und Spanien, 14. Jh.		150–200
Stafettenläufer im Inkareich	10	240
Berittene spanische Post im 16. Jh. in Südamerika		44
Flußschiffe, talwärts, auf Rhein oder Po		100–150
Galeere, nur von Ruder angetrieben		
1. Stunde 4,5 Kn	8	
danach 1,5–2,3 Kn	2,7–4,2	
unter Segel 6 Kn und mehr	11	
Segelschiff	5	120–200
Segelschiff, von Wind, Strömung und Rudern angetrieben 6–7 Kn	11–13	
Wikingerschiff, 1893 nachgebaut, 9–11 Kn	17–20	150
Hansekogge 4,5–6,8 Kn	8–13	

wurde, hatte ein Segel und achtundzwanzig Ruder bei einer Besatzung von 60 Mann. Es stach in Bergen am 30. April in See und kam am 27. Mai in Neufundland an. Den Norwegern waren Wind und Strömungen bekannt, sie verfügten über moderne Instrumente und Karten. Trotzdem schafften sie auf der etwa 4200 Kilometer langen Strecke durchschnittlich »nur« 150 Kilometer täglich.

Ibn Jobair, ein arabischer Reisender, brauchte im 12. Jahrhundert von Ceuta nach Alexandrien dreißig Tage; unterwegs hatte sein Schiff die Balearen, Sardinien, Sizilien und Kreta angesteuert (etwa 3800 km). Die Rückfahrt verlief ungünstig. Das Schiff war allein von Akkon nach Messina (2000 km) wegen schlechten Wetters 50 Tage lang unterwegs. Jobair berichtet, die Passagiere hätten schwer unter Hunger gelitten; denn vorsichtige Reisende hätten für dreißig Tage, andere für zwanzig oder höchstens 15 Tage Vorräte mitgenommen. Wer sich für 20 Tage verproviantiert hatte, rechnete also damit, täglich 100 km zu schaffen, wer für 15 Tage versorgt war, setzte eine Tagesleistung von gut 130 Kilometern voraus. Die von Jobair beschriebene Reise dauerte also auf einer großen Teilstrecke gut dreimal länger, als die Optimisten erwartet hatten. Diese Relation entspricht Erfahrungswerten, die aus italienischen Hafenstädten überliefert sind: Von Venedig nach Kandia (Kreta; ca. 1600 km) brauchte man bei außergewöhnlich gutem Wind 18 Tage, normalerweise im Sommer 23–30, im Winter 45–60 Tage. Für die Fahrt von Genua nach Akkon rechnete man einen Monat (2800 km). Im Indischen Ozean soll bei einigermaßen günstigem Wind die Fahrt von Maskat nach Kaulem (Quilon, Südwestindien) einen Monat gedauert haben (2500 km, entsprechend etwa 80 km/Tag).

Die Steigerung der Reisegeschwindigkeit im Spätmittelalter und in der frühen Neuzeit hatte zahlreiche Ursachen: Zucht leistungsfähiger Pferde, Anlage von Pferdewechselstationen, Bau von Straßen und Brücken, regelmäßige Bedienung von Fähren, bessere Versorgung unterwegs für Mensch und Tier, Bau schnellerer (und komfortablerer) Schiffe. Brauchte ein Eilbote von Rom nach Florenz (Luftlinie 230 km) Mitte des 15. Jahrhunderts noch 5–6 Tage, so in der zweiten Hälfte des 16. Jahrhunderts nur noch einen Tag. Außerordentliche Eilboten sollen in dieser Zeit täglich 250–300 Kilometer zurückgelegt haben; damit hätte das Abendland den jahrhundertelangen Vorsprung asiatischer Reiche aufgeholt gehabt.

Zu fragen bleibt, ob es zur reinen Nachrichtenübermittlung nicht andere, weniger aufwendige, vielleicht gar schnellere Methoden gab. In seiner Sachsengeschichte berichtet Widukind von Corvey, die Ungarn hätten sich bei ihren Kriegszügen durch Deutschland »suo more«, nach ihrem Brauch, durch Rauchzeichen verständigt; im Reich war diese Form der Übermittlung von Information im 10. Jahrhundert also wohl weniger bekannt. Nach Marco Polo machten sich Seeräuber auf dem Indischen Ozean durch Rauchzeichen, die sie von Schiff zu Schiff weitergaben, auf Beute aufmerksam. Kolumbus beobachtet auf seiner ersten Amerikareise, daß die Indios sich mit Rauchzeichen verständigten, »wie Soldaten im Krieg«. Diese Art der Nachrichtenübermittlung war also vielen Völkern vertraut; im Abendland gibt es sie bis auf den heutigen Tag bei der Papstwahl. Gerade hier hat aber die wartende Menge das Signal – weißen bzw. schwarzen Rauch – mehr als einmal falsch gedeutet. Auch in früheren Zeiten war man sich der Nachteile des »Rauchtelegraphen« bewußt: Die Botschaft mußte möglichst einfach und eindeutig sein, z. B. »Sammeln zum Angriff« oder »Wir sind in Gefahr«. Wiederholt wußten sich in italienischen Städten angegriffene schwache Truppen des deutschen Königs nur dadurch zu helfen, daß sie Feuer legten; dessen Schein machte die in weitem Umkreis vor der Stadt kampierenden Truppen auf die Gefahr aufmerksam (z. B. 1004 in Pavia, 1026 in Ravenna). Im Mittelmeerraum wurde der »Rauch- und Feuertelegraph« erfolgreich eingesetzt: Das Byzantinische Reich hatte eine Kette von Leuchtfeuern auf Berggipfeln angelegt, über die bei einem muslimischen Angriff die Hauptstadt schnell gewarnt wurde. Im 10. Jahrhundert sollen Araber mit Feuerzeichen Nachrichten von Alexandria nach Ceuta in einem Tag übermittelt haben (etwa 3500 km Luftlinie; die »Telegraphenstrecke« dürfte wegen des Küstenverlaufs länger gewesen sein). Die Kreuzfahrerstaaten im Heiligen Land hatten ihre Burgen jeweils in Sichtweite zueinander gebaut. Rauch- und Feuersignale hatten jedoch auch eindeutige Nachteile: Sie wurden vom Feind gesehen; sie waren bei Dunst und Nebel nicht zu erkennen und im Flachland weniger leicht zu übermitteln.

143

Zur See verständigte man sich mit Flaggen; Kolumbus spricht davon, daß er auf der Rückfahrt von seiner ersten Amerikareise bemüht war, den Kontakt zur ›Niña‹, dem zweiten Schiff, nachts möglichst lange mit Lichtsignalen aufrechtzuerhalten. Er äußert sich nicht zu Einzelheiten, ob auf diese Weise etwa ganze Sätze übermittelt wurden. – Einen eigentlichen Lichttelegraphen erfand erst 1782 Christoph Hoffmann (1721–1807), zehn Jahre vor dem Franzosen Chappe.

Im 6. Jahrhundert stellt Prokop mit Bedauern fest, die »Kunst«, mit Trompeten Zeichen zu geben, sei »jetzt« verlernt. Einfache Befehle wurden im Krieg natürlich weiterhin mit Trompeten an die Truppen übermittelt, auch bei den Ungarn, wie die Vita Ulrichs von Augsburg meldet. In Afrika dienten bis in unser Jahrhundert Trommeln der Nachrichtenübermittlung sogar über sehr weite Entfernungen.

Brieftauben verwendete man im Orient vielleicht schon um 1000 v. Chr.; für militärische Zwecke wurden sie im ersten vorchristlichen, für zivile Belange zu Anfang des vierten nachchristlichen Jahrhunderts eingesetzt. Obwohl Tauben in der vorindustriellen Zeit ideal zur Nachrichtenübermittlung waren – sie sind sehr schnell, preiswert, einfach zu halten –, wurden sie offensichtlich nicht systematisch für eine Taubenpost gezüchtet. In den islamischen Staaten entsann man sich im 9. und 10. Jahrhundert ihrer Vorzüge. Sultan Baibars (1260–1277) verwendete die Taubenpost in bisher nicht gekanntem Maße im Kampf gegen die Reste der Kreuzfahrerstaaten.

Von den Möglichkeiten, wie wir sie heute beinah schon für selbstverständlich halten – Reisen mit mehr als Schall-, Telefonieren mit Lichtgeschwindigkeit – wagten die Menschen in früheren Zeiten bestenfalls zu träumen; dann wünschte man sich etwa einen Ring, der seinen Besitzer mit einer Drehung an den gewünschten Ort bringen sollte.

HERRSCHAFT UND RECHT

Das Römische Reich hatte die Mittelmeerwelt geeint, weit nach Osten ins Zweistromland und im Nordwesten bis an die Grenzen des heutigen Schottland ausgegriffen. Innerhalb dieses Reiches war das Reisen so sicher und so selbstverständlich, wie erst wieder im 19. Jahrhundert – was gegenteilige Erfahrungen des Apostels Paulus nicht ausschloß. Ein Kaufmann läßt auf seinem Grabstein in Hierapolis/Phrygien (heute in der westlichen Türkei) vermerken, er sei in seinem Leben zweiundsiebzigmal von Kleinasien nach Rom gereist.

Die Einheit des Mittelmeerraumes zerfiel mit der Völkerwanderung, der Gründung germanischer Reiche auf dem Boden des Imperium Romanum und der Expansion des Islam seit dem 7. Jahrhundert. In nahezu ungebrochener Kontinuität lebte der römische Staat im Byzantinischen Reich ein Jahrtausend weiter, bis zur Eroberung von Konstantinopel 1453.

Die germanischen, slavischen, arabischen Herren nahmen aus der Kultur des von ihnen eroberten Raumes, was sie gebrauchen konnten. In Sprache, Recht und Verwaltungspraxis Roms wuchs die Kirche hinein. An römisches Staatsdenken knüpften die auf dem Boden des Imperium Romanum entstandenen germanischen Reiche an. In Konkurrenz zu Byzanz belebten die Franken sogar das westliche Kaisertum im Jahre 800 neu und setzten damit ein unübersehbares Zeichen, daß im Nordwesten des ehemaligen Römischen Reiches ein neuer Herrschaftsmittelpunkt entstanden war.

Unter dem Ansturm äußerer Feinde und infolge innerer Spannungen zerfiel das fränkische Großreich nach dem Tod Karls des Großen in Teilreiche. Im 10. Jahrhundert entstand in Mitteleuropa ein auf dem (Ost-)Frankenreich fußendes neues Großreich, das Teile des ehemaligen Römischen Reiches und das ehemals freie Germanien, romanisch-, germanisch- und slavischsprachige Reichsteile zu einer Einheit verband, nach erfolgreicher Abwehr äußerer Feinde 962 das

Kaisertum erneuerte. Im Westen bildete sich aus dem westfränkischen Königtum die »französische« Monarchie der Kapetinger. Gemeinsam war den neuen Reichen, daß die Herrscher ihre Macht mit weltlichen und kirchlichen Großen teilten, die kraft eigenen Rechts herrschten.

Obwohl die mittelalterlichen Könige das Beispiel der Kirche vor Augen hatten, die mit Rom über ein universales, mit den Bischofsstädten über regionale Zentren verfügte, kam es jahrhundertelang nicht zur Ausbildung von festen weltlichen Residenzen; der König übte sein Amt zumeist im Reisen aus. Das unentwegte Herumreisen stellte hohe Anforderungen an die Belastbarkeit des Herrschers (und seiner Gemahlin!). Wenn unter den Großen so viele als junge Menschen gestorben sind, dann auch deshalb, weil sie den Strapazen des Reisens nicht gewachsen waren.

Das mittelalterliche Königtum verfügte im allgemeinen weder über die personellen noch über die finanziellen Mittel noch über den Willen, wie die Römer natürliche Verkehrshindernisse durch den Bau von Straßen, Brücken, Tunneln zu entschärfen. Der Herrscher konnte sich schon glücklich schätzen, wenn er in seinem Bereich Gefahren zurückgedrängt hatte, die Reisenden von Menschen drohten. Wald, Hochgebirge, Überschwemmung, Nebel, Seesturm forderten unter den Reisenden sicher weniger Opfer als Krieg und Fehde, Räuber- und Bandenunwesen. Adlige, die sich in ihren Rechten verletzt glaubten, suchten sich mit dem Faustrecht an Menschen schadlos zu halten, aus denen ein Lösegeld zu pressen oder bei denen Waren zu beschlagnahmen waren. Die Zahl der Bettler, Vagabunden, Entwurzelten, derer, die von der Armut ins Verbrechen getrieben wurden, war einfach zu groß, als daß die Sicherheit auf Straßen und in Herbergen allenthalben auf die Dauer hätte gewährleistet werden können.

Weitblickende Herrscher suchten Gefahren zu verringern durch die Aufrechterhaltung einer gewissen Mindestsicherheit auf öffentlichen Straßen. Bezeichnend ist eine Frage, die 1236 Kaiser Friedrich II. und den Fürsten zur Entscheidung vorlag: »Ist es überhaupt je erlaubt, daß Leute, die auf einer öffentlichen Straße zu einem Markt reisen, durch irgend jemand von dieser öffentlichen Straße weggerufen und gezwungen werden, auf privaten Straßen zu ihren Märkten zu

146

gehen?« Die Frage wurde eindeutig verneint. Die meisten Herrscher begnügten sich damit, Reisenden Geleitbriefe auszustellen, sie von den eigenen Zöllen zu befreien und dem Wohlwollen der eigenen Beamten zu empfehlen, Verträge zu ihren Gunsten mit den Herren der durchzogenen Länder abzuschließen, lästige Rechte wie Grundruhr und Strandrecht wenn schon nicht außer Kraft zu setzen, so doch wenigstens einzuschränken. Dieses sprach Schiff und Waren dem Finder zu; nach jener konnte die Herrschaft die Ware beanspruchen, wenn die Achse des Wagens den Boden berührt hatte; der Nutznießer eines solchen Rechtes hatte natürlich kein Interesse daran, daß Reisende über gut unterhaltene Straßen fahren konnten.

In der zweiten Hälfte des 11. Jahrhunderts mehren sich Anzeichen für eine starke Zunahme des Reiseverkehrs *und* für ein geschärftes Bewußtsein der Machthaber, daß die bisherige Praxis, Schwache, Fremde schamlos auszuplündern oder skrupellos umzubringen, mit christlicher Lebensführung unvereinbar ist. Es kommt zur Gottesfriedensbewegung, die von der Kirche in Süd- und Mittelfrankreich ausgeht und im Laufe weniger Jahrzehnte in ganz Europa von den weltlichen Machthabern in der Landfriedensbewegung aufgegriffen wird: Unter erhöhten Frieden werden gestellt bestimmte Personengruppen (Kleriker, Mönche, Frauen, Kaufleute, Pilger, Bauern, Juden), bestimmte Zeiten (Donnerstag bis Sonntag jeder Woche, Advents- und Fastenzeit, Feste), bestimmte Orte (Kirchen, Friedhöfe, Mühlen), Zugtiere, Ackergerät u. a. Zu welchen Maßnahmen man sich gezwungen sah, mag der 1083 im Erzbistum Köln verkündete Gottesfrieden zeigen. Wenn Vornehme den Frieden brechen, sollen sie an ihrer empfindlichsten Stelle getroffen werden: Sie sollen das Land verlassen und ihre Lehen einbüßen. »Habenichtse« werden an Leib und Leben gestraft: »Verstümmeln der Hände darf nicht bei Knaben vorgenommen werden, die das Alter von zwölf Jahren noch nicht erreicht haben, wohl aber bei denen, die in diesem Alter, also mit zwölf Jahren, Volljährigkeit erreicht haben.« Räuber und Wegelagerer sollen von jedem Frieden ausgeschlossen sein, aber auch sie sollen sich des Asylrechts erfreuen; in Kirchen und auf Kirchhöfen darf ein Räuber oder Dieb nicht getötet oder gefangen werden, »vielmehr soll er dort solange belagert werden, bis er, vom Hunger getrieben, zur Übergabe gezwungen ist«. Die Schwierigkeiten begannen, wo es galt, hehre Ziele in die Alltagswirklichkeit umzusetzen: Wer bestimmt, was Raub und Wegelagerei ist? Wer war bereit, sich einem Spruch zu beugen, wer, gegen einen Mächtigen anzutreten?

Meist waren die örtlichen Machthaber an der Stärkung ihrer Stellung interessiert, ohne Rücksicht auf den Nachbarn oder gar die Zentralgewalt (sofern es sie gab). Als hätten Reisende noch nicht genug Hindernisse zu überwinden, sahen sie sich künstlichen Sperren gegenüber, die nachhaltiger das Reisen erschwerten als Klima, Wälder, Ströme, Gebirge es vermochten: Der Füllung der Kassen dienten Zölle, Stapel (fremde Kaufleute mußten hier ihre Waren auslegen), Geleit (dem man sich auch dann unterwerfen mußte, wenn man an ihm gar nicht interessiert war), Schikanen wegen Nichtbefolgung irgendwelcher Anordnungen oder der – unbewußten – Verletzung irgendwelchen Rechtes. Solches »Recht« war von Willkür, Räuberei und Wegelagerei oft nicht zu unterscheiden.

Die Menschen reagierten unterschiedlich. Nach Möglichkeit stimmten sie mit den Füßen ab und mieden die entsprechenden Gebiete; war das nicht möglich, so schlossen einzelne und Gruppen sich zu – oft zeitlich befristeten – Hansen und Eidgenossenschaften, Städte zu Städtebünden zusammen. Diese Vereinigungen sollten gegen Gefahren absichern, die von der Natur drohten, sollten das Risiko möglicher Angreifer erhöhen, sollten dafür sorgen, daß die Reisenden in den zahlreichen Fehden Rittern und Söldnern nicht schutzlos ausgeliefert waren.

Dem Reisenden stellten sich existentielle Fragen. Konnte er davon ausgehen, daß die Herrschaft, durch deren Gebiet er zog, Leib und Leben, Hab und Gut wirksam schützte? Konkret: Sollte, durfte er mit oder ohne Waffen reisen? Beides hatte Vor- und Nachteile. Wer waffenlos reiste, räumte den Beherrschern und den Bewohnern der durchzogenen Gebiete einen (verdienten?) Vertrauensvorschuß ein und verpflichtete sie zu Entgegenkommen; im Falle von Fehde oder Krieg konnte man leichter den Beweis der Neutralität erbringen und deshalb vielleicht mit dem Leben davonkommen. Andererseits weckte der Fremde grundsätzlich Mißtrauen: Kam er als Spion, als Dieb, als Mörder? Verbreitete er vielleicht ansteckende Krankheiten?

148

Wer ohne Waffen reiste, konnte sich nicht gegen Angreifer wehren. Bei der Suche nach einem Mittelweg wirkten Obrigkeit und Reisende zusammen. Wenn es nur eben ging, begaben sich diese nicht allein auf den Weg und trugen möglichst keine Wertgegenstände bei sich; kirchliche und weltliche Obrigkeit betrachteten Vergehen an Schutzlosen – z. B. Frauen und Pilgern – als besonders verwerflich.

Die Herrschaften verpflichteten Reisende oft dazu, ganz bestimmte Wege zu benutzen. Wer abseits solcher Wege angetroffen wurde, galt als Zollhinterzieher (Kaufleute) oder verlor den Königsschutz (Santiago-Pilger in Nordspanien). Diese Wege waren natürlich auch den Ganoven bekannt. Nicht genug damit, daß der Verkehr auf bestimmte Wege eingeschränkt wurde: Wollte man sich nicht verdächtig machen, mußte man oft unterwegs Lautzeichen geben, im Wald etwa regelmäßig rufen – und vielleicht gerade dadurch lauernde Übeltäter auf die eigene Spur lenken!

Die Gliederung Europas in eine Vielzahl von Reichen und Herrschaften hatte nicht nur Nachteile. Partikulare Gewalten in ihrem Innern bildeten ein Gegengewicht gegen die »Großmächte«. Die Auseinandersetzung zwischen weltlicher und geistlicher Gewalt im sogenannten Investiturstreit schuf Freiräume für die intellektuelle Betätigung; sie bildete eine Voraussetzung für Neuerungen auf kulturellem und wissenschaftlichem Gebiet, die auch das Weltbild prägen sollten.

Der gewaltigen Expansion Europas seit dem 15. Jahrhundert waren andere Siedlungs-, Handels- und militärische Expansionen vorausgegangen. Parallel zur Binnenkolonisation die Ostsiedlung, die Reisen der »Wikinger« nach Island, Grönland und Nordamerika, die Hanse, schließlich die Reconquista auf der Iberischen Halbinsel und die Kreuzzüge. Mit diesen griff die römische Christenheit in außereuropäische, dichtbesiedelte alte Kulturräume ein. Mit der größten Selbstverständlichkeit nahmen die Entdecker die neuen – bewohnten – Länder für ihre Könige in Besitz: Den Herrschaftsanspruch bekundeten sie damit, daß sie Ländern, Inseln, Flüssen Namen gaben, Pfeiler mit den Wappen ihres Königs setzten (die Portugiesen) oder die Flagge der Katholischen Könige hißten (Kolumbus).

Das hier skizzierte Expansionsstreben war keine Eigentümlichkeit Europas oder der Europäer. Die Mongolen eroberten im 13. Jahrhundert in wenigen Jahrzehnten ein Reich, das von der unteren Donau bis nach Peking reichte. Während die islamische Herrschaft in Spanien zurückgedrängt wurde, dehnte sich das türkische Reich bis ins östliche Mitteleuropa hin aus.

In dem Jahrtausend von 500 bis 1500 konnte die europäische Staatenwelt (relativ) ungestört von äußeren Bedrohungen Gemeinsamkeiten ausbilden, die dem Reisenden zugute kamen. Wesentliche Voraussetzungen der Entwicklung waren nicht das Verdienst Europas oder der Europäer: Gunst der (Rand)Lage; seine anfängliche Armut, die es weniger begehrenswert erscheinen ließ; ein Europa günstiges Geschick. Hunnen und Awaren, Ungarn, Mongolen und Türken haben – aus Asien in Europa einfallend – hier zwar schwere Schäden angerichtet; doch die eigenständige Entwicklung Europas wurde deshalb nicht nachhaltig gestört, weil Völker und Reiche in Ost- und Südosteuropa die Wucht der Angriffe unter schwersten materiellen und personellen, noch lange nachwirkenden Verlusten aufgefangen haben: Europa steht tief in der Schuld von Russen, Polen und Ungarn, die im 13. Jahrhundert die Mongolen so geschwächt haben, daß Mittel- und Westeuropa vor ihnen verschont blieben; die Kräfte der Türken band jahrhundertelang das Byzantinische Reich, dem die Europäer eine Mischung aus Bewunderung, Neid, religiösem Haß und Minderwertigkeitskomplexen entgegenbrachten. Als Byzanz 1453 unterging, hatte sich Europa so weit gekräftigt, daß es in den folgenden Jahrhunderten die Angriffe der Türken abwehren konnte; anderen von außen kommenden Angriffen war Europa – im Gegensatz zu Afrika, Amerika und Asien – in dem folgenden halben Jahrtausend nicht ausgesetzt.

VERKEHRSERLEICHTERUNGEN

Fähren

Eine Frau aus Sittard im Rheinland, so berichten die um 1185 zusammengestellten Annomirakel, kam auf der Rückreise von Santiago de Compostela zu einer Rhônefähre. Infolge »Nachlässigkeit oder Habsucht« der Schiffer stiegen vierhundert Männer und Frauen, Pferde, Maultiere und Esel ein. Als das »ziemlich große Schiff« bei Gegenwind »mühsam inmitten des reißenden Stromes dahersegelte, versank es in den Fluten, da es einer solchen Last nicht gewachsen war, und riß alle, die es trug, mit sich in die Tiefe«. Allein die Frau aus Sittard wird gerettet; wie sie meinte, dank der Fürsprache des hl. Anno, Erzbischof von Köln (1056–1075).

Solche Unfälle wurden jahrhundertelang wie andere Schicksalsschläge hingenommen. Flußfähren müssen quer zur Strömung fahren; je stärker diese ist, desto größer ist die Gefahr des Kenterns. Noch heute mag man in der Zeitung lesen, daß ein Fährunglück auf einem Strom Asiens oder Afrikas Hunderte von Menschenleben gefordert habe. Aus seiner Sicht bezichtigt der Autor der Mirakel durchaus konsequent die Fährleute der »Habsucht oder Nachlässigkeit«. Ein überladenes Schiff ist bei reißender Strömung schwer zu lenken, also doppelt bedroht. Trotz solcher Gefahren gab es bis zur Mitte des 19. Jahrhunderts zwischen Basel und Rotterdam keine feste Rheinbrücke.

Im Mittelalter stellten sich einzelne Männer als Fährleute zur Verfügung, um Menschen über einen Fluß zu tragen, sie durch Furten zu geleiten oder – wie die Annomirakel berichten – sie in einem Schiff überzusetzen. Die Quellen berichten im allgemeinen weniger von den Menschen, die täglich ihre Pflicht tun, mehr von jenen, die den Erwartungen nicht gerecht wurden: Die im Pilgerführer nach Santiago erwähnten Fährleute sollen Wallfahrer brutal behandelt, andere sollen sich skrupellos die hübsche Frau eines armen Pilgers als Lohn genommen haben.

Welche Probleme der Flußübergang einem Heer stellte, zeigt eines der großen mittelalterlichen Epen. Im Nibelungenlied (um 1200 aufgezeichnet) nimmt das 25. ›Abenteuer‹ eine zentrale Stellung ein; denn Hagen gewinnt hier die Gewißheit, daß nur einer von ihnen die Heimat wiedersehen wird.

Zwölf Tage nach dem Aufbruch von Worms kommen die Burgunder zur Donau. Der König beauftragt Hagen, eine Furt durch das rasch strömende Hochwasser zu suchen. Eine Furt konnte nicht nur über das Aufblühen einer Siedlung entscheiden, wie die Ortsnamen Frankfurt und Schweinfurt, Ochsenfurt und Oxford zeigen; wiederholt berichten die Quellen, Menschen hätten nur deshalb die Reise fortsetzen können, weil sie auf wunderbare Weise gerade rechtzeitig eine Furt entdeckten. Erzählungen, ein Hirsch oder ein Reh habe den Weg durch den Strom gewiesen, könnten einen historischen Kern enthalten.

Ein Wunder kommt auch Hagen zu Hilfe: Zwei »Meerfrauen« weissagen ihm, daß mit Ausnahme des Kaplans niemand mit dem Leben davonkommen wird; sie verraten ihm, daß er stromaufwärts eine Herberge und einen Fährmann finden werde, einen Mann »grimmen Mutes«, dem man rücksichtsvoll begegnen und dem man einen angemessenen Fährlohn geben müsse. Rufe – wie sie in dem Kanon »Wer holt uns über ans andere Ufer?« weiterleben – bleiben erfolglos, da der Fährmann nicht auf Verdienst angewiesen ist. Mit List und Totschlag setzt Hagen sich in den Besitz der Fähre. Daß es damit nicht getan ist, zeigt eine Klage Gernots: Da kein Schiffer zu sehen ist, trauert er schon um manchen lieben Freundes Tod. Wieder springt Hagen ein; er läßt die Pferde durch den Strom schwimmen und setzt 10 000 Mann über – eine ›runde‹, für ›sehr viele‹ stehende Zahl.

Die Donaufähre soll 400 Personen Platz geboten haben, ebensoviel wie die Rhônefähre nach dem Bericht der Annomirakel. Berücksichtigt man, daß schnelle Wikingerschiffe vierzig bis hundert Krieger an Bord hatten und daß es bei einer Fähre nicht auf Geschwindigkeit ankommt, so kann manche Fähre weit mehr als hundert Menschen

Platz geboten haben; ein großes Floß konnte als Fähre improvisiert werden. Angesichts der in Annomirakeln und Nibelungenlied ausgemalten Schwierigkeiten des Flußübergangs wird verständlich, daß in der Antike die Benutzer von Fähren Münzen in den Strom warfen, um sich den Gott des Flusses gnädig zu stimmen; dank solcher Münzfunde konnte man die Lage von Fähren bestimmen.

Zu guter Letzt will Hagen die wichtigste Prophezeiung der »Meerfrauen« überprüfen. Unter dem Protestgeschrei seiner Begleiter, die den Zusammenhang nicht durchschauen, wirft er kurz entschlossen die Person, die als einzige mit dem Leben davonkommen soll, über Bord und taucht sie auch noch unter; obwohl der Kaplan des Königs nicht schwimmen kann, wird er gerettet: »im half diu gotes hant«.

Als die Fähre entladen ist, schlägt Hagen sie in Stücke. Die vorwurfsvolle Frage, wie man denn heimkommen solle, beantwortet er ausweichend: Sollte in ihren Reihen ein Feigling sein und fliehen wollen, »der muoz an disem waege liden schemlichen tôt« (der muß an diesem Wege einen schmachvollen Tod erleiden).

Brücken

In seinen ›Geschichten‹ erinnert sich der Benediktinermönch Richer an eine Reise, die er im Frühjahr 991, begleitet von einem Diener und einem landeskundigen Boten, von Reims nach Chartres unternommen hat und die im Zusammenhang mit den ›Bildungsreisen‹ weiter vorgestellt werden soll. Nach manchen Abenteuern – man war durch und durch naßgeregnet, hatte sich zeitweilig verirrt, ein Pferd war verendet – kam Richer mit der Abenddämmerung nach Meaux, etwa eine Tagereise östlich von Paris. Als er die dortige Marnebrücke genauer betrachtete, befielen ihn neue Sorgen. »Auf ihr klafften so viele und so große Löcher, daß an diesem Tag kaum die Ortskundigen hinüberkamen.« Sein umsichtiger Begleiter suchte vergeblich nach einem Kahn; schließlich »riskierte er doch den Weg über die Brücke und brachte mit Hilfe des Himmels die Pferde heil hinüber. Wo Löcher waren, legte er den Pferdehufen seinen Schild oder weggeworfene Bretter unter, und bald gebückt, bald aufgerichtet, bald vorwärtsgehend, bald zurücklaufend kam er tatsächlich mit den Pferden und mir hinüber«. Die Geschichte Richers macht klar, daß Brücken auch laufend unterhalten werden müssen, wenn der Verkehr wirklich erleichtert sowie Mensch und Tier sicher hinübergeführt werden sollen.

Vom 11. bis zum 13. Jahrhundert wurden auffällig viele Brücken gebaut – aus wirtschaftlichen, militärischen *und* altruistischen Gründen: Profitdenken wollte Handel und Verkehr fördern; Brücken und Brückenköpfe wurden überlegt in die Anlagen zur Verteidigung einer Stadt einbezogen; schließlich erscheint Brückenbau im Hochmittelalter auch als ein Werk der Nächstenliebe, wie die Beherbergung Fremder oder der Loskauf Gefangener. Verzögerungen und Gefahren unterwegs sollten so weit wie möglich vermieden, Fußgänger und Pilger geschützt werden. Ein Fährunglück könnte gelegentlich als Herausforderung verstanden worden sein, auf die hin vermögende Menschen Brücken bauen ließen. 1080, etwa zu der Zeit, da die eingangs erwähnte Santiago-Pilgerin beinahe ertrunken wäre, werden nicht weit von der Rhône entfernt Steinbrücken über den Gers gebaut; als Motiv wird hier ausdrücklich der Wunsch genannt, in Zeiten des Hochwassers Leben zu retten. Um 1130 sorgt der Graf von Blois mit dem Bau einer Brücke über die Loire für das Heil seiner Seele. Es war nur konsequent, daß Menschen angeregt wurden, testamentarisch Teile ihres Vermögens für den Bau von Brücken auszusetzen. Im Spätmittelalter werden zahlreiche Brücken mit Ablässen finanziert. Die Beispiele zeigen, daß seit dem Hochmittelalter das Bewußtsein für die Notwendigkeit des Baus und der Unterhaltung von Brücken geschärft war, daß Geldspenden zugunsten technischer Großbauten ähnliches Gewicht bekamen wie konventionellere Formen der Vorsorge für das Seelenheil (Meßstipendien, Entsendung von Stellvertreter-Wallfahrern).

Vor diesem Hintergrund verwundert es nicht, was die Legende vom Bau einer der berühmtesten mittelalterlichen Brücken berichtet, des Pont Saint Bénézet bei Avignon, der im Lied besungenen Brücke, die wie kaum eine andere Ruine die Phantasie der Menschen beflügelt hat. Einst hütete Bénézet (= Benedictulus oder Kleiner Benedikt) die

Schafe, als er plötzlich eine Vision hatte: Es entspinnt sich folgender Dialog:

Herr, was willst du, daß ich tun soll?
Ich will, daß du deiner Mutter Schafe, die du hütest, verläßt; denn du wirst mir eine Brücke über den Rhônefluß bauen.
Herr, ich kenne die Rhône nicht, auch wage ich nicht, meiner Mutter Schafe zu verlassen.
Hab ich dir nicht gesagt, du solltest glauben? Komm also kühn, denn ich will dafür sorgen, daß deine Schafe gehütet werden, und ich werde dir einen Gefährten geben, der dich zur Rhône führt.
Herr, ich besitze nichts außer drei Pfennigen [obolos, die kleinste Münze], und wie soll ich da eine Brücke über die Rhône bauen?
So, wie ich es dich lehren werde.

Es ist nicht das erste Mal, daß am Anfang eines großen Werkes eine Erscheinung steht, die ein Kind aus dem Volke zu einer ungewöhnlichen Handlung auffordert. Der Kinderkreuzzug von 1212 wurde genauso durch eine Vision ausgelöst wie die schließliche Vertreibung der Engländer aus Frankreich, die Jeanne d'Arc in die Wege leitete. Und die Erzählung von Bénézet ist nicht die einzige Legende, nach der ein Bauwerk, das Reisende vor Gefahren bewahren sollte, dank der Initiative eines Jungen aus der Unterschicht zustande kam: Auf das Hospiz auf dem Arlbergpaß ist noch einzugehen.

Wie die Helden anderer Erzählungen sperrt sich Bénézet anfangs gegen die Berufung: Er dürfe seinen Beruf nicht aufgeben, kenne die Rhône nicht, habe keinerlei Vermögen. Die Argumente ziehen nicht, und Bénézet bricht schließlich auf, gehorsam der Stimme folgend. Ihm voraus geht ein Engel in Gestalt eines Pilgers, mit Stab und Tasche; der Engel will Bénézet an den Ort führen, an dem dieser Jesus Christus die Brücke bauen werde, und er werde ihm zeigen, wie er das anzustellen habe. Als Bénézet die Breite des Stromes sieht, verzagt er und erklärt, ein Brückenbau sei ganz unmöglich. Der Engel stärkt ihn, versichert ihn der Hilfe des Heiligen Geistes und zeigt ihm ein Boot, mit dem er übersetzen solle. In der Stadt Avignon solle er sich dem Bischof und dem Volk zeigen. Bénézet geht also zu dem Boot und bittet den Schiffer, ihn »aus Liebe zu Gott und der seligen

Maria« zur Stadt hinüberzurudern, denn er habe dort etwas zu besprechen. Der Schiffer, ein Jude, erwidert ihm: »Wenn du übergesetzt werden willst, gib mir zwei große Geldstücke (nummos), wie alle anderen es tun.« Bénézet wiederholt seine Bitte, »um der Liebe zu Gott und der hl. Maria« übergesetzt zu werden. Dem hält der Jude entgegen: »Komm mir nicht mit deiner Maria, denn sie hat keine Macht, weder im Himmel noch auf Erden. Mir liegt mehr an drei Geldstücken als an der Liebe Marias, zudem gibt es viele Marien.« Als Bénézet das hört, gibt er ihm seine drei Münzen. Der Jude sieht, daß er nicht mehr aus ihm herauspressen kann, nimmt das Geld und fährt den Knaben auf das Ostufer.

Solche Dialoge werden sich millionenfach im Lauf der Jahrhunderte wiederholt haben. Von einem »Vergelt's Gott!« kann kein Fährmann leben, erst recht keine Familie ernähren. Dazu kommt die Begegnung zweier Religionen. Der Unglaube und das Unvermögen des Juden, sich unter den verschiedenen Marien zurechtzufinden, werden nicht kritisiert; einzig das Wort ›herauspressen‹ drückt Tadel aus; Bénézet muß seine ganze Barschaft für die Überfahrt aufwenden, objektiv bekommt der Fährmann nur Münzen von geringem Wert.

Bénézet stellt sich dem Bischof als von Jesus Christus gesandt vor und erntet nichts als Spott. Einer der bischöflichen Beamten verhöhnt ihn: »Du Mickerling, du Habenichts, du sagst, du würdest eine Brücke bauen, was weder Gott noch Petrus, noch Paulus, noch Karl, noch ein anderer geschafft hat?!« Bénézet läßt sich nicht beirren, vielmehr willigt er in ein Gottesurteil ein: Wenn er einen gewaltigen Stein aus dem Palast des Bischofs forttragen kann, will man glauben, daß er auch zum Bau der Brücke imstande ist. Angesichts des Bischofs und eines großen Auflaufs nimmt Bénézet den Stein, »den dreißig Mann nicht vom Fleck rühren konnten«, hebt ihn auf, handhabt ihn so leicht, als wäre es ein Steinchen in seiner Hand, und legt ihn an die Stelle eines der künftigen Brückenpfeiler. »Alle, die das sahen, wunderten sich sehr, daß Gott groß ist und mächtig in seinen Werken.« Bekehrt, stellt der kurz vorher noch spottende bischöfliche Beamte Bénézet eine erkleckliche Summe zur Verfügung. Gott bestätigt seinen Gesandten durch Wunder, wenn er Blinden das Augenlicht, Tauben das Gehör schenkt, Lahme wieder gehen läßt.

Der Bau einer Rhônebrücke bei Avignon war in der Tat ein vermessenes Unterfangen; das Argument – wie kann man bauen wollen, was weder Gott noch seine Heiligen, noch Karl der Große geschafft haben? – war nicht von der Hand zu weisen; es zog so lange, wie Gott nicht selber in das Geschehen eingriff. Das Gottesurteil war den Zeitgenossen nicht nur aus dem Gerichtswesen geläufig: Gott pflegte seine Gesandten durch übermenschliche Kräfte und durch Wunder zu legitimieren, wie Jesus sie gewirkt hatte. Viele Quellen berichten davon, auf solche Weise seien schier unüberwindliche Hindernisse ausgeräumt worden.

Ein Kreis von Freunden, Förderern, Gönnern organisiert sich in einer Bruderschaft, die wie mittelalterliche Gilden Männer und Frauen, Laien und Kleriker (diese meist nicht in leitenden Stellungen) umschließt. Das Brückenwerk bildet – ähnlich wie Kirchen und Spitäler – eine eigene Rechtsperson, die Spenden, Legate, testamentarische Verfügungen annehmen kann. Der Bau der Brücke setzt Menschen in Bewegung, die auf den Straßen und Flüssen nach Avignon reisen oder von dort ausschwärmen: Handwerker, die auf der Baustelle gefragt sind, Kollektoren, die in zugewiesenen Diözesen bei Arm und Reich für das Gott wohlgefällige Werk sammeln. Kehren sie zurück, so haben sie zunächst den Beutel auf dem Altar niederzulegen; dann wird in Gegenwart von Zeugen gezählt, und der Kollektor bekommt seinen Anteil. Nach einiger Zeit kann man die Eigentümer der Fähre mit einer Geldzahlung abfinden. Die Brücke wird in einer Rekordzeit von nur elf Jahren gebaut.

Der 1185 fertiggestellte Pont d'Avignon hat die Menschen wegen seiner Größe beeindruckt, und weil er – im Gegensatz zu vielen anderen Brücken – aus Stein gebaut war: 22 Bogen überspannten die Rhône, davon stehen seit einem Hochwasser 1669 nur noch vier. Zu den nicht gerade zahlreichen von der Kirche kanonisierten Laien gehört der Brückenbauer Bénézet; beigesetzt wurde er in der Kapelle auf »seiner« Brücke, die man noch heute besuchen kann.

Eine mittelalterliche Straßenverkehrsordnung

Die Straße des Königs soll so breit sein, daß ein Wagen dem anderen Platz machen kann. Der leere Wagen soll dem beladenen, der wenig beladene dem schwer beladenen ausweichen. Der Berittene soll einem Fuhrwagen und der Fußgänger einem Berittenen weichen. Befinden sie sich allerdings auf einem schmalen Weg oder auf einer Brücke oder verfolgt man einen Berittenen oder einen Fußgänger, dann soll das Fuhrwerk anhalten, damit diese vorbeikommen können. Der Fuhrwagen, der zuerst auf die Brücke rollt, der soll sie auch zuerst überqueren – er sei leer oder beladen.«

Die früheste in Deutschland erlassene Straßenverkehrsordnung – sie kommt noch mit wenigen Sätzen aus – weist auf starken Verkehr von Personen und Sachen hin; verbindliche Regelungen waren notwendig geworden, wenn nicht Streit, auch wegen »Vorfahrtsfragen«, den Frieden auf den Straßen gefährden sollte. Diese Regel findet sich im »Sachsenspiegel«, den Eike von Repgow in der ersten Hälfte des 13. Jahrhunderts aufgezeichnet hat. Im wesentlichen bringt er eine Zusammenfassung ungeschriebener geltender ostfälischer Rechtsgewohnheiten, entnommen der Gerichtspraxis und dem täglichen Rechtsleben. Die Sammlung hat bis ins 20. Jahrhundert weitergewirkt; manche Sätze sind sprichwörtlich geworden. Der an das eingangs gebrachte Zitat anschließende Satz lautet: »Wer zuerst zur Mühle kommt, der soll auch zuerst mahlen.« Hier seien die Aufzeichnungen Eikes als Spiegel der Praxis im Herzogtum Sachsen genauer betrachtet.

Eike unterscheidet zwischen »des Königs Straßen«, Vorläuferinnen späterer Reichs- bzw. Bundesstraßen, und Wegen. Königsstraßen – oft auch öffentliche oder Heerstraßen genannt – waren im allgemeinen breiter als Wege; hier wird sogar eine Norm gesetzt: Ein Wagen soll dem anderen ausweichen können; die Mindestbreite sollte also wohl etwa vier Meter betragen. Da mit »Weg« und »Straße« oft ein und dieselbe Sache bezeichnet wird, darf man zwischen beiden keinen grundsätzlichen Unterschied erwarten.

Wichtiger als die Breite war für den Reisenden der Rechtsstatus einer Straße: Auf den Straßen des Königs und des Reiches waren die »Verkehrsteilnehmer« besonders geschützt. Der Sachsenspiegel äußert sich sehr bestimmt dazu, daß seit alters besonders befriedet sind »für alle Tage und für alle Zeit« Besitz und Leben von Priestern und geistlichen Leuten, von Mädchen und Frauen sowie von Juden, ferner Kirchen und Kirchhöfe, Dörfer innerhalb Graben und Zaun, Pflüge und Mühlen sowie »alle Straßen des Königs zu Wasser oder zu Land: diese alle stehen unter beständigem Frieden, der auch für alles gilt, was dort [d. h. in Kirchen, Friedhöfe, Mühlen, Dörfer] hinein kommt«. Der besondere, Personen und Stätten gewährte Schutz wird in Wort *und* Bild festgehalten. Friedensbrecher sollen geköpft oder gerädert werden, je nach Schwere des Deliktes (Mord, Vergewaltigung, Überfall, Raub).

Der Sachsenspiegel strebt nach einem Interessenausgleich zwischen Bauern und Reisenden. Vorrang haben die Interessen des Landmanns, der Mühe in Feld und Wiese gesteckt hat. Nutzungswünsche des Reisenden werden grundsätzlich zwar anerkannt, aber erheblich eingeschränkt: »Wer über unbearbeitetes Land fährt, wenn es sich nicht um eine eingezäunte Wiese handelt, bleibt ohne Buße. . . . Jeder reisende Mann, der auf einem Felde Korn fressen läßt . . ., der bezahle den Schaden nach seinem Wert.« Wer über bestelltes Feld einen falschen Weg einschlägt, soll pro Rad einen Pfennig, der berittene Mann soll einen halben Pfennig bezahlen. Steht die Saat schon, so soll der Schaden ersetzt werden; »hierfür kann man sie auch pfänden«. Wer die Pfändung widerrechtlich verweigert, soll festgenommen werden und mindestens drei Schilling (den Gegenwert von einem Schaf oder 100 kg Roggen) bezahlen.

Wie unangenehm solche Maßnahmen werden konnten, läßt sich leicht ausmalen: Vielleicht hatte der Festgesetzte den Schaden unbewußt angerichtet, weil er sich im fremden Land nicht auskannte, weil der Weg nicht oder schlecht markiert war; möglicherweise suchte der Eigentümer des Grundstücks nur nach einem Vorwand, um den ›Überfahrer‹ festnehmen und von ihm ein hohes Lösegeld erpressen zu können; vielleicht gab er dem Festgesetzten nicht einmal Gelegenheit, seine Angehörigen zu verständigen.

Wer erwiesenermaßen nachts Heu oder Korn stiehlt, soll – erst recht, wenn er versucht, das gestohlene Gut wegzuschaffen – nach Ausweis des Sachsenspiegels sein Leben verwirkt haben. Eine Ausnahme läßt man nur gelten, wenn das Pferd »zum Erliegen« kommt: Dann darf der Reisende, »soweit er mit einem Fuß auf dem Weg stehend reichen kann, Korn schneiden und dem Pferd zu fressen geben«; wegführen darf er das Korn aber nicht. Wer aber will entscheiden, ob das Zum-Erliegen-Kommen vielleicht grob fahrlässig herbeigeführt worden ist, etwa weil der Reisende zu knauserig war, sein Pferd morgens ordentlich zu füttern? Die Kasuistik war zwar in Beichte und Gericht weit entwickelt worden, doch war es nicht das Ziel Eikes, für alle und jede Eventualität eine bindende Regel zu geben; ihm lag an Rahmenbedingungen, die das Miteinander erleichterten.

Regeln mußte man auch die Haftung bei Schäden durch angriffslustige Haustiere; die Überlegungen Eikes zu diesem Thema sind bis in unsere Tage aktuell geblieben: Verletzt oder erschlägt jemand einen Hund, Eber oder ein anderes Tier, weil dieses ihn angreift, beißt oder sein Vieh auf der Straße oder auf dem Felde beißt, so soll er unter einer Voraussetzung ohne Strafe und Buße bleiben: Er muß einen Eid auf die Reliquien schwören, daß er in Notwehr gehandelt und anders die Gefahr nicht hat abwenden können. Die Bedrohung war für den Reisenden schon deshalb größer als heute, weil eiserne Hundeketten teuer waren und weil es weder Stacheldraht- noch Elektrozäune gab, mit denen Stier und Eber leichter in Schranken zu halten sind. Der Eigentümer haftet für seine Tiere. »Wer sich einen bösartigen Hund, einen zahmen Wolf, Hirsch, Bären oder Affen hält, der muß für den Schaden, den diese anrichten, aufkommen.«

Den schlimmsten Schaden richteten aber immer noch Menschen an. Da der mittelalterlichen Obrigkeit kein ausgebildeter Beamtenapparat zur Verfügung stand, da die vielfältig ineinander verschachtelten Herrschaften es bis ins 19. Jahrhundert schwer machten, Verbrecher zu verfolgen und das Verbrechen zu bekämpfen, erbaten Reisende oft den Schutz der jeweiligen Obrigkeit für ihr Gebiet. Der Sachsenspiegel stellt sich hier auf die Seite der Reisenden: »Von Rechts wegen sei auch jeder von dem Geleitgeld befreit, der seinen Besitz oder sein Leben wagen will.« Daß es sich hier nach Meinung Eikes um eine Gebühr handelt – im Unterschied zur Steuer also um

160

eine Abgabe, mit der eine bestimmte Leistung vergütet wird –, zeigen die folgenden Ausführungen: Wer Geleitgeld nimmt, muß den Geleiteten in seinem Gebiet vor Schaden bewahren, oder er soll ihm einen etwaigen Schaden ersetzen.

In diesem Zusammenhang geht Eike auf andere Gebühren ein, die wiederholt zu Ärger und Zwist geführt haben: Brücken- und Fährgelder. In dem eingangs gebrachten Zitat setzt er voraus, daß es viele Brücken gibt; sonst wäre eine »Vorfahrtsregel« überflüssig gewesen. Da es der Obrigkeit meist an den für Bau und Unterhaltung von Brücken unentbehrlichen laufenden Einnahmen fehlte, wurde das Recht, eine Fähre zu betreiben oder eine Brücke zu bauen, verpachtet, verkauft oder verschenkt. Die Besitzer dieses Rechtes erhoben von den die Fähre oder Brücke Nutzenden eine Maut. Wie gegen den Geleit-, so wendet Eike sich auch gegen den Fähr- oder Brückenzwang, der wie Zoll oder Steuer gehandhabt wurde: Fahrende, Reitende oder Fußgänger, die weder Schiff noch Brücke benutzen, sollen auch nicht zahlen.

Eike bringt Relationen zu Fähr- und Brückengeld: Ein volles Fuhrwerk bezahlt doppelt so viel wie ein leeres; das Fährgeld darf doppelt so hoch sein wie das Brückengeld; dieses soll betragen für den Fußgänger ¼, für den Reiter ½ Pfennig und für ein beladenes Fuhrwerk »vier Pfennig, um hin und zurück zu fahren«. Zur Erläuterung: Ein Pfund Butter mochte zur selben Zeit zwei, ein Huhn zwei bis drei Pfennig kosten.

Priester und Ritter sollen nach dem Sachsenspiegel von Fähr- und Brückengeldern befreit sein. Jedes Privileg reizt die Begehrlichkeit »Unterprivilegierter«. Was anfangs das Vorrecht eines bestimmten Personenkreises war, wird immer mehr Menschen eingeräumt, das Brücken- und Fährprivileg z. B. Wallfahrern, Mönchen und Nonnen, gelegentlich auch Kaufleuten. Wer Brücken- oder Fährgeld zu hinterziehen sucht, soll es vierfach bezahlen (Hinterziehung des Marktzolles will er dagegen mit einer festen Summe – 30 Schilling, dem Gegenwert von sechs Schweinen oder 1000 kg Roggen – geahndet wissen). Möglicherweise war bei den Gebührenhinterziehern auch an Personen gedacht, die sich als Priester, Mönch oder Nonne verkleideten.

Hospiz

Anfang des 14. Jahrhunderts belebte die Erschließung von Salzlagerstätten bei Hall den Verkehr über den etwa 1600 Meter hohen Arlbergpaß. Die letzten Raststätten, St. Jakob im Osten und Stuben im Westen, lagen so weit voneinander entfernt, daß immer wieder Menschen in Schnee und Lawinen, Sturm und Nebel verunglückten. Abhilfe brachte weder die kirchliche noch die weltliche Obrigkeit, weder ein Mönchsorden noch eine Bruderschaft aus dem Tiefland, sondern ›Heinrich, das Findelkind‹. Dessen Geschichte liest sich wie eine fromme Legende. Aber im Spätmittelalter gehen Legende und Wirklichkeit ineinander über; von Visionen geleitet, bringen Kinder aus der Unterschicht das schier Unglaubliche fertig.

Ein Findelkind verdingt sich als Schweineknecht auf einer Burg unweit des Arlbergpasses; dieser Heinrich lernt Leben und Sterben der Reisenden kennen. In einem Druck aus dem Jahr 1647 heißt es dazu: »Da bracht man vil Leuth, die waren auff dem Arlberg verdorben, den hetten die Vögel die Augen auß- und die Kehlen abgefressen. Das erbarmet mich Heinrich Findelkind so übel.«

Heinrich hat jahrelang seinen Lohn gespart; fünfzehn Gulden bietet er als Grundstock für den Bau einer Herberge auf der Paßhöhe an. Man zeigt ihm die kalte Schulter. Daraufhin wendet er sich an Herzog Leopold von Österreich – und hat Erfolg. Von Innsbruck aus sind über den Arlberg die schweizerischen Besitzungen der Habsburger schnell zu erreichen; Leopold kennt den Paß aus eigener Reiseerfahrung. 1385 läßt der Herzog eine Urkunde ausstellen, in der er allen Gegenwärtigen und Künftigen bekannt macht: »Der arm Knecht Hainraich von Kempten, der in seiner chindheit ain funden Kind waz«, ist zu ihm gekommen, hat ihm erzählt, daß er auf dem Arlberg ein Haus bauen und dort selber leben wolle, um der »ellenden und armen Läwt [Leute] willen, daz die Herberg da heten.« Unwetter und Krankheit sollen die Menschen dort nicht länger »verdürben, alsz vor ist beschehen [geschehen]«. Der Herzog hat das Vorhaben erwogen; freimütig räumt er ein, daß von einfältigen Leuten »viel guter Ding angevangen worden ist«. Er erlaubt daher Heinrich den Hausbau und

162

bittet alle nah und fern Wohnenden, vor allem die, die über diesen Berg reiten oder gehen, das Vorhaben zu fördern. Heinrich empfiehlt er dem besonderen Schutz der österreichischen Beamten; niemand soll ihn behindern oder ihm ein Leid antun.

Am Fest Johannes des Täufers, am 24. Juni 1386, wird der Grundstein gelegt. Zu dem einfachen Hospiz kommen im Laufe der Jahre Wirtschaftsgebäude, eine Kapelle und ein Friedhof hinzu. Die Kapelle wird dem Schirm des Christophorus unterstellt, dem Patron der Reisenden, Fährleute, Schiffer, Wanderer. Später wird die neue Gründung auf dem Arlberg – wie Spitäler und Hospize andernorts – institutionell abgesichert: Rechtzeitig wird für den Fall vorgesorgt, daß Heinrich und ein gewisser Ulrich von St. Gallen, der sich ihm angeschlossen hat, einmal ihrer Aufgabe nicht mehr nachkommen können. Eine Gemeinschaft, die St. Christophorus-Bruderschaft, trägt das Hospiz. Die Brüder sollen mit ihren Almosen die »ellenden Herberg da man inbeherbergt arm und reich« unterstützen. Priester sollen in der Kapelle für die verstorbenen Brüder und Schwestern der Bruderschaft Messen feiern und anschließend für den Gegenwert von 18 Kreuzern beköstigt werden.

So wie zur Finanzierung der Rhônebrücke Boten ausgeschickt wurden, so reisten auch Heinrich und seine Mitarbeiter durch Deutschland, Italien, Ungarn und Polen, um Mitglieder zu werben, Geld und Naturalien zu sammeln. Der Kapelle wurden Reliquien vermacht, ihr Besuch – wie der von Brückenkapellen – mit besonderen Ablässen verbunden. Die schwäbische Reichsstadt Esslingen soll ihren Beitrag zum Hospiz auf dem Arlberg als »wohl angelegt« bezeichnet haben. Die Mitglieder der Bruderschaft trugen sich in ein Buch ein: Name, Stand, Wappen, Schild, Helm, Herkunft, Beitragsleistung zu Lebzeiten und nach dem Tode, etwaige zusätzliche Spenden, Zeitpunkt des Eintritts. Auf diese Weise entstand ein einmaliges Dokument: Die etwa 4000 Wappen bilden die größte und wertvollste erhaltene deutsche Wappensammlung des ausgehenden Mittelalters.

Im Winter gehen Heinrich und Ulrich Abend für Abend aus dem Haus, Windlichter und lange Stöcke in der Hand, an den Füßen runde oder ovale, mit Schnüren überspannte Holzreifen, die an den Schuhen mit einem Stück Leder oder mit einem Gurt befestigt sind. Die

»Schneereifen« bewahren die Füße davor, im lockeren Schnee einzusinken; mit ihnen kann man Sichtmarken in den Schnee zeichnen: Weite, dann engere Kreise um das Haus. »Und wen immer wir im Schnee finden, den tragen wir in die ›ellenden Herberg‹ und geben ihm das Almosen, bis er weiterkommen mag.« Im ersten Winter ihres Wirkens sollen Heinrich und Ulrich sieben, im Laufe der ersten sieben Jahre fünfzig Menschen vor dem Tod gerettet haben – beides ›heilige‹ bzw. ›runde‹ Zahlen. Die Quellen sagen nichts dazu, wie viele Menschen trotz des Hilfsangebotes erfroren oder zu Tode gestürzt sind.

Später kommt dem Wirt besondere Verantwortung zu: Er ist verpflichtet, Reisenden mit Auskunft über die Wegverhältnisse zu dienen und ihnen preiswert (Armen umsonst) Speis und Trank zu reichen. Bei gefährlichem Wetter soll er jederzeit, im Winter jeden Abend und Morgen zur Zeit des Ave Maria-Läutens mit einem Knecht hinausgehen; sie sollen Wein und Brot mit sich führen, bis zu bestimmten Punkten gehen und von dort aus viermal »mit heller, lauter Stimme rufen, ob jemands Hülff mangle [brauche]«. Und wenn sie etwas hören oder sehen, sollen sie Hilfsbedürftige so schnell wie möglich in die Herberge geleiten oder tragen »und sie mit nothwendiger Erquickung (die es haben gegen Bezahlung, den Armen aber umbsonst) laben und speisen«. Kommt der Wirt dieser Aufgabe nicht nach, soll er nach Erkenntnis der Vorsteher der Bruderschaft »abgestrafft«, notfalls auch »abgeschafft« werden. Schließlich soll der Wirt jedes Jahr alles Wichtige, was sich an jenem »wilden Orth zutragt«, dem Pfarrer zu Zambs als Brudermeister mündlich und schriftlich melden.

Im Schicksal des St. Christophorus-Hospizes spiegelt sich ein Stück europäischer Geschichte wider: Wie der Weg über den Arlberg lag es zeitweilig verlassen da; infolge von Unglück oder Krieg brannte es mehrfach ab und wurde wieder aufgebaut. Auch heute gibt es eine St. Christophorus Bruderschaft auf dem Arlberg; zählte die mittelalterliche an erster Stelle die Herzöge von Österreich zu ihren Mitgliedern, so die heutige illustre Namen aus Politik, Wirtschaft, Gesellschaft, Kirche und Kultur.

REISEN IM HOCHGEBIRGE

Die Alpen, das mächtigste und formenreichste Hochgebirge Europas, bilden eine Klima- und Vegetations-, eine Kultur- und Bevölkerungsscheide. Da die meisten Übergänge in Höhen zwischen 1900 und 2500 Metern liegen, waren sie im Winter schwer passierbar. Durch die versumpften, von Geröllbrocken und Dickicht versperrten Flußtäler bahnten sich die Ströme mit jedem Frühjahrshochwasser neue Wege; wie in anderen Tälern ging man deshalb oberhalb der Talsohle auf kaum gebahnten, an den Hängen entlangführenden, meist sehr steilen, für Fahrzeuge ungeeigneten Pfaden. Jahr für Jahr gehen Lawinen an den Hängen nieder; deshalb lohnte es nicht, Wege auszubauen; war ein Pfad verschüttet oder versperrt, wählte man im nächsten Frühjahr einen anderen. Unter einer gewaltigen Steinlawine, von der wahrscheinlich ein Händler unterwegs überrascht wurde, fand man den Goldschatz aus Erstfeld mit vier reich verzierten Hals- und drei Armringen.

Es ist schwer, die Aussagen der Quellen und den Befund der Karte auf einen Nenner zu bringen. Alpen und Pyrenäen türmten sich wie Riegel vor dem Reisenden auf, der von Frankreich nach Spanien oder von Deutschland nach Italien unterwegs war. Trotzdem wird der Alpenübergang oft wie etwas Alltägliches geschildert, das keine weitere Erwähnung verdient. Andererseits geht Einhard knapp auf Schwierigkeiten und Mühseligkeiten ein, die Karl der Große und seine Franken beim Krieg gegen die Langobarden hatten, »als sie über die unwegsamen Bergrücken, die zum Himmel anstrebenden Felsen und das rauhe Gestein zogen«.

Wegweiser, die man im Flachland allenfalls in rudimentären Ansätzen fand, fehlten auch deshalb, weil die Landesbewohner sie nicht brauchten und die überregionalen Herrschaften kein Geld oder kein Interesse an ihrer Aufstellung und Unterhaltung hatten. Es bedeutete schon ein Werk der Barmherzigkeit, wenn ein landeskundiger Reisender vier Steine zu einer kleinen Pyramide auftürmte – wie man sie heute noch im Gebirge sieht – um Nachfolgende vor Verirren und Erfrieren zu bewahren. Denn der Reisende war hier noch mehr als andernorts gefährdet und auf Führer angewiesen, die mit Land und Wetter vertraut waren. Außer Lawinen und wilden Tieren drohten in Lagen über 1500 Meter Höhe plötzlicher Wetterumschlag mit Kälteeinbruch, Nebel, Sturm, Hagel und Schnee. Die Füße fanden um so schlechter Halt, je unzureichender das Schuhwerk war; unzweckmäßige Kleidung führte zu Unterkühlung sowie Erfrierungen an Händen und Füßen.

Die Natur zeigt sich aber auch in den Alpen nicht nur als Feind: Es gibt im allgemeinen ausreichend Trinkwasser; sogar in höheren Lagen mochte man Schatten gegen die sengenden Sonnenstrahlen finden, da die Waldgrenze (heute) zwischen 1400 und 2000, die Baumgrenze in den Zentralalpen zwischen 2100 und 2250 Metern Höhe verläuft. Je nach Lage sind die Alpen dem Verkehr förderlich *und* hinderlich, sie sind siedlungsabweisend *und* siedlungsgünstig. Die wachsende Bedeutung des Paßverkehrs im Hochmittelalter regte auch hier zum weiteren Landesausbau an. Mit dem Getreidebau werden Dauersiedlungen in den Zentralalpen immerhin in Höhen bis zu 1500 (sonst selten über 1200) Meter möglich. Siedlung und Verkehr wurden durch die sich tief ins Gebirge schiebenden, fischreichen Alpenseen begünstigt, die an ihren Ufern außerordentlich vorteilhafte Anbaubedingungen bieten. Der Lago Maggiore und der Gardasee erstrecken sich heute etwa 50 Kilometer von Nord nach Süd (in früherer Zeit reichten sie tiefer ins Gebirge hinein); auf Booten legte man geruhsam an einem Tag eine Strecke zurück, für die man zu Land mehrere Tage gebraucht hätte. Es war, als wollte die Natur den Reisenden einladen, vor dem strapaziösen Aufstieg zur Paßhöhe ein letztes Mal die Freuden der Tafel zu genießen bzw. ihm, wenn er sich mühsam über das Haupthindernis seiner Reise gearbeitet hatte, Rast in lieblicher Umgebung gönnen.

Menschen, die sich bereitfanden, in den Alpen den Boden urbar zu machen, mußten noch anspruchsloser sein als Siedler andernorts; hohe Abgaben waren von ihnen im allgemeinen nicht zu erwarten. Wegen der naturbedingten Streusiedlung und des Bodenprofils waren Gebirgsbewohner nicht leicht zu bändigen; wollte man etwas von ihnen, so mußte man ihnen weiter entgegenkommen als Menschen in der fruchtbaren Ebene. Wer sie sich zum Feind machte, hatte einen schweren Stand. Er hatte es mit landeskundigen, abgehärteten, vorzüglichen Kletterern zu tun, die jedes Versteck kannten und den Unkundigen schnell in einen Hinterhalt gelockt hatten, wie die Nachhut eines Heeres Karls des Großen erfuhr. Das Rolandslied hat die Niederlage breit ausgemalt; das Unbehagen angesichts der beklemmend finsteren Schlucht dürfte Reisende nicht nur in den Pyrenäen beschlichen haben: »Hoch sind die Berge und finster die Täler, die Felsen düster, unheilverheißend die Schluchten. An jenem Tag durchritten die Männer aus Franzien sie mit großem Schmerz. Als sie die Gascogne sahen, erinnerten sie sich an ihre Töchter und an ihre edlen Frauen. Es gab da keinen, der nicht vor Rührung geweint hätte.«

Das unübersichtliche Gelände begünstigte das Bandenwesen. Im 9. und 10. Jahrhundert hielten Sarazenen einen Brückenkopf in Fraxinetum, in den französischen Seealpen, von dem aus sie plündernd, brennend und mordend das Rhônetal und Burgund heimsuchten. Einen spektakulären »Coup« landeten sie 982, als sie Abt Majolus von Cluny auf dem Großen St. Bernhard in ihre Gewalt brachten. Es ist kein Zufall, daß 1240 Kaiser Friedrich II. alle Leute des Tales Schwyz, später einer der Urkantone der Eidgenossenschaft, in seinen und des Reiches besonderen Schutz nahm; als Durchzugsgebiet war dieser Raum für die deutschen Könige von größter Bedeutung.

Da viele Menschen über die Alpen reisten, bildeten sich Dienstleistungsberufe aus, ohne daß man sagen könnte, seit wann sie in festen Organisationen bestanden. Es gab landes- und wegekundige Träger, die Waren – zunächst meist hochwertige Güter – auf besonderen Traggeräten, vielleicht auch Menschen in Sänften über das Gebirge trugen. Je mehr der Verkehr zunahm, desto eher war es vertretbar, aufwendige Hilfen für den Reisenden zu gründen; denn in der Höhe ist – anders als im Flachland – eine geschützte Unterkunft ganz einfach eine Frage des Überlebens. In römischer Zeit legte man staatliche Rasthäuser an, von denen manche vielleicht noch in karolingischer Zeit unterhalten wurden. Um auch »privaten« Reisenden –

Wallfahrern, Kaufleuten, Abenteurern – ein Minimum an Sicherheit und Hilfe zu bieten, wurden im Laufe des Mittelalters am Fuße mancher Pässe Klöster, unterhalb (seit dem 11. Jahrhundert auf der Scheitelhöhe) der Pässe Hospize gegründet. Klöster und Hospize wurden möglichst so angelegt, daß der Reisende innerhalb einer Tagereise eine letzte Unterkunft vor und die erste nach der Paßhöhe vorfand. An der Einmündung der Gotthard Reuß in das Urserental liegt ein Ort mit dem charakteristischen Namen Hospenthal (Gasthaustal; 1484 m); von da ging man ohne allzu große Schwierigkeiten in einem Tag über die Paßhöhe des Gotthard (2095 m) nach Airolo (1150 m); mit Auf- und Abstieg hatte man gut 1500 Höhenmeter zu überwinden, davon allein etwa tausend Meter für den mühsamen, steilen Abstieg. Das Kloster Disentis wurde im 8. Jahrhundert am Zusammenfluß von Vorderem und Mittlerem Rhein gegründet, am Fuß mehrerer Pässe, u. a. des nach Bellinzona und Italien führenden Lukmanier. Auch Disentis zeigt, daß man bei der Anlage solcher Häuser auf die Grenzen menschlicher Leistungsfähigkeit Rücksicht nahm. Die absolute Höhe eines Passes war für den Reisenden ja weniger wichtig als die relative, der auf der letzten Etappe zu überwindende Höhenunterschied. Hatte man sich im Kloster Disentis (1143 m) gestärkt, so waren bis zur Paßhöhe des Lukmanier (1916 m) »nur« noch gut 770 Höhenmeter zu überwinden.

Einen der wichtigsten Alpenübergänge bildete der Brenner, mit einer Höhe von nur 1371 Metern auch im Winter leidlich passierbar. In römischer Zeit wurde über diesen Paß zunächst ein Saumpfad gebaut, zwischen 195 und 215 auch eine Militärstraße vom Etschtal nach Augsburg. Für den zweischneidigen Charakter guter Straßen und leicht passierbarer Pässe ist es bezeichnend, daß der Brenner während der Völkerwanderung eines der Haupteinfallstore für die germanischen Invasoren bildete. Südtirol wurde von Germanen dauernd besiedelt; infolgedessen verläuft die romanisch-germanische Sprachgrenze heute weit unterhalb des Brenners, südlich von Bozen.

Die Franken waren an sicheren Alpenübergängen interessiert und brachten daher schon früh (575) den Mont Cenis und den Großen St. Bernhard (Mons Iovis) zusammen mit dem südlichen Alpenaufstieg vom Aostatal aus in ihren Besitz. Die deutschen Könige und

Kaiser bevorzugten bei ihren Zügen nach Italien Brenner und Bünd-
nerpässe (Julier, 2284 m, und Septimer, 2310 m, zwischen dem Chu-
rer Rheintal sowie Chiavenna und Como); große Heeresaufgebote
mußten – wollte man rasch vorankommen und unterwegs nicht Ver-
sorgungsschwierigkeiten riskieren – auf verschiedenen Straßen und
Pässen über die Alpen geführt werden.

Erst im Spätmittelalter bemühten einzelne Herrschaften sich wieder um den Ausbau von Alpenstraßen, wie die Römer es gut tausend
Jahre früher getan hatten. Es lockten die von Händlern zu erwarten-
den hohen Abgaben. Zu den Kunstbauten gehörten ein Steg in der
Schöllenenschlucht, der den Gotthard um 1200 öffnete, der Ausbau
des Weges durch die Eisackschlucht am Brenner 1314 und die Anlage
eines Karrenweges am Septimer 1387. Von wenigen Ausnahmen abgesehen, konnten die Alpenpässe bis zum Ausgang des Mittelalters
nur von Trägern und Saumtieren begangen werden.

Täler kanalisieren den Verkehr; an Talengen konnte man Reisende
leicht überwachen und fremden Heeren den Zugang versperren. Im
8. Jahrhundert suchten die Langobarden, das Kommen und Gehen
zwischen den Päpsten und den Franken am Ausgang der Alpentäler
in die Poebene zu unterbinden; die Boten wichen auf das Tyrrhenische Meer aus. War nur eine Straße verlegt, so konnte man zwar auf
einen der zahlreichen anderen Pässe ausweichen; doch waren diese
meist weniger bequem und höher, vom Zeitverlust infolge des Um-
weges zu schweigen. Heinrich IV. und Heinrich VII. sahen sich im
Winter 1077 bzw. im Herbst 1310 gezwungen, über den Mont Cenis
nach Italien zu ziehen; dieser ist mit 2084 Metern immerhin gut 700
Meter höher als der Brenner.

Unterwegs stellten sich viele Reisende die bange Frage, ob sie vor
Wintereinbruch das Gebirge überquert hätten. Bonifatius konnte bei
seiner ersten Romreise gerade noch »rechtzeitig der Alpen schneeige
Gipfel« hinter sich lassen. Jahrzehnte später wagte der jüdische Kaufmann Isaak nicht, im Oktober mit einem wertvollen Elefanten die
Alpen zu überqueren. Daß man die Alpen sogar im Winter mit Elefanten passieren konnte, hatte Hannibal gut tausend Jahre früher (218
v. Chr.) bewiesen.

Die »Großen« der Geschichte reisten mit Gefolge, sie verfügten über die Mittel, die jeweils bestentwickelten Hilfen und ortskundige Führer in ihren Dienst zu stellen – und sie waren der Aufmerksamkeit der Chronisten sicher. Von den »kleinen Leuten« ist in den Quellen nur selten die Rede; wenn sie zu Tode stürzten, erfroren oder verhungerten, sah sich der Chronist im allgemeinen nicht zu einem Eintrag in sein Werk veranlaßt. Bestenfalls wurden nach der Schneeschmelze die sterblichen Überreste auf einem Friedhof zur letzten Ruhe gebettet.

Einen dramatischen Alpenübergang überliefert Lampert von Hersfeld. Heinrich IV. stand im Herbst 1076 vor der Wahl, sich entweder bis zum 15. Februar 1077, dem Jahrestag seiner Bannung, vom päpstlichen Bann lösen zu lassen oder seine Herrschaft zu verlieren. Auf den 2. Februar 1077 hatte die Fürstenopposition seinen Kontrahenten, Papst Gregor VII., nach Augsburg eingeladen. Heinrich will dem Papst mit einer unerwarteten Aktion zuvorkommen, er will im Winter die Alpen überqueren und dem Papst entgegenziehen. Er hat gehört, daß ihm feindlich gesonnene Große »alle nach Italien führenden Wege und Pässe, die man gewöhnlich Klausen nennt, vorher mit Wächtern besetzt hatten, um ihm dort jede Möglichkeit des Übergangs zu nehmen«. Daraufhin entscheidet er sich für die westliche Route, zumal er sich in Burgund auf Verwandte stützen kann. Er feiert Weihnachten in Besançon und bricht dann auf:

»Der Winter war äußerst streng, und die sich ungeheuer weit hinziehenden und mit ihren Gipfeln fast bis in die Wolken ragenden Berge, über die der Weg führte, starrten so von ungeheuren Schneemassen und Eis, daß beim Abstieg auf den glatten, steilen Hängen weder Reiter noch Fußgänger ohne Gefahr einen Schritt tun konnte.«

Heinrich bleibt nichts anderes übrig, als das Unmögliche möglich zu machen. Lampert hält mit seiner Anerkennung für den König, dem er wenig wohlgesonnen ist, nicht zurück; detailliert schildert er die schwierige und verlustreiche Reise, besonders die Gefahren bei dem steilen Abstieg. Heinrich mietete ortskundige, mit dem Gebirge vertraute Eingeborene, die seinem Gefolge über Felsen und Schneefelder vorausgehen und den Nachfolgenden jede mögliche Hilfe geben sollten.

»Als sie unter deren Führung mit größter Schwierigkeit bis auf die Scheitelhöhe des Berges vorgedrungen waren, da gab es keine Möglichkeit weiterzukommen, denn der schroffe Abhang des Berges war, wie gesagt, durch die eisige Kälte so glatt geworden, daß ein Abstieg hier völlig unmöglich schien. Da versuchten die Männer, alle Gefahren durch ihre Körperkraft zu überwinden: sie krochen bald auf Händen und Füßen vorwärts, bald stützten sie sich auf die Schultern ihrer Führer, manchmal auch, wenn ihr Fuß auf dem glatten Boden ausglitt, fielen sie hin und rutschten ein ganzes Stück hinunter, schließlich aber langten sie doch unter großer Lebensgefahr endlich in der Ebene an.«

Der Chronist zeigt, daß die Herrscherin die Strapazen ihres Mannes zu teilen hatte. Beim Abstieg vom Mont Cenis setzte man »die Königin und die anderen Frauen ihres Gefolges« auf Rinderhäute, und die dem Zug vorausgehenden Führer zogen sie darauf hinab. Große Verluste mußte man bei den Pferden hinnehmen: Teils wurden sie »mit Hilfe gewisser Vorrichtungen« hinuntergelassen, teils mit zusammengebundenen Beinen hinabgeschleift; dabei gingen viele ein, andere wurden schwer verletzt, »nur ganz wenige konnten heil und unverletzt der Gefahr entrinnen«. Es ist bezeichnend, daß Lampert den Pferden wesentlich mehr Platz in seiner Chronik einräumt als den Frauen; es war nicht üblich, über deren Ungemach viele Worte zu verlieren.

In Canossa wird Heinrich – wahrscheinlich am 28. Januar 1077 – vom Bann gelöst; er herrschte noch neunundzwanzig Jahre. Der eigentliche Bußgang in Canossa dürfte zu den bis in unsere Tage bekanntesten mittelalterlichen »Reisen« gehören; daß Heinrich hier tagelang in Sack und Asche im Schnee gestanden hat, ist allerdings Legende. Wirklichkeit schildert Lampert dagegen mit dem winterlichen Alpenübergang. Wer im Winter unbedingt über das Hochgebirge mußte, dürfte ähnliche Erfahrungen wie Heinrich IV. und sein Gefolge gemacht haben, eher schlimmere, weil nur wenige Menschen so wie der Kaiser die seinerzeit möglichen Hilfen in Anspruch nehmen konnten.

NEUERUNGEN

Viele zivilisatorische und technische Errungenschaften gingen in Spätantike und Frühmittelalter verloren, weil die neuen Herren das »einfache Leben« gewöhnt und an fließendem Wasser und perfekter Kanalisation, luxuriösem Bad und Fußbodenheizung nicht interessiert waren.

Verlusten stehen eigenständige Entwicklungen des Mittelalters vor allem in drei Bereichen gegenüber: Eisenbearbeitung, Pferdezucht und Schiffbau. Die beiden ersten zielten auf eine größere Wirksamkeit im Kampf, die dritte diente der Mehrung des Reichtums. Insgesamt war das Mittelalter alles andere als fortschrittsfreundlich. Zwar wurde der Befehl der Genesis »Machet euch die Erde untertan« in Rodungskampagnen wörtlich befolgt; aber das Neue galt oft genug als Versuchung; es zwang zum Umdenken und bedrohte Arbeitsplätze in einer Welt, in der Scharen von Bettlern keine Möglichkeit hatten, sich aus der Armut im wahrsten Sinne des Wortes herauszuarbeiten. Ein Großgrundbesitzer, der unbegrenzt kostenlose Arbeitskräfte requirieren konnte, stand technischen Verbesserungen gleichgültig gegenüber. Als Arbeitskräfte knapp wurden, im 12./13. Jahrhundert, wuchs die Bereitschaft, sich dem Neuen zu öffnen.

Gegensätzliche Einstellungen machen die Lebensbeschreibungen zweier Bischöfe deutlich. Herablassend heißt es in der Vita Bruns, Erzbischof von Köln (953–965), Bruder Kaiser Ottos des Großen: Die Griechen sollen einst bestrebt gewesen sein, immer etwas Neues zu hören oder zu erfinden. Ganz anders hört sich an, was in der Vita Bernwards, Bischof von Hildesheim (993–1022), gesagt wird: »Er hatte, wenn er an den Hof oder auf längere Reisen ging, stets talentierte und überdurchschnittlich begabte Diener in seiner Begleitung, die alles, was ihnen im Bereich irgendeiner Kunst an Wertvollem auffiel, genau studieren mußten.« Es ist nicht weiter verwunderlich, daß Bernward möglicherweise selbst die verachteten »mechanischen

Künste« ausgeübt hat und daß seinen Künstlern und Handwerkern bahnbrechende Neuerungen oder Wiederentdeckungen in der Metallverarbeitung gelangen. In Hildesheim bezeugen die Portale des Domes und die Bernwardssäule, daß man in den von Bernward eingerichteten Werkstätten die Technik monumentalen Bronzegusses beherrschte wie seit der Antike nicht mehr. Hätten Menschen der Führungsschicht generell eine solche Aufgeschlossenheit für das Neue bewiesen, so hätte sich die Entwicklung von Wirtschaft, Technik und Gesellschaft in Europa viel früher beschleunigt – ob zum Vorteil Europas und der Menschheit, sei dahingestellt.

Mit welcher Elle soll man bei der Frage nach der Schnelligkeit oder Langsamkeit der Einführung technischer Verbesserungen messen? Blickt man aus innereuropäischer Perspektive, so wird man immer wieder feststellen, was alles schon entwickelt war, aber nicht übernommen wurde – sei es, daß Zusammenschlüsse von Handwerkern sich gegen das Neue sperrten, sei es, daß die Autorität der Alten sich als übermächtig erwies. Man würde die geschichtliche Entwicklung unzulässig verkürzen, wollte man nur einzelne Neuerungen im Zeitalter der Renaissance ins Blickfeld rücken und nicht die Entwicklungen, die diese Veränderungen ermöglicht haben.

Manche im Mittelalter erzielte Fortschritte wurden schon genannt; sie seien hier stichwortartig wiederholt; andere sollen genauer betrachtet werden. Landreisen: Weiterzüchtung des Pferdes; Übernahme der physiologisch und technisch angemessenen Anschirrung (Kummet, vielleicht schon im 4. vorchristlichen Jahrhundert in China entwickelt), so daß das Pferd seine volle Kraft zum Ziehen einsetzen und bei einer Fahrt bergab auch bremsen konnte; parallel dazu Entwicklung wirksamer Bremsen. Entwicklung oder Übernahme von Hilfen, die das Reisen bequemer und sicherer machten: Steigbügel (vorher waren junge, sportliche Menschen einseitig begünstigt); Hufeisen (das Pferd ist über weitere Entfernungen einsetzbar, trabt sicherer über vereiste Strecken und Bergpfade); gepolsterter Sattel (Tier und Mensch angepaßt, macht er das Reiten sicherer und bequemer); (Wieder)Entdeckung der beweglichen Vorderachse (geringerer Materialverschleiß; Milderung des entnervenden Quietschens ungeschmierter Achsen) und des an Lederriemen aufgehängten Wa-

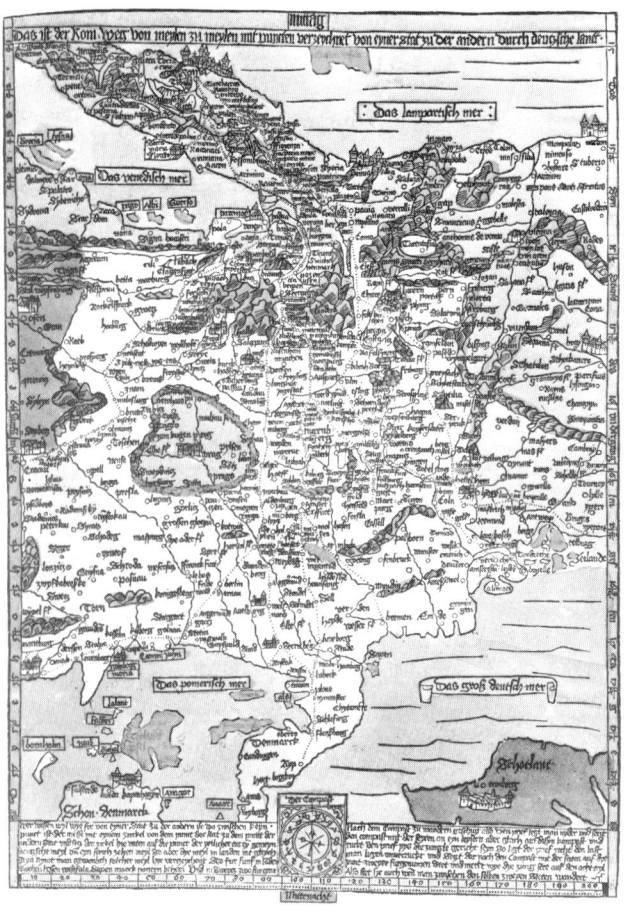

Romwegkarte des Erhard Etzlaub, Nürnberg 1502. Etzlaub war bahnbrechend bei der Herstellung von Itinerarkarten, Vorläufern unserer heutigen Straßenkarten. Die Karte ist »gesüdet«: Oben sieht man Rom und das »lampartisch (lombardische, Tyrrhenische) Mer«, unten »Denmarck«. Bedeutende Flüsse, Gebirge (man beachte z. B. das Böhmische Becken) und Pässe sind eingetragen; die Bündner Pässe (zwischen Chure und Como) und der Brenner (zwischen Inspruck und Pozen) erscheinen als breite Schneisen, die wohl die Mühelosigkeit des Alpenübergangs suggerieren sollen. In der Kopfleiste der Karte heißt es:

174

genkastens (zum Auffangen von Straßenstößen; Gewinn an Reisekomfort für Frauen, Alte, Kranke).

Seereisen: Für die Entwicklung seetüchtiger Schiffe, die mit wenig Mann Besatzung viele Passagiere oder große Frachten über weite Strecken transportieren, mußten zwei Voraussetzungen gegeben sein: Intuitives Erfassen bestimmter physikalischer Gesetze, um auch gegen den Wind kreuzen zu können; dazu Bau von Schiffen mit mehreren Masten und Segeln, die ein Maximum an Sicherheit und Schnelligkeit bieten bei einem Minimum an Bedienungsaufwand. Kompaß und Heckruder wurden wahrscheinlich in China erfunden und in Europa seit dem 12./13. Jahrhundert eingeführt. Zuverlässige Zeitmesser wurden entwickelt (Räderuhren gab es seit der Wende vom 13. zum 14. Jahrhundert), ebenso angemessene Instrumente zur Bestimmung der Position des Schiffes. Bei der Entwicklung leistungsfähiger Wasserschnecken, die das Bilgenwasser aus dem Schiff zu pumpen hatten, knüpfte man möglicherweise an antike Kenntnisse und an Geräte an, die sich im Bergbau bewährt hatten.

Die erste Erwähnung einer technischen Errungenschaft in einer schriftlichen oder Bildquelle besagt nichts über ihre wirkliche Verbreitung. Das um eine oder mehrere Achsen drehbar aufgehängte Heckruder, das ein sicheres Steuern mit geringem Kraftaufwand möglich macht, war in Europa seit dem 11. Jahrhundert bekannt; mancherorts galt es noch zu Beginn des 15. Jahrhunderts als »Neuerung«.

Hinsichtlich des Weltbildes setzte man sich mit antiken Geographen und christlichen Autoren auseinander: war die Erde als Scheibe oder als Kugel zu verstehen? Nur wenn die Kugelgestalt feststand,

»Das ist der Rom weg von meylen zu meylen mit puncten verzeichnet von eyner stat zu der andern durch deutsche land.« Zwischen Bremen und Minden sind 10 Punkte eingetragen, zwischen Ryp (Ribe) und Flensburg 9; die Entfernungen (Luftlinie) verhalten sich mit 87 zu 75 Kilometern ungefähr wie 10:9, so daß die Punkte eine nützliche Hilfe für den Reisenden bildeten. Am linken Kartenrand ist die nördliche geographische Breite von 41° bis 58° eingetragen, am rechten die in diesen Breiten herrschende Dauer des Sonnenlichtes; auf dem unteren Kartenrand bringt Etzlaub schließlich u. a. eine Gebrauchsanweisung für den in der Mitte abgebildeten »Compass«.

war es möglich, in Westrichtung nach Indien zu segeln. Die Auseinandersetzung über diese Frage führte zu Konflikten mit den Hütern der geoffenbarten Religion: Im Mittelalter dachte man anders als heute über das, was unaufgebbare Substanz des Glaubens ist. Wer an zentralen Glaubenswahrheiten rüttelte, konnte mit der Inquisition in Konflikt geraten; am Ende eines Prozesses wartete oft genug der Scheiterhaufen. Zwar rechnete man seit der Scholastik mit Widersprüchen unter den Autoritäten, doch war es keineswegs anerkannt, daß auch Widersprüche hinsichtlich des Weltbildes sich nach dem Abwägen von These und Antithese in einer Synthese auffangen ließen. – Das Experiment gewann nur sehr langsam an Gewicht gegen Autoritäten. Ebenso wichtig wie technische Neuerungen war die Verbreitung von Wissen. Verglichen mit der großen Zahl von Reisen im Mittelalter sind nur wenige Reiseberichte erhalten. Diese mußten, sollten ihre Erkenntnisse anderen zugute kommen, abgeschrieben oder – im ausgehenden Mittelalter – gedruckt werden. Antike und Mittelalter haben auch Karten gekannt, die dem, der sie zu lesen verstand, hilfreich waren. Wenn man beim Bau eines Domes Maurern und Steinmetzen Hilfe in Form eines Planes gab, wenn ein Jerusalempilger einen genauen Plan der Grabkirche zeichnete, ist es nur wahrscheinlich, daß auch Reisende sich Planskizzen als Gedächtnisstützen anfertigen ließen, wie sie uns selbstverständlich sind: Erst geht ihr in Richtung . . ., dann wendet ihr euch nach . . ., hier kommt ihr zu . . ., dann seht ihr . . . Gute Karten werden benutzt, verschlissen, verloren. Aller Wahrscheinlichkeit nach hat es Gebrauchskarten gegeben; in den auf uns überkommenen, in Bibliotheken erhaltenen abendländischen Karten aus dem Hochmittelalter bildet Jerusalem als zentraler Ort der Heilsgeschichte den Mittelpunkt. Um das Heilige Land gruppieren sich in T-Form die damals bekannten Kontinente Europa, Asien und Afrika. Das Vorhandensein solcher Karten war insofern ein Gewinn, als weitere Orte und neue Erkenntnisse über Größe, Lage, Küstenverlauf ergänzt werden konnten. Von der Möglichkeit solcher Korrekturen wurde allerdings nur zögernd Gebrauch gemacht. Immerhin stehen gegen Ende des Mittelalters Karten für besondere Zwecke zur Verfügung: Landkarten für den Rompilger, Seekarten für den Schiffer im Mittelmeer: Die einen weisen Städte,

176

Flüsse und Gebirge aus, die für den Pilger wichtig sind; die anderen sind auf die Bedürfnisse des Seemanns abgestimmt, der von Bord seines Schiffes aus charakteristische Landmarken und Küstenformen soll erkennen können.

DIE ERFORSCHUNG DER ERDE

Erkenntnisse antiker Reisender und Wissenschaftler wurden im Mittelalter abgeschrieben, übersetzt und kommentiert. Für mittelalterliche Forscher bedeuteten die antiken Autoritäten oft ein Hemmnis; neue Erkenntnisse wurden unter Berufung auf Herodot, Plinius u. a. als unmöglich abgetan oder den Autoritäten so weit »angepaßt«, daß die Aussage mit der Beobachtung nicht mehr übereinstimmte. Die Grenzen des eigenen Wissens wurden im allgemeinen nicht offengelegt, sondern mit üppig wuchernder Phantasie verdeckt; noch heute ist es auch in wissenschaftlichen Atlanten keineswegs selbstverständlich, unsichere Daten mit einem Fragezeichen zu versehen.

Auf seinem Zug nach Indien im 4. vorchristlichen Jahrhundert war Alexander von zahlreichen Gelehrten begleitet; deren Darstellungen gingen zum großen Teil im Laufe der Jahrhunderte verloren. Die Ahnung von einem reichen, geheimnisvollen Land ging, märchenhaft ausgeschmückt, in den Alexanderroman ein. Man traute Alexander sogar Reisen durch die Luft und in die Tiefen des Meeres zu. Solche Erzählungen dürften dazu beigetragen haben, Neugier, Forscherdrang und Gewinnstreben zu wecken. Nach bildlichen mittelalterlichen Darstellungen blieb Alexander weit von den Zauberkunststücken entfernt, die in den ›Märchen aus Tausend und einer Nacht‹ gang und gäbe sind oder auch dem Faust zugetraut wurden: Er bediente sich nicht eines geheimnisvollen Ringes, nicht eines Zauberwortes, sondern einleuchtender, z. T. realisierbarer Mittel: Große Vögel hoben ihn in einem Korb in die Luft; in einem Faß sitzend, ließ er sich in die Tiefe des Meeres hinab. Der Roman nahm hier Erfindungen vorweg, die seit der Renaissance durchdacht und ausgeführt wurden. Auch Roman und Märchen enthielten latent ein Programm zur Entdeckung weiterer Teile der Welt.

Im Streben, die Erde zu erforschen, haben jahrtausendelang Menschen Leben, Gesundheit und Freiheit aufs Spiel gesetzt. Wer waren die Männer, die die Erde im Mittelalter erforschten, und: Was trieb sie zu ihren Fahrten in die Fremde? Das Streben nach zweckfreier Forschung und Erkenntnis spielte eine geringere Rolle als im antiken Griechenland. Gemeinsam war christlichen und islamischen Reisenden – z. B. Rubruk, Marco Polo und Battuta – die große Aufgeschlossenheit für das Fremde, eine schier unersättliche Neugier, die sie aufmerksam Menschen und Länder beobachten ließ; die Bereitschaft, sich dem Neuen zu öffnen, darf man vielleicht auch als ein Stück antiken Erbes betrachten, das gebildete Christen und Muslime in sich trugen.

Hinter den meisten Reisen standen konkrete Aufträge. An zentraler Stelle die Verkündigung: Christliche Missionare trugen, gemäß dem Auftrag Jesu, die Frohbotschaft vielleicht schon im 1. Jahrhundert nach Indien, im 7. nach China, im 11. nach Grönland. Zu den Missionaren, die sich die Zeit nahmen und die Mühe machten, der Nachwelt Erfahrungen und Erlebnisse auf langen Missionsreisen zu hinterlassen, gehören Bonifatius und Rubruk.

Mangel an Siedlungsraum dürfte Reisen der Wikinger veranlaßt haben, die im 9. und 10. Jahrhundert mit der Entdeckung und Besiedlung von Island, Grönland und einiger Küstenstreifen Nordamerikas erstmals den Horizont über das in der Antike Erreichte hinaus ausweiteten.

Gewinnstreben trieb Händler dazu, neue Märkte zu erschließen, neue Waren kennenzulernen. Die Kenntnis griechischer und römischer Autoren kam Arabern zugute, die bei der Ausbreitung des Islams Indien kennenlernten; unter »Indien« verstehen mittelalterliche abendländische Autoren im Anschluß an antike Geographen meist den indischen Subkontinent *und* Südost- sowie Ostasien einschließlich China. Das Wissen um die wirklichen und vermeintlichen Reichtümer Indiens wurde in Europa Ende des 13. Jahrhunderts durch Marco Polo popularisiert.

Manche Reise, die zu den Entdeckungsreisen gezählt werden muß, wurde aus politischen Gründen unternommen. Carpini und Rubruk sollten Möglichkeiten erkunden, die Mongolen für das Christentum und als Verbündete gegen die Türken zu gewinnen.

Religiöse, wirtschaftliche und militärische Motive verbanden sich in den Kreuzzügen, die viel zur Entschleierung des Vorderen Orients beitrugen. Die Kreuzfahrer lernten mit der Levante ein bis heute umkämpftes Durchgangsland, eine verkehrsgeographische Drehscheibe allergrößten Ausmaßes kennen: Hier trafen Handelsrouten vom Schwarzen Meer, aus China, Indien, Äthiopien und dem westlichen Mittelmeerraum zusammen.

Gelegentlich machte der Zufall eine Reise zur Entdeckungsreise: Man wußte gegen Ende des 15. Jahrhunderts, daß man zur bequemen Umsegelung Afrikas weit nach Westen ausholend in einem Bogen auf die Südspitze Afrikas zuhalten mußte. Bei einer solchen Reise schwenkte 1500 Cabral zu weit aus; unbeabsichtigt landete er zwischen Bahia und Pernambuco an der südamerikanischen Küste. Das Beispiel zeigt, daß geographische Determinanten allein nicht ausreichen, Erfolge der Entdecker zu erklären. Portugiesen hatten 1427 die Azoren entdeckt, auf der Höhe von Lissabon, etwa 2000 Kilometer westlich von Portugal im Atlantik. Wäre es allein auf Wind und Strömung angekommen, so hätten sie auch Amerika entdecken müssen. Daß Spanier als erste in der Neuen Welt an Land gingen, liegt daran, daß in Spanien Ende des 15. Jahrhunderts eine Reihe günstiger Faktoren zusammengekommen waren: die Entlastung vom Krieg gegen die Mauren durch die Eroberung von Granada 1492, die Aufgeschlossenheit der Krone für das Neue, ferner die Bereitschaft zur materiellen und ideellen Unterstützung eines Unternehmens, das nach Meinung der Universitätsgelehrten von vornherein zum Scheitern verurteilt war; schließlich Wagemut, Selbstbewußtsein, Erfahrung, missionarischer Eifer, Gewinnstreben eines einzelnen, der von der Richtigkeit einer Theorie überzeugt war, die er nun überprüfen wollte: Daß man einen kürzeren, von den Arabern nicht versperrten Weg nach Indien, d. h. nach Osten finden könne, wenn man konsequent westwärts segelt.

Von sehr vielen, wahrscheinlich von den meisten mittelalterlichen Forschungsreisen wissen wir nichts. Viele Reisende sind verschollen: Im Urwald zugrunde gegangen, vom Sandsturm erstickt, in Meeren oder Flüssen ertrunken, Krankheiten zum Opfer gefallen, in der Wüste oder auf dem Meer verdurstet. Mord dürfte manche Reise vorzeitig beendet haben, die man – bei ihrem Gelingen – heute als Entdek-kungsreise würdigen müßte. In isländischen Sagas heißt es wieder-holt, dieser oder jener sei zu einer Seereise aufgebrochen, und man habe nie mehr von ihm gehört. In einem Gefecht mit Eingeborenen kam Magellan 1521 bei der ersten Umsegelung der Welt ums Leben.

Da im Mittelalter die meisten Menschen nicht lesen und schreiben konnten, wird mancher Reisebericht nur mündlich weitergegeben, vielleicht auch bewußt nicht aufgezeichnet worden sein, um Konkur-renten von den Quellen des eigenen Wohlstands fernzuhalten. Man-che Erkenntnis mag im Laufe der Zeit durchgesickert, vielleicht auch – von Mund zu Mund weitergegeben – mit märchenhaften Elemen-ten immer mehr ausgeschmückt worden sein. Der durch die Jahr-hunderte geisternde Glaube an ein von Frauen beherrschtes Reich führte dazu, daß einer der mächtigsten Ströme der Welt ›Amazonas‹ genannt wurde.

Einem römischen Gebildeten konnten zur Blütezeit des Imperium Romanum im 2. Jahrhundert n. Chr. folgende Teile der Welt bekannt sein: Der ganze Mittelmeerraum, Festlandeuropa bis etwa zur Weichsel, zusätzlich im Nordwesten die Britischen Inseln; was jen-seits einer gedachten Linie von Königsberg zum nördlichen Ufer des Kaspischen Meeres lag, verlor sich mehr oder weniger im Dunkel. Einigermaßen bekannt waren im Osten große Teile der arabischen Halbinsel, der Küstensaum Indiens, die Halbinsel Malakka und Teile Sumatras sowie der Indische Ozean nördlich des Äquators; im Süd-osten, Süden und Südwesten die Somalische Halbinsel, das obere Niltal und Abessinien, ein tiefer Küstensaum im nördlichen Afrika und die Westküste Afrikas.

Das folgende Jahrtausend trug aus europäischer Sicht wenig zur Erweiterung des Horizonts bei. Seit dem 7. Jahrhundert war der Zu-gang nach Afrika und Asien schwierig. In Europa war man mit der Besiedlung und Erschließung der eigenen Länder beschäftigt und in-teressierte sich wenig für Länder außerhalb der Christenheit. Bis zum Jahre 1000 wissen interessierte Europäer im Norden und Nordwe-sten von Skandinavien, Island, Grönland und dem nordöstlichen Kü-stensaum Nordamerikas, im Osten von Rußland bis zum Ural.

Im Hochmittelalter weitet sich der Horizont, auch dank der Berichte von Carpini, Rubruk und Marco Polo. Manche Nachrichten über Innerafrika, Arabien und Hinterindien, von islamischen Gelehrten, Kaufleuten und Reisenden gewonnen, sickern langsam in die christliche Welt ein, oft um so stärker mit märchenhaften Zügen durchsetzt, je weiter sie von ihrer Quelle entfernt sind. Die Große Pest Mitte des 14. Jahrhunderts führt nur zu einem vorübergehenden Erlahmen des Forschungsdranges. In der zweiten Hälfte des 14. und vor allem im 15. Jahrhundert kommt es zu einer sprunghaften Erweiterung des Weltbildes, getragen zunächst von den Portugiesen, dann von Spaniern, Engländern, Franzosen, Niederländern, Deutschen. Portugiesische Reisende erkunden in wenigen Jahrzehnten von Kap zu Kap die Küste Afrikas und dann, 1497–1499, den Seeweg nach Indien. Kolumbus sucht den Weg nach Indien westwärts und erreicht 1492 »westindische« Inseln, die Neue Welt. Um 1500 sind Teile Mittelamerikas und der nordöstlichen Küste Südamerikas sowie der Seeweg nach Indien um Afrika bekannt.

ABSCHIED, ANKUNFT UND HEIMKEHR

Hunger und Durst, Hitze und Kälte, Müdigkeit, Krankheit und Tod – von diesen Gefahren wußte sich jeder Mensch im Mittelalter bedroht, um wieviel mehr der Reisende! Wer eine längere Reise plante, rechnete mit dem Tod. In dem Testament, das man rechtzeitig aufsetzte, sah man auch Leistungen für das eigene Seelenheil vor. Messen sollten gefeiert, Psalmen gesungen, Arme gespeist, Kranke versorgt, Obdachlose beherbergt, Pilger zu fernen Wallfahrtsorten entsandt werden. Der Reisende ordnete sein Haus, versöhnte Zerstrittene und mahnte Gefährdete zum Frieden; er bestellte einen Vertreter für die Zeit seiner Abwesenheit, versorgte sich mit Geld, Kleidung, Empfehlungsschreiben. Wenn er getan hatte, was in seinen Kräften stand, bat er Gott und die Heiligen um ihren Beistand: Er besuchte Kirchen, empfahl sich dem Gebet von Verwandten und Freunden, Mächtige dem der Klöster ihres Herrschaftsbereiches.

Wenn die Quellen so oft die Bitte um Gebetshilfe festhalten, dann nicht nur deshalb, weil die meisten dieser Quellen von Klerikern verfaßt sind; vielmehr deshalb, weil man unterwegs die täglich neue Erfahrung von Alleinsein und Bedrohtheit ausgleichen konnte: Man sah sich eingebettet in eine große Gemeinschaft hoffender, betender Menschen und bittender Heiliger. Benedikt ordnet an, daß die Mönche sich vor dem Aufbruch Brüdern und Abt zum Gebet empfehlen und daß der Konvent täglich aller abwesenden Brüder ausdrücklich gedenkt. Boccaccio zeichnet einen lebenslustigen Kaufmann, der sich jeden Morgen vor der Reise dem hl. Julian empfiehlt. Kolumbus hatte es sich zur Gewohnheit gemacht, jede neue Feder zunächst mit einem Stoßgebet »einzuschreiben«: »Jesus cum Maria sit nobis in via« (Jesus sei mit Maria mit uns auf dem Wege). Bei seiner ersten Amerikareise ging er noch weiter: Er stellte das Flaggschiff unter den besonderen Schutz der Gottesmutter, nannte es ›Santa Maria‹; zu seiner ersten Indienfahrt fuhr Vasco da Gama auf der ›São Gabriel‹ als

Flaggschiff und mit einer ›São Raphael‹; der Erzengel Raphael wurde als Schutzpatron von Reisenden verehrt.

Im Laufe der Jahrhunderte haben sich spontane Bitten zu bestimmten Gebetsformeln verfestigt, die auch in eigene Votivmessen eingingen; diese Messen in besonderen Anliegen wurden zu Ehren von Schutzpatronen der Reisenden – der Heiligen Drei Könige, Raphael, Tobias, Christophorus u. a. – gefeiert. Die Gebete spiegeln Reisewirklichkeit, wenn in ihnen Gott gebeten wird, den oder die Reisenden zu beschützen vor Gefahren des Leibes und der Seele, insbesondere vor Räubern und Unwetter, vor Schlangen und wilden Tieren, zur See vor Piraten und Stürmen, insgesamt vor der Verschlagenheit von Menschen und Teufeln. Als Beispiel sei ein solches Gebet hier im Wortlaut gebracht: »Heiliger Herr, allmächtiger Vater, ewiger Gott, der Du der Führer der Heiligen bist und die Gerechten auf dem Wege lenkst: Sende den Engel des Friedens mit Deinem Diener (Deiner Dienerin, Deinen Dienern) N., der ihn (sie) zum vorgesehenen Ziele geleite. Er sei ihnen ein fröhlicher Begleiter (comitatus iocundus), auf daß kein Feind sie von ihrem Wege hinwegreiße; fern sei ihnen jeder Ansturm der Bösen, und als Begleiter möge ihnen der Heilige Geist gewährt werden.« Gott, seine Heiligen und seine Engel mögen den (namentlich genannten) Reisenden begleiten über Bergeshöhen und durch Täler, ihn bewahren vor den Gefahren der Flüsse, Furten und Fähren. Nach glücklicher Erledigung ihrer Vorhaben möge Gott den Reisenden mit irdischen und himmlischen Gütern bereichert wieder gesund heimführen.

Liebenden zerriß der Abschied das Herz. Im Nibelungenlied heißt es, Königin Brünhild habe ihrem Mann von der Reise an den Hof Etzels und Kriemhilds abgeraten:

> Den König bat zu bleiben sein vielschönes Weib.
> Nachts sie noch herzte seinen weidlichen Leib.
> Morgens früh erhob sich Fiedel- und Flötenton.
> Zu diesem sie griffen: sie mußten ja davon.
> Wer ein Lieb im Arme hatte, der herzte dessen Leib.
> Es schied mit vielen Leiden dereinst sie König Etzels Weib.

1248 begleitete Joinville, ein französischer Adliger, König Ludwig

184

von Frankreich auf einen Kreuzzug, den dieser gelobt hatte, als er wider Erwarten von einer tödlichen Krankheit genesen war. Zum Abschied lädt Joinville Verwandte und Freunde zu einem rauschenden, viertägigen Fest; am fünften Tag, einem Freitag, bittet er die Anwesenden um Verzeihung für Unrecht, das er ihnen zugefügt hat, und leistet Wiedergutmachung. Dann bricht er auf, barfuß, im Büßerhemd, den Pilgerstab in der Hand; an den Gräbern von Heiligen bittet er um Schutz für die Fahrt. Später schreibt er: »Beim Aufbruch wollte ich mich niemals umwenden, um noch einmal Joinville zu sehen – aus Furcht, mir könnte das Herz brechen beim Anblick des Schlosses, das ich mit meinen beiden Kindern zurückließ.« Auf einem Boot fährt er saône- und rhôneabwärts und schifft sich in Marseille ein. Als auch die Pferde eingeladen sind, wird der Segen des Himmels herabgefleht – wobei Creator Spiritus hier sowohl den Geist Gottes als auch einen günstigen Wind meint: »Der Schiffermeister rief seinen Leuten auf dem Bug des Schiffes zu: Seid ihr mit euren Vorbereitungen fertig? Ja, Herr, Kleriker und Priester sollen vortreten. Als sie gekommen waren, rief der Schiffermeister ihnen zu: Singt, in Gottes Namen. Und wie mit einer Stimme sangen sie alle das ›Veni Creator Spiritus‹. Dann befahl er seinen Leuten: Setzt Segel, in Gottes Namen. Was sie taten.«

Befreundete Menschen begrüßten sich unterwegs – auch hoch zu Roß – mit leidenschaftlichen Umarmungen und Küssen. Gesetzter ging es in einem Kloster zu. Benedikt unterscheidet realistisch zwischen herrisch auftretenden Mächtigen, die mit Klopfen Einlaß begehren, und demütig rufenden Armen. Diesem soll der Pförtner mit einem »Dank sei Gott« antworten, jenem dagegen entgegengehen und ihn um den Segen bitten. Mit Friedenskuß und Gebet wird der Ankömmling auf den besonderen Klosterfrieden verpflichtet.

Kommentare zur Benediktregel aus der Karolingerzeit geben genaue protokollarische Anweisungen: Brüdern soll ein Bruder, Hochgestellten ein Hochgestellter, dem König, einem Bischof »oder sonst einem von den ganz Mächtigen« soll der Abt entgegengehen, und alle Mönche sollen sich vor ihnen zu Boden werfen. »Wenn die Königin kommt, darf sie ein Mönch nicht so begrüßen, sondern er muß mit einem Knie hinknien und sein Haupt demütig verneigen.«

185

Wer angemessen begrüßt sein wollte, ließ sich lange vorher anmelden; das galt besonders für den Herrscher und sein Gefolge. Festlich ausgestaltet wurde die Ankunft (Adventus) von Kaisern und Königen, Päpsten und Bischöfen, gelegentlich auch Grafen und anderen Mächtigen sowie charismatischen Gestalten wie Bernhard von Clairvaux: Mit einem am römischen Kaiserhof entwickelten Zeremoniell zogen dem Ankömmling prozessionsförmig Abt und Mönche (oder: Bischof, Klerus, Mönche, Nonnen, Männer und Frauen einer Stadt) unterschiedlich weit entgegen, überreichten ihm Geschenke, begrüßten ihn mit Lobgesängen (laudes, unter Anrufung der Heiligen, wie in einer Litanei) und holten ihn dann feierlich ein; wichtige Teile dieses Zeremoniells wurden später in die Fronleichnamsprozession übernommen: Voran das Vortragekreuz, Kerzen, Weihrauch, Reliquien, dann Kleriker, Nonnen, Laien – nach Rang und Namen, zu zweit und zweit; an vornehmster Stelle reiten oder schreiten inmitten des Zuges unter einem Baldachin das Königs- oder Kaiserpaar; unter Zurufen, Gesängen und Wechselgesängen der den Weg Säumenden werden die Ehrengäste mit festlichem Glockengeläute in die Kirche zu einer Liturgiefeier geleitet.

Rang und Wertschätzung des Ankommenden werden an den unterschiedlich weiten Wegen deutlich, die man ihm entgegengeht, und an Räumen, Dienern, Geräten usf., die man ihm für die Zeit des Aufenthaltes überläßt. Kaiser Otto III. reist seinem ehemaligen Lehrer Bernward von Rom aus zwei Meilen entgegen; als dieser in seine Heimat aufbricht, begleitet der Kaiser ihn gar zwei Tagereisen weit; dann verabschiedet Otto sich von dem Hildesheimer Bischof, gibt ihm aber aus seiner Umgebung noch Begleiter mit, die ihm später über das Befinden Bernwards und den Verlauf von dessen Reise berichten sollen.

Ein Gast von Rang geht davon aus, daß man ihm das Beste vom Besten vorsetzt. Dabei kamen Bischöfe (aber auch Mönche und Priester!) in einen Konflikt: Das Vorbild, dem sie nachzueifern suchten, verpflichtete zu Demut und Bescheidenheit; das hohe Amt rechtfertigte einen Aufwand, der dem für weltliche Machthaber in nichts nachstand. Ekkehard IV. berichtet von einem Bischof Petrus von Verona, der eines Tages das Kloster St. Gallen besucht habe; viel-

Einzug König Sigismunds in Bern am 3. Juli 1414. Der König und sein Gefolge nähern sich der Stadt hoch zu Roß; von fern sind sie an den Fahnen zu erkennen; Lanzenträger demonstrieren die Macht des Herrschers, Posaunenbläser kündigen sein Kommen an. Die Berner ziehen dem König weit vor die Stadt entgegen; hinter der vorderen Gruppe mit den Fahnen des Reiches und der Stadt kommt der Klerus, in den Händen wahrscheinlich kostbare Reliquiare, die vom Wohlstand der Stadt und ihrer Kirchen künden.

leicht hat es diesen Bischof nie gegeben, doch birgt der Bericht einen historischen Kern insofern, als er den Erwartungshorizont eines Bischofs beschreibt. Bei seiner Ankunft bieten die Brüder dem Bischof ein Evangeliar dar, das sie wohl für ein »besseres Exemplar« hielten. Der Gast meint, man verachte ihn; er hatte Großes von diesem Kloster gehört und nahm daher an dem billigen Band im stillen Anstoß. Für die Messe stellte man einen »an sich besseren Silberkelch« auf. Nach der Messe macht Petrus sich auch über den Kelch arge Gedanken. Als drittes wird ihm ein, wie die Mönche meinen, verschwenderisches Mahl geboten. Nach Tisch liest Petrus den Brüdern – der Abt war verreist – die Leviten: Sie hätten ihn ja freundlich behandelt; »allein, daß Evangelium und Kelch, die man mir vorgesetzt, so überaus gering gewesen sind, das macht mich stutzig. Wiewohl ich selber ja gering und unwürdig bin, so heiße ich doch Bischof von einem nicht geringen Ort.« Nur mit Mühe können die Brüder ihm klarmachen, daß der hl. Gallus, ihr Haus, nichts Besseres zu bieten hat. Schließlich gelingt es, den Bischof zu versöhnen; Petrus verspricht, dem Kloster mit einer listenreich über die Alpen transportierten Goldsendung, von der schon die Rede war, helfen zu wollen.

Die Heimkehr eines Reisenden wurde ähnlich ausgestaltet wie der Aufbruch; es sprach sich herum, daß jemand nach mühevoller Reise glücklich zurückgekehrt war. Der Handwerker wurde vielleicht am Stadttor von seinen Arbeitskollegen eingeholt, der König meilenweit vor der Stadt von allen, die Rang und Namen hatten. Das Zeremoniell wiederholte sich mit Begrüßung, privaten Dankgebeten und öffentlichem Dankgottesdienst in der Kirche. Benedikt sieht vor, daß Mönche bei ihrer Rückkehr um Verzeihung bitten für alle Fehler, für das, was sie mit Blicken, durch Anhören oder durch unnütze Worte gesündigt haben. Wie sehr man mit Unglück auf der Reise rechnete, wird in Briefen Bonifatius' sichtbar, in denen er Freunden die glückliche Ankunft mitteilt – und damit weitere Reisen veranlaßt. Kreuzfahrer, die lebend und gesund heimkehrten, drückten gelegentlich ihren Dank in großherzigen Spenden an die Kirche aus, z. B. in der Gründung eines Klosters. So wie Joinville vor seinem Aufbruch ein Fest gab, so feierte auch Karl der Große, als er gesund von seiner zweiten Romreise 787 heimgekehrt war. Der sonst eher nüchtern be-

Die Leiche König Ludwigs IX., der auf einem Kreuzzug 1270 gestorben war, wird in Tunis eingeschifft. Miniatur aus der »Großen Chronik von Frankreich«.

richtende Autor der fränkischen Reichsannalen deutet Freuden nach glücklicher Ankunft an: »Und es kam dieser überaus milde König zur Königin Fastrada nach Worms, wo sie sich miteinander freuten und ergötzten und Gottes Erbarmen priesen.«

Viele Reisende sind unterwegs gestorben: An Entkräftung oder einer Krankheit, ertrunken oder erschlagen, vom Blitz getroffen oder fälschlicherweise gehenkt, wie ein deutscher Santiago-Pilger in Toulouse... Wallfahrer betrachteten es oft nicht einmal als Verhängnis, wenn sie während der Reise den Strapazen erlagen; der Heilige, dem die Reise galt, würde sie sicher in die himmlische Heimat geleiten. Für unterwegs verstorbene Reisende gab es vielerorts eigene Friedhöfe; der ins 8. Jahrhundert zurückreichende, im Schatten des Petersdomes liegende Campo Santo Teutonico in Rom dürfte der älteste und bekannteste, noch heute belegte Friedhof dieser Art sein.

Normalerweise wurde ein verstorbener Reisender an Ort und Stelle beigesetzt; wer an Bord eines Schiffes verschied, wurde in Tuch eingenäht und ins Meer gesenkt. Die sterbliche Hülle von Großen wurde meist an einen vom Sterbenden oder seinen Erben festgesetzten Ort überführt; Otto III. z. B. wurde 1002 in feierlichem Trauerkondukt aus Mittelitalien über die Alpen nach Aachen geleitet und fand dort im Marienmünster seine letzte Ruhe. Die Hitze der Mittelmeerländer und die Weite des Weges ließen es meist nicht geraten erscheinen, den vollständigen Leichnam zu überführen. Der Leichnam des am 10. Juni 1190 auf dem 3. Kreuzzug verstorbenen Kaisers Friedrich Barbarossa wird einbalsamiert, nach Seleukia überführt und vier Tage lang betrauert; die Eingeweide werden in Tarsus beigesetzt, das Fleisch in der Kathedrale von Antiochien; die Gebeine werden auf die weitere Reise mitgenommen, sie sollten wohl in Jerusalem bestattet werden; sie wurden nach Tyrus gebracht, wo sie verschollen sind. Einige Jahrzehnte später verstarb Ludwig IV. von Thüringen auf dem Weg ins Heilige Land. Da sein und seiner Gemahlin Leben gut dokumentiert sind, seien abschließend Abschied, Sterben und Überführung des Landgrafen geschildert – und das Leid der Witwe; nur selten ist ja in Quellen von den Folgen die Rede, die der Tod eines Reisenden für die Hinterbliebenen hatte.

Ludwig bricht am Fest Johannes' des Täufers, am 24. Juni 1227, von Schmalkalden zum Kreuzzug auf. Elisabeth begleitet ihn Tag um Tag eine Etappe weiter; sie kann und kann sich von dem geliebten Mann nicht losreißen. Der Abschied hat die Zeitgenossen beeindruckt, denn 1233 berichtet eine Frau, sie habe zu Anfang dieses Jahres auf dem Weg nach Marburg zum Grab Elisabeths ein »Lied in deutscher Sprache vom tränenreichen Abschied der Landgräfin« singen hören. – Das Heer legt täglich durchschnittlich etwa vierzig Kilo-

Abschied. Marburg, Elisabethkirche, Elisabethfenster. Elisabeth und Ludwig, in liebevoller Umarmung, können sich nicht trennen. Der Landgraf, am Kreuz auf der Brust als Kreuzfahrer zu erkennen, ist hin- und hergerissen zwischen seiner trauernden Gemahlin (deren Schmerz sich auch in Gesicht und Haltung ihrer Dienerin spiegelt) und seinen Waffengefährten. Ein Gefolgsmann packt ihn schließlich an Handgelenk und Schulter, um ihn von seiner Frau loszureißen.

meter zurück, eine große Leistung, zumal die Alpen zu überwinden und mehr als die Hälfte der Wegstrecke durch die Julihitze Italiens zurückzulegen waren. Am 3. August trifft Ludwig in Troia (Apulien) mit Kaiser Friedrich II. zusammen. Beide ziehen weiter. In Brindisi, wo die Kreuzfahrer sich nach Palästina einschiffen wollen, kommt es zu einer furchtbaren Seuche, an der auch der Kaiser und der Landgraf erkranken, dieser so schlimm, daß er sich mit der Kommunion und der vom Patriarchen von Jerusalem gespendeten Letzten Ölung auf den Tod vorbereiten muß. Ludwig stirbt am 11. September. Nach einem feierlichen Totenamt wird sein Leichnam in kostbare und feste Tücher gehüllt und einstweilen in Otranto beigesetzt; seine Getreuen brechen dann zum Kreuzzug ins Heilige Land auf.

Boten dürften etwa Mitte bis Ende Oktober 1227 die Nachricht vom Tode Ludwigs nach Thüringen gebracht haben. Die Reinhardsbrunner Chronik – ihr liegt ein zeitgenössischer Bericht zugrunde – erzählt, wie Elisabeth die Nachricht aufnahm. Damit sie die Unglücksbotschaft nicht aus unberufenem Munde erführe, sucht ihre Schwiegermutter sie auf. Elisabeth müsse starken Mutes sein, um nicht erschüttert zu werden von dem, »was deinem Mann, meinem Sohn, durch göttliche Fügung widerfahren ist. – Wenn mein Bruder [so nannte sie Ludwig seit der gemeinsam verlebten Kindheit] in Gefangenschaft geraten ist, kann er dank Gottes und unserer Getreuen Hilfe befreit werden. – Er ist tot«. Elisabeths Finger verkrampfen sich. »Tot? Erstorben ist mir die Welt und all ihr Glanz.« Sie steht plötzlich auf; ungestüm, wie von Sinnen durcheilt sie den Raum, stürzt sich gegen die Wand, trostlos weinend.

Auf dem Rückweg aus dem Heiligen Land holen die Getreuen Ludwigs den Leichnam ihres Herrn wieder aus der Gruft. Die sterbliche Hülle wird so präpariert, wie es üblich war, wenn ein Großer fern der Heimat starb. Der Leichnam wird zerlegt und so lange gekocht, bis das Fleisch sich von den Knochen löst. Dann werden die Weichteile an Ort und Stelle beigesetzt, das Herz gelegentlich an besonders vornehmer Stätte, in einer Kirche etwa. Die schneeweißen Gebeine Ludwigs legt man in einen kostbaren Schrein, von einem Packtier getragen und nachts in einer Kirche unter Gebeten bewacht; morgens werden eine Messe gefeiert und Opfergaben gespendet, dann zieht der Trupp weiter der Heimat zu. Der Bischof von Bamberg, ein Onkel Elisabeths, wird informiert, daß das Trauergeleit durch seine Stadt kommen werde. In feierlicher Prozession ziehen Bischof, Priester, Mönche und Nonnen dem Zug entgegen. Unter Gebeten und Trauergesängen, begleitet vom düsteren Dröhnen der Glocken, wird der Schrein in den Dom überführt und vor Elisabeth geöffnet. Angesichts der bleichen Gebeine bekennt sie sich zu ihrer Liebe und zur Kreuzzugsfrömmigkeit ihrer Zeit. Sie neidet Gott nicht den, der mit eigenem und ihrem Willen zum Schutz des Heiligen Landes aufgebrochen war. »Gott weiß, daß ich sein Leben allen Wonnen und Freuden der Welt vorgezogen hätte, wenn Gottes Güte ihn mir gelassen hätte.« Könnte sie ihn wiederhaben – liebend gern würde sie die ganze Welt für ihn hingeben und mit ihm zusammen in äußerster Armut betteln gehen.

In Reinhardsbrunn, dem südwestlich von Gotha gelegenen Hauskloster der Landgrafen, hatte sich inzwischen eine große Volksmenge versammelt. Auch hier ziehen Mönche und Kleriker in feierlicher Prozession unter Gebeten und Trauergesängen dem Zug entgegen. Die Beisetzungsfeierlichkeiten stehen in uralten christlichen Traditionen, wenn sie die Sorge um das Seelenheil des Verstorbenen mit der Anteilnahme am leiblichen Wohl Bedürftiger verbinden: Meßfeiern, Gebete, nächtliche Psalmengesänge, Gaben an das Kloster, Almosen an die Armen. Im Beisein der Witwe, der Mutter, der Brüder wird Ludwig IV. schließlich in der Familiengrablege seines Geschlechtes beigesetzt.

2. TEIL: QUELLENSTUDIEN UND ZEUGNISSE

Im folgenden soll die Reisewirklichkeit anhand geeigneter Quellen erzählt werden. Im Mittelpunkt der Darstellung stehen einzelne, gut dokumentierte Personen oder Personengruppen. Dieser Teil wird zwar mit der Schilderung einer Flucht im 6. Jahrhundert eröffnet und mit einem Reisebericht Dürers aus dem ersten Viertel des 16. Jahrhunderts abgeschlossen, doch wurde auf eine streng chronologische Ordnung verzichtet. Es erschien sinnvoller, sachlich zusammengehörige Abschnitte einander folgen zu lassen. Der erste und der zweite Teil werden durch eine Zeittafel am Schluß des Bandes zusätzlich erschlossen.

EINE FLUCHT

Attalus, aus vornehmer gallo-römischer Familie, wurde als Geisel zur Bekräftigung eines Vertrages an den Hof eines germanischen Herren im Trierer Raum entsandt. Als die Vertragspartner – die Könige Theuderich und Childebert, Söhne des 511 verstorbenen Königs Chlodwig – sich entzweien, verfallen die Geiseln als Leibeigene dem Staat; wer sie zur Beaufsichtigung bekommen hat, gebraucht sie nun als Knechte; Attalus muß also bei einem »Barbaren« als Pferdeknecht arbeiten. Vergeblich versucht Gregorius, Bischof von Langres, der Onkel des Attalus, seinen Neffen auszulösen; der neue Herr fordert eine unerschwinglich hohe Summe. Daraufhin ersinnt Leo, der Koch des Bischofs, eine List: Er läßt sich an den »Barbaren« verkaufen und gewinnt dank seiner Kochkünste bald dessen Vertrauen. In der Nacht nach einem von ihm zubereiteten Festessen fliehen er und Attalus. Sie nehmen die Pferde des Herrn und ein Bündel Kleider mit. An der Mosel werden sie aufgehalten, lassen Kleider und Pferde im Stich und überqueren auf ihren Schilden schwimmend den Strom. Am jenseitigen Ufer angekommen, laufen sie in Richtung Reims, Tag und Nacht, ohne einen Bissen zu essen. Nach drei Tagen können sie sich an einem Pflaumenbaum stärken. Eines Nachts kommen ihnen Reiter entgegen; sie können sich gerade noch hinter einem Brombeerstrauch verstecken und das Gespräch der Männer belauschen. Unter ihnen ist ihr Herr, der die Fliehenden verwünscht und schwört, den einen hängen, den anderen mit dem Schwert in Stücke hauen zu wollen. Noch in derselben Nacht erreichen Attalus und Leo Reims, wo sie sich zu einem Priester durchfragen. Dieser, ein alter Freund des Gregorius, war schon durch einen Traum vorgewarnt worden; er bewirtet und versteckt die beiden jungen Männer einige Tage lang, da ihr Herr ihnen wieder auf die Spur gekommen ist. Nach einer weiteren kurzen Reise kann Bischof Gregorius seinen Neffen unter Tränen in die Arme schließen; zum Dank für die Befreiung schenkt er Leo und dessen Nachkommenschaft die Freiheit und ein Eigengut.

Gregor, ebenfalls aus vornehmer gallo-römischer Familie, seit 573 Bischof von Tours, schildert hier eine Episode aus dem Leben seines Urgroßvaters und dessen Neffen: Gregorius war – bevor er Bischof wurde – Graf in Autun. Im Mittelalter werden Geiseln zu Tausenden ausgetauscht, oder einseitig genommen und in die Ferne deportiert. Manchen gelingt die Flucht, wenige erreichen ihr Ziel. Auch Paulus Diaconus, ein Zeitgenosse Karls des Großen, erinnert sich, daß sein Ururgroßvater als Geisel aus der Herrschaft der Awaren hatte fliehen können. Halb verhungert wurde er unterwegs von einer alten slavischen Frau aufgenommen, versteckt und mühsam aufgepäppelt; als er wieder zu Kräften gekommen war, gab ihm die Slavin Proviant und wies ihm den Weg in seine Heimat. Später berichtet das Waltharius-Epos von der geglückten Flucht Hagens, Walthers und Hiltgunds – Gestalten aus dem Nibelungenlied –, die als Geiseln von Attila verschleppt waren. Den aus Geiselhaft Fliehenden gemeinsam ist die Sehnsucht nach Freiheit im Kreis der Landsleute.

Der Bericht Gregors von Tours ist mit legendenhaften Zügen durchsetzt, z. B. dem Traummotiv; manches paßt auch nicht recht zueinander. So ist davon die Rede, daß die Flüchtenden an einem Sonntag aufbrechen und an einem Sonntag bei dem Priester ankommen; andererseits heißt es, sie hätten schon nach vier Tagen Reims erreicht. Wichtiger als solche Ungereimtheiten dürfte sein, daß man sich in manchen Familien noch nach Generationen an Einzelheiten der gelungenen Flucht eines Angehörigen erinnerte (möglicherweise werden in manchen Familien heute Erinnerungen an die geglückte Flucht des Vaters, Großvaters aus der Kriegsgefangenschaft weitergegeben).

Wer sich ein Bild vom Reisen im Mittelalter machen will, muß aus einem großen Quellenmaterial mosaikartig Steinchen zu einem Gesamtbild zusammenfügen. Anders als viele Chronisten gibt Gregor auch manche uns gerade wegen ihrer »Alltäglichkeit« interessierenden Dinge wieder; hier seien einige »Steine« der Darstellung Gregors genauer betrachtet und in ihre zeitgenössischen Zusammenhänge eingeordnet.

Attalus und Leo gehören zu den Millionen, die im Mittelalter unterwegs waren: Krieger und Kaufleute, Sklaven und Geiseln, Verbannte und Boten, Kundschafter und Spione, Diebe und Mörder, Brautwerber und Pilger, Glaubens- und politische Flüchtlinge, Männer und Frauen, Junge und Alte, Gesunde und Kranke ...

Attalus und Leo unterscheiden sich von den meisten der Genannten: Sie verstecken sich bei Tag im Wald und reisen vorzugsweise nachts; sie dürfen sich Fremden gegenüber nicht zu erkennen geben. Es ist üblich, daß man den Reisenden nach seinem Namen, nach Woher und Wohin fragt. Kriege und Seuchen haben in der Spätantike die Bevölkerung dezimiert, so daß die wenigen Menschen einander gut bekannt sind, wie Bischof Gregorius und der Priester in Reims. Der verfolgende »Barbar« hat daher auch bessere Chancen, die Davongelaufenen wiedereinzufangen.

Die beiden Fliehenden nehmen nur bis zur Mosel die Pferde mit. Vielleicht wollten sie nicht als Pferdediebe gelten und sich damit begnügen, dem Herren die Verfolgung zu erschweren; denn wer als Pferdeknecht dient, wird auch wissen, wie man auf einem Pferd durch die Mosel schwimmt. Zwar gibt es bei Trier eine von den Römern gebaute Brücke, deren Pfeiler sogar dem heutigen Verkehr gewachsen sind. Doch die wenigen Brücken kanalisieren den Verkehr und erleichtern die Kontrolle der Reisenden. Eine solche Brücke, auf der vielleicht sogar ein Zoll erhoben wurde, kam für Fliehende nicht in Frage. Die Mosel zu durchschwimmen – im Hochsommer, es war die Zeit der Pflaumenreife – war für junge Männer kein Problem, zumal wenn sie sich auf ihren Schild legen konnten, der aus lederüberzogenem Lindenholz bestanden haben dürfte. Der weder aufgestaute noch in ein enges Bett gezwängte Fluß wand sich zwischen zahlreichen Inseln und Sandbänken, die die Überquerung erleichterten.

Fußreisende überlegen noch heute gut, was sie an Gepäck mitnehmen. Außer den Pferden lassen die beiden auch die Kleiderbündel im Stich. Im August, September kann man mit warmen Nächten rechnen; und sollte es nachts kalt werden, so bleibt man in Bewegung und ruht sich tagsüber im Schutze des Waldes aus; denn die beiden hatten die südlichen Ausläufer der Ardennen zu durchqueren. Mehr als die Kleidung macht ihnen die Nahrung zu schaffen. Geld dürften sie nicht gehabt haben; noch heute gibt man Gefangenen allenfalls »Gefängnisgeld«, das außerhalb des Hauses wertlos ist. Wie andere Reisende fürchten sich auch Leo und Attalus vor Räubern; sie haben Schwert und Schild mitgenommen, zu denen sie greifen, als sie nachts die Reitergruppe herankommen hören. Selbst wenn sie Geld gehabt hätten, verbot sich der Einkauf von Lebensmitteln; denn sie hätten damit die Verfolger auf ihre Spur gebracht. Sie waren also auf das angewiesen, was sie unterwegs zufällig fanden, z. B. reife Pflaumen. Es ist nicht selbstverständlich, daß es bei dieser schmalen Kost blieb. Wälder bieten im Sommer vielfältige Nahrung, die ein Koch kennen müßte: Wildes Obst, Nüsse, Wurzeln, Kräuter. Vor allem aber ist erstaunlich, daß die Flüchtlinge kein leichtes Netz zum Fangen von Fischen, vielleicht auch Vögeln, mitgenommen haben. Als der heilige Gallus etwa um dieselbe Zeit in den Urwäldern südlich des Bodensees einen geeigneten Platz für die Zelle sucht, die er sich hier bauen will, bereitet sein Begleiter ein einfaches Mahl: Er fängt Fische, die er dann auf einem Feuer brät; offensichtlich gehören für ihn Netz und Feuerzeug zum Reisegepäck. Zusammen mit etwas mitgebrachtem Brot haben Gallus und sein Begleiter eine Mahlzeit, die Mindestforderungen moderner Ernährungsphysiologie ent-

198

spricht: Kohlehydrate, tierisches Eiweiß, tierisches Fett, Spurenelemente – und Wasser als Getränk. In dem Bericht von der Flucht des Attalus ist von Fisch nicht die Rede. Dafür klagt Attalus dem sie beherbergenden Priester in Reims, es sei der vierte Tag, an dem sie weder Brot noch Fleisch genossen hätten. Der Tisch des »Barbaren« war wohl so gut gedeckt, daß auch ein Pferdeknecht mit einer täglichen Portion Fleisch rechnen konnte. Für viele Menschen bildet Fleisch bis weit in die Neuzeit eine gelegentliche Köstlichkeit, wenn nicht einen unerfüllbaren Wunschtraum. Sogar Brot, erst recht Weizenbrot, bleibt lange Zeit den Wohlhabenden vorbehalten; Arme müssen sich im allgemeinen mit Brei begnügen.

Attalus und Leo verfügen über ausreichende topographische Kenntnisse. Sie werden sich nachts an den Sternen »orientiert« haben, tagsüber an der Sonne. Auch in dieser Hinsicht kam ihnen die Jahreszeit zugute; denn der Himmel ist im Hochsommer so hell, daß man sich auf einem Weg sogar ohne Mondlicht zurechtfinden kann. Und ein Weg wird erwähnt. Von Trier verlief eine Römerstraße über Arlon nach Reims, in der Luftlinie etwa 200 Kilometer; dem entsprachen vielleicht 220 Wegekilometer; die Flüchtlinge mußten zudem Raststationen umgehen. Möglicherweise sind Attalus und Leo dieser Straße gefolgt; so würde sich jedenfalls das Zusammentreffen mit ihrem Herren erklären. 220 Kilometer waren für junge Männer in einer Woche zu schaffen.

Attalus und sein Gefährte hatten Glück: Ihre Flucht gelang. Sie hatten sich – um ihre Freiheit zu gewinnen – großen Gefahren ausgesetzt. Hunger und Tod konnten die beiden Flüchtenden – ebenso wie der Ahn des Paulus Diaconus – glücklich entrinnen, auch deshalb, weil einzelne Menschen bereit waren, ihnen Gastfreundschaft zu gewähren. Im 6. Jahrhundert gab es von dem organisierten Beherbergungswesen des Römerreiches nördlich der Alpen nur noch Reste; jenseits des Limes hatte es wahrscheinlich nie Gasthäuser gegeben; dafür war der einzelne um so gastfreundlicher. So wie der Reimser Priester oder die slavische Frau in den Ostalpen praktizierten auch Mönche und Einsiedler die Gastfreundschaft.

DIE REISEN DES BONIFATIUS

Bonifatius, um 675 geboren, hätte als Abt oder Bischof Karriere machen können. Er zog es vor, dem Beispiel irischer und angelsächsischer Mönche zu folgen, und das geordnete Leben in seiner englischen Heimat mit den Beschwernissen eines Daseins als Missionar und Kirchenorganisator auf dem Kontinent zu vertauschen. Sein Leben ist besser dokumentiert als das der meisten seiner Zeitgenossen; in seinen Briefen, in kirchlichen, von ihm inspirierten Akten, in der Beschreibung seines Lebens finden sich zahlreiche Einzelheiten zum Thema »Reisen im 8. Jahrhundert«.

Von 716 an war Bonifatius bis zu seinem Tod 754 fast vierzig Jahre lang pausenlos unterwegs. Dreimal zog er zu den Schwellen der Apostel, die dritte Romreise unternahm er 737/38, im Alter von mehr als sechzig Jahren. Als Missionar arbeitete er in Friesland, als Organisator einer verwilderten Kirche in Bayern, Franken, Thüringen, als Reformer der fränkischen Kirche hatte er mit Hausmeiern und dem König, Bischöfen und Erzbischöfen, Äbten und Priestern zu tun, von seinen Kontakten zur Kurie in Rom zu schweigen. Die vielfältige Tätigkeit setzte persönliche Anwesenheit, d. h. Reisen, oder die Entsendung vertrauenswürdiger Mitarbeiter voraus.

Zahlreiche Glaubensboten sind auf dem Kontinent von heidnischen Germanen erschlagen worden – aus Glaubensgründen, wie die von Beda erwähnten angelsächsischen Missionare, der ›schwarze‹ und der ›weiße‹ Ewald, oder von Räubern, wie Bonifatius. Daß dieser sich nicht zum Martyrium drängte, sondern von langer Hand umsichtig ein großangelegtes Missions- und Reformwerk angepackt hatte, zeigen Schreiben, die er sich von kirchlichen und weltlichen Großen geben ließ; sie seien hier stellvertretend für Empfehlungsschreiben vorgestellt, um die sich bemühte, wer eine längere Reise unternehmen wollte. Bischof Daniel von Winchester wendet sich 718 an »die überaus frommen und gnädigen Könige, an alle Herzöge, die

200

ehrwürdigsten und geliebtesten Bischöfe sowie die gottesfürchtigen Äbte, Priester und geistlichen Söhne, die mit dem Namen Christi gezeichnet sind«. Unter Berufung auf Gottes Gebote im allgemeinen, auf die Person des Abraham im besonderen schärft Daniel das Gebot der Gastfreundschaft ein: Reisenden gegenüber die Pflicht der Menschlichkeit zu erfüllen, ist ein Gott wohlgefälliges Werk. Alle Angesprochenen mögen dem Träger des Empfehlungsschreibens, dem Diener des allmächtigen Gottes Wynfrid – den Namen Bonifatius wird der Genannte erst 719 in Rom annehmen – die Liebe erweisen, wie Gott sie liebt und vorschreibt (caritatem ei, quam Deus et diligit et praecipit, exhibetis). Wer Bonifatius aufnehme, für den gelte das Wort des Evangeliums »Wer euch aufnimmt, nimmt mich auf«. Bischof Daniel stellt denen, die dieses Gebot erfüllen, ewigen Lohn in Aussicht. Er schließt mit dem Segenswunsch: »Möge des Himmels Gnade Eure Hoheit unversehrt erhalten.«

Das Schreiben konnte Bonifatius den Spitzen weltlicher Macht und geistlichen Amtsträgern, vom einfachen Priester bis zum Bischof, vorlegen. Vorausgesetzt wurde, daß die Angesprochenen lesen konnten und daß sie des Lateinischen mächtig waren – was auch bei Klerikern alles andere als selbstverständlich war. Immerhin informierten etwa dreißig Jahre später bairische Bischöfe den Papst über einen Priester, der die Menschen mit folgenden Worten in die Kirche aufnehme: »Ich taufe dich im Namen Vaterland und Tochter und des Heiligen Geistes« (Baptizo te in nomine patria et filia et spiritus sancti). Weltliche Herrscher konnten selten lesen und schreiben, noch seltener Latein; auch deshalb hatten sie oft Kleriker in ihrem Hofstaat.

Bischof Daniel begnügt sich damit, für Bonifatius Gastfreundschaft (hospitalitas) zu erbitten. Vier Jahre später argumentiert Papst Gregor II. ähnlich, verdeutlicht aber seine Bitte: Die Angesprochenen sollen Bonifatius mit dem »Nötigen« versorgen, ihm »Begleiter für seine Reise mitgeben, ihn mit Speise und Trank und was ihm sonst fehlen könnte, versorgen«. Wer dem Bonifatius Schwierigkeiten machen oder Hindernisse in den Weg legen sollte, wird mit ewiger Verdammnis bedroht. Auch Karl Martell, Hausmeier mit königsgleicher Machtfülle im Frankenreich, sieht in seinem Empfehlungsschreiben Bonifatius von Obstruktion gefährdet: Niemand solle ihm Nachteiliges oder Schädliches antun, vielmehr solle er allezeit unter dem Schutz des Hausmeiers unangefochten und wohlbehalten verweilen können.

Daß einem Reisenden mit weiten Rahmenverfügungen mehr gedient war als mit speziellen Bitten, zeigen Empfehlungsschreiben, die Bonifatius seinen Boten mit auf den Weg gibt. Der König von Mercien, eines mächtigen angelsächsischen Königreiches, möge dem Boten Hilfe und Beistand in jeder Notlage gewähren, in die dieser geraten könnte. Einen Grafen bittet Bonifatius, einen nach Rom reisenden Boten unversehrt durch sein Gebiet ziehen zu lassen und ihm in allen etwaigen Nöten zu helfen, »wie Ihr es mit unseren früheren Boten gemacht habt und wie sie mir bei ihrer Rückkehr berichtet haben«.

Überblickt man die für und von Bonifatius ausgestellten Empfehlungsschreiben, so läßt sich festhalten: Die Bitte um Gastfreundschaft schloß alles ein, was man in der Fremde brauchen konnte: Versorgung mit Nahrung, auch Futter für die Pferde, mit Kleidung, Wohnung, ggf. Heizung, Heilmitteln, Geleit durch den eigenen Herrschaftsbereich von Rast zu Rast, Geleit bei besonderen Gefahren (Räuber, Sümpfe, Wälder, Gebirge, Schneefall, Nebel); Geleit für Hin- *und* Rückreise; Befreiung von Zöllen und Abgaben; Anweisung an Fährleute, den Geschützten gutwillig und unentgeltlich überzusetzen usf. Gastfreundschaft bedeutete auch sachkundige Beratung des Gastes hinsichtlich der Reiseroute, zu erwartender Gefahren und Risiken; Gastfreundschaft konnte Trost in Widrigkeiten (das Wort ›solatium‹ wird wiederholt im Sinne von ›Hilfe im weitesten Sinne‹, die Trost umfaßt, verwendet), Sterbehilfe und sogar ein würdiges Begräbnis einschließen.

Gastfreundschaft, wie Bonifatius sie in Anspruch nehmen konnte, enthob den Reisenden der Notwendigkeit, Geld mitzuführen; der Wanderer bot daher auch Räubern geringe Angriffsfläche, konnte er Wegelagerern doch guten Gewissens sagen, er habe kein Geld, auch keine Wertsachen; das Schreiben, »normalen« Ganoven ohnehin unverständlich, diente auch nur der jeweiligen Person. Die von Bonifatius vorgelegten Empfehlungsschreiben waren daher mindestens soviel wert wie manche, universell verwendbare Kreditkarte heute.

Wie kam es, daß Bonifatius – ein Mann mit Ecken und Kanten – jahrzehntelang uneigennützig gefördert wurde? daß er sich so weitgehender Gastfreundschaft erfreute? Bonifatius bewegte sich in einem Raum, der noch von germanischem und schon von christlichem Denken geprägt war; in beiden Welten spielt die Gastfreundschaft eine überragende Rolle, wie die – sicher nicht nur idealisierende – Darstellung des Tacitus und die Forderungen des Evangeliums zeigen. Andererseits war die Arbeit des Bonifatius den fränkischen Herrschern willkommen; er trug zum Landesausbau bei, wenn er Bistümer und Klöster gründete, Synoden leitete, korrupte Kleriker zurechtwies, aus seiner Heimat Gebildete in seinen Wirkungsbereich holte, die bereit waren, entsagungsvolle Entwicklungsarbeit zu leisten. Er hatte auch etwas zu bieten: Gesucht waren sein Rat, sein Gebet, gelegentlich sogar seine Geschenke. Bonifatius wußte Herrscher mit standesgemäßen Gaben für sich zu gewinnen: König Aethelbald von Mercien sendet er – für die königliche Jagd – einen Habicht und zwei Falken, ferner zwei Schilde und zwei Lanzen, diese sicher in kostbarer Prunkausfertigung. König Aethelbert II. von Kent bittet Bonifatius um die Übersendung von zwei Falken und schickt ihm einen silbernen, innen vergoldeten Trinkbecher im Gewicht von dreieinhalb Pfund und zwei »Zottelwämser«. Bonifatius sendet dem Erzbischof Ecbercht von York durch den Überbringer des Briefes »statt eines Kusses zwei Fäßchen mit Wein«: Bischof und Brüder sollen sich einen frohen Tag damit machen eingedenk der Liebe, die sie mit Bonifatius verbindet. Aus dem Inhalt anderer Briefe: Bonifatius teilt mit, daß er glücklich in Rom angekommen ist; er sucht Trost und Rat bei seinen Landsleuten in England; er bittet die Mönche von Monte Cassino, ihn in ihre Gebetsgemeinschaft aufzunehmen; er bittet den Papst um Entscheidung in strittigen Fragen des Glaubens oder der Kirchendisziplin; er bittet um Gebetshilfe für sein Missionswerk, um Entsendung von Mitarbeitern aus seiner Heimat, um Reliquien von Heiligen, um bestimmte Bücher (die Apostelgeschichte, Märtyrergeschichten, Kirchenväter, Beda), er bittet um Kleider, Räucherwerk, Gewürze . . .

Die zahlreichen überlieferten Briefe, die von und an Bonifatius geschrieben wurden, werfen ein Schlaglicht auf das Kommen und Gehen von Boten weltlicher und geistlicher Herren. Es wäre zu kurz gegriffen, wollte man diese Briefe als »Medium der Kommunikation« abtun. Wenn Boten Briefe des Bonifatius überbrachten, so trugen sie dazu bei, einem »Einzelkämpfer« Einsamkeit und oft unmenschliche Arbeitslast erträglich zu machen, ihn in eine Gemeinschaft von Betenden, Bittenden, Hoffenden, Wartenden einzubinden. Die Briefe decken ein vielschichtiges Geflecht von Beziehungen auf, die im Laufe der Jahrhunderte das Abendland immer stärker verklammern, es bei aller Vielgestaltigkeit auch vereinheitlichen – und die Bindungen zwischen der europäischen und der außereuropäischen Welt aufrechterhalten. Ein Briefpartner an der römischen Kurie schickt Bonifatius Zimt, Pfeffer und Weihrauch; diese Sendung zeigt, daß der Fernhandel mit Indien auch im 8. Jahrhundert nicht abgerissen war, trotz des Einbruchs der Araber in den Mittelmeerraum.

Unter den Pilgern, die nach Rom zogen, um dort Verzeihung ihrer Sünden zu erlangen, hatte es seit der Spätantike auch immer wieder Frauen gegeben. Diese waren unterwegs noch mehr als Männer gefährdet. Es ist bezeichnend, daß sogar eine Äbtissin Bonifatius in Sachen Romwallfahrt um Rat fragt. Schon seit langem, schreibt Äbtissin Eangyth um 720, verspüre sie das Verlangen, wie so viele ihrer Angehörigen und Verwandten, »die einstige Herrin der Welt Rom aufzusuchen und dort Verzeihung für unsere Sünden zu erlangen, wie viele andere getan haben und noch tun, und ich am meisten, die schon älter ist und weit mehr in meinem Leben gefehlt und gesündigt habe«. Eangyth räumt offen ein, sie werde von vielen eines solchen Reisevorhabens wegen gescholten; sie weiß auch, daß kirchliche Vorschriften gebieten, jeder solle Gott dort dienen, wo er sein Gelübde abgelegt hat. Trotzdem will sie von Bonifatius wissen, ob es für sie wohl heilsam und nützlich sei, »auf heimischem Boden zu leben oder in die Fremde zu ziehen« (sive in patrio solo vivere vel in peregrinatione exulare). Fast zwei Jahrzehnte später bittet die Tochter und Nachfolgerin dieser Äbtissin, offensichtlich von ähnlicher Unrast getrieben, Bonifatius um Rat. Dieser wagt nicht, »Dir von mir aus die Pilgerfahrt zu verbieten, aber auch nicht, sie Dir unbedenklich anzuraten«. Er rät zu Geduld und Abwarten, bis keine Sarazenengefahr mehr drohe, insgesamt zur Vorsicht; wenn Bugga ihr

Vorhaben im Gebet abgewogen habe, solle sie tun, wozu die Liebe zum Herrn sie treibe. Offener als in Briefen an Frauen äußert sich Bonifatius in einem langen Schreiben an Erzbischof Cudberth von Canterbury 747: Er wolle ihm seine Sorgen bezüglich weiblicher Pilger nicht verhehlen und ihm dringend naheleben, durch Synoden und königliches Gebot verheirateten Frauen und Ordensfrauen das Reisen nach Rom zu untersagen. Bonifatius zeigt, daß er unterwegs aufmerksam beobachtet und über seine Sorgen wohl auch mit anderen Menschen gesprochen hat: Die Rompilgerinnen gingen zum größten Teil zugrunde, nur wenige blieben rein. »Es gibt nämlich nur sehr wenige Städte in der Lombardei, in Franzien oder in Gallien, in der es nicht eine Ehebrecherin oder Hure gibt aus dem Stamm der Angeln. Das ist aber ein Ärgernis und eine Schande für Eure ganze Kirche.«

Bonifatius hat sich wiederholt des hier empfohlenen Mittels – Synoden und Gebot des Herrschers – bedient, um Mißstände in Kirche und Welt zu bekämpfen. Solche Synoden sollten zwei-, mindestens einmal jährlich zusammentreten; das heißt, daß Jahr für Jahr Kleriker (und Laien) die Wege bevölkerten, um an einem vereinbarten Platz über Fragen des Glaubens und der Sitte zu beraten, vielleicht angeklagte Mitbrüder zur Rechenschaft zu ziehen, ihre Beratungen schließlich in Beschlüsse zu fassen, die man im Kirchenrecht ›canones‹ nennt. Die häufige Wiederholung bestimmter Gebote zeigt, daß die gesellschaftliche Wirklichkeit der Norm nicht entsprach. Auf dem sogenannten Concilium Germanicum wird 742 den »Dienern Gottes« untersagt, Waffen zu tragen, zu kämpfen, ins Feld und gegen den Feind zu ziehen; ausgenommen sind nur diejenigen, die wegen der Feier des Meßopfers und der Mitnahme von Heiligenreliquien hierzu ausersehen sind. Der Fürst soll also einen oder zwei Bischöfe und die Priester der fürstlichen Kapelle bei sich haben, und jeder Befehlshaber einen Priester, »der denen, die ihre Sünden bekennen, ihr Urteil sprechen und die Buße auferlegen soll«; noch ein halbes Jahrtausend später gehört ein Hauskaplan zur Begleitung des vermögenden Kreuzfahrers. – 742 verbietet das Concilium Germanicum weiter »allen Dienern Gottes das Jagen und Herumstreifen in den Wäldern mit Hunden wie auch das Halten von Habichten und Falken«.

Den Verboten entsprechen Gebote, die die große, durch Anordnungen der Obrigkeit bewirkte Mobilität bestimmter Bevölkerungsgruppen spiegeln: Jeder Priester soll in der Fastenzeit dem zuständigen Bischof über seine Amtsführung, sein Leben, seinen Glauben und seine Lehre Rechenschaft geben. Bereist der Bischof seinen Sprengel, um das Volk zu firmen, sollen Äbte und Priester ihn aufnehmen und mit allem Erforderlichen unterstützen. Von den Bischöfen wird verlangt, daß sie sich in ihrer jeweiligen Diözese auskennen, von den Erzbischöfen, daß sie sich um ihre gesamte Kirchenprovinz kümmern. Eine bairische Synode aus der Mitte des 8. Jahrhunderts ruft zum Frieden auf (Verzicht auf Fluchen, Trunkenheit, Gebrauch von rechtem Maß und Gewicht) und schließt mit einem Gebot und einer Verheißung an alle Christen: »Daß sie Landfremde und Gäste in ihr Haus aufnehmen. Wenn sie das alles beachten, werden sie dafür ewigen Lohn bekommen und das Übel, das uns in der Welt trifft, wird mit Gottes Hilfe erträglicher sein.«

Nach großen Erfolgen – zu denen die Reform der Kirche des fränkischen Reiches durch Synoden und die Gründung des Klosters Fulda gehörten – und manchen Mißerfolgen – zu dem spektakulären Besuch des Papstes Stephan II. im Frankenreich wurde Bonifatius nicht eingeladen, obwohl er wie kein anderer die Bindungen zwischen Franken und Papst gefestigt hatte – wollte Bonifatius als etwa Achtzigjähriger an die Missionsarbeit anknüpfen, die er vierzig Jahre vorher vergeblich in Friesland angepackt hatte. Der Bericht seines Biographen bringt Einzelheiten zur Binnenschiffahrt und zur Versorgung einer Gruppe von Missionaren: Zusammen mit mehreren Begleitern fährt Bonifatius rheinabwärts; die Schiffsreise erlaubt, mehr und bequemer Gepäck mitzunehmen, als das zu Lande möglich wäre. Zur Ausrüstung gehören zahlreiche Bücher; Bonifatius trug auf Reisen immer auch Reliquien bei sich. Nachts sucht die Gruppe jeweils einen Hafen auf. Über den Rhein und die – seinerzeit noch nicht so große – Zuidersee kommt man nach Friesland, wo Bonifatius jetzt mehr Erfolg bei der Predigt hat.

Die Missionare schlafen in Zelten, wie jahrhundertelang noch weltliche und kirchliche Große auf ihren Reisen; der nötige Lebensbedarf, zu dem auch ein Fäßchen Wein gehört, ist auf den Booten untergebracht. Warum Wein, so möchte man fragen. Man wußte, daß

206

Wasser oft ungesund und verseucht, Wein dagegen, in Maßen genossen, gesund und kreislaufstärkend ist; nicht von ungefähr bringt Rotkäppchen der Großmutter auch eine Flasche Wein. Und: Benedikt hatte seinen Mönchen ausdrücklich den Weingenuß gestattet, eine Selbstverständlichkeit im Mittelmeerraum. Vor allem aber: Bonifatius hatte die Reise gut geplant; im letzten Kapitel seiner Vita heißt es, Süßwassermangel bereite »in fast ganz Friesland« Mensch und Vieh große Unannehmlichkeiten, denn Grund- und Flußwasser seien brackig. An dem Tage, der für die Firmung der Neugetauften vorgesehen ist, werden Bonifatius und seine Gefährten von Räubern erschlagen. Die Vita schließt mit einem Wunder: An der Stelle, an der Bonifatius den Tod fand, sprudelte plötzlich ein herrlich schmeckender süßer Quell hervor, »ganz gegen dieses Landes Natur«.

Der Leichnam des Bonifatius wird zu Schiff nach Utrecht überführt und dort provisorisch beigesetzt; wenig später wird er feierlich, »unter Psalmen und Lobgesängen und ohne großes Mühen der Ruderer« rheinaufwärts geleitet; dreißig Tage nach seinem Tode trifft die sterbliche Hülle des Bonifatius in Mainz, vielleicht – die Quellen widersprechen sich hier etwas – sogar schon in Fulda ein. Diese Gründung hatte Bonifatius von langer Hand zu seiner Grablege bestimmt.

Von nah und fern strömen Menschen zusammen, um den Heimgegangenen zu ehren. Die Heiligkeit des Verstorbenen erweist sich gleich darin, daß Kranke, Krüppel, Mühselige und Beladene an seinem Grabe Heilung finden. Als Wallfahrtsort war Fulda zwar zu keiner Zeit mit Canterbury vergleichbar; doch dürfte auch das Grab des hl. Bonifatius im Laufe der Jahrhunderte von Millionen von Menschen aufgesucht worden sein, die um Befreiung aus Not bitten oder für Hilfe danken wollten. Noch heute reisen Jahr um Jahr die deutschen Bischöfe nach Fulda, um am Grabe des Bonifatius Fragen zu beraten, die Kirche und Gesellschaft in Deutschland betreffen.

REISEKÖNIGTUM

Karl der Große unterwegs

Und es feierte der genannte milde König Weihnachten auf dem Hofgut Herstal und Ostern ebenso... 779 zog König Karl durch Neustrien und kam zu dem Hofgut Compiègne... Der Reichstag war auf dem Hofgut Düren und man zog nach Sachsen. Bei Lippeham wurde der Rhein überschritten, und die Sachsen wollten sich bei Bocholt zur Wehr setzen; dank der Hilfe Gottes gewannen sie nicht die Oberhand... Die Sachsen vom rechten Weserufer stellten... Geiseln und leisteten darauf Eide. Und dann kehrte der genannte ruhmreiche König nach Franzien zurück. Und er feierte Weihnachten in der Stadt Worms und Ostern ebenso. 780 gelangte König Karl, als er auszog, um Sachsen zu ordnen, zur Eresburg und weiter an den Lippeursprung und hielt dort eine Versammlung ab. Von da zog er weiter zur Elbe und unterwegs wurden... viele getauft. Und er erreichte die Elbe an der Ohremündung, dort traf er alle Anordnungen sowohl für Sachsen wie auch für die Slaven, und der genannte treffliche König kehrte heim nach Franzien. Dann entschloß er sich, zum Gebet nach Rom zu ziehen zusammen mit seiner Gemahlin, der Königin Hildegard. Und er feierte Weihnachten in der Stadt Pavia und... 781, am Ende der genannten Reise feierte er Ostern in Rom. ... Und als König Karl von dort zurückkehrte, kam er in die Stadt Mailand, und hier wurde seine Tochter Gisela vom Erzbischof Thomas getauft... Und von hier kehrte er nach Franzien zurück.«

Ähnlich lauten Jahr um Jahr die Einträge in der offiziösen fränkischen Geschichtsschreibung, den sogenannten »Reichsannalen«. Karl der Große war – wie sein Vater und Großvater, wie seine Söhne und Enkel, wie viele Äbte und Bischöfe, zeitweilig auch die Päpste – jedes Jahr wochen-, oft monatelang unterwegs. Der Reiseweg, das sogenannte Itinerar, läßt sich für viele weltliche und geistliche Herr-

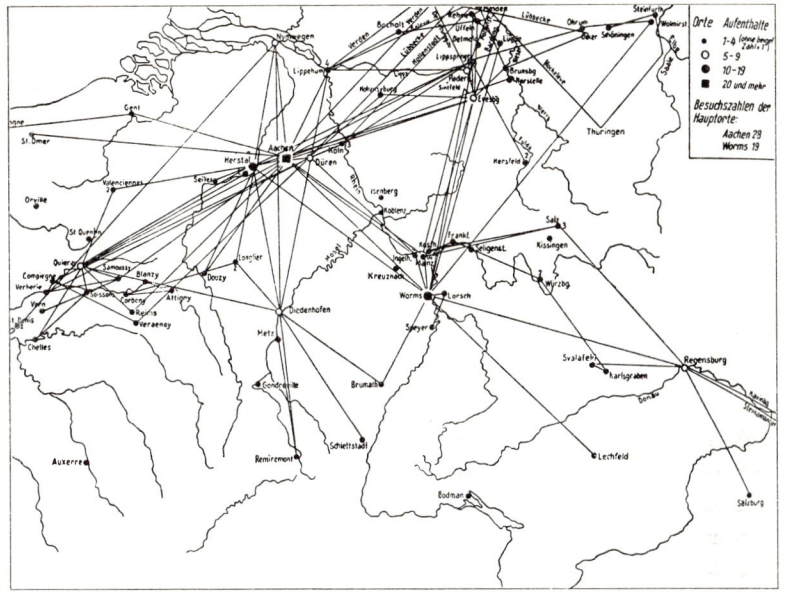

Itinerar Karls des Großen. Der Reiseweg Karls d. Großen mag eine Vorstellung davon geben, welchen Belastungen mittelalterliche Herrscher ausgesetzt waren. Das Itinerar ist unvollständig, u. a. sind die Rom-Züge nicht eingetragen. Zentren der Herrschaft werden deutlich im Raum zwischen Seine und Oise, im Aachener Raum, im Rhein-Main-Dreieck und in Sachsen. Manche Gebiete des Großreiches wurden von Karl selten oder nie aufgesucht, z. B. Zentralfrankreich.

scher oft recht genau rekonstruieren dank solcher Aufzeichnungen, vor allem aber anhand von Urkunden, die Ausstellungsort und -datum nennen. Man hat berechnet, daß Karl in den viereinhalb Jahrzehnten seiner Königsherrschaft Entfernungen zurückgelegt hat, die zusammen dem mehrfachen Erdumfang entsprechen. Ähnliche Leistungen sind von einem islamischen Herrscher aus der Kreuzzugszeit bekannt. Sultan Baibar soll in den siebzehn Jahren seiner Regierung (1260–1277) achtunddreißig Feldzüge geführt, in fünfzehn Schlachten selbst gefochten und insgesamt etwa 40 000 Kilometer zurückgelegt haben.

209

Karl dürfte den größten Teil der Strecken, von denen die Reichsannalen der Jahre 779–781 schreiben, zu Pferde zurückgelegt haben; das Frankenreich wurde zwar von zahlreichen schiffbaren Flüssen durchzogen, doch entsprach deren Verlauf nur streckenweise den Wegen, die der König und sein Gefolge um 780 zurücklegten. Erst Jahrhunderte später ließen sich in Europa auch gesunde, kräftige Herrscher wieder in Sänften tragen; das Vorbild von Byzanz könnte auch in dieser Hinsicht prägend gewirkt haben; dort waren manche Errungenschaften des Römischen Reiches nie in Vergessenheit geraten.

Erst in den letzten zwei Jahrzehnten der Regierungszeit Karls fielen der Pfalz Aachen zunehmend Aufgaben einer Residenz zu. Doch übte der König auch dann noch sein Herrscheramt häufig im Umherziehen aus – wie später französische und deutsche Könige. Anders als in Frankreich, kam es in Deutschland nicht zur Ausbildung einer Hauptstadt. Hier gab es nur zeitweilige Quasi-Hauptstädte, unter Otto dem Großen z. B. Magdeburg, unter Karl IV. Prag. Das Fehlen einer Hauptstadt mit festen Behörden, einem Beamtenapparat, Archiven, Gebäuden begünstigte und bedingte die Beweglichkeit mittelalterlicher Herrscher. Ein Großreich wie das Karls des Großen wäre von einer Zentrale aus schwer zu verwalten gewesen; wenn Paris im Mittelalter zeitweilig Hauptstadtfunktionen wahrnahm, dann auch deshalb, weil das zu regierende Reich ungleich kleiner war als das »Imperium«.

Es genügt ein Blick in einen Geschichtsatlas, um sich die Dimensionen des Karlsreiches nach der Eroberung des Langobardenreiches, der Spanischen Mark und Sachsens zu vergegenwärtigen: Barcelona–Hamburg 1500 Kilometer, Nantes–Linz 1200 Kilometer, Hamburg–Rom 1300 Kilometer Luftlinie. Angesichts schlechter Wege, fehlender Brücken, ausgedehnter Wälder, Sümpfe und schwer passierbarer Gebirge war ein Bote vom Ebro bis an die Elbe mindestens einen Monat lang unterwegs; einen weiteren Monat brauchte er, um den Bescheid des Königs jenseits der Pyrenäen bekanntzumachen. So gesehen, lag der Kern des Karolingerreiches günstig; er verschob sich in der jahrzehntelangen Regierungszeit Karls aus dem Raum zwischen Marne und Oise/Aisne in den Raum zwischen Rhein und Maas bzw. in das Rhein-Main-Gebiet; für diese Bereiche nannten die eingangs zitierten Reichsannalen zum Jahr 780 stellvertretend Compiègne, Düren und Worms.

Im 7./8. Jahrhundert läßt sich eine auffällige Veränderung im Frankenreich beobachten, ein Bruch mit der antiken Stadtkultur. Die den Karolingern vorangehenden Merowingerkönige hatten in römischen Städten – Reims, Soissons, Paris und Orléans – residiert. Die Karolinger lebten lieber auf dem Land. Herstal, Compiègne, Düren stehen stellvertretend für zahlreiche Hofgüter, deren Bedeutung für das Reisekönigtum man kaum überschätzen kann und die deshalb noch eingehend betrachtet werden sollen. Hier sei schon vermerkt, daß die Hofgüter geeignet sein mußten, den König und ein größeres Gefolge sogar an hohen Festen aufzunehmen.

Wären die Feste bedeutungslos gewesen, hätte der Verfasser der Annalen sie, wie viele Einzelheiten, mit Schweigen übergangen. Wie aus anderen Quellen hervorgeht, wie auch aus anderen Ländern – England nach der Eroberung durch die Normannen etwa – bekannt ist, legten die Herrscher größten Wert darauf, an hohen kirchlichen Feiertagen ihr Gottesgnadentum in Erscheinung treten zu lassen und ihre Herrschaft allem Volk, Mächtigen und Schwachen, augenfällig sichtbar zu machen. Von langer Hand wurde der Aufenthalt zu Weihnachten oder Ostern an einem bestimmten Ort geplant, dorthin wurden auch auswärtige Gesandtschaften bestellt, denen der König »in Amt und Würden« begegnen wollte. Wenn Karl Weihnachten in Pavia und Ostern in Rom feiert, dann sind das hochpolitische Machtdemonstrationen: Pavia war die Hauptstadt des erst vor wenigen Jahren annektierten Langobardenreiches, und auf Rom hatte Byzanz noch keineswegs verzichtet.

779 wurde ein Reichstag nach Düren einberufen. Da Karl auch Bischöfe und Äbte einsetzte, sogar in dogmatische Lehrstreitigkeiten eingriff, war es nur naheliegend, daß auf Reichstagen über alle Fragen beraten und entschieden wurde, die das Reich angingen; die endgültige Trennung zwischen regnum und sacerdotium, Königsamt und Priesteramt, wurde ja erst Jahrhunderte später gefordert und nach dem Investiturstreit teilweise verwirklicht. Zum Reichstag waren daher im allgemeinen weltliche *und* geistliche Herren aufgeboten. Hofgüter wie Düren, Frankfurt, Ingelheim mußten daher so angelegt

sein, daß hierhin auch große Versammlungen einberufen werden konnten. Hier herrschte ein Kommen und Gehen von Würdenträgern, Boten, Lebensmitteltransporten, Händlern, Hausierern und Unterhaltern.

Wohngebäude, Ställe, Scheunen und Werkstätten der aufgesuchten Hofgüter mußten so eingerichtet sein, daß der König und seine Familie angemessen beherbergt werden konnten. Aufwendige Repräsentationsbauten waren eher den Pfalzen vorbehalten, die sich von Hofgütern oft kaum unterschieden haben werden. In einer Pfalz erwartet man auch ein »oratorium«, eine Kapelle zur Feier des herrscherlichen Gottesdienstes. Wenn der König Weihnachten und Ostern in Herstal verbrachte, wird dieses Hofgut über eine eigene Kapelle verfügt haben.

Stein als Baumaterial war bis weit ins Hochmittelalter Kirchen vorbehalten. Auch die Wohngebäude der Pfalzen und Hofgüter wurden lange Zeit aus Holz, Lehm und Flechtwerk gebaut, gut wärmeisolierenden Materialien, so daß es im Innern dieser Häuser im Sommer kühl blieb und die beheizbaren Räume im Winter leichter zu wärmen waren; solche Gebäude hatten allerdings auch Nachteile, wie viele Häuser hierzulande noch in unserem Jahrhundert: Sie waren nicht gegen das Aufsteigen der Bodenfeuchtigkeit isoliert und stärker als Steingebäude durch Feuer gefährdet; zum Jahr 790 melden die Reichsannalen, die Pfalz in Worms sei abgebrannt.

Da nur ein Bruchteil der Reichstagsbesucher in Wohngebäuden unterzubringen waren, mußten auch Große aus Reich und Kirche selber für Unterkunft sorgen, erst recht natürlich bei der Versammlung in Lippspringe 780; sie schlugen Zelte auf, wie Bonifatius in Friesland und wie die Gäste Kaiser Friedrichs Barbarossa auf dem großen Hoffest 1184 in Mainz. Das Schlafen im eigenen Zelt, in eigenen Decken oder Fellen wird vielen willkommener gewesen sein als eine Übernachtung in stickigen, schlecht gelüfteten Räumen, von klammem Bettzeug und Ungeziefer ganz zu schweigen. Heute zieht ja wieder mancher wohlhabende Zeitgenosse dem Hotel die Übernachtung im – möglicherweise sehr komfortablen – Zelt vor. Zur Zeit Karls des Großen gab es eine solche Alternative allerdings kaum.

Reichstage wurden von Karl oft in den Aufmarschraum geplanter

Feldzüge einberufen: 773 vor dem Langobardenfeldzug nach Genf, 779 vor dem Sachsenzug nach Düren, 780 sogar nach Sachsen. Hinter solchen Anordnungen stand die Einsicht, daß man den Aufgebotenen keine unnötigen Strecken zumuten durfte; auch ein Großreich mußte mit seinen begrenzten Kapazitäten an Helfern und Hilfsgütern schonend umgehen.

Bis weit in die Neuzeit fanden in Mitteleuropa die Feldzüge vorzugsweise im Frühjahr bzw. Sommer statt: Im Frühjahr drohten immerhin noch Hochwasser und Überschwemmungen, die dem fränkischen Heer 784 und 785 arg zu schaffen machten; im Sommer waren die Wege besser begeh- und befahrbar als unter Herbst- und Winterregen; dann war auch das Problem der Unterbringung leichter zu lösen. Der einfache Krieger schlief wohl unter offenem Himmel, in ein Fell gehüllt; bei Nachschubschwierigkeiten konnte die Truppe sich im Sommer notfalls einige Tage von dem ernähren, was man in Wald und Feld fand. Immerhin wäre eine Trockenheit im Sommer 772 beinahe dem fränkischen Heer in Sachsen verhängnisvoll geworden; die Zeitgenossen betrachteten es als ein Wunder, daß rechtzeitig im Bereiche dieses Heeres ausreichend Regen fiel. Im Spätsommer wurde die gegnerische Ernte eingebracht oder zerstört; das erschwerte dem Feind das Überleben und machte ihn zur Unterwerfung geneigter. Im Herbst wurde das Heer normalerweise entlassen, da Versorgung und Unterbringung einer großen Anzahl von Menschen im Winter Probleme aufwarfen. Ein weiteres Moment kam hinzu: Mittelalterliche Könige widmeten sich leidenschaftlich gern der Jagd; dieser königliche Sport verband das Vergnügen mit dem laufenden Training des Körpers für den kriegerischen Ernstfall. Von Karl berichten die Reichsannalen z. B. zum Jahr 804, er habe das Heer entlassen und sich nach Aachen begeben; dann sei er zur Jagd in die Ardennen aufgebrochen, um später – wohl mit Einbruch des Winters – nach Aachen zurückzukehren. Solche Regeln schlossen Ausnahmen nicht aus: Auch Karl der Große ließ wiederholt – als Überraschungsmoment – Winterfeldzüge durchführen, 784 gegen Sachsen, 787 nach Italien; ein Jahrzehnt später begibt er sich Mitte November zum Überwintern nach Sachsen: Dem Feind wird vor Augen geführt, daß die Franken sich auf Dauer in ihrem Land eingerichtet haben.

779 wurde der Rhein bei Lippeham, unweit Wesel überquert. Das Ereignis war dem Schreiber keine weiteren Angaben wert. Zum Jahr 778 war dagegen betont worden, das fränkische Heer sei durch eine Ebrofurt gezogen. Der Niederrhein führte wohl auch in trockenen Sommern so viel Wasser, daß er nicht an einer Furt zu durchqueren war – anders als etwa der Main. Da das fränkische Heer nach Aussage der Reichsannalen zum Jahr 789 zwei Brücken mit befestigten Brückenköpfen über die Elbe gebaut hat, drei Jahre später eine Schiffbrücke über die Donau, und da eine feste Brücke ausscheidet, wird das Heer 779 den Rhein auf Booten und Lastkähnen überquert haben, die man rechtzeitig hierhin beordert hatte.

Über die weitere Route machen die Annalen keine Angaben, auch nicht zu der Frage, über welche Wege Karl später »nach Franzien« zurückgekehrt ist. Auch im rechtsrheinischen Gebiet gab es seit unvordenklichen Zeiten Wege, die allerdings nicht mit den mehr oder weniger gut erhaltenen Römerstraßen im linksrheinischen Gebiet zu vergleichen waren, über die auch Karl der Große und seine Zeitgenossen noch gezogen sind. Im Zusammenhang mit einer Reichsversammlung in Paderborn heißt es in den Reichsannalen, Karl habe Straßen und Wege in Sachsen »säubern« lassen, »auf offenen Wegen« habe Friede geherrscht (785). Zum Jahr 797 wird betont, daß das fränkische Heer durch Sümpfe und »unwegsames« Land in Sachsen gezogen sei, auch das wieder ein Hinweis darauf, daß man normalerweise Wege benutzen konnte.

Zum Jahr 780 melden die Reichsannalen: »Und unterwegs wurden viele getauft.« Die Taufe konnte von Klerikern gespendet werden, deren Anwesenheit im Heer die von Bonifatius angeregten Reformsynoden ausdrücklich vorgesehen hatten. Bei solchen Taufen kam es nicht auf Umkehr an; die »innere Christianisierung« Europas setzte erst mit der kirchlichen Reformbewegung im 11. Jahrhundert ein, sie wurde weiter gefördert durch die Bettelorden seit dem 13. Jahrhundert und erreichte erst mit Reformation und Gegenreformation im 16. Jahrhundert eine gewisse Tiefe. Die Taufe der Sachsen stellte die Bindung an das Fränkische Reich auf eine doppelte Basis: Zu dem Treueeid dem Kaiser gegenüber kam das Taufgelöbnis; ein Rückfall ins Heidentum wurde mit Leib-, Lebens- und Vermögensstrafen geahndet. Wie es bei Massentaufen gelegentlich zuging, zeigt Heinrich von Lettland in seiner Livländischen Chronik zum Jahre 1216: Belagerte Esten sahen sich von Hunger und Durst zum Aufgeben gezwungen. Friede wurde ihnen unter der Bedingung versprochen, daß sie das Christentum annähmen. Die Esten erklärten sich dazu bereit; ein Priester wurde zu ihnen in die Burg geschickt, der sie segnete und sprach: »›Wollt ihr‹, sagte er, ›dem Götzendienst entsagen und an den einen Gott der Christen glauben?‹ Und da alle antworteten: ›Wir wollen‹, besprengte er sie mit Wasser und sagte: ›So werdet denn alle getauft im Namen des Vaters, des Sohnes und des Heiligen Geistes.‹ Als das vollzogen war, erhielten sie Frieden, und nachdem die Söhne der Ältesten als Geiseln übergeben waren, kehrte das Heer mit dem ganzen Raub, der Beute und den Gefangenen nach Livland zurück und lobte Gott, der gepriesen ist in Ewigkeit, für die Bekehrung der Heiden.«

Daß sich Karl nicht mit der Unterwerfung der Sachsen zufriedengab, daß er sich als Werkzeug in der Hand Gottes verstand, entsprach seinem Selbstverständnis als Herrscher, das ihm die Ausbreitung des Christentums zur Pflicht machte.

Karl, so heißt es in den Reichsannalen zum Jahre 780, habe »zum Gebet« nach Rom ziehen wollen. Hinter dieser Reise stand nicht ein verzweifelter Hilferuf wie 755 und 756, als sein Vater Pippin zugunsten des Papstes gegen die Langobarden gezogen war, oder wie 799, als Karl von einem vertriebenen, übel beleumundeten Papst zu seinem dritten Romzug gerufen wurde. Als Hauptmotiv wird das Gebet genannt - Verschleierung politischer oder militärischer Absichten? Die Romverehrung der Franken geht in die Merowingerzeit zurück und wurde durch Bonifatius nachhaltig gefördert. An einem guten Verhältnis zum »Himmelspförtner« mußte jedem gelegen sein, der sein und seines Reiches Heil ernstnahm. Auf einer solchen Reise wurden auch Verhandlungen geführt mit Bischöfen, Äbten und weltlichen Machthabern, und selbstverständlich wurde die Gelegenheit genutzt, in den Metropolen zweier Reiche an Weihnachten und Ostern »Flagge zu zeigen«, Herrschaft zu demonstrieren. Zum Jahr 786 melden die Reichsannalen wieder, Karl sei »nach Rom gezogen, um an der Schwelle der seligen Apostel zu beten«; weiter heißt es: »und die italischen Angelegenheiten zu ordnen und mit den Boten des Kaisers Verhandlungen zu führen wegen ihrer Einigung, und das geschah so.«

In einer Zeit, in der kirchlicher und weltlicher Bereich aufs engste miteinander verbunden waren, standen hinter »Staatsaktionen« meist mehrere - politische, religiöse und andere – Motive; der Historiker hat auch die religiösen ernstzunehmen. Von Karls Vater berichten dieselben Quellen: Ernsthaft erkrankt, sei Pippin 768 von Saintes heimwärts gezogen; über Tours, wo er ein Gebet zum hl. Martin sprach, »kam er zum hl. Dionysius und starb dort«. Diese Ausdrucksweise beweist die enge Verbundenheit des Menschen mit den Heiligen. Pippin zog nicht nach Tours und St. Denis, sondern zu den Heiligen Martin und Dionysius. Der hl. Martin war der bedeutendste Heilige des Karolingerreiches; seine Reliquien wurden als siegverheißende Zeichen sogar in die Schlacht mitgenommen. Ähnlicher Verehrung erfreute sich der hl. Dionysius, von dem die Legende berichtet, er habe nach der Enthauptung seinen Kopf in die Hände genommen und sei bis zu dem Berg gegangen, der zu seinen und anderer Märtyrer Ehren mons martyrum, Montmartre genannt wurde.

Die Quelle schweigt zum Reiseweg Karls; zu den Alpenpässen, die er auf Hin- und Rückweg zu überqueren hatte; zur Jahreszeit; zur Größe des Gefolges; zum Vorhandensein oder Nichtvorhandensein von Saumtierhaltern; zu der Frage, von welchem Punkte an auch der Herrscher absitzen und den beschwerlichen Marsch auf schmalen, steilen Pfaden zu Fuß fortsetzen mußte.

Karl zog mit der Königin Hildegard nach Rom. Das war ungewöhnlich, deshalb haben die Reichsannalen diese Einzelheit festgehalten. Geht man der Angabe nach, so fallen Schlaglichter auf die Belastung, der im Mittelalter der Herrscher *und* seine Gemahlin ausgesetzt waren. Inhaber von Führungspositionen zahlten einen hohen Preis für das Ansehen, das sie ihrem Amt verdankten. Man war unterwegs bei Wind und Wetter, konnte auch im Sommer bis auf die Haut naß werden; eine Erkältung ging schnell in eine lebensgefährliche Lungenentzündung über. Untergebracht war man in schmuddeligen Herbergen oder in windigen Zelten; zwischen klammem Bettzeug fand man nachts keinen Schlaf, geplagt von Flöhen, Wanzen, dem Geraschel von Mäusen und Ratten, vielleicht auch von juckenden Frostbeulen – zu schweigen von unruhigen Bettgenossen. Obwohl man kaum mit erquickendem Schlaf rechnen konnte, sollte man am nächsten Tag überlegen auftreten: Mürrische Bedienstete waren anzuweisen, Boten abzufertigen, weltliche und geistliche Fürsten zuvorkommend zu empfangen. Diese stießen unterwegs zum Zug des Herrschers, baten, flehten, drohten, um ein offenes Ohr für ihre Anliegen zu finden – und suchten die Königin als Vermittlerin zu gewinnen. Immer wieder heißt es in Urkunden, diese oder jene Schenkung, Bestätigung, Verleihung sei »auch auf Bitten unserer lieben Gemahlin« erfolgt. Dann wieder Zusammenpacken, Aufbruch, Weiterreisen. Was transportiert werden mußte, hatte seinen eigenen Platz auf einem bestimmten Packtier oder – später – einem bestimmten Fahrzeug. Das planmäßige Ein- und Auspacken war eine Routineangelegenheit, die in schriftlichen Quellen nur andeutungsweise erwähnt wird.

Über Königin Hildegard, die ihren Gemahl nach Rom begleitet, sind wir recht gut informiert; an ihrem Beispiel seien daher Einzelheiten zum Thema »Frauen auf Reisen« aufgezeigt, die auch für andere Frauen gegolten haben dürften, von denen die Quellen aber schweigen. Karl der Große hatte 771 in zweiter Ehe die dreizehnjährige Hildegard geheiratet. In den zwölf Jahren ihrer Ehe mit Karl hat sie neun Kinder geboren (von allen übrigen Frauen hatte Karl ebenfalls mindestens neun Kinder); bei der Geburt ihres ersten Kindes war Hildegard vierzehn oder fünfzehn Jahre alt; Gisela, von der der Quellenauszug berichtet, war das vorletzte, 781 geborene Kind des Königspaars. Da Gisela in Mailand getauft wurde, ist anzunehmen, daß sie zwischen Rom und Mailand geboren wurde. Das würde bedeuten, daß ihre Mutter hochschwanger über Wege und Stege, Pässe und Flüsse, durch Berge und Wälder gereist ist. Mindestens neun Geburten in zwölf Jahren und derartige Reisen machen verständlich, daß Hildegard nur fünfundzwanzig Jahre alt geworden ist: Die Mehrfachbelastung durch Mutterschaft, Reisen, Unruhe am Hof dürfte die Königin vorzeitig verschlissen haben, wie viele ihrer Schicksalsgefährtinnen.

Die Ehefrau konnte den Herrscher nicht auf alle Reisen begleiten. Um so größer war die Freude bei der Feier der glücklichen Heimkehr. Außereheliche Beziehungen dürften sich auch mit der häufigen und langen Trennung der Partner erklären. Karl war im Laufe seines Lebens mit vier Ehefrauen und mit noch mindestens sechs Konkubinen verbunden.

Militärische Unternehmungen nach Bayern und Sachsen waren so erfolgreich verlaufen, daß die wenigen Worte der Reichsannalen zum Jahr 790 – kein Heereszug, Feier von Weihnachten und Ostern in Worms – von einem Bearbeiter dieser Annalen in charakteristischer Weise ergänzt wurden. Man erwartete vom König das Unterwegssein; für die Zeit seines Aufenthaltes war er Richter, konnte örtliche Machthaber gegebenenfalls zur Rechenschaft ziehen und vielleicht auch dem »kleinen Mann« zu seinem Recht verhelfen. Mehr noch: Die in vorchristliche Zeit zurückreichende Vorstellung, daß der König Heilsbringer sei, durch seine Anwesenheit Feldern, Vieh und Menschen Fruchtbarkeit schenke, lebte noch Jahrhunderte nach der Taufe Chlodwigs und seiner Franken 496 weiter, mehr oder weniger von christlichen Vorstellungen überlagert, wie manches Fest und mancher Brauch. Zum Jahr 790 heißt es also in der Bearbeitung der Reichsannalen: »Um nicht den Eindruck zu erwecken, als sei er in Nichtstun erschlafft und vertrödele die Zeit, fuhr der König zu Schiff auf dem Main hinauf nach der Pfalz, die er in Germanien in Salz an der fränkischen Saale erbaut hatte, und kehrte dann wieder auf demselben Fluß zu Tal nach Worms zurück.«

Königsboten

Soviel der König auch unterwegs war, ein Großreich wie das fränkische um 800 brauchte Einrichtungen zur ständigen Überwachung von Recht und Ordnung. 802 wurde das Kontrollorgan der »missi dominici«, der Gesandten des Herrn Königs, eingerichtet. »Kluge und weise Männer« aus dem Kreis der kirchlichen und weltlichen Großen sollten zugewiesene Reichsteile bereisen und kontrollieren. Ähnliche Institutionen hat es auch später in Großreichen gegeben, die Tagfahrt mittlerer Verwaltungsbeamter in die einzelnen Dörfer noch im 19. Jahrhundert oder den »Revisor«, wie man ihn aus Gogols Drama kennt.

Die »Gesandten des Herrn Karl« sollen an Ort und Stelle jeweils genaue Untersuchungen anstellen und dem König anschließend Bericht erstatten; wenn sie Mißbräuche nicht abstellen können, sollen sie die Dinge ohne Umschweife dem Gericht des Kaisers unterbreiten; es dürfe nämlich nicht vorkommen, daß »Speichelleckerei, Bestechung, Vetternwirtschaft oder Furcht vor mächtigen Menschen die Justiz auf ihrem Wege aufhält«. Als besonders gefährdet gelten die Kirchen Gottes, die Armen, und unter diesen vor allem die Witwen und Waisen.

803 waren der Abt von St. Denis und der Graf von Paris als Königsboten für das Gebiet von Paris und Rouen zusammengespannt. Es lohnt ein Blick in den ihnen mitgegebenen Frageraster. Abt und Graf sollen untersuchen, ob Bischöfe, Priester, Äbte, Mönche, Nonnen nach den Vorschriften der Kirche leben und ihren Pflichten nachkommen oder ob sie nachlässig und faul sind; ob die Priester die Psalmen kennen, ob sie die Taufaspiranten im christlichen Glauben unterweisen, ob sie in der Lage sind, Gebete besonderer Messen – zum Beispiel für Tote – je nach Geschlecht und Zahl derer, für die gebetet wird, abzuwandeln; die Königsboten sollen prüfen, was die Priester zur Belehrung der Gemeinde in der Predigt leisten, welche Bußen sie den Sündern auferlegen und was sie zur Wiedergutmachung von Schäden veranlassen. »Wichtiger aber als alles andere ist es, daß sie sich über Lebensweise und Keuschheit der Priester unterrichten, ob diese Vorbild und Beispiel für ihre Christengemeinde sind.« Die Königsboten sollen feststellen, ob Laien Kirchengut entfremdet haben; ob unter Bischöfen, Äbten, Grafen, Äbtissinnen sowie den Dienern des Königs Eintracht und Freundschaft herrschen oder ob es Streit gibt – um Rechte und Besitzungen, wie man ergänzen kann. Die Boten sollen danach forschen, ob es Fälle von Meineid, Mord, Ehebruch gegeben hat; ob arme Menschen von den Beamten bei der Erfüllung ihrer Militärdienstpflicht bedrückt werden, etwa dadurch, daß man sie Jahr um Jahr zum Kriegsdienst zwingt, so daß sie ihre Länder nicht

mehr bestellen, die Abgaben nicht mehr leisten können und gezwungen sind, ihre Freiheit aufzugeben; die Königsboten sollen prüfen, ob an der Küste auch die befohlenen Schiffe gebaut werden ...

Lange Fragekataloge bekamen die Königsboten mit auf ihren Weg. Und es handelte sich hier nur um Rahmeninstruktionen: In diesem Sinne sollt ihr sorgfältig forschen, ob alles dem kirchlichen und weltlichen Recht entspricht. Dieses Kontrollinstrument konnte nur so lange funktionieren, wie bestimmte Voraussetzungen gegeben waren: Hinter den Entsandten mußte eine starke Gewalt stehen, die dafür bürgte, daß sie als Boten unbescholtene und unbestechliche Männer schickte; die Königsboten mußten dafür bekannt sein, daß sie aufgedeckte Mißstände ohne Ansehen der Person bestraften, gegebenenfalls die Ämter mit geeigneteren Personen besetzten; die Zentralgewalt mußte die von ihr ausgesandten Kontrolleure gegen Angriffe aller Art in Schutz nehmen. Diese Voraussetzungen waren im Reich Karls bestenfalls punktförmig gegeben. Die »missi dominici« dürften manchen Mißstand abgestellt, manchem Unschuldigen zu seinem Recht verholfen haben; die Quellen bleiben jedoch voll von Klagen über Bedrückung und Unrecht, sicher auch deshalb, weil es an geeigneten Kontrolleuren fehlte. Denn es bestand ja die Gefahr, daß ein Loch gestopft und damit ein anderes aufgerissen wurde: Wenn der Abt von St. Denis monatelang als Königsbote unterwegs war, konnte er nicht gleichzeitig in seinem Konvent nach dem Rechten sehen.

Der Königsdienst des
Abtes von St. Quentin

Wir befehlen dir, am 17. Juni mit allen deinen wohlbewaffneten und ausgerüsteten Leuten in Staßfurt an der Bode dich einzufinden. Du wirst also wohlvorbereitet mit deinen Leuten an dem genannten Platze erscheinen, um von hier aus, wohin dich auch unser Befehl schicken mag, eine militärische Expedition durchzuführen; das heißt mit Waffen und Gerät und aller anderen kriegerischen Ausrüstung, mit Proviant und Bekleidung ...« Mit diesen Worten wendet sich Karl der Große an einen seiner Großen, den Abt Fulrad von St. Quentin.

St. Quentin gehörte zu den sogenannten Reichsklöstern, das heißt, es stand im Schutz von König und Reich, es wurde von diesen gefördert *und* gefordert. Klöster wie St. Quentin, Fulda, Reichenau, St. Gallen und die Bistümer bildeten zusammen die Reichskirche, die König und Reich gegenüber zu Diensten und Abgaben verpflichtet war. Reichsklöster konnten nicht nur durch Brand oder Krieg verarmen, sondern auch durch Dienste für den König, die ihre Leistungsfähigkeit überschritten. Deshalb traf man im 9. Jahrhundert eine Unterscheidung. Es gab Klöster, die nur zum Gebet für König und Reich verpflichtet waren, andere hatten Gebet und wirtschaftliche Leistungen zu erbringen; von einer dritten Gruppe, zu der auch St. Quentin gehörte, wurden Gebet, wirtschaftliche Leistungen und Kriegsdienst verlangt.

Hätte Abt Fulrad nicht gewußt, welcher Anspruch und welche Legitimation hinter der Aufforderung standen, so hätten ihn die ersten Sätze des Schreibens unmißverständlich belehrt. Karl eröffnet seinen Brief nämlich wie ein Gebet: »Im Namen des Vaters und des Sohnes und des Heiligen Geistes.« Er stellt sich vor als »von Gott gekrönter, großer und friedenbringender Kaiser, dank der Barmherzigkeit Gottes auch König der Franken und der Langobarden« (Carolus serenissimus augustus a Deo coronatus, magnus pacificus imperator, qui et per misericordiam Dei rex Francorum et Langobardorum). Auch die weiteren Anforderungen dulden in ihrem herrischen Ton keinen Widerspruch. Sie werfen Licht auf die Frage, was bei einem Feldzug mitgenommen werden mußte, an was man aber auch sonst bei Reisen zu denken hatte. »Jeder Berittene soll Schild, Lanze, Schwert und Hirschfänger haben, dazu Bogen, Köcher mit Pfeilen, und eure Packwagen sollen Vorräte aller Art mitführen, Spitzhacken und Äxte, Bohrer, Beile, Spaten, eiserne Grabscheite und alle anderen Werkzeuge, die man bei einem Feldzug braucht.« Da es nur ausnahmsweise unterhaltene Straßen und feste Brücken gab, war mitzuführen, was zur Ausbesserung von Wegen und zum Bau von Behelfsbrücken dienen konnte. »Die Lebensmittel müssen vom Reichstage an gerechnet drei Monate reichen, Waffen und Bekleidung ein halbes Jahr. Wir befehlen dir, streng darauf zu achten, daß du in Ruhe und Frieden den genannten Ort erreichst, durch welche Teile unseres Reiches dein Marsch dich auch führen mag, daß außer Grünfutter, Holz und Wasser keinerlei Vorräte angerührt werden; durch wessen Besitz aber eure Leute mit Packwagen und Pferden gerade marschieren, der soll immer dabei sein, auf daß nicht die Abwesenheit des Herrn seinen Besitz den Kriegsleuten preisgibt, die dann Unheil anrichten; und das soll bis zur Ankunft am Ziel gelten.«

Die Befehle machen zweierlei deutlich: Von Abt Fulrad wurde mehr erwartet als nur das Gebet; er hatte Krieger mit vollständiger Bewaffnung, Werkzeug, Wagen und große Verpflegungsvorräte zu stellen. Und: Den vom Heer durchzogenen Landstrichen drohten normalerweise schwere Belastungen. Wer in solchen Durchmarschräumen lebte, d. h. in der Nähe vielgenutzter Straßen, wurde bis weit in die Neuzeit vom »Freund« nicht weniger drangsaliert als vom Feind. Daher wünscht der König, daß der Abt sich an dem Zug beteiligt; dieser kennt seine Leute und kann sie notfalls in die Schranken weisen. Wieviel den Herrschern an der persönlichen Anwesenheit des jeweiligen Großen lag, zeigt ein Gestellungsbefehl zweihundert Jahre später. 981 heißt es in einem Aufgebot, auf das noch zurückzukommen sein wird, der und der Abt oder Bischof führe soundsoviele, der und der »komme entweder mit 30 oder schicke 40«. Sollte der Aufgebotene sich der Pflicht zu persönlichem Erscheinen entziehen wollen, mußte er also – auf eigene Kosten – zehn Panzerreiter (33 %) mehr ausrüsten, auch mit Reservewaffen und Verpflegung. Wenn der Führer des Aufgebots und der Herr des jeweils durchzogenen Gebietes den Zug begleiteten, ließen sich langwierige gerichtliche Auseinandersetzungen vermeiden: Etwaige Schäden konnten gleich an Ort und Stelle begutachtet und geregelt werden; ähnlich verfährt man noch heute bei Manövern. Mit Grünfutter für das Zugvieh, Holz zum Feuermachen und Trinkwasser für Mensch und Tier dürfen die Aufgebotenen sich unterwegs ohne zu fragen kostenlos bedienen. Dieses Entgegenkommen galt solange, wie Holz und Wasser ausreichend zur Verfügung standen. Mit zunehmender Bevölkerungsdichte schränkte man das Recht der Grasnutzung ein.

»Die Geschenke, die du uns auf unserem Reichstag abzuliefern hast, übersende uns Mitte Mai an den Ort, an dem wir uns dann aufhalten werden; wenn du deinen Marsch so einrichten kannst, daß du sie uns bei deinem Aufbruch in eigener Person überreichen kannst, dann wird uns das um so angenehmer sein. Lasse dir dabei keinerlei Nachlässigkeit zuschulden kommen, wenn dir an unserer Gnade gelegen ist.« Auch die abschließenden Worte des Schreibens sind deutlich; von Freundschaft ist keine Rede, wohl von Gnade. Mächtige sind immer erfinderisch darin gewesen, freiwillige, einmalige Gaben in regelmäßige Abgaben zu verwandeln; harmlose Bezeichnungen wie »Bede« behielt man bei, wenn aus der Bitte längst eine ungeliebte Steuer geworden war. Abt Fulrad hat genaue, hier als bekannt vorausgesetzte »Geschenke« zu überbringen – vielleicht Pferde, Waffen, gemünztes oder ungemünztes Edelmetall. Ein Reichstag erlaubte den Großen also auch, dem Herrscher »Geschenke« zu überreichen. Das war ehrenvoll, wenn man andere ausstechen konnte, demütigend, wenn die »Gabe« einem Tribut gleichkam.

Das Aufgebotsschreiben an Abt Fulrad macht auch weitere Voraussetzungen des Reisekönigtums deutlich. Wer dem König persönlich begegnen, ihm Briefe, Lebensmittel oder Gebrauchsgegenstände übermitteln wollte, mußte wissen, wo er den Herrscher jeweils erreichte. Der Reiseweg mußte also möglichst langfristig geplant und allen, die es anging, mitgeteilt werden. Schließlich: Der König ist daran interessiert, persönlich mit Abt Fulrad zusammenzutreffen. Reich und Kirche berührende Fragen waren leichter im Gespräch unter vier Augen oder mit den übrigen Großen auf dem Reichstag zu besprechen als über Boten und schriftliche Mitteilungen.

Der Aufforderung zu Heeresaufgebot und Reichstag in Ostsachsen dürfte ein weiteres Schreiben entsprochen haben. Hinkmar von Reims berichtet nämlich einige Jahrzehnte später, der König habe den angesehensten Großen des Reiches – und ein Abt von St. Quentin gehörte zu diesem Kreis – die wichtigsten Gesetzes- und Verwaltungsvorlagen vorher übermittelt, »damit es nicht schiene, sie würden zwecklos berufen«. Auch ein mächtiger König war also zur Rücksichtnahme gezwungen; die Leistungsfähigkeit der einzelnen Abtei und des einzelnen Großen durfte nicht über Gebühr strapaziert werden.

Königshöfe

Zum Jahr 753 berichten die Reichsannalen, Papst Stephan sei nach Franzien gereist und habe sich mit Pippin, der mit päpstlicher Unterstützung zwei Jahre zuvor zum König erhoben worden war, auf dem Hofgut Quierzy getroffen. Wie die Rollen verteilt waren, sieht man daran, daß der Papst Hunderte von Kilometern weit durch das Frankenreich hatte reisen müssen; nach päpstlichen Quellen ging Pippin ihm von der Pfalz Ponthion »beinahe eine Stunde weit zu Fuß entgegen«; allerdings sei Pippin eine Strecke Weges »als Marschall neben dem Saumroß des Papstes einhergegangen«; dieser Dienst führte später zu Verwicklungen, da das Papsttum daraus eine Unterordnung des Königs- bzw. Kaisertums ableitete.

Stephan kam als Bittsteller; Pippin sollte die römische Kirche gegen die Langobarden schützen. Auf einem Hofgut konnten also nicht nur Reichsversammlungen abgehalten und hohe Feste gefeiert, sondern auch Staatsbesucher empfangen werden. Wenn Pippin seinen hohen Gast auf einem Königshof empfing und nicht in einer aus römischer Zeit stammenden Stadt – Paris, Reims, Soissons, um nur einige zu nennen, liegen nicht weit von Quierzy entfernt –, dann spricht das sowohl für das Selbstverständnis des Königs als auch für die Leistungsfähigkeit einer solchen »villa«. Die Übersetzung mit »Hofgut« gibt eine nur unvollständige Vorstellung von manchen königlichen Gutshöfen im Mittelalter. Was eine »villa« sein konnte, gerade auch für den reisenden König, zeigt schon eher die Tatsache, daß das Französische seine Bezeichnung für »Stadt« nicht aus dem lateinischen »civitas« genommen, sondern von »villa« abgeleitet hat.

Königshöfe bildeten den wichtigsten Teil des Reichsgutes, das über das Reich mehr oder weniger verstreut war; Reichsgut häufte sich im Reich Karls des Großen in den Räumen zwischen Seine und Marne, in dem auch Quierzy lag, zwischen Maas und Rhein mit Aachen und Düren, im Rhein-Main-Dreieck mit Ingelheim und Frankfurt, um Regensburg, wo Karl das Erbe des Bayernherzogs angetreten hatte, schließlich in Sachsen, wo umfangreicher Besitz aufständischer Sachsen konfisziert, zum Fiskus, zum Reichsgut geschlagen worden war. Der König hielt sich verständlicherweise dort besonders oft und gerne auf, wo er als Hausherr nicht gezwungen war, Speise, Trank und Unterkunft von anderen zu erbitten oder zu kaufen.

Aus karolingischer Zeit ist eine einzigartige Quelle erhalten, das ›Capitulare de villis et curtibus imperialibus‹, das Kapitulare über die kaiserlichen Landgüter und Höfe. Dieses Kapitular – der Name rührt daher, daß in karolingischer Zeit Gesetze nicht in Paragraphen, sondern in capitula unterteilt wurden – gibt Einblick in das Gefüge der Herrschaft über Land und Leute, es vermittelt auch eine Vorstellung davon, wer im Mittelalter unterwegs sein mußte, damit der König sein hohes Amt ausüben konnte; es dürfte von vornherein für das ganze Reich gegolten und die Abstellung von Mißbräuchen, die wiederholt durchscheinen, bezweckt haben.

»Wir befehlen: Unsere Krongüter, die wir eingerichtet haben, unseren Hofhalt zu beliefern, sollen allein unserem Bedarf dienen und niemandem sonst.« Programmatisch weist das erste Kapitel fremde Ansprüche zurück. »Unser Bedarf«, das ist einmal der Bedarf der königlichen Familie im engsten Sinne, dann aber auch des königlichen Gefolges, an Speise und Trank. Da an der königlichen Tafel gelegentlich höchste Gäste bewirtet wurden, z. B. Papst Stephan, stellt das ›Capitulare de villis‹ hohe Anforderungen hinsichtlich der Herstellung und Verarbeitung von Nahrungsmitteln: Die Lieferungen sollen von bester Qualität sein; größte Sorgfalt und Sauberkeit sollen bei der Verarbeitung von Nahrungsmitteln walten, also bei Herstellung oder Zubereitung von Mehl, Speck, Rauchfleisch, Pökelfleisch, Wein, Essig, Most, Senf, Käse, Butter, Malz, Bier, Met, Honig usf. Die Aufzählung weist auf die Vielfalt der Speisen und Getränke hin, die wohlhabende Kreise in normalen Zeiten unterwegs vorzufinden wünschten. Weiter sollen die verantwortlichen Amtmänner darauf achten, daß sich niemand untersteht, »unsere Trauben mit den Füßen zu keltern«, vielmehr solle »alles sauber und reinlich zugehen«.

Hier werden Minimalnormen hinsichtlich der Lebensmittelhygiene festgesetzt. Ob sie bis auf den heutigen Tag überall in Mitteleuropa eingehalten werden, sei dahingestellt. Auch was Sauberkeit bei der Nahrungszubereitung angeht, könnte das Mittelalter weniger

»finster« und die Gegenwart weniger »aufgeklärt« sein, als man gelegentlich annimmt. Der Autor sah sich Mitte der 1950er Jahre an diese Anordnung erinnert, als er in Südfrankreich in der Weinlese arbeitete und sah, wie selbstverständlich die Frau seines Patrons die Kelter mit den – vorher gewaschenen – Füßen trat.

Im Lagerraum des Krongutes soll ferner bereitgehalten werden, was für die Übernachtung und die Bewirtung von Gästen, für Arbeiten in Landwirtschaft und Forsten, und was im Krieg gebraucht wird; im einzelnen: Das vorgesehene Bettzeug umfaßt Bettdecken oder Bettstellen, Matratzen, Federkissen und Bettücher. Für die Küche sollen bereitgehalten werden Gefäße aus Kupfer, Blei, Eisen und Holz, Feuerböcke, Ketten, Kesselhaken; für den Speiseraum Tischtücher und Bankpolster; für die Werkstatt Hobeleisen, Spitzhauen, Bohrer, Schnitzmesser – »kurzum alles nötige Gerät, so daß man es nicht anderswo zu erbitten oder zu entleihen braucht«. Da metallenes Gerät noch lange Zeit selten war – bei Spaten z. B. bestand nur die sichelförmige Schneide aus Eisen, alles übrige aus Holz – hätte man oft Mühe gehabt, solches Werkzeug zu entleihen, vom Zeitverlust ganz zu schweigen. – Auch eisernes Kriegsgerät soll nach Gebrauch in Lagerräumen der Krongüter sorgfältig aufbewahrt werden. Die für den Krieg bestimmten Fuhrwerke sollen so gebaut sein, daß sie »notfalls auch vollbeladen Flüsse durchqueren können, ohne daß Wasser eindringen kann«. Die Wagendächer sind mit Tierhäuten zu beziehen, das Wageninnere ist mit Häuten auszukleiden, die so vernäht werden sollen, daß »unser Eigentum, wie gefordert, unversehrt hinüberkommt«. Für jeden Karren sollen eine bestimmte Menge Mehl und Wein reserviert werden.

Solche Anordnungen werden in zahlreichen Einzelkapiteln genauer bestimmt: Ein Hofgut sollte einen möglichst autarken Mikrokosmos bilden. Es sollte ein landwirtschaftlicher Musterbetrieb sein, wo Ackerbau und Viehzucht (besonders ausführlich befaßt sich das Kapitular mit der Aufzucht von Pferden, die im zivilen und militärischen Bereich für den König gleich wichtig waren), wenn möglich Weinbau sowie Fisch- und Bienenzucht getrieben wurden. Ein umfangreicher Katalog nennt eine Vielzahl von Nutz-, Gewürz- und Zierpflanzen, die in den Gärten angebaut werden sollen – wenn

226

Klima, Boden, Qualifikation der Bediensteten usf. es erlauben, wie man für diesen und viele andere Abschnitte wird ergänzen müssen. Breiten Raum nehmen auch Bestimmungen zu Gewerben und Werkstätten ein, zu Kornmühlen und Weinkeltern, zu Bäckern, Brauern, Fischern, zu Grob-, Gold- und Silberschmieden, Schustern, Drechslern, Stellmachern, Schildmachern, Seifensiedern; weiter ist die Rede von Falknern und Netzmachern, von Werkstätten, in denen Frauen Wolle und Flachs zu Fertigprodukten verarbeiten, »und sonstigen Dienstleuten, deren Aufzählung zu umständlich wäre«. Insgesamt also eine Rahmenanordnung – vergleichbar dem St. Galler Klosterplan – und Anregung für Amtmänner, die ihre Aufgabe mit Initiative und Phantasie wahrnehmen.

Der König mußte auf seinen vielen Zügen durch das Reich verpflegt und versorgt werden; der Bedarf an Speisen und Getränken, an Futter für Reit- und Zugtiere, an Unterkunftsmöglichkeiten überstieg oft die Liefermöglichkeiten eines einzelnen Hofes, auch wenn von diesem verwaltungsmäßig weitere Höfe abhängig waren; deshalb wurden die Erträge entfernter Höfe an den Ort geschickt, an dem der König sich gerade aufhielt. Da im Landverkehr schon bei kurzen Entfernungen die Transportkosten stark zu Buche schlugen, sollten die Amtmänner etwaige Überschüsse und alles, was nicht an den Königshof geliefert werden konnte und was auch nicht für den Eigenbedarf gebraucht wurde, auf dem Markt verkaufen (und dort etwa Fehlendes, z. B. Landwein, kaufen); den Erlös sollten sie zum Königshof schicken. Die Amtmänner haben zu Martini (11. November) die Hengstfohlen zum Königshof zu schicken. Säumige Bedienstete sollen sich in der Pfalz (vor dem König oder seinem Vertreter) rechtfertigen; den Weg dahin sollen sie zu Fuß zurücklegen »und sich des Wein- und Fleischgenusses enthalten, bis sie die Gründe für ihre Säumigkeit vorgebracht haben; dann sollen sie ihr Urteil empfangen, auf den Rücken oder wie wir oder die Königin es sonst für angemessen halten«. Im Falle von Beschwerden sollen die Amtmänner einen Bericht an den Hof schicken, den Vorfall schildern und sich rechtfertigen. Sie sollen jährlich Rechenschaft ablegen über Einnahmen und Ausgaben, sollen Abgabe-, Straf-, Zoll-, Brückengelder zum Hof schicken ...

Hier wird ein Kommen und Gehen deutlich zwischen Landgut und Markt sowie zwischen Landgut und dem jeweiligen Aufenthaltsort des Herrschers. Oft wurde der Reiseweg bewußt so gewählt, daß der König und sein Gefolge Überschüsse an Ort und Stelle verzehrten; leicht übertreibend, aber anschaulich hat man von »abweiden« gesprochen.

Insgesamt sollten die Amtmänner dafür sorgen, daß auf den Krongütern alles bereitstand, was der König für einen etwaigen Aufenthalt brauchte. Sie wurden insbesondere dazu verpflichtet, in den Wohngebäuden Feuer zu unterhalten und Feuerwachen aufzustellen; hinter dieser Anordnung darf man den Wunsch des Königs sehen, bei seinem Kommen trockene Räume und trockenes Bettzeug vorzufinden.

Königsboten und Gesandtschaften, die zum Königshof unterwegs sind oder von dort kommen, sollen hier weder Verpflegung noch Herberge fordern; das Gegenteil dieser Norm dürfte vielfach üblich gewesen sein. Für die Königsboten sollen vielmehr diejenigen aufkommen, die diese Aufgabe »seit alters her« wahrnehmen, die auch für Vorspannpferde »und alles Nötige« sorgen. So wie manche Abhängige Abgaben zu leisten hatten, so wurden von anderen bestimmte Dienstleistungen verlangt – z. B. Boten-, Fähr-, Treideldienste, oder wie hier, Beherbergung und Versorgung von Königsboten.

Von den Hörigen wurden vielfach so hohe Abgaben verlangt, daß ihnen und ihren Familien kaum das zum Leben Nötige blieb. Es überrascht daher nicht, daß das ›Capitulare de villis‹ Leistungsverweigerung voraussetzt: »Jeder Amtmann sehe zu, daß nicht Übeltäter ständig Saatgut unter der Erde oder andernorts verbergen können und dadurch die Ernte spärlicher ausfällt.« Hier wurden von langer Hand Notvorräte angelegt, die allerdings auch demjenigen zugute kamen, der unterwegs von Hunger geplagt wurde und einen Blick für solche Verstecke hatte.

Amtmänner, denen weitreichende Verantwortung und zahlreiche Pflichten auferlegt sind, kamen nach Ausweis des ›Capitulare de villis‹ oft in Versuchung, auf Kosten des Königs ihre Kompetenzen zu überschreiten. Sie sollen also weder Herberge noch Verpflegung für sich und ihre (Hunde)Meute von den Leuten fordern, die die königlichen Hofgüter bearbeiten; sie dürfen die dem König gestellten Geiseln nicht auf dem Krongut in den Stand von Unfreien drücken, sie sollen nicht..., sie dürfen nicht... Von den Amtmännern wird erwartet, daß sie lesen und schreiben können, daß sie im Krieg das Aufgebot des jeweiligen Bezirkes führen. Es lag in der Natur der Sache, daß sie im Laufe der Generationen in eine ritterähnliche Stellung hineinwuchsen, um so eher, wenn es an ständiger Aufsicht fehlte, wenn das Königtum schwach war oder äußere Feinde drohten. Dann entglitten mit den Amtmännern die Krongüter der Verfügungsgewalt des Königtums; dann fehlte dem später vielleicht wieder erstarkenden Königtum in bestimmten Landstrichen die Grundlage für seine Reisetätigkeit. Im letzten Viertel des 11. Jahrhunderts verliert mit Heinrich IV. das deutsche Königtum durch Krieg und Usurpation umfangreichen Besitz in Sachsen, der von Heinrich I. in das Reichsgut eingebracht worden war. Auch deshalb kamen die späteren Könige auf ihren Reisen nur noch selten nach Norden; die Mainlinie bildete eine Grenze, die von manchen Herrschern einzig zur Wahl in Frankfurt und zur Krönung in Aachen überschritten wurde.

Ähnlich wie Karl der Große verfuhren die geistlichen Großen mit Liegenschaften, die oft Hunderte von Kilometern von ihrer Abtei- bzw. Domkirche entfernt waren. Prälaten bauten solchen Besitz systematisch aus durch Kauf, Tausch oder Schenkung. Sie wollten vom Markt und von fremder Gastfreundschaft unabhängig sein auf Wegen, die sie häufig zu machen hatten: Bischöfe, wenn sie zur Visitation oder zur Spendung der Firmung ihre Diözese bereisten; Bischöfe und Äbte auf dem Weg nach Rom (König Rudolf III. von Burgund schenkt Bischof Bernward von Hildesheim, als dieser ihn auf der Rückreise von Rom besucht, drei Höfe bei Pavia); in Orten, in denen häufig der Reichstag zusammentrat (z. B. in Mainz, Worms, Speyer, Frankfurt); in den sich ausbildenden Residenzen (die Äbte von Cluny hatten eine große Niederlassung in Paris). Novizen der Cluny unterstellten Klöster sollten ihr Gelübde in Cluny in die Hände des Abtes von Cluny ablegen; auch hier war es vorteilhaft, wenn sie unterwegs in ordenseigenen Häusern einkehren konnten; wegen der Weite und der Gefahren des Weges wurde diese Reise oft Monat um Monat aufgeschoben, und unterblieb vielleicht ganz. Zisterzienseräbte wußten es zu schätzen, wenn sie auf dem Weg zum jährlichen Generalkapitel in Häusern ihres Ordens absteigen konnten.

Weit gestreuter Besitz von Klöstern und Bistümern erklärt sich allerdings auch mit einem gewissen Autarkiestreben, wie es im ›Capitulare de villis‹ aufscheint: Man wollte hinsichtlich bestimmter Produkte, und hier vor allem hinsichtlich des Weines, den man für die Messe brauchte und den man als tägliches Getränk schätzte, unabhängig sein. Daher besaßen die sächsischen Klöster Corvey, Gandersheim, Quedlinburg Reben an Rhein, Ahr und Mosel. Die Weinberge mußten regelmäßig inspiziert, die Abgabepflichtigen kontrolliert und die fertigen Produkte zu Schiff oder zu Land in das oft ferne Kloster geschafft werden. Solche Transporte gehörten jahrhundertelang zum Straßenbild. Sie waren schon deshalb auch für Einzelreisende interessant, weil diese sich Fuhrwerken anschließen konnten, die im Auftrage eines Abtes oder Bischofs unterwegs waren. Wer neben oder hinter einem solchen Gefährt herging, fand Unterhaltung; vielleicht durfte er sich auch einmal auf dem Wagen ausruhen. Wichtiger noch: Er verfügte über doppelten Schutz: Er reiste nicht mehr allein, und er kam – als »Trittbrettfahrer« sozusagen – in den Genuß des besonderen, kirchlichen Einrichtungen und Personen gewährten Schirmes.

Ein Staatsbesuch in Rom

Zum Jahr 799 melden die Reichsannalen, die Römer hätten Papst Leo III. überfallen, gefangengesetzt, geblendet und ihm die Zunge herausgerissen; später stellte sich heraus, daß der Papst noch sehen und sprechen konnte, das Attentat also fehlgeschlagen war. Dank der Hilfe eines fränkischen Gesandten konnte der Papst entkommen und zu Karl dem Großen fliehen. Da schwerwiegende Vorwürfe gegen Leo erhoben wurden, hatte Karl es nicht eilig, dem Bittsteller entgegenzugehen; er ließ den Papst weiter reisen als sein Vater ein halbes Jahrhundert früher: Erst in Paderborn empfing er ihn. Ein

230

solcher Besuch war geeignet, die fränkische Eroberung durch die höchste kirchliche Autorität sanktionieren zu lassen. Die Reichsannalen melden recht wortkarg, Karl habe den Papst Leo »mit großer Ehre« empfangen, ihn nach einiger Zeit »mit gleicher Ehre, wie er empfangen worden war«, wieder entlassen.

Im folgenden Jahr ordnete Karl dann einen Heereszug nach Italien an; vor allem wollte er Ordnung in die römische Kirche bringen. »Als er aber nach Rom kam, zog ihm der Papst Leo mit den Römern tags zuvor nach Mentana 12 Meilen von der Stadt entgegen und empfing ihn mit höchster Demut und größten Ehren, und nachdem er mit ihm an dem genannten Orte gespeist hatte, zog er sofort ihm voraus in die Stadt. Und am folgenden Tage empfing er ihn auf den Stufen der Kirche des seligen Apostels Petrus stehend, nachdem er ihm die Fahnen der Stadt Rom entgegengeschickt hatte, auch an den entsprechenden Stellen Scharen von Fremden und Bürgern hinbefohlen und aufgestellt hatte, die dem Ankommenden Lob singen sollten, selbst mit der Geistlichkeit und den Bischöfen, als er vom Pferde abstieg und die Stufen emporschritt, und geleitete ihn nach einem Gebet unter dem Gesange aller in die Kirche des seligen Apostels Petrus. Das geschah am 24. November.«

Protokollfragen sind bis auf den heutigen Tag Machtfragen; das Protokoll zeigt an, wie der Gastgeber seinen Gast einschätzt, erst recht in Rom, erst recht wenn es sich um das Papsttum handelt; dessen Protokoll spiegelt die Herrschaftsauffassung des spätantiken römischen Staates, dessen Herrscherkult wiederum den hellenistischen und den orientalischen Reichen verpflichtet war. Der Papst reist persönlich seinem Gast bis zum 12. Meilenstein (gut zwanzig Kilometer nordöstlich von Rom) entgegen, um ihn dort willkommen zu heißen. Eine vergleichbare Geste war Leo bei seinem Besuch in Paderborn offensichtlich nicht zuteil geworden.

Die Begegnung ist mit mehrfachen Bekundungen des Friedens verbunden: Im Friedenskuß zur Begrüßung, dann vor allem im gemeinsamen Mahl. Dieses ist die Frieden und Gemeinschaft stiftende Geste par excellence – und wurde deshalb immer wieder mißbraucht, um vertrauensselige Gäste mit Dolch oder Gift aus dem Wege zu räumen. – Der Papst zog daraufhin dem König nach Rom voran, um

231

letzte Vorbereitungen für den Empfang zu treffen. Am folgenden Tag hat der König eine nur kurze Strecke zurückzulegen; so war es wahrscheinlich von den beiderseitigen Protokollchefs abgesprochen worden, damit mehr Zeit für das Zeremoniell bliebe. Auf dem Weg zur – außerhalb der Stadt liegenden – Peterskirche wird der König von Scharen von Fremden und Bürgern begrüßt, unter den »Fremden« dürften auch zuverlässige Franken, vielleicht sogar fränkische Krieger gestanden haben, die über die Sicherheit ihres Königs zu wachen hatten. Im Mittelalter hat es in Rom neben einer profränkischen bzw. Pro-Reichspartei immer auch eine Anti-Reichspartei gegeben. Sogar während seiner Kaiserkrönung hatte Otto der Große 962 Grund, einen Anschlag zu fürchten. Nach dem Bericht des Chronisten Thietmar, der Rom und der Rompolitik Ottos wenig wohlwollend gegenüberstand, empfahl sich Otto unmittelbar vor der heiligen Handlung der ausdrücklichen Aufmerksamkeit seines Schwertträgers; jetzt solle der auf Leib und Leben des Königs achten, beten könne er später immer noch!

Die Scharen von Fremden und Bürgern sollten Karl Lob singen. Diese Laudes, litaneiförmige Gebete, unterstrichen das Gottesgnadentum und empfahlen den König der Fürsprache der als besonders mächtig und einflußreich geltenden Heiligen. Zwischen König bzw. Kaiser einerseits und Papst andererseits gab es zeitweilig sogar einen Wettstreit darüber, wer die mächtigsten Heiligen in seine Laudes eingereiht habe.

Auf dem Weg zur Peterskirche wurden dem König auch die Fahnen der Stadt Rom entgegengesandt; mit den Fahnen (oder Schlüsseln) wird symbolisch Herrschaft übergeben. Der König kam als Herrscher. Sein Biograph Einhard betont allerdings, Karl sei viermal nach Rom gezogen, um ein Gelübde zu erfüllen. Als Wallfahrer oder Büßer hätte der König sich den Stufen der Peterskirche nicht hoch zu Roß, sondern zu Fuß, vielleicht sogar barfuß genähert. Papst, Bischöfe und Geistliche empfangen den König noch vor der Kirche; sie gehen ihm entgegen, als er die Stufen hinaufschreitet. Spätestens jetzt wird Karl von Geistlichen mit Weihrauchfässern, Reliquien, Kerzen eingeholt; unter größten Ehrenbezeugungen wird der Herrscher unter dem begleitenden Gesang aller Anwesenden in die Kirche geleitet.

Das zum hl. Petrus gesprochene Gebet sollte die Gemeinschaft von König und Papst festigen und den Frieden bekräftigen.

In wochenlangen Verhandlungen bemüht sich Karl um eine Klärung der gegen den Papst erhobenen schweren Vorwürfe; dieser rechtfertigt sich schließlich am 24. Dezember 800 mit einem Reinigungseid. Einen Tag später wird Karl zum Kaiser gekrönt. In dieser Überhöhung des fränkischen Königtums gipfelten auch die Bemühungen des Bonifatius um eine Anbindung der fränkischen an die römische Kirche.

DIE SEEFAHRTEN DER »NORDMÄNNER«
UND DIE GRETTIR-SAGA

Zum Jahr 800 melden die Reichsannalen: Der König »verließ Mitte März die Pfalz in Aachen, durchzog das Küstengebiet Galliens, ließ auf diesem Meer, das von Seeräubern unsicher gemacht wurde, eine Flotte bauen und einen Wachdienst einrichten und feierte Ostern in Centula (St. Riquier)«. Es war das Jahr, in dem Karl zum Kaiser gekrönt werden sollte. Im europäisch-vorderasiatischen Raum gab es jetzt drei Großmächte: Das Kalifat von Bagdad, Byzanz und das Karolingerreich. Gesandtschaften an den Karolingerhof von nah und fern waren Ausdruck der Anerkennung, die der Herrscher gefunden hatte; man war an guten Beziehungen zu Karl interessiert; mindestens wollte man wissen, mit wem man es gegebenenfalls zu tun hätte. Genau in dieser Zeit meldet die offiziöse fränkische Geschichtsschreibung das Auftauchen einer neuen Gefahr. »Seeräuber« sollten das Frankenreich ein, die Britischen Inseln mehr als zwei Jahrhunderte lang beunruhigen, plündern, verheeren. Zwar ist vom Bau einer Flotte die Rede, doch reagierte Karl auf die Bedrohung anders als gegenüber Sachsen und Langobarden, Mauren und Awaren. Möglicherweise zeigt sich im Verzicht auf offensive Kriegführung, die die »Seeräuber« bis in ihre Schlupfwinkel verfolgt, ihre Basen zerstört, ihren Nachschub unmöglich gemacht hätte, etwas von »bäuerlicher« Grundeinstellung, die man auch sonst bei den Karolingern beobachten kann. Wer waren diese Seeräuber? Wie war es möglich, daß sie – zusammen mit Ungarn und Sarazenen – *die* jahrzehntelange Geißel des Abendlandes wurden?

Im Zuge der Völkerwanderung hatten Teile der Angeln, Sachsen und Jüten Mitte des 5. Jahrhunderts Schiffe gebaut, andere Länder unsicher gemacht und sich nach Siedlungsplätzen umgeschaut. In England wurden sie bereits von den Römern und – nach deren Abzug – von den britischen Fürsten als Söldner angeworben und errichteten schließlich eigene Siedlungs- und Herrschaftsgebiete auf Kosten der römisch-britischen Bewohner; sie gründeten Königreiche, nahmen das Christentum an und entsandten schon bald selbst Missionare zur Bekehrung der Kontinentalgermanen; Bonifatius war einer von ihnen. Das Bewußtsein gemeinsamer Herkunft ist lebendig geblieben; angelsächsische Quellen bezeichnen die Bewohner des Gebietes zwischen Nordsee und Lippe, Elbe und Rhein wiederholt als »Altsachsen«.

Andere Sachsen drangen im ausgehenden fünften Jahrhundert – wie vierhundert Jahre später die sogenannten »Nordmänner« – in die Flußmündungen ein; mit Raub und Plünderung, Mord und Vergewaltigung verbreiteten sie Furcht und Schrecken. Die Mönche des Klosters Noirmoutier sahen sich gezwungen, ihre Insel südlich der Loiremündung zu verlassen; in einer Jahrzehnte währenden Odyssee brachten sie die Reliquien des hl. Philibert über verschiedene Etappen schließlich bis nach Tournus in Burgund, wo sie glaubten, endgültig Ruhe zu finden; Jahrhunderte später wurden sie auch hier von Ungarn und Sarazenen behelligt.

Ursprünglich zogen die sächsischen Seefahrer im Frühsommer aus und kehrten im Herbst in ihre Heimat zurück. Dann überwinterten sie gelegentlich an Ort und Stelle, etwa auf einer leicht zu verteidigenden Insel. Die umliegenden Orte waren zu einer aktiven Gegenwehr nicht imstande, sie waren froh – wie noch die Bewohner Englands im 9. und 10. Jahrhundert –, wenn sie durch Stellung von Geiseln und Zahlung hoher Lösegelder sich die Quälgeister wenigstens eine Zeitlang vom Halse halten konnten. Schließlich ließen sich die Seeräuber im Lande nieder; seßhaft geworden, gingen sie in der Bevölkerung des Landes auf und waren nun ihrerseits an der Wahrung von Ruhe und Ordnung und der Abwehr äußerer Feinde interessiert.

Dieses Muster – Seefahrer lernen auf Plünderungszügen ein Land kennen, in dem sie sich zunächst nur für den Winter, schließlich auf Dauer niederlassen – hat sich im neunten Jahrhundert wiederholt. Zu Beginn dieses Jahrhunderts machen »Nordmänner« England zu einem halb dänischen Land. Sogenannte »Push- und Pulleffekte« lassen sich beobachten: Aus ihrem Land »fortgestoßen« wurden die »Nordmänner« durch eine (relative) Übervölkerung; ein auf Kosten der ehemals unabhängig schaltenden Kleinkönige, Häuptlinge, Groß-bauern erstarkendes Königtum; den Brauch, Friedensbruch und an-dere schwere Vergehen nicht mehr der männermordenden Blutrache der einzelnen Sippe zu überlassen, sondern durch zeitweise oder le-benslange Landesverweisung die unheilvolle Kette von Totschlag und Rache aufzubrechen. »Angezogen« wurden junge, abenteuerlu-stige, starke Männer durch die Aussicht, anderswo Beute, Siedlungs-land oder Freiheit zu finden – auf Kosten Schwächerer, wie die An-gelsächsische Chronik zeigt.

997. In diesem Jahr zog der feindliche Heerhaufe um Devonshire in die Severnmündung, und dort plünderte und verwüstete er das Land, mar-terte die Bewohner sowohl in Cornwall, als auch in Wales und Devon ... Die Feinde richteten große Verheerungen an ... sie verbrannten und er-schlugen, was ihnen über den Weg kam; ... eine unbeschreibbare Menge von Beute schleppten sie auf ihre Schiffe.

998. In diesem Jahr wandte sich der feindliche Haufe wieder ostwärts, in die Fromemündung, stieß nach Dorset vor, immer wohin es ihnen ge-fiel. Oft wurden Aufgebote zusammengezogen, um sie aufzuhalten; aber sowie die Schlacht beginnen sollte, wurde der Befehl zum Rückzug gege-ben, und am Ende hatte jeweils der Feind den Sieg. Dann hatten sie für eine Zeitlang ihr ständiges Lager auf der Insel Wight und bezogen ihren Nachschub währenddessen aus Hampshire und Sussex.

999. In diesem Jahr fuhr der Feind wieder durch die Themsemündung ein, und ... sie besorgten sich Pferde und ritten kreuz und quer im Land umher, wie es ihnen gefiel, zerstörten und legten fast ganz West-Kent wüst ...

1002. In diesem Jahr beschlossen der König und seine Ratgeber, der Flotte Tribut zu bezahlen und Frieden zu schließen unter der Bedingung, daß sie mit ihren Übeltaten aufhörten. ... Man zahlte ihnen 24 000 Pfund ...

1003. Exeter wurde zerstört ...

1004. Norwich wurde gebrandschatzt und niedergebrannt ...

1006. Nach St. Martin zog sich der Feind in sein festes Lager auf der Insel Wight zurück ...

1006. Der König befahl, daß ihnen ... die Lebensmittelversorgung ga-rantiert würde ...

1007. In diesem Jahr wurden 30 000 Pfund Tribut gezahlt...

1012. Canterbury wurde erobert und der Erzbischof zu Tode gemartert...

1016. In diesem Jahr kam Knut mit 160 Schiffen...

Mord und Totschlag gehen noch einige Monate weiter, aber der Tod König Aethelreds und seines Nachfolgers Edmund im selben Jahr machen es möglich, daß der faktische Machthaber Knut 1016 die englische Königswürde erringt. Die jährlichen Tributzahlungen werden eher noch höher, aber ein gewisses Maß an Sicherheit und Ruhe kehrt nach Jahrzehnten von Krieg und Zerstörung in das Land ein. Zum Jahr 1028 meldet die angelsächsische Chronik: »Knut brach von England aus nach Norwegen mit fünfzig Schiffen auf, er vertrieb König Olav und setzte sich in den Besitz des Landes.« Damit beherrschte Knut Dänemark, England und Norwegen; er hatte eine Thalassokratie gegründet, ein auf der Seeherrschaft beruhendes Großreich. Knut kam zugute, daß man im Nord- und Ostseeraum seit Jahrhunderten an der Vervollkommnung hochseetüchtiger Schiffe gearbeitet hatte. Da schnelle Truppentransporter und langsamere Handelsschiffe mit großer Ladekapazität zur Verfügung standen, konnte er die Herrschaft über ein Reich ausüben, dessen Teile über Hunderte von Kilometern durch das Meer getrennt waren (Dänemark-England etwa 500 km). Die Schiffe und Mannschaften, die sie zu bedienen wußten, machten es möglich, Steuern zu erheben und das Aufgebot von einem Reichsteil in den anderen zu transportieren.

Einblick in die Alltagswelt der »Nordmänner« gewähren die isländischen Sagas, eine literarische Gattung zwischen Chronik und Unterhaltungswerk. Die Geschichte vom starken Grettir wurde zwar erst um 1300 aufgezeichnet, doch birgt sie zahlreiche Einzelheiten zum Thema Seereisen um 1000, wie man sie in Chroniken und Annalen nicht findet. Grettir hat wirklich gelebt: 996 wurde er in Nordwestisland geboren; von Jugend an säumen von ihm Erschlagene seinen Lebensweg; daher wird er 1011 im Alter von fünfzehn Jahren zum erstenmal für drei Jahre, 1016 auf Lebenszeit geächtet. Nach langen Jahren des Umherirrens wird er 1031 umgebracht.

Das Nebeneinander von achtunggebietendem seemännischem

Können einerseits, weitgehender Hilf- und Orientierungslosigkeit andererseits wird in einem gerafft erzählten Bericht deutlich, der den Leser auf die folgenden Abenteuer Grettirs einstimmt. Ein Schiff hat sich nach einer beschwerlichen Seereise bis auf Sichtweite Island genähert; als es vor der Küste kreuzt, wird es von einem Sturm erfaßt und weit auf die offene See hinausgetrieben; dort ist es tagelang ein Spielball von Wind und Wellen. Schließlich dreht der Wind, und man kann in Richtung Land segeln. Erfahrene Besatzungsmitglieder erkennen die Küste und wissen erst jetzt, wo sie sich befinden.

Grettir ist (zum ersten Mal) friedlos erklärt worden und muß nun außer Landes gehen. Sein Vater hat ihm einen Platz auf einem Schiff besorgt, das an einer Flußmündung überwintert hat und Haflidi gehört, der Handelsreisen in ferne Länder unternimmt; regelmäßige Fahrten zwischen Norwegen und Island waren schon deshalb nötig, weil es auf der Insel weder Eisen noch Bauholz gab. Grettir bekommt von seinem Vater für die Fahrt nur etwas grobes Wollzeug und Lebensmittel; denn für Verpflegung muß jeder selber sorgen. Den Komfort, an Bord warme Speisen zubereiten zu können, lernt man erst Jahrhunderte später kennen. Da der Vater seinem Sohn jegliche Waffe verweigert, schenkt die Mutter Grettir beim Abschied ein kostbares Schwert aus dem Besitz ihrer Familie. Begleitet von Glück- und Heilwünschen, besteigt Grettir das Schiff.

»Sie stachen in See, sobald sie fertig waren und Fahrtwind bekamen; und als sie an allen Untiefen vorübergekommen waren, setzten sie Segel auf. Grettir machte sich ein Lager unter dem Boote hinter dem Mast, und daraus wollte er sich gar nicht fortrühren, weder um das ins Schiff gelaufene Wasser zu schöpfen noch um Segel zu setzen, noch sonst eine Arbeit an Bord zu verrichten, wie es alle anderen tun mußten; sich von der Arbeit freikaufen wollte er ganz und gar nicht.« Für die Überfahrt bezahlte man also mit Geld oder der eigenen Arbeitskraft; damit war in jedem Falle nur das reine Mitgenommenwerden abgegolten. Unterwegs mußte jeder sehen, wo er einen passenden Platz und wie er nachts Schlaf fand. Das Beiboot, unter dem Grettir sein Lager macht, wurde im allgemeinen vom Schiff an einem Seil gezogen. Es diente zum Verkehr von Schiff zu Schiff, beim Ein- und Ausladen, notfalls auch als Rettungsboot; es war gefragt, wenn

238

man an einer felsigen Küste an Land gehen oder außen am Schiff Reparaturen ausführen wollte; rudernd konnte man mit dem Boot das Schiff schleppen, wenn man das Segel nicht setzen konnte oder wollte.

Grettirs Schiff gerät in einen Sturm. »Das Schiff war etwas leck, und sie konnten darum den schweren Seegang nicht aushalten; der Besatzung ging es übel.« Grettir will nicht wahrhaben, daß er und die übrigen Reisenden »im selben Boot sitzen«. Statt in der Not zuzupacken, reizt er das Schiffsvolk mit Spottversen, die ihm leicht von der Zunge gehen. Eines Tages ist das Wetter stürmisch und kalt; die Leute klagen wieder über ganz klamme Finger; die Bitte um Hilfe weist Grettir höhnisch zurück; er bleibt an seinem Platz liegen, tätschelt die junge hübsche Frau des Steuermannes und macht sich weiterhin über die schwer Arbeitenden lustig. Die Spannung an Bord steigt; erbittert drohen die Frierenden, Grettir über Bord zu werfen. Darüber ist der Schiffsherr besorgt; zusätzlich zu Sturm und Leck droht ihm nun auch noch eine Schlägerei an Bord.

Nach langem Zureden ändert Grettir seinen Sinn und zeigt, daß er über Kraft und Ausdauer verfügt. »Damals« – der Autor blickt Jahrhunderte zurück - »leerte man das Wasser aus den Schiffen nicht durch eine Rinne, in die es aufgepumpt wurde, sondern mit Bottichen oder Bütten; das nannte man ›Bottich- oder Büttenschöpfen‹. Diese Art zu schöpfen war beschwerlich, und man wurde ganz naß dabei; man hatte nämlich zwei Bottiche, und der eine sollte niedergereicht werden, während der andere emporgereicht wurde. Die Leute baten Grettir, die Bottiche zu füllen und emporzureichen; sie fügten hinzu, jetzt könne man erproben, was er vermöchte. ›Kleine Proben sind die besten‹, erwiderte er.« Grettir stieg also hinunter in das Schiff und füllte die Bottiche; nach kurzer Zeit waren die beiden Männer, denen er sie anreichte und die sie ausleeren sollten, ganz erschöpft. Auch vier Männer reichten nicht. »So sagen einige, daß am Ende acht zu gleicher Zeit die von Grettir zugereichten Bottiche ausleerten; da war das Schiff aber auch leer gepumpt.« Von da an legte Grettir bei allen anfallenden Arbeiten Hand an, die Schiffsmannschaft schlug ihm gegenüber deshalb einen ganz anderen Ton an.

»Sie trieben weiter nach Osten und waren immer von dichtem Nebel umgeben; eines Nachts merkten sie plötzlich, daß sie mit dem Schiff auf eine Schäre auffuhren, wobei der ganze Unterteil los ging; das Boot wurde in See gelassen und die Frauen hineingebracht und alles, was los im Schiffe war. Nicht weit von ihnen war eine kleine Insel, und dorthin schafften sie ihr Hab und Gut, soweit es ihnen im Laufe der Nacht gelang.« Bei Tageslicht suchte man sich klarzumachen, wo man war. Schiffsleute, die früher zwischen Island und Norwegen gefahren waren, erkannten, daß sie nach Söndmör in Norwegen gekommen waren. »Da war eine Insel dicht bei ihnen auf dem Wege nach dem Festlande, die Harhamö heißt. Auf der Insel gab es viele kleine Gehöfte, und da war auch der Sitz des Gauvorstehers.«

Dem Sturm entronnen, sahen die Seeleute sich einer neuen Gefahr gegenüber: Nicht jede Nebelbank deutet Land an, und deshalb hatte man wohl auch nicht besonders achtgegeben. Es zeigte sich, daß man sehr unsicher war bei der Schätzung von Geschwindigkeit und Entfernung, erst recht, wenn Strömung oder Sturm das Schiff versetzt hatte; der Steuermann hatte nur im großen Ganzen den Kurs richtig bestimmt, denn immerhin erstreckt sich Norwegen von Tromsö bis Bergen über 1200 Kilometer! Erst Jahrhunderte später verfügten optimal ausgerüstete Schiffe über die Mittel, unterwegs ihre Position zu bestimmen. Ein Schiff wie das, auf dem Grettir fuhr, orientiert sich mehr schlecht als recht an den Gestirnen, an Vögeln, an Flora und Fauna im Meer, an Treibgut...

Als das Schiff auf die Schäre läuft, bewährt sich das Beiboot; beiläufig wird erwähnt und verdient gerade deshalb Beachtung, daß die Frauen zuerst in Sicherheit gebracht werden; der Grundsatz ›Frauen und Kinder zuerst‹ könnte sehr alt sein. Von der Insel aus sieht man das Schiff in Seenot. Daraufhin läßt Thorfinn, der Gauvorsteher, ein großes Boot zu Wasser bringen. »Sechzehn Mann konnten auf jeder Seite rudern. Diesmal waren fast dreißig Mann an Bord; sie ruderten so schnell sie konnten und bargen das Eigentum der Kaufleute. Aber das Schiff sank, und viel Gut ging verloren. Thorfinn brachte alle Leute von dem Schiff auf seinen Hof; und sie lebten dort eine Woche und trockneten ihre Waren. Danach reisten die Kaufleute nach Süden, und sie kommen in dieser Geschichte nicht wieder vor.«

Menschen in Seenot zu helfen, hatte auch Karl der Große den Küstenbewohnern seines Reiches zur Pflicht gemacht. Es dürfte eine fast schon natürliche Reaktion von Menschen sein, die selber viel auf See gehen und damit rechnen müssen, vielleicht schon morgen auf fremde Hilfe angewiesen zu sein. In einem früheren Teil dieser Saga ist die Rede davon, daß die Schiffsbesatzung aus dem Wrack eines in Island gestrandeten Schiffes ein neues Schiff zimmern will; »aber das war keine leichte Sache; das Schiff war schmal am Vorder- und Hintersteven, aber breit in der Mitte« – wie ein rechtes Kaufmannsschiff. Bemerkenswert ist immerhin, daß eine Schiffsbesatzung über die Zimmermannskenntnisse sowie das nötige Werkzeug verfügt und sich zutraut, ein hochseetüchtiges Schiff zu bauen. Haflidis Schiff geht verloren, und mit ihm ein Teil der Ladung. Immerhin: Es sind keine Menschenleben zu beklagen. Die Schiffbrüchigen genießen eine Woche lang die Gastfreundschaft Thorfinns, der über so umfangreiche Liegenschaften verfügt, daß die Gäste sowohl Unterkunft als auch Verpflegung finden. In Zeiten und Räumen, in denen es keine gewerblich organisierten Gasthöfe gibt, ist Gastfreundschaft selbstverständlich, wie in den Klöstern des hl. Benedikt im Frühmittelalter; allerdings ist sie hier meistens auf eine bis höchstens drei Nächte begrenzt. Die Kaufleute werden sich mit Geschenken an den Gastgeber revanchiert und auf ihrem weiteren Zug trotz der Verluste vielleicht noch gute Geschäfte gemacht haben; schon im 10. Jahrhundert entschieden langfristig nicht nur die Qualität der Ware über Erfolg oder Mißerfolg eines Geschäftsmannes, sondern mindestens ebenso sehr dessen Erfahrung, Kundenstamm und Menschenkenntnis. Es ist in dieser Geschichte nicht die Rede vom Strandrecht. Daß herrenloses, an den Strand getriebenes Gut – Holz z. B. oder ein Wal – dem Finder gehört, wird auch in der Grettirsaga als selbstverständlich vorausgesetzt.

Im weiteren Verlauf der Saga ist Grettir wieder einmal mit Kaufleuten auf einem Schiff unterwegs, diesmal zu Anfang des Winters. Man hat oft schlechtes Wetter; eines Tages gerät man sogar in einen Schneesturm, auf den strenger Frost folgt. Mit Mühe und Not, von den Anstrengungen ganz ermattet, erreicht man Land; Hab und Gut sowie Lebensmittel können geborgen werden. Die Kaufleute klagen und jammern, daß sie kein Feuer haben; sie glauben, daß von etwas

Wärme ihr Leben und ihre Gesundheit abhängen. Unter Einsatz seines Lebens schwimmt Grettir über den Sund und holt Feuer bei einer Gruppe anderer Reisender; rätselhafterweise sind von diesen am nächsten Tag nur noch verkohlte Leichen zu sehen. Grettir erspart den weniger robusten Kaufleuten eine Erkältung, vielleicht auch eine Lungenentzündung.

Zwar war man um das Jahr 1000 in der Lage, weit über das offene Meer von Norwegen nach Island oder von dort nach Grönland und Amerika zu fahren, doch hielt man sich immer noch möglichst in Küstennähe, auch deshalb, weil man dann keine größeren Trinkwasservorräte an Bord mitführen mußte. Abends ging man, wie Bonifatius auf seiner letzten Fahrt rheinabwärts, an Land. Grettir und seine Gefährten können offensichtlich kein Feuer machen, wie es der Begleiter des hl. Gallus verstand. Das ist einigermaßen erstaunlich, denn an Holz fehlte es ja nicht. Die Saga zeigt weiter, daß es gute Gründe gab, im Herbst rechtzeitig am Ziel zu sein; der Winter konnte im wahrsten Sinne des Wortes über Nacht hereinbrechen. Offensichtlich führen Grettir und seine Gefährten kein Segel mit sich, aus dem man ein Zelt improvisieren kann. Auch das ist erstaunlich, weil Kaufleute nach ihrer Ankunft am Strand oder an einem Messeort »Buden« aufbauten, die aus ein paar Pfosten oder Wänden aus übereinandergeschichteten Grassoden bestanden, über die ein Tuch gespannt wurde.

Nach zahlreichen Irrfahrten und -wegen, nach Mord und Totschlag erkrankt Grettir schließlich so schwer, daß er sich kaum noch wehren kann, als Thorbjörn in Vollstreckung der Acht dem Sterbenden mit dessen kostbarem Schwert den Todesstreich versetzt; der Schädel Grettirs ist so hart, daß die Schneide eine tiefe Scharte davonträgt. Thorbjörn schlägt dem Leichnam den Kopf ab, den er über Winter in Salz einlegt und beim nächsten Gerichtstag triumphierend vorlegt. Dort hat er jedoch einen schweren Stand; man klagt ihn an, er habe nur mit Zauberei Grettir bezwingen können. Die auf dessen Kopf ausgesetzte Prämie wird nicht ausbezahlt; daraufhin zieht Thorbjörn es sogar vor, der gefürchteten Blutrache auszuweichen und das Land zu verlassen.

Unterwegs brüstet er sich allenthalben damit, den starken Grettir bezwungen zu haben. Ohne es zu wissen, legt er damit eine Spur, auf der ein Verwandter Grettirs ihm folgt. Dieser Thorstein Dromund ist entschlossen, den feigen Totschlag zu rächen. Wie viele Nordmänner will sich Thorbjörn am byzantinischen Hof in der Warägerschar, einer Art Fremdenlegion, verdingen, bis Gras über die Affäre Grettir gewachsen ist. Möglicherweise zieht er die alte Warägerstraße über Kiev, oder durch das Reich, oder er nimmt den Seeweg über Nordsee, Kanal, Biskaya, Atlantik, Mittelmeer. Verfolgter und Verfolger sind in Byzanz willkommen, sobald man erfährt, daß sie Nordleute sind. Lange sucht Thorstein vergeblich; schließlich ist er ganz niedergeschlagen, daß es ihm nicht gelingen will, den ihm unbekannten Totschläger ausfindig zu machen. Eines Tages bekommt seine Einheit den Befehl zu einem Kriegszug. Vorher werden nach altem Brauch die Waffen gemustert. Thorbjörn brüstet sich wieder mit dem Grettir geraubten Schwert, das allgemeine Bewunderung findet; er erzählt, wie die Scharte entstanden ist. Thorstein ist sicher, den Gesuchten vor sich zu haben. Auch er bittet, das Schwert genauer betrachten zu dürfen. Thorbjörn hat nichts dagegen, denn er denkt, dieser Mann werde – wie die meisten anderen – seinen Mut und seine Tapferkeit rühmen. »Thorstein nahm das Schwert, schwang es sogleich und schlug nach Thorbjörn. Der Hieb traf den Kopf und war so wuchtig, daß das Schwert bis in die Backenzähne drang; Thorbjörn Angel fiel tot zu Boden.«

Die Saga von Grettir wird das einzige Beispiel einer »Rachereise« in diesem Buche sein. Byzanz ist in der Luftlinie von Island mehr als 4000 Kilometer entfernt. Monate-, vielleicht jahrelang war der Rächer unterwegs gewesen, um dem Recht Genüge zu tun. So betrachtet, war diese Reise nicht einmal ungewöhnlich. Auch aus Island kamen im Mittelalter Wallfahrer, um die heiligen Stätten in Rom oder Jerusalem aufzusuchen, unter ihnen möglicherweise Pilger, denen eine Bußwallfahrt auferlegt worden war. So wie Thorstein sich zur Blutrache verpflichtet wußte, um die durch den feigen Totschlag gestörte Rechtsordnung wiederherzustellen, so wurden Menschen – um schwere Schuld zu sühnen – zu langen, risikoreichen Reisen verpflichtet. Nach der Sühneleistung konnten sie sich wieder des Friedens der Gemeinschaft erfreuen.

KLERIKER AUF REISEN

Romreisen und Visitation:
Bischof Ulrich von Augsburg

Bischöfe waren verpflichtet, die Firmung zu spenden, Kirchen zu weihen, Gemeinden, Klöster und Kleriker regelmäßig zu visitieren. Diese Aufgaben erforderten lange Reisen. Während zu italienischen Diözesen oft nicht mehr als eine Stadt und ihr Umland gehörten, hatten deutsche Bischöfe oft für ausgedehnte Sprengel zu sorgen; die Diözese Konstanz z. B. reichte vom mittleren Neckar im Norden bis tief in die heutige Schweiz (etwa 250 km), vom Rhein im Westen bis an die Iller im Osten (etwa 200 km). Über »nur« 230 Kilometer von Nord nach Süd, 100 Kilometer von West nach Ost erstreckte sich die Diözese Augsburg, die Bischof Ulrich fünfzig Jahre lang leitete (923–973). Zeitlebens war er viel unterwegs. Zu seinen Dienstpflichten als Inhaber eines Reichsbistums zählte der Besuch von Hof- und Reichstagen; als Mitglied des Bischofskollegiums durfte er auf Synoden nicht fehlen; um sein Seelenheil besorgt, besuchte er nahe und ferne Gräber von Heiligen.

Ulrich reiste wiederholt nach Rom, zum erstenmal 909 mit 19 Jahren. Die Vita bringt keine Einzelheiten zu Verlauf, Unterkunft, Alpenüberquerung, besonderen Vorkommnissen; mit der Kargheit ihrer Berichterstattung betont sie indirekt, daß eine Reise von Schwaben nach Rom für einen jungen Mann nichts Bemerkenswertes hatte: »Unterdessen war in ihm das Verlangen erwacht, die Gräber der heiligen Apostel Petrus und Paulus zu besuchen. Er gelangte dorthin und wurde vom Papst freundlich empfangen.« Als gut Achtzigjähriger machte Ulrich 971 oder 972 seine dritte Romreise; »zum Heil seiner Seele wollte er die Gräber der Apostel Petrus und Paulus in frommer Absicht besuchen«. Zu dieser Reise äußert sich die Lebensbeschreibung ausführlicher. Anfangs konnte Ulrich einen kleinen Teil der Strecke mit dem Wagen zurücklegen; dann – man darf ergänzen: in den Alpen – wurden die Wege schwierig.»Er konnte die Reise erst fortsetzen, als man ihn in ein Bett gelegt hatte, das von Pferden getragen wurde. Obwohl das seinen Begleitern auf Schritt und Tritt gefährlich schien, gelangte er doch auf diese Weise mit Hilfe Gottes und des heiligen Apostels Petrus ohne Unglück nach Rom.« Man möchte sagen: Wo ein Wille ist, da ist ein Weg. Wenn es nötig war, wußte man sich zu helfen und improvisierte eben eine Sänfte, von denen in den abendländischen Quellen dieser Zeit selten die Rede ist. Reichsfürsten wie die Bischöfe der Bistümer reisten eben normalerweise hoch zu Roß.

Mit einem Wagen führte Ulrich auch alle vier Jahre die Visitationsreisen in seiner Diözese durch: Auf dem Wagenaufbau hatte man mit einem Drahtseil einen Sessel für ihn befestigt. Ulrich soll anfangs diese Art der Fortbewegung nicht etwa deshalb gewählt haben, weil er nicht mehr hätte reiten können, sondern weil die Menge der Begleiter ihn »mit ihrem unnützen Geschwätz« beim Psalmengebet gestört habe.

Begleiten ließ Ulrich sich stets von mehreren erfahrenen Priestern und Kaplänen, damit alle Tage für eine würdige Feier der Gottesdienste gesorgt sei, und etlichen seiner fähigsten Vasallen. Auf den Rat seiner Begleiter gestützt, wollte Ulrich jederzeit, wenn kirchliche oder weltliche Dinge zu entscheiden waren, die Verhandlungen mit der nötigen Sicherheit führen können. Die Verpflichtung, mit Rat und Tat (consilio et auxilio) beizustehen, galt ja nicht nur für den Königs-, sondern auch für den Bischofsdienst. Erzbischof Brun von Köln führte auf seinen Reisen immer eine Bibliothek mit sich; Bischof Bernward von Hildesheim ließ sich von fähigen Handwerkern und Künstlern begleiten.

Zum Gefolge Ulrichs gehörten ferner Hörige, die die Zugtiere führen und rechts und links des Wagens auf seinen Schutz bedacht sein sollten; dieser Schutz war vielleicht deshalb geboten, weil der Wagenzug Abgaben für den Bischof beförderte. Schließlich geleitete ihn das einfache Volk seiner Diözese, zu Pferd, auf einem Gefährt oder zu Fuß. Insgesamt wird sich an manchen Tagen ein achtunggebietender Troß in Bewegung gesetzt haben. Was der König im Gro-

Papst Urban II. reist zur Synode von Clermont 1095. Der Papst reitet auf einem Schimmel; er sitzt auf einem bequemen, auch dem Rücken etwas Halt gebenden Sattel. Begleitet wird er von Kardinälen, die an ihren breiten Hüten zu erkennen sind, und von Mönchen.

ßen plante, was ein erfolgreicher Wanderprediger wie Bernhard von Clairvaux selbstverständlich bekanntgab, das galt auch für die Visitationsreise eines Ulrich von Augsburg: Die Strecke war von langer Hand festgelegt worden; Bedienstete hatten für Quartier gesorgt sowie Nahrung für Mensch und Tier von Höfen der Augsburger Kirche heranfahren lassen.

Bei seiner Ankunft wurde Ulrich unter dem Geläut der Glocken mit Evangelienbuch, Weihwasser und dem Erweis aller Ehren empfangen, zu dem die Einwohner des jeweiligen Ortes fähig waren. Die Ankunft eines Bischofs wurde ähnlich gefeiert wie die eines Königs oder eines als heilig Verehrten. Ulrich verstand die Sorge um den Erhalt seiner Kirche und Kirchen wörtlich und im übertragenen Sinne: Man mußte ihm schon vorher das Werkzeug bereitlegen, damit er mit eigener Hand an den Kirchen- und Klostergebäuden etwa nötige Ausbesserungen vornehmen konnte.

246

Zunächst wird die Messe gesungen. Dann nimmt Ulrich Platz. Seine Macht dokumentiert sich allen sichtbar darin, daß er wie ein Herrscher sitzt, die anderen aber stehen. Das Volk ist zusammengerufen, und »die Klügeren und Glaubwürdigen« werden unter Eid befragt; in aller Offenheit sollen sie ihm sagen, »was in jener Pfarrei besserungsbedürftig, wo gegen die Gesetze der Christenheit verstoßen worden sei«. Verstöße werden gemäß des Bischofs und der anderen anwesenden Geistlichen Urteil (daher die Bezeichnung Send- = Synodgericht) ohne Ansehen der Person geahndet, wobei Ulrich sich nach Auskunft des Biographen am Rat des Apostels Paulus orientiert, »mit aller Geduld und Lehrweisheit« zu überführen, zurechtzuweisen und zu ermahnen. In schwierigen Fällen zieht er seine Begleiter hinzu; die Entscheidung leichter Fälle überläßt er wohl auch seinem Gefolge, zumal wenn er noch vielen Gläubigen das Sakrament der Firmung spenden muß. Meist wird es darüber Abend, so daß die letzten Firmlinge bei Kerzenschein vor ihn treten.

Nach Abschluß von Gericht und Firmung sucht er seine Herberge auf, fängt aber erst an zu essen, wenn der mit dieser Aufgabe betraute Kleriker die Almosen an die Armen verteilt hat. Es spricht sich schnell herum, wenn ein Großer unterwegs ist: Arme, Obdachlose, Krüppel, Behinderte machen sich auf, um den Zug abzupassen, ihn vielleicht sogar einige Tage lang zu begleiten. Denn es heißt weiter: »Den Gebrechlichen aber, die mitgekommen waren und die in seiner Gegenwart Platz nahmen, ließ er Speise in Fülle vorsetzen. Auch für ihre Unterkunft und alle sonstigen Bedürfnisse ließ er durch seine Diener gewissenhaft sorgen.«

An festgesetzten Tagen versammelt sich der Klerus der Diözese zu Regionalsynoden. Wie beim Sendgericht werden die Archipresbyter (Erzpriester), die Dekane und die Zuverlässigsten einem strengen Verhör unterworfen. Es sind Fragen, wie sie schon Karl der Große vorgeschrieben hatte und wie sie sich Jahrhundert um Jahrhundert durch die Kirchengeschichte ziehen; sie zeugen davon, daß die Kirche zu jeder Zeit besserungsbedürftig ist: Regelmäßigkeit und Sorgfalt bei der täglichen Feier der Messe, bei der Unterweisung des Volkes, bei der Taufe der Kinder, bei Krankenbesuchen und -ölung, beim Begräbnis der Toten; »in welcher Weise die Zehnten und Gaben der

Gläubigen zur Speisung der Armen und Gebrechlichen verwendet würden; wie sie die Witwen und Waisen in allen ihren Nöten unterstützten, und mit welchem Fleiß sie Christus in der Person von Gästen und Fremdlingen dienten; ob sie sich auch nicht Frauen zugelegt hätten, und ob sie in dieser Hinsicht einen Verdacht zu äußern hätten; ob sie auch nicht mit Hunden und Falken auf die Jagd gingen, Wirtshäuser zum Essen und Trinken beträten, schimpfliche Spiele in Übung hätten, Eß- und Trinkgelage über das rechte Maß hinaus liebten; ob sie auch nicht Streit, Händel und Feindschaft hätten, auch nicht an weltlichen Hochzeitsfeiern teilnähmen, oder überhaupt irgend etwas hätten einreißen lassen, was ihres Amtes unwürdig sei; ob sie zur rechten Zeit nach ihren Kirchen sähen; ob sie ihren Vorgesetzten Gehorsam erwiesen und in allem danach getrachtet hätten, ihrem Amte treu ergeben und nützlich zu sein...« Die auf dem rechten Weg Wandelnden werden ermuntert und gelobt, die Irrenden zurechtgewiesen und ermahnt, künftig von ihren Fehlern abzulassen.

Mit solchen Bestimmungen war Reisenden gedient, zeigen sie doch, daß auch Pfarrer in der Person des Fremdlings Christus ehren sollten – wie Benedikt es in seiner Regel verlangt hatte. Andere Bestimmungen kamen indirekt dem Fremden zugute, zielten sie doch darauf ab, das Kirchengut zu erhalten und es vor Entfremdung – durch Heirat und Vererbung, Jagd und Spiel – zu bewahren. Das Verbot des Wirtshausbesuches steht in alten kirchlichen Traditionen; es ist nicht auszumachen, ob es aus den Akten früherer Synoden gedankenlos abgeschrieben worden ist oder ob es Antwort auf Herausforderungen bestimmter Tavernen in der Augsburger Diözese gab.

Visitations- und Kirchweihreisen sind wiederholt recht unharmonisch verlaufen, wie Bischof Bernward von Hildesheim († 1022) erfuhr. In das Kloster Gandersheim war auch Sophia eingetreten, eine Schwester Kaiser Ottos III.; sie mißachtete das Gebot der stabilitas loci und hielt sich längere Zeit am Kaiserhof auf, wo sie »den Pfad eines ungebundenen Lebens betrat und allerhand Gerüchte über sich kursieren ließ«. Vergeblich drängte Bernward sie, ins Kloster zurückzukehren. Um sich unwillkommenen Mahnungen zu entziehen, will sie ihren Konvent dem Erzbischof von Mainz unterstellen. Bei der Weihe der neuen Klosterkirche kommt es zum Eklat: In Vertre-

248

tung der erkrankten Äbtissin ist Sophia für die Feierlichkeiten zuständig. Als Bernward zum Weihegottesdienst kommt, legen »die ohnehin schon aufgebrachten Nonnen« eine Probe ihres Temperaments ab. Bei der Opferung »brachten sie es fertig, wütend und mit unglaublichen Äußerungen des Zornes ihre Gaben hinzuwerfen und wilde Schmähworte gegen den Bischof von sich zu geben«. Nach dem Bericht seines Biographen hat Bernward die Fassung bewahrt. »Durch dieses ungewöhnliche Schauspiel zutiefst erschüttert, dachte der Bischof, tränenüberströmt, nicht etwa an die eigene Schmach, die er gering achtete, sondern beklagte nach dem Vorbild des wahren Hirten, der für seine Verfolger betete, nur die Bosheit der rasenden Frauen.«

Königsdienst und Schelmenstreiche:
Albero von Trier

In den 1150er Jahren verfaßte Balderich, ein Kleriker aus dem Raum von Namur, die Lebensbeschreibung Alberos, 1131 bis 1152 Erzbischof von Trier. Dessen Leben wird geprägt von geistigen, politischen und militärischen Auseinandersetzungen zwischen Reich und Kirche im sogenannten Investiturstreit. Albero erweist sich als kühn taktierender Politiker; bedenkenlos führt er das geistliche *und* das weltliche Schwert, wenn es um die Interessen seiner Kirche geht, d. h. um die Ausweitung der Macht des Trierer Erzstiftes. Der Biograph hat Albero aus nächster Nähe kennenlernen können. Den Reiz seiner Schilderung macht es aus, daß er manche Aussage in der Schwebe hält; es bleibt offen, ob das einzelne Ereignis sich wirklich so abgespielt hat.

Als Augenzeuge berichtet Balderich vom Auftreten seines Herrn auf dem Reichstag 1149 in Frankfurt. Albero erscheint mit imposantem Gefolge, das er selbstverständlich auf eigene Rechnung, bzw. aus Mitteln seiner Diözese ausrüsten, beköstigen und unterbringen muß. Balderichs Schilderung zeigt, daß Hotelschiffe, wie an Flüssen gelegene Messestädte sie heute in Erwartung vieler Besucher einsetzen, offensichtlich so neu nicht sind. Albero erschien jedenfalls mit vierzig

Wohnschiffen, dazu kamen zahlreiche kleine Kriegsfahrzeuge, Lastkähne und Küchenschiffe. Acht Grafen, zwei Herzöge, zahlreiche Geistliche und Ritter begleiteten ihn, »so daß er alle, die es sahen, in Staunen versetzte«. Als reichte diese Demonstration wirtschaftlicher und militärischer Macht noch nicht – Albero ist Zeitgenosse der Wanderprediger, die auf andere Weise ihre Mitmenschen in Staunen versetzen! –, hat er noch zusätzlich, fast möchte man sagen: als Statussymbol, zwei berühmte Gelehrte seiner Zeit an Bord seines Wohnschiffes; es bereitet ihm großes Vergnügen, mit diesen tiefsinnige Gespräche und offene Diskussionen zu führen; nach seiner Heimkehr vom Reichstag ehrt er sie freigiebig mit ansehnlichen Geschenken und entläßt sie beglückt in ihre Heimat.

Albero war auf die Mainzer nicht gut zu sprechen, vielleicht war er auch mißtrauisch gegen sie; auf der Heimfahrt vom Reichstag gab er ihnen jedenfalls eine Vorstellung von der Macht eines Trierer Erzbischofs: Als seine Flotte sich der Stadt näherte, ließ er auf allen Schiffen die Fahnen hissen; den Rittern befahl er, sich mit ihren goldglänzenden Schilden, ihren silberhellen Harnischen und Helmen zur Schau zu stellen. »Dann nahte er mit schmetternden Trompeten und klingenden Hörnern, mit Waffengetöse und furchterregendem Gesang der Männer und versetzte so die ganze Stadt in Aufregung.« Der Autor berauscht sich an der Reaktion der Mainzer: Aus allen Teilen der Stadt laufen die Männer zusammen, während die Frauen Geschrei anstimmen. »Überall Angst und Durcheinander – als ob die Stadt schon erobert würde!« Etwa gleichzeitig will Norbert von Xanten sich als Erzbischof von Magdeburg eher niedermetzeln lassen als zur Waffe greifen.

Daß Albero schon in eine andere Zeit gehört, in der Kirchenfürsten sich hingebungsvoll dem Ausbau eines Territorialstaates widmen, daß König und Kaiser für ihn nicht mehr »Gesalbte des Herrn« sind, wie für Ulrich von Augsburg, zeigen andere Abschnitte der Lebensbeschreibung. Albero war danach ein Meister der Täuschung und Tarnung. Einmal verkleidet er sich als Pilgerin, um ein Schreiben des Papstes, das die Stadt Metz mit dem Interdikt (Verbot der Sakramentenspendung und des kirchlichen Begräbnisses Verstorbener) belegt, ungehindert auf einen Altar niederlegen zu können und damit rechtswirksam zu machen: »ein Schleier, wie Frauen ihn tragen, bedeckte Kopf und Gesicht, ein Mantel von grauem Tuch den Körper«. Ein andermal wäre er beinah in einen Hinterhalt geraten, den die Königlichen ihm gelegt hatten. Da er nicht mehr ausweichen konnte, »zierte er sich mit Schild, Lanze und der Kleidung eines Kriegers, setzte sich auf ein kräftiges Roß und sprengte in ihre Mitte, wobei er sich unverzüglich erkundigte, ob sie denn den Albero, den Metzer Teufel, nicht hätten vorbeikommen sehen; denn er sei vom König ausgeschickt, ihn sofort zu ergreifen . . . So pflegte er mit tausend Künsten der Anschläge des Königs zu spotten«.

In der harten Auseinandersetzung zwischen Reich und Kirche hat Albero Partei für den Papst und gegen den König ergriffen und wird daher von diesem verfolgt. Man weiß, daß er nach Italien unterwegs ist und versucht ihn festzunehmen. Folgt man dem Biographen, so trieb Albero hier ein Katz-und-Maus-Spiel mit dem König, das den Alltag einer Reisegruppe anschaulich beleuchtet: »Albero aber ging in den verschiedensten Verkleidungen unerkannt mitten durch seine Feinde. Einmal ließ er die Diener seine eigenen Kleider anziehen, diente ihnen im Gewand eines Dieners, betreute die Pferde, bereitete das Essen, zog den anderen die Stiefel aus und aß, was vom Mahl der Diener übrigblieb. Ein andermal ging er als Bettler unter Bettlern, dann wieder zog er mit Kaufleuten, so als ob er Waren führe.« Kleider machen Leute, am Gewand ist der Stand des Trägers abzulesen.

Albero wechselt bei seinen Verwandlungskünsten nicht nur die Kleider, sondern schminkt auch Gesicht und färbt Haar und Bart. »Man erzählt (ob es stimmt, weiß ich allerdings nicht)«, schreibt der Biograph mit leicht ironischer Distanz, »daß er einmal, während er gerade auf einem Esel saß und sich gelähmt stellte, dem König und seinem Heer begegnete und von der Königin fünf Schillinge als Almosen erhalten habe.« Ein andermal soll er – wieder schränkt der Autor seine Aussage ein – dem Zug des Königs lange als Bettler verkleidet gefolgt sein und, unter dem Tisch liegend, den sorglos über ihn, Albero, redenden König belauscht haben. Nach seiner Ankunft in Rom ließ er der Königin für die fünf Schillinge danken, die sie ihm geschenkt habe.

Daraufhin verschärft der König die Vorkehrungen gegen ihn, zu

Land und zu Wasser. Um auf der Rückreise den Häschern nicht in die Hände zu fallen, läßt Albero seinen Diener mit dem Gepäck im Hafen von Pisa an Bord eines Schiffes gehen und folgt selber von einer anderen Stelle aus auf einem kleinen Fischerboot. »Beim Versuch, auf das andere Schiff umzusteigen, fiel er ins Wasser, schwamm eine Zeitlang und konnte nur an einem Tau, das man vom Schiff herabließ, mit knapper Not an Deck gezogen werden.« Abends, als seine Kleider getrocknet sind, ißt er mit der Besatzung des Schiffes; »da fielen den Schiffern seine äußerst gepflegten Hände auf, und sie merkten, daß er kein Mann aus dem einfachen Volke war.« Die Seeleute waren eidlich verpflichtet worden, niemanden an Bord zu lassen, der ein Schreiben des Papstes mit sich führe. Sie untersuchen also das Gepäck Alberos und finden eine elfenbeinerne, verschlossene Büchse, in der das Schreiben versteckt war, »ehrfürchtig wie ein heiliger Gegenstand in tyrisches Tuch gewickelt«. Albero behauptet, die Büchse berge Reliquien, die er »von jenseits des Meeres« mitbringe und die ihn gerade vor der Gefahr des Ertrinkens bewahrt hätten. »Da bekamen die Schiffer Angst, behandelten die Büchse ehrerbietig wie einen heiligen Gegenstand und wagten nicht, sie zu öffnen. So entging er diesen, wie auch zahlreichen anderen Gefahren.«

Manches in diesem Bericht »paßt« zur übrigen Schilderung des Biographen. Ein Mann, der auf seinem Pferd die Mosel durchschwimmt, wird wohl auch selber schwimmen können, wenn er beim Sprung von einem Boot ins andere die Entfernung unterschätzt. Die Berichte zeigen aber auch, daß Obrigkeiten wachsam sein mußten, wollten sie nicht von Pilgern, Bettlern, Kaufleuten geschädigt werden: Wenn ein talentierter, ehrgeiziger Kleriker sich als Wallfahrerin verkleidet, wenn ein Erzbischof den Respekt einfacher Leute vor Reliquien mißbraucht, wenn ein Abaelard die von ihm geschwängerte Heloise als Nonne verkleidet in seine bretonische Heimat bringt, ist jedem Pilger, jeder Nonne, jedem Reisenden gegenüber Mißtrauen geboten.

Wanderprediger und Wandermönche:
Norbert von Xanten
und Bernhard von Clairvaux

Staunen erregte seine neue Art zu leben, nämlich: auf Erden zu leben und nichts von der Erde zu wollen.« Der hl. Norbert (ca. 1085-1134) war lebenslustiger Kleriker, dann Eremit, weitbekannter Wanderprediger, Ordensgründer, schließlich Erzbischof von Magdeburg. Sein Biograph bringt die Reaktion der Umwelt zu der neuen Art zu leben (novum genus vitae) auf den knappen Nenner des Staunens (stupor). Norbert gehörte zu den Tausenden von Männern und Frauen, die sich zu Beginn des 12. Jahrhunderts des Ungenügens ihrer Art, das Christentum zu verwirklichen, bewußt wurden, die sich auf die Anfänge besannen und radikal ein Leben apostolischer Einfachheit und Armut führen wollten.

Mönche und sogar Äbte großer Klöster brachen plötzlich aus dem geregelten monastischen Leben aus, verließen ihren Konvent und zogen sich in die Wildnis zu einem asketischen Eremitenleben zurück; dort entfalteten sie beachtliche Aktivität, zogen Verehrer und Jünger beiderlei Geschlechts an, mit denen sie predigend durch die Lande wanderten; sie riefen das Volk zu Buße und Umkehr auf, konfrontierten den Klerus in Wort und Tat mit dem Leben Jesu und der Apostel. Norbert war einer von denen, die spürten, daß das Streben nach Selbstheiligung nicht reicht, wenn ringsherum Unfriede herrscht. In einer zweiten Lebensphase hat er sich wie andere Männer seiner Zeit bemüht, als Wanderprediger die evangelischen Weisungen zu erfüllen, die Apostel nachzuahmen; unter Verzicht auf allen Besitz zog er durch die Länder, mahnte zu Buße und Frieden, eiferte gegen die Sünden des Klerus. In einer dritten Phase hat er Anhänger, die sich ihm unterwegs angeschlossen hatten, in Klöstern gesammelt, auf diese Weise dazu beigetragen, die der Amtskirche nie ganz geheuere Bewegung der Wandermönche und -prediger unter Kontrolle zu bringen; denn zeitweilig waren die Unterschiede zwischen Mönchen, Kanonikern, Predigern und Eremiten verwischt worden, weil das neue Ideal der vita apostolica darauf hindrängte, in die Welt hineinzuwirken und die Enge des Klosters oder die Abgeschiedenheit der Einöde aufzugeben.

Die Bewegung führte zu Spannungen in der Kirche. Es zeigte sich, daß es leichter war, in der Einsamkeit einer Höhle ein Leben härtester Askese und übermenschlicher Buße zu führen, als auf die Schwächen der Mitmenschen, auch die von Bischöfen und Äbten, Rücksicht zu nehmen. Gestalten wie Norbert und Abaelard – dieser ein für die europäische Geistesgeschichte überaus wichtiger Wanderphilosoph, Theologe, zeitweilig Abt – waren versucht, ihre Mitmenschen zu überfordern.

Die Herausforderung, die die Lage der Kirche an der Wende vom 11. zum 12. Jahrhundert darstellte, wurde von der religiösen Bewegung mit Häresien *und* mit neuen Orden beantwortet. Anfangs war noch keineswegs ausgemacht, was rechtgläubig und was häretisch sein sollte. Vor einer Abstempelung zum Irrlehrer wurde Norbert auch dadurch bewahrt, daß die höchste geistliche Autorität des Abendlandes, das Papsttum, seine freie und ungehinderte Tätigkeit als Wanderprediger ausdrücklich billigte.

Die Bewegung der Wanderprediger und Wandermönche an der Wende vom 11. zum 12. Jahrhundert läßt sich als Symptom einer das ganze Abendland erfassenden Unruhe verstehen. Neben Predigern wanderten Philosophen wie Abaelard durch die Lande, Lehrer und Schüler, die von einer Universität zur anderen zogen, Kaufleute, Kreuzfahrer und Siedler, die in die Ferne drängten. Den Zeitgenossen ist die Unrast der Wanderprediger meist rätselhaft geblieben. Sogar der Biograph Norberts verzichtet auf rationale Erklärung; er spricht wie von einem Schicksal: »Es trieb ihn in die Fremde« (iam peregre proficisci intendens). Für Norbert und seine Gesinnungsgenossen – trotz der Verpflichtung zur stabilitas loci fanden sich unter ihnen auch viele Mönche – war nicht das Ziel, sondern das Unterwegssein inmitten des Volkes entscheidend.

Da das Leben mittelalterlicher Kleriker im allgemeinen besser dokumentiert ist als das von Laien, seien hier zwei der berühmtesten Wanderprediger ihrer Zeit vorgestellt: Bernhard von Clairvaux und Norbert von Xanten, dieser Gründer des Prämonstratenser-, jener des Zisterzienserordens. Die Quellen zu deren Leben machen auch

Aussagen zu Reisewegen und Reisen von Rittern, Kaufleuten, Bauern. Selber haben die Wanderprediger im allgemeinen kaum geschrieben; wie Ordensstifter und päpstliche Legaten hatten sie wegen ihrer unsteten Lebensweise weniger Gelegenheit zu literarischer Tätigkeit als seßhaft lebende Mönche. Eine Ausnahme bildet hier Bernhard von Clairvaux, der die Neigung zur Kontemplation mit ständigem Reisen und Schreiben zu verbinden wußte.

Wie hat man sich das von Norbert und dessen Gesinnungsgenossen angestrebte Leben in der Nachfolge der Apostel konkret vorzustellen? Bis auf eine kleine Menge Silber und seine priesterlichen Gewänder hat sich Norbert nach einer plötzlichen Bekehrung von Eigentum, Ämtern und Einkünften getrennt; mit zwei Gefährten tritt er im Namen Gottes die Pilgerreise an. Irgendwo an der Maas verteilt er das restliche Silber unter die Armen; dann wandert er, »nur mit einem wollenen Leibgewand und darüber einem Mantel bekleidet, mit seinen zwei Begleitern barfuß durch schauerliche Winterkälte nach Saint-Gilles« (am unteren Rhônelauf).

Wiederholt ist auch später von der spartanischen Kleidung der Wanderprediger die Rede; seinen Mönchen gesteht Norbert zusätzlich zu wollenem Gewand und Mantel eine leinene Hose zu. Nach Aussage seines Biographen wollte er nicht mehr haben, als was Jesus geboten hatte (Mt 10,10): Weder Reisetasche noch Schuhe, noch zwei Röcke. Barfuß und in Wolle gekleidet gingen Büßer (meist eine befristete Zeit) – aber auch die Mehrheit der Bevölkerung, die kein Geld für ordentliches Schuhwerk hatte, in ländlichen Gegenden Deutschlands sogar noch im 20. Jahrhundert.

Männer wie Bernhard von Clairvaux und Norbert kommen aus wohlhabenden Familien; freiwillig verzichten sie auf Annehmlichkeiten, die der überwältigenden Mehrheit ihrer Zeitgenossen nicht zur Verfügung stehen, und machen damit die von ihnen verkündete Botschaft glaubwürdig. Denn wohlgenährten Prälaten ist es nicht gegeben, das Evangelium der Armut überzeugend vorzuleben. Manche der asketischen Übungen waren allerdings unter den Zeitgenossen nicht unumstritten; Abaelard lehnte z. B. das Barfußgehen ab. Auch Norbert ging nicht immer barfuß, wie einzelne Hinweise seines Biographen zeigen: Wenn er auf einer von Bischöfen und Äbten besuchten Synode barfuß erschien, dann um zu provozieren: Demonstrativ lebte er die Armut vor und begab sich dadurch in scharfen Widerspruch zum ausgeprägten Besitzsinn der in den Dienst des Reiches eingebundenen Prälaten. Zum Erzbischof erhoben, entblößt er beim Anblick von Magdeburg die Füße und zieht barfuß in die Stadt ein; bekleidet ist er mit einem so armseligen Umhang, daß ihn der Pförtner des bischöflichen Palastes zurückweist.

Norbert ist gelegentlich geritten. Das Reisen auf einem Esel in der Nachfolge Jesu bedeutete eine ähnliche Demutsgebärde wie das Barfußgehen. Als Reichsfürst, und der Magdeburger Erzbischof gehörte zu den vornehmsten Reichsfürsten, ist Norbert sicher mit dem Pferd geritten.

Das Provozierende im Auftreten von Menschen wie Norbert von Xanten wird deutlich, wenn man ihn mit manchen seiner Zeitgenossen vergleicht, z. B. mit Erzbischof Albero von Trier. 1147 empfing Albero Papst Eugen III., den ersten Zisterzienserpapst, »mit größter Ehrerbietung von Klerus und Volk« in Trier und geleitete ihn »mit ungewöhnlicher Prachtentfaltung unter denkwürdigen Feierlichkeiten in den Dom«. Der Biograph Alberos berauscht sich an der Aufzählung der Zelebritäten, die im Gefolge des Papstes in den Trierer Dom einzogen. »Ihnen allen gewährte der Erzbischof 12 Wochen hindurch ununterbrochen den Lebensunterhalt so reichlich, daß jene selbst bekannten, der Wohlstand sei mit gefülltem Horn zu ihnen gekommen.« Keiner der Gäste zog unbeschenkt von dannen. »Was denkst du«, der Biograph wendet sich beim Preis des Weihnachtsfestes direkt an den Leser, »wie prunkvoll an diesem heiligen Tag die Prozession gewesen ist, als der Papst, auf einem Zelter reitend, – ihm voraus auf weißbedeckten Pferden die Kardinäle und zahlreiche Bischöfe – zur Kirche des heiligen Paulinus zog?« An den feierlichen Gottesdienst schloß sich ein Festbankett an, bei dem »der Papst mit seinen Kardinälen auf der einen Seite und der Erzbischof mit den hinzugekommenen Bischöfen auf der anderen Seite im Schmuck der Mitra an gegeneinandergerückten Tafeln saßen. Welcher Rechenkünstler könnte berechnen, wieviel das alles gekostet hat?« Die Provokation, die in dieser Frage lag, ist dem Biographen nicht bewußt geworden.

Der Papst zieht dann weiter nach Reims, um dort ein Konzil zu leiten; Albero läßt sich in einer vornehmen Sänfte tragen. Zeitlebens hatte er eine Begabung dafür, Aufsehen zu erregen, sich in Szene zu setzen. Jetzt, als ein vom Alter gezeichneter Mann, beansprucht er auf dem Konzil den ersten Platz unter den Bischöfen; er läßt Privilegien über den Primat seiner Kirche verlesen und bringt damit den Erzbischof von Reims in Erregung. Es kommt zu einem Handgemenge zwischen den Leuten der beiden Erzbischöfe, in dem Männer aus dem Gefolge Alberos verwundet werden. »Empört darüber, drohte Erzbischof Albero, sich nach Ivois abzusetzen und das Bistum Reims zu verwüsten.« Der Biograph bringt kein Wort des Tadels; er sieht Albero durchaus auf dem rechten Weg. Kriegerische Prälaten konnten für Männer wie Norbert nicht Vorbild sein.

Wie aufmerksam die Zeitgenossen darauf achteten, ob Wort und Tat der Wanderprediger übereinstimmten, erhellt eine Szene aus dem Leben Bernhards. Dieser macht 1125, anläßlich eines Besuches beim Bischof von Grenoble, einen Abstecher zur Großen Kartause; hier wird er überschwenglich begrüßt. Über all dem Erbaulichen war da jedoch »ein Ding, das den Kartäuserprior etwas aus dem Gleichgewicht brachte; nämlich daß die Satteldecke des Pferdes, das der ehrwürdige Vater geritten hatte, allzu gepflegt und wenig nach Armut aussah«. Die Verwunderung des Priors kommt Bernhard zu Ohren, der nicht weniger in Staunen gerät und sich erkundigt, was es mit der anstoßerregenden Decke denn auf sich habe; zwischen Clairvaux und der Kartause – immerhin fast 250 Kilometer Luftlinie oder eine Woche Reise – habe er sie mit Bewußtsein gar nicht wahrgenommen, er wisse nicht, wie sie aussehe. »Das Reitpferd war nämlich nicht sein eigenes, sondern war von seinem Oheim, einem Cluniazensermönch, der in seiner Nachbarschaft weilte, ausgeborgt worden; und das Tier war eben so, wie dieser es für sich zu satteln pflegte.« Der Kartäuserprior ist daraufhin noch mehr erstaunt darüber, daß Bernhard auf einer langen Reise so mit seiner Seele beschäftigt war, daß ihm das Nächstliegende, dem Prior gleich Auffallende, ganz entgangen sein soll. Nach dem Grundsatz ›Angriff ist die beste Verteidigung‹ nutzt der Biograph die peinliche Situation zu einem Seitenhieb auf die Cluniazenser, denen Bernhard Abweichen von der Regel des hl. Benedikt vorgeworfen hatte. Allerdings sind von Bernhard mehrere solcher Szenen berichtet, die das Desinteresse an seiner Umgebung zeigen. Er achtete weder auf das, was er aß und trank (z. B. Öl statt Wasser), noch auf die Landschaft, durch die er zog. Gleich im Anschluß an den Bericht vom Besuch bei den Kartäusern heißt es: »Eine ganze Tagereise war er den Genfer See entlanggeritten und sah davon keine Spur – oder er sah nicht, daß er sah. Denn als die Reisegefährten sich am Abend über den See unterhielten, fragte er sie, wo dieser See denn wäre. Und alle verwunderten sich darüber.«

Damit ist die Frage aufgeworfen, wie die Menschen die auf ihren Reisen gesehenen Landschaften erlebt haben. Wenn in Europa schon lange vor der Romantik die Landschaftsmalerei einsetzt, wenn liebliche oder majestätische Landschaften in Bild und Wort geschildert werden, muß es sich nicht um Topoi, Aufgreifen antiker Motive handeln. Vielmehr können solche Beschreibungen Zeichen dafür sein, daß manche Menschen einen Blick für die Schönheit der Natur hatten. Die Einschränkung »manche Menschen« sei erlaubt: Wer von Hunger, Durst, Kälte, Ungeziefer gequält, von bösen Menschen heimgesucht wird, hat im allgemeinen kein Auge für die Schönheiten der Natur; er erfährt sie nicht als Gottesgeschenk, sondern als Gefahr. Als bedrohend werden die meisten Menschen die Natur zur Zeit Bernhards erlebt haben. Immerhin zeigt die Szene, daß man sich abends unterhält über das, was man gesehen hat. Es sei dahingestellt, ob Bernhards Begleiter so vom Genfer See geschwärmt haben wie ein Tourist heutigentags, der sich seiner vier Mahlzeiten, eines bequemen Bettes, der Dusche am Morgen und des Glases Wein am Abend sicher ist. Daß mancher einen Blick für die Schönheit der Natur hatte, zeigt der von Bernhard als Häretiker verfolgte Abaelard, der sich ebenfalls um ein Leben apostolischer Einfachheit bemühte; er floh die belebten Städte und sah auch an den lieblichen Orten Versuchungen für den Philosophen: »Das wohlbewässerte Land, das grüne Laub der Bäume, das Zwitschern der Vögel, der spiegelglatte Quellsee, das murmelnde Bächlein und überhaupt alles, was Auge und Ohr bezaubert, die Philosophen haben es hinter sich gelassen, um nicht in Üppigkeit und Überfluß sich zu verliegen.«

Bernhard und Norbert predigten mit Vorliebe auf dem Land und in den Städten; sie wandten sich an die Massen des einfachen Volkes,

258

die von der aristokratisch geprägten, von Männern wie Albero repräsentierten Kirche innerlich nicht angesprochen worden waren. Auch wenn sie die Landessprache nicht beherrschten, erreichten Bernhard und Norbert nach dem Zeugnis der Quellen die Menschen mit dem mächtigen Wort ihrer Predigt. Es muß offenbleiben, was authentische Wiedergabe von »Fakten« ist und was Topos: hagiographische, am Pfingstwunder orientierte Ausschmückung des Biographen. Am Bodensee, an Ober- und Mittelrhein gelang es Bernhard, die Volksmassen anzurühren: »Auch germanische Völkerscharen hörten ihm mit wundersamer Ergriffenheit zu und, obwohl sie als Menschen fremder Zunge ihn nicht verstehen konnten, haben sie dennoch aus seiner Predigt mehr Erbauung geschöpft als aus der ihnen verständlichen Übersetzung, die darauf ein noch so kundiger Dolmetsch bot. Daß die Leute sich an die Brust klopften und Tränen vergossen, ist der sichere Beweis dafür, daß sie mehr die innere Kraft seiner Worte verstanden als die Worte selbst.« Ähnliches ist von Predigten überliefert, die Norbert in Nordfrankreich hielt.

Während der Erzbischof von Trier damit droht, das Bistum Reims zu verwüsten, durchzog Norbert »Burgen, Dörfer und Städte, predigte, versöhnte die Zwieträchtigen und wandelte alteingewurzelte Feindschaft und Fehde in Frieden. Von niemand verlangte er etwas; wenn ihm aber etwas gebracht wurde, schenkte er es den Armen und Aussätzigen.« Als Fremdling, armer Pilger predigt er in Kirchen und unter freiem Himmel; deshalb heißt es von ihm einmal ausdrücklich, er sei zu einer weiteren Predigtreise aufgebrochen, als der Winter vorbei war, ein andermal, er sei Weihnachten mit etwa dreißig frischgewonnenen Novizen nach Prémontré gekommen. Hinsichtlich Essen und Trinken, Kleidung und Unterkunft waren die Wanderprediger mehr als genügsam, und mit ihnen die Zisterzienser und Prämonstratenser der ersten Stunde; Norbert nahm täglich nur eine, allenfalls sonntags eine zweite Mahlzeit ein; die bestand dann aus roher und ungekochter Kost. In seinem Kloster Prémontré schlief man auf Lagern aus Farnkraut. Ohne Ehrgeiz, dafür aber mit grenzenlosem Gottvertrauen begabt, waren Norbert und seine Gesinnungsgenossen davon überzeugt, daß die Gnade Gottes ihnen, »Pilgern und Fremdlingen auf Erden«, alles zum Leben Notwendige zuteilen werde.

»Und so erwuchs allgemeine Bewunderung für ihn und Liebe. Wo immer er mit seinen Gefährten des Wegs zog und in die Nähe von Dörfern oder Flecken kam, verließen die Hirten ihre Herden, rannten eilig voraus und meldeten den Leuten seine Ankunft.« Die Stelle gibt Einblick in die Art, wie Nachrichten und Gerüchte weitergegeben wurden. Meist bleibt es ja bei allgemein gehaltenen Feststellungen, z. B. im Zusammenhang mit dem Wunderwirken Bernhards in Italien: »Was in Mailand geschah, wurde ringsum erzählt. Über ganz Italien hin lief die Kunde vom Manne Gottes, und überall hieß es, ein großer Prophet sei erstanden, mächtig in Wort und Werk.« Kein Wort dazu, wer solche Nachrichten weitergab; wahrscheinlich waren es auch in Italien Wallfahrer, Kaufleute – und Hirten. Diese zählten auch im Mittelalter zu den »unehrlichen Berufen«, trotz der Bevorzugung, die sie in Betlehem nach der Geburt Jesu erfahren hatten. Vielleicht ist es ein Stück Dankbarkeit der Verachteten, daß sie die Botschaft derer weitergeben, die sich ihnen endlich einmal zuwenden. Hirten eigneten sich als Boten: Sie sind zäh, ausdauernd, genügsam, was Nahrung, Kleidung und Unterkunft angeht, und sie verfügen über hervorragende Landeskenntnis; Wanderschäfer, die ihre Tiere Jahr um Jahr über weite Entfernungen aus der Ebene ins Gebirge, vielleicht sogar über das Gebirge treiben – wie in Südfrankreich über die Pyrenäen nach Katalonien –, kennen Weg und Steg, kennen vielleicht mehrere Sprachen, auf jeden Fall aber die Menschen unterwegs.

»Wenn nun das Volk in Scharen zu ihm [Norbert] strömte und bei der Feier der Messe sein Mahnwort hörte über die Buße, die man tun muß, und über die Hoffnung auf das ewige Heil, das einem jeden verheißen ist, der den Namen des Herrn anruft, dann schöpften alle Freude aus seiner Gegenwart, und glücklich schätzte sich, wer ihn in seinem Haus beherbergen durfte. Staunen erregte seine neue Art zu leben.« Später, zur Zeit der Schwarzen Pest, wiederholte sich das Werben um die, die ernst machten: In Straßburg drängte man sich, die Geißler in Privathäuser aufzunehmen.

Wohl noch größere Erfolge als Norbert hatte Bernhard von Clairvaux als Prediger. Von nah und weit strömten Menschen zusammen, um ihn zu hören; ein Jahrhundert später mobilisieren Franziskaner

260

und Dominikaner wieder die Massen mit ihren Predigten. Zwar rief Bernhard die Mönche auf, wieder nach der Regel Benedikts zu leben; doch an ein wichtiges Gebot hielt er sich selber nicht: Trotz der Verpflichtung zur stabilitas loci war er fast pausenlos in Europa unterwegs. Manches in seiner wie auch in der Lebensbeschreibung des hl. Norbert mag hagiographische Verklärung sein; die Fähigkeit, Menschen durch das gesprochene Wort zu beeinflussen, wird ihnen und vielen ihrer Zeitgenossen auch in anderen Quellen bescheinigt. Und so mag es durchaus gelegentlich Szenen gegeben haben wie die, die Wilhelm von St. Thierry im ersten Buch der Lebensbeschreibung Bernhards schildert: »Während er öffentlich und privat predigte, versteckten bereits die Mütter ihre Söhne, hielten die Weiber ihre Gatten fern, lenkten die Freunde ihre Freunde ab. Denn der Heilige Geist verlieh der Stimme Bernhards eine solche Kraft, daß kein Liebesband den Zuhörer zu halten vermochte.« Die Äußerung ist schon deshalb recht glaubwürdig, weil Bernhard als Abt von Clairvaux zahlreiche Tochterklöster gegründet, d. h. jeweils eine Gruppe von mindestens zwölf Mönchen ausgesandt hat.

Wer war dieser Mann? Bernhard verfügte über eine nur schwächliche Konstitution; trotzdem wird ihm bescheinigt, »Menschen von eichener Natur an Widerstandsfähigkeit übertroffen« zu haben. Radikale Askese – das Ertragen von Hunger, Durst, Kälte, Blöße und Nachtwachen – hatte ihn abgehärtet, um den Preis seiner Gesundheit. Zeitlebens machten ihm Magen und Darm zu schaffen. Ihre Mahlzeiten bereiteten Bernhard und seine Gefährten zur Zeit der Anfänge von Clairvaux »oft aus Buchenblättern. Ihr Brot bestand gleich dem des Propheten aus Gerste, Hirse und Spelt; einmal nahm ein Mönch, dem man es als Gast vorgesetzt hatte, davon heimlich unter hellen Tränen mit, um es als Wunder allen zu zeigen: ›Von solchem Brote leben diese Menschen, und solche Menschen!‹« Derartige Quellenaussagen zeigen, daß man gegebenenfalls bei Reisen mit sehr wenig Gepäck auskam. Bernhard gehörte zu den einflußreichsten Personen seiner Zeit in Europa. Wenn ein solcher Mann mit grobem Brot zufrieden war und Wein verschmähte, waren die Unterschiede sowohl zu den Angehörigen der darbenden Unterschicht als auch zu den Millionen von Menschen verwischt, die die Straßen bevölkerten und die unterwegs nicht – wie Bischöfe und Könige – in Höfen oder Pfalzen mit standesgemäßer Bewirtung rechnen konnten.

Zur Unterkunft bringt die Lebensbeschreibung drastische Schilderungen, die man nicht deshalb beiseite schieben darf, weil sie auch der Verklärung des Helden dienen; vielmehr dürften sie ein Stück gesellschaftlicher Wirklichkeit spiegeln. Zur Zeit, als Bernhard noch überlegte, ob er Mönch werden solle, und als er noch mit Versuchungen »beim Anblick einer gewissen Frau« zu ringen hatte, legte sich einmal ein nacktes Mädchen in sein Bett, während er schlief. Einzelzimmer, wie wir sie heute in einem Hotel erwarten, oder nach Geschlechtern getrennte Schlafräume gab es nur ausnahmsweise. Unverheiratete junge Leute unterschiedlichen Geschlechts hatten nicht unbedingt getrennte Betten; unbekleidet zu schlafen war, wie gesagt, allgemeiner Brauch. In einem Raum standen mehrere Betten; bestenfalls mochte ein Vorhang Sichtschutz gewähren. – Die Erzählung fährt fort: »Als Bernhard das Mädchen bemerkte, trat er ihm schweigend in aller Gemütsruhe den Platz, den er im Bett eingenommen hatte, ab, drehte sich auf die andere Seite und schlief weiter.« Er läßt sich auch »mit Tasten und Kitzeln« nicht reizen, sondern bleibt unbeweglich liegen; schließlich läßt das Mädchen vor Schrecken und Staunen von ihm ab und ergreift die Flucht.

Eine andere Szene zeigt, daß zur Zeit Bernhards das Nein eines zum Klosterleben entschlossenen jungen Mannes nicht unbedingt respektiert wurde. Mit einigen Gefährten ist Bernhard zu Gast bei einer Edelfrau, die beim Anblick des bildschönen jungen Mannes von leidenschaftlicher Begierde erfaßt wird. Als dem ehrenwertesten unter den Gästen läßt sie ihm sein Bett in einem getrennten Raum rüsten; nachts steht sie auf und tritt »ohne Schamgefühl« zu ihm ein. Als Bernhard sie bemerkt, fängt er, »um keinen Rat verlegen, laut zu schreien an: ›Räuber! Räuber!‹ Auf diesen Ruf hin floh das Weib, das ganze Hauswesen erhob sich. Licht wurde gemacht, der Räuber gesucht – doch nicht gefunden. Jeder ging wieder zu Bett, Schweigen herrschte, es war dunkel wie zuvor, und alles ruhte, nur das unglückliche Weib hatte keine Ruhe.« Bernhard hat noch zweimal Gelegenheit, sich mit dem Ruf ›Räuber!‹ der zudringlichen Wirtin zu erwehren – jedesmal Aufregung und vergebliches Suchen; erst dann gibt die Frau auf, »aus Furcht oder Verzweiflung«. Am folgenden Tag machen die Gefährten Bernhard Vorwürfe und wollen wissen, was es mit den Räubern in der vergangenen Nacht auf sich gehabt habe. Bernhard erklärt: »Wahrhaftig, es war ein Räuber da. Was ich Kostbarstes in diesem Leben habe, die Keuschheit, diesen unvergleichlichen Schatz mir zu rauben, darauf hatte es die Wirtin angelegt.«

Zur Zeit, als Bernhard in ganz Europa als Vermittler geschätzt und gesucht war, als er mit Kaisern und Päpsten korrespondierte, den Kreuzzug predigte, war er oft mit einem großen Gefolge geistlicher und weltlicher Herren unterwegs. Auf seiner Deutschlandreise 1146 scharten sich um einen Kern von acht bis zehn Männern – unter ihnen sein Sekretär, ein Bischof, ein Hochschullehrer, zwei Äbte, ein Mönch – Hunderte, manchmal Tausende von Menschen. Seine ständigen Begleiter machten täglich Notizen, die am Ende jedes Reiseabschnittes verglichen, zusammengestellt und sofort an bestimmte Empfänger abgesandt wurden. In diesen »fast mit der Promptheit moderner Berichterstattung veröffentlichten« und sofort vielfach abgeschriebenen Aufzeichnungen ist viel von »Wundern« die Rede, die Gestalten wie Bernhard und Norbert legitimierten und die die Begeisterung der Volksmassen entflammten.

Augenzeugen haben »im Gebiete von Konstanz in der Umgebung von Tiengen für einen einzigen Tag folgende durch Bernhard gewirkte Wunder bezeugt: elf Heilungen von Blinden durch Handauflegung, zehn Heilungen von Krüppeln, achtzehn Heilungen von Lahmen und Hinkenden«. Es ist hier nicht der Ort, auf die Möglichkeit oder Unmöglichkeit von Wundern einzugehen. Den Zeitgenossen wie ›Wunder‹ erscheinende Spontanheilungen werden von vielen Wallfahrtsorten überliefert; wie Mirakelberichte zeigen, beobachteten die Zeugen oft so genau, daß ihre Aussagen dem Medizinhistoriker nicht selten naturwissenschaftlich plausible Erklärungen ermöglichen; zudem weiß auch die moderne Medizin, daß ein plötzliches Schockerlebnis schaden *und* heilen, z. B. Verkrampfungen lösen kann. Viele Kranke hatten vergeblich in der Nähe oder in der Ferne Heilpraktiker, weise Frauen, Medizinmänner oder auch die wegen ihres Könnens in ganz Europa geschätzten Ärzte von Salerno konsultiert. Von einer auf einem Auge blinden Frau aus Köln heißt es, sie habe »bereits sehr viel Geld erfolglos an die Ärzte ausgegeben«. Unheilbar Kranken blieb oft nur noch eine Hoffnung: Daß Gott ein Wunder wirken werde, entweder an einem Wallfahrtsort oder durch einen heiligmäßig lebenden Menschen, dem Christus Anteil an seiner Heilmacht verliehen hatte.

Berichte wie die von den Wunderheilungen Bernhards sind eine erstrangige, mindestens in einer Hinsicht zuverlässige Quelle: Sie künden von den Mühseligen und Beladenen, von Kranken und Unglücklichen, die sich und ihrer Umgebung zur Last fallen, und die man heute – zumindest in Mitteleuropa – weitgehend aus den Städten verbannt hat, um den Gesunden ihren Anblick zu ersparen: Rettung, Hilfe, Heilung versprachen sich von dem Gottesmann Blinde, Taube und Taubstumme, Lahme, Krüppel und Verwachsene, an Gicht und Wassersucht, Fallsucht (Epilepsie) und Schüttellähmung, an Dämonen, Unfruchtbarkeit und Wahnsinn Leidende; in Köln wird eine Irrsinnige in Fesseln Bernhard vorgeführt. Modern gesprochen, leiden die bei Bernhard Hilfe suchenden Menschen meist an Störungen des Nervensystems, seltener ist von Fieber und Infektionskrankheiten die Rede, nie von Aussatz (Lepra), dagegen wiederholt von Besessenheit. Die Unglücklichen schleppen sich mühsam zu Bernhard, bahnen sich rabiat einen Weg durch die Menge, um von ihm gesehen, berührt und geheilt zu werden; Kranke aus wohlsituierten Kreisen oder solche, die barmherzige Mitmenschen gefunden haben, lassen sich auf Bahren oder Karren zu den von Bernhard aufgesuchten Stätten transportieren. Sein Reiseplan wird – wie der von Königen und Bischöfen – oft schon lange vorher festgelegt und kommt wohl auch denen zur Kenntnis, die Bernhard in erster Linie ansprechen will, Menschen der Unter- und Mittelschicht, wie wir heute sagen. »Was in der ganzen Gegend um Frankfurt krank war, schaffte man zu ihm; und der Zustrom war so gewaltig, daß König Konrad III. einmal, des herandrängenden Volkes nicht mehr Meister, seinen Mantel wegwarf, den Heiligen auf die eigenen Arme hob und aus der Basilika forttrug.«

Wer den Reiseplan kennt, wer etwa weiß, daß Bernhard von Frankfurt nach Speyer ziehen will, kann sich leicht ausrechnen, wo er den Gottesmann am besten abpaßt; er schleppt sich an die Straße, über die Bernhard und sein Gefolge kommen werden; so wird ein gelähmter Junge an die Landstraße getragen, über die Bernhard geht; geheilt, folgt er ihm, bis Bernhard ihm befiehlt heimzukehren. Zeitweilig vergrößern auch zwei von ihm geheilte ehemals blinde Schwestern sein Gefolge. Bettler ›beziehen Posten‹ vorzugsweise an häufig begangenen Orten, an denen sie unübersehbar sind; von Bernhard geheilt werden z. B. eine gelähmte Frau, die gewöhnlich am Ausgang einer Kirche und ein gelähmter Greis, der am Wegesrand bettelt. Aus der Gesellschaft ausgestoßen und doch in sie eingebunden blieben auch die Aussätzigen: Außerhalb der Städte, aber an vielbegangenen Wegkreuzungen oder Weggabeln hatte man ihnen Hütten gebaut, die im Laufe der Zeit zu festen Häusern – u. a. Gutleuthäuser genannt, an die noch heute mancherorts Straßennamen erinnern – ausgebaut wurden: Der Reisende sah sich an die Gnade guter Gesundheit erinnert und gemahnt, denen zumindest mit einem Scherflein Gutes zu tun, von denen niemand wußte, warum die unheilbare Krankheit gerade sie getroffen hatte.

Bernhard brachte große Menschenmengen in Bewegung; er liebte das ›Bad in der Menge‹. Nicht selten war der Ansturm so heftig, daß er und andere beinah erdrückt wurden und seine Begleiter einmal nur die eine Rettung wußten, ihn schnell in einen Kahn zu ziehen und auf die Mosel hinauszurudern. Ein Blinder, der geheilt werden wollte, beschwor die Leute vom Ufer aus laut, man möge ihn doch zu Bernhard führen. Als er einen Fischer vorbeirudern hört, »öffnete er die Schnalle des Mantels, mit dem er bedeckt war, und reichte ihn dem Fischer, um in dessen Boot steigen zu dürfen«. Nachdem er Bernhard eingeholt hatte, erlangte er unter dessen Hand »seines starken Glaubens wegen« sein Augenlicht. Voll Verwunderung rief der Geheilte, er sehe »die Hügel, die Menschen, die Bäume und alles andere«.

Der Trubel macht verständlich, daß Bernhard wiederholt inkognito zu reisen wünschte: Seine Gefährten sollten Entgegenkommenden weder sagen, daß er bei ihnen sei, noch über ihn sprechen. Auf die Frage, wer da reise, sollten sie sagen, es seien Mönche, oder sie sollten den Namen eines der Mitreisenden nennen. Die Fragen »Wer seid ihr, woher kommt ihr, wohin wollt ihr?« gehörten zu jeder Begegnung.

»Der Abt von Clairvaux genoß ungeheure Achtung und Verehrung, alles pries ihn als den Bringer des Friedens . . . Wo er sich auf der Straße auch zeigte, gaben ihm vornehme Herren das Geleit, rief das Volk ihm zu, folgten ihm die Matronen, alles gehorchte ihm willigen Herzens.« Der Einzug in manche Stadt gestaltet sich festlicher, freudiger als die Feier bei der Ankunft von Kaiser oder Papst. Als die Mailänder 1135 hören, Bernhard habe den Apennin überquert und nähere sich ihrem Gebiet, zieht ihm die Bevölkerung sieben Meilen vor die Stadt entgegen. »Adlige und Gemeine, Reiter und Fußgänger, kleine Leute und Bettler verließen Haus und Stadt, als gelte es eine Auswanderung«; in getrennten Gruppen empfangen sie den Gottesmann »unter unglaublichen Zeichen der Verehrung«. Glücklich schätzt sich, wer ihn gesehen, glücklicher, wer ihn auch gehört hat. »Alle küßten ihm die Füße.« Obwohl das Bernhard unangenehm war, ließ die in Ekstase geratene Masse sich weder durch vernünftige Vorstellungen zügeln noch durch Verbote zurückdrängen; »sie warfen sich huldigend vor ihm zur Erde. Sie rupften ihm sogar, wo es ging, Fasern aus den Kleidern, rissen ihm Fetzen vom Zeug, um damit Kranke zu heilen. Was er berührte, hielten sie für heilig, und von der Berührung oder vom Gebrauche solcher Gegenstände versprachen sie sich eine heiligende Wirkung. So zogen sie vor ihm her und hinter ihm nach und jubelten ihm mit frohen Beifallsrufen zu.« Die ganze Stadt ist von dem Schauspiel gebannt; das öffentliche Leben kommt zum Erliegen, die Gewerbe ruhen, die Häupter der zerstrittenen Mailänder Parteien sind zum Friedensschluß bereit.

Der alphabetisierte Mitteleuropäer unserer Tage vermag sich kaum noch eine Vorstellung zu machen von der Vielfalt der Gebärdensprache, die frühere Generationen beherrschten, Menschen, die weder lesen noch schreiben konnten, oft aber hochgebildet waren. Sich huldigend auf die Erde werfen war eine nicht ungewöhnliche, z. B. von Benedikt geforderte Form der Begrüßung. Daher ist es nicht verwunderlich, daß später der Konvent von Clairvaux Bernhard bis zu dem nahegelegenen Langres entgegenzieht und sich dort vor ihm auf die Knie wirft.

Abstrakter, von des Zweifels Blässe angekränkelter Glaube der Gebildeten ist eine, das Streben nach handfesten, sicht- und fühlbaren

»Beweisen« eine andere Sache. Einmal heißt es, die Leute hätten Brot und Wasser mitgebracht, »ließen es segnen und nahmen es als wohltätige Heiltümer mit nach Hause«. Später, nach Bernhards Tod, kam es zu einem unerträglichen Gedränge an der Bahre des Verstorbenen: Volksscharen strömten zusammen, »klammerten sich an die kostbaren Füße des Toten, küßten seine Hände, rührten Brote, Gürtel, Münzen und alle möglichen Dinge an ihn, um sie als Segen, gut für allerlei Nöte, aufzubewahren«. Auf Bischöfe, erst recht auf einfache Brüder wird nicht mehr geachtet. Zum Tage der Beisetzung strömen weitere Scharen hinzu, lagern in benachbarten Dörfern, um am nächsten Morgen schnell zur Stelle zu sein. Die Brüder fürchten das Schlimmste – wiederholt sind bei solchen Aufläufen Menschen zu Tode getrampelt worden – und setzen den Verstorbenen früher bei, als man gemeinhin glaubt.

Wanderprediger wie Norbert und Bernhard, Wanderphilosophen wie Abaelard zeugen von der ungewöhnlich großen Mobilität einzelner Menschen, von Gruppen (etwa der Studenten, die sich um Abaelard scharten) und von Massen, die einem Charismatiker wie Bernhard zuströmten. Die Unterbringung dieser Menschen scheint keine sonderlichen Probleme aufgeworfen zu haben; wenn Männer aus hohem Adel wie Norbert und Bernhard und viele ihrer Gefährten geringste Ansprüche an Essen und Trinken, Kleidung und Behausung stellten, kam es auch anderen nicht in den Sinn, über mangelnden Komfort unterwegs zu klagen oder sich durch die Aussicht auf Hunger und Durst, Kälte und Ungeziefer von einer geplanten Reise abhalten zu lassen. Das ist die eine Seite. Die andere erwies sich langfristig als mindestens ebenso bedeutend: Abaelard, Bernhard und Norbert gründeten ihre Niederlassungen an unzugänglichen Orten. In einem Brief würdigt Heloïse Abaelards – rückblickend müssen wir sagen: zivilisatorische, rodende, kommunikationsfördernde – Tätigkeit: »In dieser öden Gegend hausten nur die wilden Tiere, verkroch sich das Raubgesindel; weit und breit kein Unterschlupf, kein Gehöft, in dem friedliche Menschen wohnten. Und gerade hier, mitten unter den Schlupfwinkeln des Wildes, unter den Verstecken der Räuber, auf dem Boden, der den Namen Gottes noch nie hatte hören dürfen, gerade hier hast Du unserem Gott einen Altar gebaut und dem

267

Heiligen Geist einen Tempel geweiht.« Ähnlich wird die Lage zahlreicher Prämonstratenser- und Zisterziensergründungen beschrieben.

Es wiederholte sich, was ein halbes Jahrtausend früher geschehen war, als irische Wandermönche auf den Kontinent strebten und dort in unwegsamen Gegenden hausten: Die Einsiedlerzelle wurde Kern einer Mönchsgemeinschaft, die im Laufe der Jahrhunderte nicht selten zu einer großen Kloster»stadt« weiterwuchs. Städte vom Range Fuldas oder St. Gallens sind aus den Niederlassungen der Zisterzienser und Prämonstratenser im allgemeinen zwar nicht hervorgegangen. Aber selbst ein ärmliches, unscheinbares Kloster bedeutete für den Reisenden im Mittelalter eine unschätzbare Hilfe: Zwischen Garonne und Maas reihen sie sich im Abstand von oft nicht einmal einer Tagereise aneinander. Im siedlungsarmen Raum zwischen Oder und Weichsel boten Zisterzienserklöster dem Reisenden Obdach und Hilfe zu einer Zeit, als es hier noch keine Städte gab. Die Zisterziensergründungen trugen damit im wahrsten Sinne des Wortes dazu bei, das Abendland zu vernetzen.

DIE ROMREISE KÖNIG HEINRICHS VII.

Graf Heinrich von Luxemburg wurde am 27. November 1308 in Frankfurt zum König gewählt und am Dreikönigsfest 1309 in Aachen gekrönt. Schon bald bereitete er seinen Romzug vor. Manche deutschen Könige des 14. und 15. Jahrhunderts haben sich länger in Italien als im Norden Deutschlands aufgehalten. In Italien galt es, die Kaiserkrone zu gewinnen, alte Hoheitsrechte geltend zu machen und eine Art Schiedsrichteramt über den heillos zerstrittenen Parteien auszuüben. Als letzter deutscher Herrscher hat sich Karl V. 1530 in Bologna (nicht in Rom) vom Papst zum Kaiser krönen lassen. Wie stark der Nimbus des Kaisertums auch in der Neuzeit war, wird daran deutlich, daß noch Ludwig XIV. nach der Kaiserkrone strebte und Napoleon sich 1804 zum Kaiser krönen ließ.

Heinrichs VII. Romzug ist gut dokumentiert; zahlreiche schriftliche Quellen werden durch ein einzigartiges Dokument ergänzt: Der Bruder Heinrichs, Kurfürst Balduin von Luxemburg (geb. 1285), Erzbischof von Trier (1307/08−1354) hat um die Mitte des 14. Jahrhunderts einer Sammlung von Urkundenabschriften einen Bilderzyklus zu den Jahren 1308−1313 voranstellen lassen: Dieser hält wichtige Szenen aus dem Leben des Auftraggebers fest (Wahl zum Bischof, Einzug in Trier, Wahl Heinrichs zum König); insgesamt überwiegen Darstellungen zum Italienzug König Heinrichs, auf den Erzbischof Balduin seinen Bruder begleitet hat.

Das Unternehmen war sorgfältig vorbereitet worden: Eine bevollmächtigte Gesandtschaft hatte Papst Clemens V. den von diesem gewünschten Eid des Königs geleistet, in dem Heinrich päpstliche Herrschaftsansprüche weitgehend anerkannte. Daraufhin hatte der Papst die Wahl bestätigt und die Kaiserkrönung in der Peterskirche in Rom in Aussicht gestellt; als Termin war der 2. Februar 1312 vereinbart worden. Heinrich hatte die Kommunen Ober- und Mittelitaliens durch zwei Gesandtschaften aufgefordert, den Empfang vorzu-

bereiten, wie er dem König und künftigen Kaiser gebühre, ihm Eh-
rengefolge entgegenzusenden und bevollmächtigte Vertreter abzu-
ordnen. Kriegerische Händel sollten eingestellt werden, da Heinrich
den Frieden bringen wollte – angesichts der verworrenen Machtver-
hältnisse in Italien ein kühnes Unterfangen. Immerhin hatten auch
italienische Abgesandte den König zur Wahrnehmung seiner Rechte
in Italien aufgefordert, immerhin begrüßte Dante den deutschen König, den er wahrscheinlich in Turin zum erstenmal gesehen hat, mit
den überschwenglichen Worten: »Freue dich nun, Italia, die auch den
Sarazenen Mitleidenswürdige, die du bald dem ganzen Erdkreis be-
neidenswert sein wirst; denn der Trost der Welt und der Ruhm deines
Volkes, der gnadenreiche Heinrich, der göttliche Augustus und Cä-
sar, eilt zur Hochzeit.«

Politisch-diplomatische Verhandlungen waren ergänzt worden
durch militärische und logistische Vorbereitungen. Mit den italienischen Städten hatte man wegen Aufnahme, Versorgung und Durchzug des Heeres Abkommen treffen müssen; vor allem hatte der König sich um die geistlichen und weltlichen Großen seines Reiches bemüht. Zur Romfahrt waren verpflichtet die Erzbischöfe und Bischöfe sowie die Äbte reichsunmittelbarer Abteien, die Herzöge,
Mark-, Pfalz- und Landgrafen. Der Erzbischof von Trier hatte seinem Bruder mehrere »Wagen mit Gold und Silber für den Zug jenseits der Alpen« zugeführt, mit denen er »dem König der Römer zu
Hilfe kam«, wie es in der Legende zu einer Abbildung heißt; das Edelmetall bildete wahrscheinlich seinen wertvollsten Beitrag zur Heerfahrt des Königs.

Über die Größe des Gefolges, das die deutschen Könige auf ihren
Italienzügen begleitete, liegen widersprüchliche Schätzungen vor.
Von der Zusammensetzung des Gefolges vermittelt ein Aufgebot
eine anschauliche Vorstellung, das 981, Jahrhunderte früher also, an
geistliche und weltliche Würdenträger ergangen war und bei dem es
sich wahrscheinlich um ein Zusatzaufgebot gehandelt hatte; denn
zahlreiche Große, vor allem aus dem Norden des Reiches, fehlen hier
– sie hielten sich wohl schon in Italien auf. In dem »Verzeichnis der
Panzerreiter« heißt es lakonisch: »Der Bischof Herkenbald von
Straßburg schicke 100 Ritter. Der Abt von Murbach führe 20 mit

270

sich. Der Bischof Balzo von Speyer schicke 20. Der Bischof Ildebald von Worms führe 40. Der Abt von Weißenburg schicke 50... Graf Herzibert führe 30, und der Sohn seines Bruders komme entweder mit 30 oder schicke 40...«

Trotz des gebieterischen Tons darf man allerdings nicht glauben, alle Aufgebotenen seien ohne Wenn und Aber mit der festgesetzten Zahl von Panzerreitern zum angeordneten Zeitpunkt am vorgesehenen Platz erschienen. Von Erzbischof Albero von Trier wird überliefert, er habe sich 1136 mit 100 Rittern einfinden sollen, sei aber nur mit 67 erschienen. Trotz solcher Einschränkungen verdient das Dokument nicht nur deshalb Aufmerksamkeit, weil es als einzige Aufgebotsliste dieser Zeit erhalten ist. Wie dieses Schreiben zeigt, sind der Herrscher und seine Berater daran interessiert, daß bestimmte Männer die Panzerreiter begleiten; Bischöfe, Äbte und weltliche Große werden jeweils namentlich aufgefordert. Sie sind dem König und untereinander persönlich bekannt; trotz der Ausdehnung des Reiches kennen sich weltliche und geistliche Große von Hoftagen, Synoden, Kriegszügen her; die persönliche Bekanntschaft kann die Solidarität auf der strapaziösen Reise fördern – zugleich aber auch Animositäten verschärfen.

Ein weiteres Moment fällt auf: Zwischen geistlichen und weltlichen Großen sind die Gewichte ungleich verteilt. Von den insgesamt 2040 aufgebotenen Panzerreitern sollen neunzehn Bischöfe und Erzbischöfe 1072 Krieger stellen (52 %), zehn Äbte 430 (21 %) und zwanzig weltliche Große nur 548 (27 %). Die Zahlen vermitteln eine Vorstellung von der Rolle, die die Reichskirche (Bischöfe und Reichsäbte) für das Königtum spielte: Sie stellt fast drei Viertel (73 %) dieses Zusatzaufgebotes. Dieser Eindruck wird noch verstärkt, wenn man sich die durchschnittliche Größe der Gefolge vor Augen führt: Bischöfe und Erzbischöfe erscheinen mit 56, Äbte mit 43, Laien mit 27 Panzerreitern.

Zu Anfang des 14. Jahrhunderts mögen sich die Proportionen verschoben haben; aber auch dann spielen Bischöfe und Äbte noch eine erhebliche Rolle.– Insgesamt wird das Heer Heinrichs VII. bei seiner Ankunft in Italien auf etwa 2000 Ritter geschätzt, einschließlich Troß mag es etwa 6000 bis 10000 Mann umfaßt haben.

Vor dem endgültigen Aufbruch tat Heinrich, was jeder für selbstverständlich hielt, der zu einer gefahrvollen Reise aufbrach: Er ordnete sein Haus für die Zeit seiner Abwesenheit und bestellte den Erzbischof Peter von Mainz zum Reichsverweser; dann besuchte er nochmals seine luxemburgischen Stammlande und übertrug sie seinem Sohn Johann.

Als Sammelpunkt war Bern ausgemacht, wo Heinrich am 29. September 1310 eintraf. Am 9. Oktober brach man auf und zog über Murten, Lausanne nach Genf (13. 10.). Von Bern bis Genf legte das Heer täglich zwischen 22 und 58 Kilometer zurück. Diese Leistungen entsprechen der Marschgeschwindigkeit deutscher Könige und Kaiser im 12. und 13. Jahrhundert: »Normalerweise« 20–30, bei beschleunigten Reisen 40–45 Kilometer täglich; maximale Leistungen von 60–65 Kilometer waren nur zwei, drei Tage nacheinander durchzuhalten. Für den Alpenübergang brauchte man neun Tage, die täglichen Etappen schwankten zwischen 6 und 23 Kilometern, durchschnittlich kam man auf etwa 16 Kilometer.

Heinrich hatte sich für einen Paß entschieden, den auch die Merowinger und Karolinger häufig benutzt hatten und über den Heinrich IV. im Winter 1076/77 gezogen war. Ein Verwandter hatte den Mont Cenis fest in seiner Gewalt: Auf den reichstreuen Grafen Amadeus von Savoyen, einen Schwager der Königin, konnte Heinrich sich verlassen. Von Genf zog das Heer ein Stück rhôneabwärts, bog dann ab nach Chambéry, wo Heinrich vom Grafen Amadeus empfangen wurde, und zog weiter die Täler von Isère bzw. Arc aufwärts. Da die kleinen Ortschaften für die Unterbringung nicht ausreichten, verteilte sich das Heer nachts auf verschiedene Orte; es wird im allgemeinen auch in mehreren langen Zügen auf- und abgestiegen sein.

Zur Alpenüberquerung bringt der von Kurfürst Balduin in Auftrag gegebene Bilderzyklus zwei informationsreiche Darstellungen mit den knappen Legenden »Rex ascendit Montsenys« (Der König ersteigt den Mont Cenis) bzw. »Heinricus rex descendit Suse anno Xo, XXIIIa die Octobris« (König Heinrich steigt am 23. Oktober [13]10 hinab nach Susa). König und Königin sowie die Ritter haben sich für einen steileren, sicher auch kürzeren Weg entschieden als der Troß (im Bild begegnen stellvertretend Pferd und Wagen). Während

272

Heinrich VII. und sein Gefolge überqueren die Alpen. Auch die Königin reitet im Herrensitz.

in den unteren Lagen noch spärliche Vegetation angedeutet ist, tritt weiter oben der nackte Fels hervor. König und Königin sind auf allen Bildern an der Krone zu erkennen, mit der sie sich aber nur bei manchen Festen schmückten. Die Königin trägt einen unbequemen, bis unter das Kinn gestärkten Kragen; bei der Auswahl der Kleidung für eine solche Reise wird wohl nicht die Etikette, sondern die Zweckmäßigkeit den Ausschlag gegeben haben. Es ist deutlich zu sehen, daß die Königin hier nicht im Damensitz reitet; die schmalen Gebirgspfade zwangen dazu, Schicklichkeitsfragen der Forderung nach größtmöglicher Sicherheit für die Monarchin unterzuordnen. Der Weg bergab ist noch schwieriger als der Aufstieg: Die Alpen fallen auf ihrer Südseite schroff ab, obendrein sind Mensch und Tier erschöpft; unabhängig von Rang und Stand haben alle Reisenden absitzen müssen, weil Pferde bergab auf der Hinterhand auszugleiten drohen, und führen ihr Reittier am Zaum.

In Susa, einer nur noch 500 Meter hoch gelegenen Stadt an der Dora Riparia, legte man eine sechstägige Rast ein, bevor es über Turin und Chieri weiter nach Asti ging. Unterwegs stießen Gesandte zahlreicher Städte zum Heer, baten um Bestätigung ihrer Privilegien, brachten wohl auch Geldgeschenke. Trotzdem machte sich unterwegs wiederholt ein empfindlicher Mangel an Geld und Kriegern bemerkbar.

Wahrscheinlich gab es in Oberitalien verstreute, dem Königtum noch nicht entfremdete Höfe und Pfalzen; deren Erträge dürften großenteils verkauft und der Erlös dem König gebracht worden sein. Der Hof gastete in Pfalzen, soweit diese vorhanden waren, gelegentlich bei Bischöfen, seltener in Klöstern; bei Belagerungen schlief man in Zelten und Hütten, manchmal auch unter freiem Himmel. War die jeweilige Stadt den Ankömmlingen freundlich gesonnen, bezog der Hof Gebäude innerhalb des Ortes, während das Heer außerhalb der Stadt lagerte.

Die Bürger reichstreuer Städte gehen dem Heer vor die Tore entgegen, um mit den Schlüsseln die Gewalt über ihren Ort zu übergeben; König und Gefolge sitzen bei dieser Begegnung (occursus) immer hoch zu Roß. Charakteristische Unterschiede im Verhalten der Bürger sind im Bild festgehalten. Die Würdenträger von erwiesenermaßen reichstreuen Städten, z. B. von Asti und Pisa, reiten dem König entgegen und übergeben ihm, auf ihren Pferden bleibend, die Schlüssel. Die Bewohner von Genua und Arezzo kommen dem König zu Fuß entgegen, die von Arezzo mit Fahnen. Nach einer langen, für beide Seiten verlustreichen Belagerung nähern sich die Brescianer mit Zeichen völliger Unterwerfung: Zu Fuß gehend und einen Strick um den Hals, bitten sie den König um Gnade.

Anfang Dezember verläßt das Heer Asti und zieht am Morgen des 23. Dezember in Mailand ein. Eine von Heinrich zwischen den innerstädtischen Parteien vermittelte Versöhnung wird am 2. Weihnachtstag feierlich bekräftigt. Zwei Tage später huldigen die Mailänder dem König. Diese Szene ist nicht bildlich dargestellt, doch findet sich in der Bilderhandschrift später ein Bild, das die Huldigung in Genua zeigt: Der König sitzt auf einem um mehrere Stufen erhöhten Thron, wie auf Bildern, die den richtenden König darstellen. Rechts und links von ihm sein kirchliches und weltliches Gefolge und vor diesen – wesentlich kleiner, fast wie Kinder dargestellt – die Bewohner mit der zum Schwur erhobenen Hand.

Im Mailänder Kloster San Ambrogio läßt Heinrich sich mit der »eisernen Krone« zum König der Langobarden krönen. Eine Woche später kommt es zu einem Aufstand, der rechtzeitig entdeckt und niedergeschlagen werden kann; Heinrich macht die Erfahrung, daß der Wille zum Friedenstiften nicht ausreicht, um seine Herrschaft durchzusetzen. Von jetzt an begegnen in der Bilderchronik leitmotivisch immer wieder Darstellungen von schweren Gefechten.

Auf dem weiteren Zug führt die monatelange Belagerung von Brescia zum Verlust von Kämpfern, Zeit, Mitteln und Ansehen. Die Härte der Auseinandersetzung dokumentiert eine Abbildung mit der Legende »Gerechtigkeit widerfährt Theobald, dem Kapitan von Brescia«: Theobald war verwundet in Gefangenschaft geraten; er hatte heimlich seine Stadt zum Durchhalten aufgefordert, statt ihr zur Kapitulation zu raten. Wegen Hochverrats wurde er zum Tode verurteilt, und zwar sollte er lebend in eine Kuhhaut eingenäht, durch das Lager geschleift und dann aufgehängt werden. Da er den Tod vieler Menschen verursacht hatte, sollte ihm der Kopf abgeschlagen und wegen seiner übrigen Untaten sollten seine Eingeweide verbrannt, der Körper gevierteilt und die einzelnen Glieder aufs Rad geflochten und im Lager zur Schau gestellt werden. In der Bilderhandschrift sieht man den Verurteilten nackt an einen Pfahl gebunden, der auf einem Wagen befestigt ist; auf dem Wagen brennt ein Feuer. Ein Folterknecht packt gerade die Nase des Opfers mit einer rotglühenden Zange. Weitere Szenen zeigen die Enthauptung Theobalds, seinen auf einen Pfahl gespießten Kopf, seine auf weithin sichtbaren Rädern befestigten Beine und Arme. Als Antwort ließen die Brescianer alle ihre Gefangenen im Angesicht des königlichen Lagers aufhängen.

Bei der Belagerung Brescias verliert der König seinen Bruder Waltram. Eine Abbildung zeigt, wie dieser von einem Pfeil in den Hals tödlich getroffen und anschließend – in Verona – beigesetzt wird. Die Armbrust, die nach Ausweis der Bilder von Freund und Feind gehandhabt wurde, war eine überaus gefährliche Waffe. Von den Päpsten war sie ohne Erfolg als unmenschlich gebannt worden. Auch auf weite Entfernung konnte man mit ihr genau zielen; ihre Pfeile durchschlugen leicht einen Panzer. Andere Ritter wurden durch das Schwert niedergestreckt, während der Kämpfe in Rom z. B. der Bischof von Lüttich Theobald und der Abt von Weißenburg Peter von Savoyen. Das Bild, in dessen Legende der Schlachtentod dieser beiden Kleriker vermerkt ist, zeigt, wie Erzbischof Balduin von Trier eben einem Orsini (kenntlich an dem Bärenwappen) den Schädel spaltet. Legende und Bild beweisen, daß auf der Heerfahrt auch die Reichsprälaten zum Einsatz ihres Lebens verpflichtet waren. Die Kirche hat zwar immer wieder ihren Priestern Waffentragen, Jagd und Kriegsdienst verboten, doch ist das Verbot unterschiedlich gedeutet worden; zur Zeit Heinrichs VII. gab es schon längst die geistlichen Ritterorden, die Kriegs- und Gottesdienst in ihrer Person verbanden.

Auf weitere Gefahren machen die Abbildungen zu Brescia aufmerksam: Oberhalb eines Stadttores sieht man eine sogenannte Pechnase, einen Erker, durch den auf die Anstürmenden siedendes Pech oder heißes Wasser geschüttet wurde. Gelegentlich schleuderte man auf die Belagerer auch Bienenstöcke; durch vorheriges Schütteln hatte man die Angriffslust der Insekten gesteigert. Da die Tiere auch durch kleine Ritzen im Panzer krochen, war diese Art der Verteidigung besonders gefürchtet.

276

Seereise von Genua nach Pisa. Wie die auf dem Teppich von Bayeux dargestellten Schiffe sind auch die Boote, mit denen das Heer Heinrichs VII. trotz des Winters das Meer überquert, offen, in Klinkerbauweise hergestellt (die Bretter des Bootsrumpfes überlappen sich und sind durch Nägel miteinander verbunden).

Im Oktober 1310 war Heinrich von Bern aufgebrochen; im Oktober des folgenden Jahres zieht er von Brescia, wo er seit dem Mai festgehalten worden war, weiter über Cremona, Piacenza, Pavia (hier hatte er auch, da Mailand mit dem Interdikt belegt war, das Osterfest gefeiert) nach Genua, wo man ihn freundlich aufnimmt. Aber da ereilt ihn der zweite harte Verlust: Die in Brescia erkrankte Königin stirbt am 9. Dezember 1311 in Genua, im Alter von 36 Jahren. Strapazen und Entbehrungen des Feldzugs hatte sie nicht verkraftet. Die Leiche wurde nicht nach Deutschland überführt, sondern in Genua beigesetzt, neben dem Hochaltar im Chor der Minoritenkirche S. Francesco di Castelletto. Zunächst soll Heinrich beabsichtigt haben, die Tote auf dem Rückweg nach Deutschland mitzunehmen, und sie daher nur in einem einfachen Sarg aus Blei haben bestatten lassen. Auf dem weiteren Weg erteilte er dann aber einem Künstler den Auftrag, ein Grabmal für die Königin zu schaffen. Nach einer späteren Überlieferung hat der sterbende Heinrich angeordnet, sein Herz im Sarkophag seiner Gemahlin beizusetzen.

Da die Pässe nach Rom von gegnerischen Truppen besetzt waren, entschied sich Heinrich für den Seeweg: Am 16. Februar 1312 bricht er mit 800 Rittern auf 30 Schiffen von Genua nach Pisa auf. Die Bilderhandschrift bringt zwei Abbildungen mit Darstellungen von Schiffsreisen. Auf dem einen sieht man den König, auf dem anderen den Erzbischof von Trier, jeweils mit Gefolge. Die weitgehend offenen Schiffe haben am Heck eine einfache Kajüte, die vornehmen Gästen tagsüber Schutz vor der sengenden Sonne und nachts vor der Kälte gewährt. Das Steuerruder findet sich noch nicht am Heck, sondern in einen Ring eingehängt auf der rechten (Steuerbord-)Seite. Die Schiffe tragen ein bzw. zwei Masten mit je einer Rahe (Querstange), an der das Segel mit Reffbändern befestigt ist.

Das Mittelmeer zeigt sich jetzt, im Februar, von seiner rauhen Seite; acht Jahre später kommt Petrarca im Februar bei einem Schiffbruch vor Marseille beinahe ums Leben. Mit gutem Grund hatte Karl der Große ein halbes Jahrtausend früher die Gesandtschaft aus Jerusalem erst im Frühjahr entlassen. Heinrich und sein Gefolge geraten in heftige Frühjahrsstürme: Am 16. Februar, dem ersten Tag der Seereise, erreicht das Heer Recco (20 km), am 17. Chiavari (20 km), am 18. Sestri (8 km), wo man am 19. ausruht, am 20. Pignone (27 km), am 21. Porto Venere (17 km); dort rastet man bis zum Mittag des 5. März. Am 5. und 6. 3. schafft man die Strecke bis Portus Pisanus (55 km) und schließlich nach Pisa (15 km). Hier werden König und Gefolge festlich empfangen, und man bleibt bis zum 23. April. Schneller als üblicherweise zu Land verlief die Seereise also nur auf dem letzten Stück.

Als der (Land-)Weg von Pisa nach Rom und der Einzug in Rom freigekämpft sind, bereitet die kaiserliche Partei dem König am Sonntag, den 7. Mai einen festlichen Empfang: Adel und Volk, Kardinäle und andere Geistliche geleiten den König zur Lateranbasilika, wo Heinrich betend dargestellt wird. Wie seine Vorgänger wird er dieser Kirche aus Anlaß seines Besuches und seiner Krönung Weihegeschenke gemacht haben. Mittels dieser auf dem Altar niedergelegten und oft auch hier aufbewahrten Gaben blieb der Schenker anwesend, nicht anders, als hätte er seinen Namen in die Altarplatte einritzen oder in ein Buch eintragen lassen; aus sogenannten Memorialbüchern wurden während der Messe beim Gedächtnis der Lebenden und der Toten hier Verzeichnete namentlich der Güte Gottes anempfohlen. – Wertvolle Weihegeschenke haben die Begehrlichkeit nicht nur äußerer Feinde, sondern auch finanzschwacher Päpste gereizt.

Anders als in Genua gelingt die Aussöhnung der feindlichen Parteien nicht; es kommt vielmehr zu schweren, verlustreichen Kämpfen. Da die Peterskirche nicht erobert werden kann, entschließt man sich zur Krönung in der Lateranbasilika. Zu einer »richtigen« Krönung gehörten im Mittelalter der geeignete Kandidat, der richtige Ort, die echte Krone, die befugten Krönenden und der angemessene Tag (mindestens ein Sonntag, wenn nicht ein hoher Feiertag). Heinrich war zweimal am Fest der Erscheinung des Herrn, einem der höchsten kirchlichen Feiertage, zum König gekrönt worden, am 6.1. 1309 in Aachen und am 6.1. 1311 in Mailand. Zum Kaiser wird er am Fest Peter und Paul, einem der höchsten Feiertage in Rom, gekrönt, allerdings nicht vom Papst, sondern von drei Kardinälen, und nicht in St. Peter, wie seine meisten Vorgänger und Nachfolger, sondern in der Lateranbasilika. Am 29. Juni erwarten den König der Stadtpräfekt, der lateranensische Pfalzgraf, der Senat und die Richter der Stadt; vor ihnen schwört Heinrich, die Stadt und ihre Rechte zu schützen. Dann ziehen der König und seine Begleitung zum Lateran, an der Spitze der Stadtpräfekt und zwei Kämmerer, die Münzen unter das Volk werfen.

Am Portal von St. Johannes empfängt der Klerus den König zum festlichen Einzug in die Basilika. Nach der feierlichen, von drei Kardinälen zelebrierten Messe leistet der König den Eid nach einem von Papst Clemens geforderten Formular. Die drei Kardinäle legen dem König als Zeichen seiner Teilhabe am Priestertum eine über der Brust gekreuzte Stola um und setzen ihm eine weiße, zweispitzige Mitra auf; dann salbt ihn der Bischof von Ostia am rechten Arm und zwischen den Schultern und gürtet ihn mit dem Schwert. Dreimal schwingt der König das Schwert und legt es mit einem goldenen Schild auf den Altar zum Zeichen, daß er der Kirche Schutz und Arm leihen will. Danach setzt ihm Kardinal Nikolaus die Kaiserkrone auf und reicht ihm das Zepter und den goldenen Reichsapfel. Von nun an wird Heinrich in der Bilderhandschrift nur noch mit der an einem Bügel erkennbaren Kaiserkrone dargestellt.

Nach altem Brauch treten dem neugekrönten Herrscher auf dem Krönungsritt vom Lateran nach S. Sabina die Vorstände der römischen Judenschaft entgegen und bitten um die Bestätigung ihrer Privilegien und namentlich um die Erlaubnis, nach ihrem Recht, dem Gesetz des Moses, leben zu dürfen. Der Kaiser sitzt hoch zu Roß, das von zwei vornehm gekleideten Männern gehalten wird; in der linken Hand hält er das Zepter, mit der rechten reicht er dem Vorsteher der Juden eine Schriftrolle.

Anschließend feiert der Kaiser in S. Sabina das Krönungsmahl. Die Bilderhandschrift bringt mehrere Darstellungen von Mählern. Beim gemeinsamen Essen und Trinken wurden sich Gastgeber und Gäste ihrer Gemeinschaft bewußt, auch wenn das Protokoll für eine abgestufte Sitzordnung sorgte. Bei dem Mahl im Anschluß an die Kaiserkrönung wird Heinrich im Zentrum dargestellt; er sitzt allein an einem Tisch, rechts und links von ihm sieht man an niedrigeren Tischen Kardinäle sitzen, ihm gegenüber haben sein Bruder, der Erzbischof Balduin, sowie Pfalzgraf Rudolf Platz genommen. Berittene Diener tragen nach den Anordnungen des ebenfalls berittenen Speisemeisters die Schüsseln auf. Als einziges Besteck liegen Messer und Brotscheiben auf dem Tisch; die Gabel hat sich noch nicht durchgesetzt.

Am 20. August 1312 bricht das Heer von Rom nach Norden auf. In harten Kämpfen werden Burgen und Städte genommen; die Belagerung von Florenz muß jedoch nach sechs Wochen Ende Oktober 1312 ergebnislos abgebrochen werden. Der Rest des Jahres und die erste Hälfte des Jahres 1313 widmet sich der Kaiser dem Versuch einer Stabilisierung seiner Herrschaft in Mittelitalien. Über Siena zieht das Heer nach Süden in Richtung Rom gegen Neapel, das sich der kaiserlichen Herrschaft widersetzt. Zwischen Siena und Buonconvento (dieses etwa auf der Mitte zwischen Florenz und Rom gelegen) erkrankt Heinrich, wahrscheinlich an der Malaria; nach Ausweis der Bilderhandschrift waren schon früher viele Teilnehmer des Feldzuges an »verdorbener Luft« (aere corrupto) gestorben. Heinrich läßt sich nach Macereto bringen, in dessen Bädern er Linderung zu finden hofft. Als er keine Besserung spürt, will er zum Heer zurück. In Buonconvento verschlimmert sich sein Zustand; er kann noch kommunizieren. Am Nachmittag des 24. August 1313 stirbt Kaiser Heinrich.

Der Tod kam völlig überraschend für sein Gefolge, das – gerade noch siegeszuversichtlich – nun führerlos auseinanderläuft. Es ist bezeichnend, daß das Archiv, das Heinrich mit sich geführt hatte, nicht in das Reich zurückgebracht wurde: die Dokumente blieben in Italien; heute liegen sie im Staatsarchiv Pisa.

Heinrichs Bruder war nach seinem Tod nicht weit von Brescia, in Verona, beigesetzt worden, seine Frau in ihrem Sterbeort Genua. Kaiser Otto II. hatte im Petersdom in Rom seine letzte Ruhe gefunden, der tote Kaiser Otto III. war von Italien nach Aachen überführt worden. Bei Heinrich VII. entscheidet man sich anders. Da der Leichnam in der Augusthitze schnell verwesen würde, werden das Fleisch abgebrannt und die – wie man später sehen konnte – angekohlten Knochen überführt. Die Bilderhandschrift zeigt das Trauergeleit: Zehn Ritter in voller Rüstung, den Kugelhelm auf dem Kopf, tragen den auf eine Tragbahre gestellten Sarg. Im Dom zu Pisa werden am Sonntag, den 2. September 1313, die Exequien für den Verstorbenen gefeiert; am gleichen Tag wird Heinrich hier begraben.

Kaiser Heinrich VII. und seine Gemahlin sind die letzten deutschen Herrscher, die in Italien starben und dort beigesetzt wurden. Die Stadt Pisa, die von Anfang an zu Heinrich gehalten hatte, ließ dem Kaiser ein auch kunstgeschichtlich bedeutsames Grabmal errichten.

EIN PILGERFÜHRER NACH SANTIAGO DE COMPOSTELA

Von den drei großen Wallfahrtsorten der abendländischen Christenheit war Jerusalem seit dem Ende der Kreuzfahrerstaaten 1291 lange Zeit nur schwer erreichbar; um so beliebter wurden Wallfahrten nach Rom, wo seit 1300 »Heilige Jahre« ausgerufen wurden, und nach Santiago. Neben diesen »peregrinationes maiores« gab es zahlreiche überregionale und regionale Pilgerfahrten, nach Aachen, Canterbury, Düren, Einsiedeln, Köln, Padua, Rocamadour, St. Michel, Thann, Trier, Wilsnack usf.

»Gläubige, die zum hl. Jakobus pilgern, sollen vor Reiseantritt, wenn sie sich diese Aufzeichnungen vorlesen lassen, planen können; sie sollen wissen, mit welchen Ausgaben sie auf dem Weg rechnen müssen.« So heißt es in einem etwa 1140/50 entstandenen Pilgerführer, der in einer langen Tradition von Führern zu heiligen Stätten steht; die frühesten überlieferten Berichte reichen bis ins 4. Jahrhundert zurück (Pilger von Bordeaux um 333, Nonne Aetheria um 400). Der Pilgerführer nach Santiago, ein Vorläufer des Baedeker, zeugt von der großen Beliebtheit der Wallfahrt in den fernen Nordwesten Spaniens schon Mitte des 12. Jahrhunderts. Er beweist, daß es neben der Spontan- und Massenwallfahrt die von langer Hand vorbereitete Pilgerfahrt einzelner gab; der Pilgerführer beweist ferner, daß man die Wallfahrt nicht mehr unternahm, um – wie viele Rom- und Jerusalempilger im Frühmittelalter – am Ziel zu sterben, sondern daß man gesund heimkehren wollte.

Der Wallfahrer hätte in dem Führer nach Santiago manche nützliche Information finden können. Der Irrealis ist berechtigt, denn man darf nicht davon ausgehen, daß Pilger ein solches Buch in ihrem Marschgepäck mitführten. Dagegen darf man annehmen, daß vieles von dem, was hier aufgezeichnet ist, von Mund zu Mund weitergegeben worden und auf diese Weise Pilgern bei der Vorbereitung einer Wallfahrt zugute gekommen ist.

Der hl. Sebaldus als Pilger. Ausschnitt aus einem Tafelbild, Nürnberg 1487. Der charakteristische Pilgerhut schützt vor Sonne und Regen und ermöglicht dem Pilger, deutlich sichtbar Pilgerzeichen anzubringen, die ihn als Wallfahrer ausweisen und unter einen besonderen Schutz stellen.

Das Buch (im Umfang von etwa fünfzig heutigen Schreibmaschinenseiten) spiegelt Interessen des Wallfahrers. Der Autor äußert sich zu Straßen und Flüssen, Brücken und Hospizen; Essen und Trinken; Heiligen, denen man unterwegs seine Verehrung bezeigen müsse; schließlich zu Compostela und seiner Jakobusbasilika. In den Bericht eingeflochten sind Legenden und Anekdoten, mit denen auch heute

283

noch Reiseleiter gern ihre Führungen auflockern. So führt der Autor einen Brauch der Wallfahrer auf Karl den Großen zurück: Auf der Höhe des Cisapasses beugen die Pilger das Knie, wenden sich nach Westen in Richtung des Jakobusgrabes, sprechen ein Gebet und stoßen einen Kreuzstab in den Boden, deren man »hier wohl tausend« sehe; das Beispiel habe Karl auf seinem Zug nach Spanien gegeben. Von einem anderen Ort wird überliefert, in den Boden gestoßene Lanzen hätten zu grünen angefangen; als Wandermotiv begegnet der grünende Stab in vielen Legenden, auch in der des von Rom heimkehrenden Tannhäuser.

Die Kosten einer Pilgerfahrt

Anders als angekündigt ist von den Kosten im Pilgerführer nur wenig die Rede; deshalb seien als Orientierungshilfe Summen genannt, die Anfang des 14. Jahrhunderts in Lübeck für testamentarisch verfügte, d. h. durch Stellvertreter auszuführende Wallfahrten ausgesetzt worden sind: Für eine Santiagowallfahrt waren zwischen zehn und vierzig Mark vorgesehen; mit den zehn Mark sollen zwei (!) arme (!) Pilger nach Santiago wallen. Um diese Summen zu veranschaulichen, seien einige Preise aus der Zeit um 1220 genannt (90 Jahre später dürften die Preise höher gewesen sein; die lübische Mark wurde zu 16 Schillingen gerechnet): Ein Pferd kostete etwa $4\frac{3}{4}$, ein Ochse $2\frac{1}{2}$ Mark, eine Kuh dreizehn, ein Schwein fünf und ein Schaf vier Schilling. Jedem der armen Stellvertreterpilger stand für die Wallfahrt von Lübeck nach Santiago mit fünf Mark also der Gegenwert von zwei Ochsen oder zwanzig Schafen zur Verfügung.

Fromme Pilger?

Der Autor beschreibt unterschiedlich detailliert vier durch Frankreich führende Pilgerstraßen nach Santiago, und zwar ausgehend von den Wallfahrtsorten St. Gilles am unteren Lauf der Rhône, Le Puy im Massif Central, Vézelay in Burgund und Tours an der

Loire. Jenseits der Pyrenäen vereinigten sich diese Routen in Puente la Reina zu der einen Wallfahrtsstraße nach Santiago, über die im Mittelalter Millionen von Menschen gepilgert sind; nach Schätzungen zeitweise jährlich zwischen 200 000 und 500 000 Menschen: Gebildete und Ungebildete (das sind die, die sich die Aufzeichnungen vorlesen lassen sollen), Reiche und Arme, Greise und Kinder, Männer und Frauen (man schätzt den Anteil der Frauen auf etwa ein Viertel bis ein Drittel der Wallfahrer), einzelne und Gruppen (Wohlhabende ließen sich von einem eigenen Arzt und einem eigenen Kaplan begleiten), Gesunde und vor allem Kranke, die vergeblich ärztliche Autoritäten ihrer Zeit konsultiert hatten; Menschen, die um eine außergewöhnliche Gnade bitten oder ein Gelübde einlösen wollten (z. B. Dank für Hilfe in auswegloser Lage); begnadigte Verbrecher; Abenteurer; Lebeleute...

Fromm mußte der Wallfahrer nicht unbedingt sein. Etwa zu der Zeit, da der Pilgerführer verfaßt wird, zweifelt Abt Petrus Venerabilis von Cluny am geistlichen Wert weiter Pilgerreisen; er warnt vor Leichtfertigkeit, Unstetigkeit, Neugier, Stolz und der Hoffnung auf materiellen Gewinn. Manchen Versuchungen suchte man bewußt durch Auflagen zu steuern; der geistliche Gewinn aus der Wallfahrt wurde davon abhängig gemacht, daß der Pilger unterwegs fastete, auf Fleischgenuß verzichtete, nur eine Nacht an einem Ort blieb, Haare und Fingernägel ungepflegt ließ, kein warmes Bad nahm, nicht in weichen Betten schlief; zumal die letzten Forderungen mochten es ihm erleichtern, Verlockungen des anderen Geschlechtes zu widerstehen.

Straßen, Brücken und Hospize

Die im Pilgerführer skizzierten Straßen bildeten Hauptachsen in einem dichten Netz weiterer Straßen. Über kleinere Wege zog, wer abgelegene Wallfahrtsorte aufsuchen und während der Hauptreisezeit im Früh- und Spätsommer überfüllte Herbergen an den vielbegangenen Straßen meiden wollte. Die im Pilgerführer erwähnten oder von der Forschung nachgewiesenen Hospize und Brücken weisen auf den starken Pilgerverkehr schon im 12. Jahrhundert hin. Das Hospiz der hl. Christina in den Pyrenäen sei – ebenso wie die Hospize in Jerusalem und auf dem Großen St. Bernhard am Weg nach Rom – an Stätten eingerichtet, »wo sie Not wenden können. Häuser Gottes sind es, heilige Stätten, an denen der fromme Pilger sich erholen kann. Hier finden die Bedürftigen Ruhe und Pflege, die Kranken Trost, die Toten das Heil, die Lebenden Hilfe. Daher kann es keinem Zweifel unterliegen, daß die Erbauer solcher heiligen Stätten das Himmelreich besitzen werden.«

Es ist kein Zufall, daß eine wichtige Etappe auf dem Wege jenseits der Pyrenäen Puente la Reina heißt; die »Königinbrücke«, gebaut zu Beginn des 11. Jahrhunderts als Hilfe für die Pilger auf Initiative der Gemahlin König Sanchos III. von Navarra, bündelte drei über die Pyrenäen führende Wege zu der einen Wallfahrtsstraße nach Santiago. Namentlich genannten Straßen- und Brückenbauern widmet der Autor ein eigenes kurzes Kapitel, das er mit dem Segenswunsch schließt: »Mögen die Seelen dieser Männer und all ihrer Helfer in ewigem Frieden ruhen!«

Der Pilgerführer beschreibt unterschiedlich detailliert auch einzelne Tagesetappen; oft konnte man sie jedoch unmöglich an einem Tag zurücklegen; entweder hatte der Autor unterwegs unregelmäßig Tagebuch geführt, oder er wollte Länge und Schwierigkeiten des Weges bewußt untertreiben. Die Angabe, zwischen dem Cisapaß in den Pyrenäen und Santiago (600 km Luftlinie) lägen dreizehn Etappen, war jedenfalls ebenso unrealistisch wie die Behauptung, in zwei Tagereisen komme man von Pamplona nach Burgos (170 km Luftlinie). Wäre es die Absicht des Autors gewesen, dem Pilger die Reise weniger schwierig erscheinen zu lassen, als sie in Wirklichkeit war, hätte er sich wohl nicht so ausführlich zu Gefahren geäußert; diese Abschnitte werfen bezeichnende Schlaglichter auf die Reisewirklichkeit nicht nur des 12. Jahrhunderts.

Warnung vor Gefahren

Der Autor warnt den Pilger vor Unheil durch Natur und Mensch. Tod und Verderben drohe in Spanien dem Reisenden wie seinem Reittier durch den Genuß des Wassers verschiedener Flüsse (davon auffallend viele in Navarra gelegen), durch Fleisch und Fisch. Unangenehm sei der Marsch durch die Landes im Südwesten Frankreichs, für die man drei Tage rechnen müsse; »aber das sind Tage, die dich zur Erschöpfung bringen! Denn es ist ein gottverlassenes, flaches Land mit nur wenigen Orten, wie leergefegt von den Gütern dieser Welt, ohne Brot, Wein, Fleisch, Fisch, ohne fließende Gewässer und ohne Brunnen. Nur Sand gibt es im Überfluß.« Immerhin finde man hier reichlich Honig, verschiedene Hirsesorten und grunzendes Getier. »Solltest du zufällig im Sommer durch dieses Land ziehen, dann schütze sorgfältig dein Gesicht vor den riesigen Fliegen: Hierzulande Wespen oder Roßbremsen genannt, treten sie in großen Schwärmen auf.« Wer beim Gehen nicht acht gebe, versinke schnell bis zum Knie in dem feinen, dort überall angewehten Sand.

»Aus tiefstem Herzen wünsche ich diese Kerle zur Hölle!« Die Verfluchung bezieht sich auf Fährleute am Fuß der Pyrenäen; zwei an sich kleine Flüsse kann der Wallfahrer nur mit fremder Hilfe überqueren; von Arm und Reich verlangen die Fährleute ein, für das Übersetzen eines Pferdes erpressen sie gar vier Geldstücke. Dabei ist ihr aus einem Baumstamm gehauenes Boot recht klein und zum Übersetzen von Pferden schon gar nicht geeignet. »Wenn du dieses Boot besteigst, dann sei auf der Hut: Schnell bist du ins Wasser gefallen!« Pilger sollten wegen der Gefahr des Kenterns nur zu wenigen Personen einsteigen und ihre Pferde, möglichst am Zügel gehalten, den Fluß durchschwimmen lassen. »Vielfach lassen die Fährleute, nachdem sie den Fährlohn kassiert haben, eine so große Schar von Pilgern einsteigen, daß das Schiff kentert und die Pilger im Fluß ertrinken. Die nichtsnutzigen Schiffer stimmen dann gleich ein Freudengeheul an und bemächtigen sich der Habe der Ertrunkenen.« Der Pilgerführer nennt die zulässigen Tarife: Für zwei Personen, sofern sie wohlhabend sind, ein kleines, für ein Pferd ein großes Geldstück; Arme brauchen nichts zu bezahlen. Zudem seien die Fährleute gehalten, große Boote in Dienst zu stellen, in denen Reittiere und Menschen ausreichend Platz finden.

»Aus tiefstem Herzen wünsche ich sie zum Teufel!« Die zweite Verfluchung gilt »bösartigen Wegelagerern«. Kaum der Gefahr durch Fährleute entronnen, droht dem Pilger nämlich neues Ungemach in dem »unwirtlichen und waldreichen« Baskenland. »Erblickt der Pilger die Landesbewohner, so gefriert ihm das Blut.« Es sind Menschen von barbarischer Sprache, ungeschliffener äußerer Erscheinung. Und erst die sogenannten Zöllner! Mit zwei oder drei Spießen bewehrt, ziehen sie dem Pilger entgegen und fordern mit Gewalt eine ungerechtfertigte Maut. »Sollte ein Reisender auf den Gedanken kommen, ihnen das geforderte Geldstück zu verweigern, so schlagen sie ihn mit ihren Prügeln und entreißen ihm die Abgabe. Unter Beschimpfungen filzen sie ihre Opfer bis auf die nackte Haut.« Der Autor des Pilgerführers belehrt den Wallfahrer: Ein Wegezoll darf von Pilgern grundsätzlich nicht, sondern allenfalls von Kaufleuten erhoben werden; wenn die »Zöllner« eine Abgabe von höchstens vier oder sechs Geldstücken verlangen dürften, fordern sie das Doppelte! Mit der Feder versucht der Autor, dem Übel zu steuern: Er bittet um harte Bestrafung der unmittelbar und mittelbar Schuldigen, der Zolleintreiber, des Königs von Aragon und anderer Hintermänner, aller, die die Wege und Wasserläufe beherrschen und ungerechtfertigt hohe Fährgebühren eintreiben lassen. »Angeprangert seien aber auch die Priester, Mitwisser der Untaten: Sie gewähren den Übeltätern die Absolution, heißen sie in ihren Kirchen willkommen, feiern mit ihnen das heilige Opfer und reichen ihnen die Kommunion.« Alle direkt und indirekt Schuldigen, Kleriker wie Laien, sollen exkommuniziert werden. Der Bannspruch soll an den zuständigen Bischofssitzen und in Santiago verkündet werden, auf daß alle Pilger es hören können. »Die Schuldigen sollen exkommuniziert bleiben, bis sie nach einer langdauernden, öffentlichen Buße wieder zu Verstand gekommen sind – und bei ihren Tributforderungen Maß walten lassen.«

Vorurteile

Der Autor ist nicht als armer Büßer nach Santiago gezogen, sondern hat sich unterwegs auch ein Bild von den Freuden der Tafel gemacht; gelegentlich sieht man sich an den gastronomischen »Michelin« unserer Tage erinnert. Immer wieder ist von wohlschmeckendem Wein, Fleisch und Weiß(Weizen)brot die Rede, was sich nur Wohlhabende leisten konnten. Als Beispiel dafür, wie der Autor ein Land, dessen Nahrung und Menschen charakterisiert, sei zitiert, was er von Kastilien schreibt: Das Land ist reich an Gold, Silber, kostbaren Tuchen und ungewöhnlich starken Pferden; es ist »fruchtbar und bringt in reichem Maße Brot, Wein, Fleisch, Fisch, Milch und Honig hervor; nur an Holz herrscht Mangel. Ein Wort nur zu den Menschen hier: Sie sind böse und lasterhaft.«

Die pauschale Abwertung der Bewohner ist kein Einzelfall. Der Autor ist nicht bereit, Menschen anderer Länder ihre Art zu leben zuzugestehen; was nicht den in seiner Heimat üblichen Normen entspricht, wird verurteilt. Rundherum zufrieden ist er nur mit einer Gegend und deren Menschen; man nimmt daher an, daß der Autor hier seine Heimat schildert: »Von Tours ausgehend zieht man zunächst durch das Poitou, einen überaus angenehmen und glücklichen Landstrich. Die Menschen dieser Gegend sind rüstige Recken, kriegerische Gestalten: Im Kampf mit Pfeil und Bogen sowie mit der Lanze sind sie äußerst geschickt; in der Schlacht gebärden sie sich übermütig. Sie sind gute Läufer, kleiden sich mit viel Geschmack. Sie fallen auf durch ihr strahlendes Gesicht, ihr verschmitztes Reden. Es dürfte schwerfallen, Menschen zu finden, die freigebiger und gastfreundlicher sind als sie.« Je weiter der Autor nach Süden reist, desto kritischer fallen seine Bemerkungen zu den Bewohnern aus; Gnade finden vor seinen Augen außer den Menschen im Poitou eigentlich nur die »Landsleute« des Apostels Jakobus: Die Galizier weisen »mit uns aus Franzien« noch die größte Übereinstimmung auf.

Anfangs mokiert der Autor sich nur über die Sprache, dann ärgert er sich mehr und mehr über die Lebensführung der Völker am Weg. Als »bäurisch« gilt ihm die Sprache der Menschen im Land um

Saintes, als noch weit »ungehobelter« die der Bewohner um Bordeaux (Wein und Fisch munden hier); dann die Gascogner: Zwar sind sie kampfgewohnt und gastfreundlich, verfügen auch über vorzügliches Brot, besten Rotwein und gesundes Trinkwasser, doch »sie reden viel, spotten noch mehr. Sie sind dem Trunk, der Völlerei und anderen Ausschweifungen verfallen. Im Gegensatz zu ihrer verschwenderischen Nahrung steht ihre erbärmliche Kleidung: Nur in Lumpen sind sie gehüllt, als hätte man sie all ihrer Schätze und Vorräte beraubt ... Rings um das Feuer sitzend, pflegen sie ohne Tisch zu essen. Als Trinkgefäß dient allen gemeinsam eine flache Schale. Ihr überreiches Essen und Trinken, ihre miserable Kleidung wird noch übertroffen von ihrer geradezu schimpflichen Art sich zu betten: Auf faules Stroh werden ein paar Decken gebreitet, auf denen das Gesinde zusammen mit dem Herrn und der Herrin schlafen.«

Weiter nach Süden die Navarresen. Das volkskundliche Interesse des Autors wird hier noch deutlicher. Er beobachtet nicht nur, wie bei den Gascognern, Tisch- und Schlafsitten; vielmehr fällt ihm unangenehm auf, daß die Vorstellungen der Navarresen von Scham von seinen Normen abweichen. Wiederholt haben sich Reisende darüber gewundert oder entrüstet, daß Bewohner anderer Länder sich ungeniert in Gegenwart Fremder unbekleidet wärmen, waschen oder baden (z. B. in der Neuzeit in Japan). Der Autor verbindet eigene Beobachtung mit Gerüchten. »Mancherorts zeigen Männer und Frauen der Navarresen, wenn sie sich wärmen wollen, gegenseitig das, was man scheu verhüllen sollte. Auch treiben die Navarresen schimpflich Unzucht mit Tieren. Man erzählt, gewisse Navarresen brächten am Hinterteil ihres Maultieres oder ihrer Stute einen Lederriemen an, damit niemand anders als sie selbst mit dem Tier Unzucht treiben könne. Vor ihren perversen Ausschweifungen sind weder Frauen noch Tiere sicher.« Auch scheut er sich nicht, böseste Verleumdungen über seine Gastgeber zu kolportieren: »Als wir sie«, der Autor beruft sich auf eigenes Erleben, »auf das Wasser ansprachen, belogen sie uns und sagten, man könne ohne jede Gefahr von diesem Wasser trinken. Daraufhin gaben wir unseren Pferden von dem Wasser zu saufen; sie krepierten unmittelbar darauf, und auf der Stelle zogen jene ihnen das Fell ab.« Vorher hatte der Autor von einem »Salzfluß«

gesprochen, dem man ja nicht zu nahe kommen solle; dieses Gewässer bringe Mensch und Tier unweigerlich den Tod. Sollte es in den Pyrenäen salzhaltige Flüsse gegeben haben, so werden Pilger und Pferd sich hier kaum zu Tode getrunken haben.

Es folgen abfällige Bemerkungen zur unansehnlichen Kleidung (u. a. zu einer Art Sandalen, die den Fußrücken nackt läßt) und zur Art des Essens: »Die ganze Großfamilie ißt gemeinsam, das heißt Knecht und Herr, Magd und Herrin greifen in ein und dieselbe Schüssel, in der die Haupt- und die Zukost durcheinandergerührt sind. Zum Essen bedienen sie sich nicht des Löffels, sondern der Hände. Alle trinken aus nur einem Becher. Sähst du sie essen, du würdest meinen, Hunde oder Schweine fressen zu hören.« Durch die Sprache der Navarresen sieht der Autor sich an das »Gekläffe von Hunden« erinnert.

Anschließend hängt der Autor den Menschen, auf deren Hilfe der Pilger angewiesen ist, einen Katalog von Lastern an. Vor ihrer Christianisierung pflegten »die gottlosen Navarresen und Basken die nach Santiago ziehenden Pilger nicht nur auszuplündern, sondern gar auf ihnen wie auf Eseln zu reiten und die Frommen auf diese Weise zu Tode zu schinden.« Jetzt ist es immer noch »ein seltsames Volk, nach Brauch und Wesen anders als die übrigen Völker geartet, mißmutig dreinschauend, zutiefst verderbt: Verkehrt, schurkisch und treulos, ausschweifend und dem Trunk ergeben, erfahren in jeglicher Art von Gewalttat, wild und hinterwäldlerisch, unredlich und verworfen, gottlos und düster, unheilvoll und streitsüchtig, ein Volk, das in allem Guten ungeübt, in allen Lastern und Unbilligkeiten überaus erfahren ist.« Der Autor stellt die Navarresen auf eine Stufe mit den wegen ihrer Bosheit in der Antike sprichwörtlichen Geten und mit den Sarazenen seiner Zeit. »Uns aus Franzien«, so fährt er fort, »sind sie in allem fremd. Um den Preis eines einzigen Pfennigs bringt der Navarrese oder der Baske, wenn er kann, einen Franzosen um.«

Ein Nachtrag, vielleicht von einem anderen Autor, kann den vernichtenden Eindruck nicht mildern: Die Navarresen sind tüchtige Kämpfer, und sie geben der Kirche reichlich Opfergaben. Hinter der abschließenden Bemerkung – bei Raubzügen verständigen sie sich untereinander dadurch, daß sie wie ein Uhu rufen oder wie ein Wolf heulen – stecken vielleicht Unbehagen und Angst, die der Autor des Pilgerführers erfahren hat, als er durch ferne Wälder ziehen mußte und sich bei jedem fremden Geräusch vom Tod bedroht sah; nicht von ungefähr geht das französische Wort ›sauvage‹ (wild) auf ›silvaticus‹, ›wäldlerisch‹ zurück.

Heiligenverehrung

Bei längeren Wallfahrten war es üblich, so viele Gnaden, Ablässe und Wohltaten »mitzunehmen« wie nur möglich. Wenn es sich einrichten ließ, erwies der Rompilger auch den Heiligen Drei Königen in Köln, dem hl. Theobald in Thann, der Muttergottes in Einsiedeln seine Verehrung. Auf diesen Brauch stellt der Autor sich ein. Etwa ein Drittel seines Pilgerführers nimmt das achte Kapitel ein: »Über die Reliquien, die man auf dem Wege aufsuchen soll, und über das Martyrium des hl. Eutropius«. Der Autor stützt sich hier auf Apokryphen, Legenden und Geschichten, die er bei der Schilderung des Eutropius breit ausmalt. In Erzählungen von Märtyrern und Bekennern bringt er manche Seiten der Kirchengeschichte dem Pilger näher. Die ausführliche Beschreibung eines heute verlorenen Aegidiusschreines in diesem Kapitel hat die Aufmerksamkeit der Kunsthistoriker gefunden; man kann hier sehen, wie ein solches Werk auf Menschen gewirkt hat, was hervorgehoben, was gedeutet werden sollte; Ähnliches gilt für die Beschreibung der Jakobusbasilika im 9. Kapitel.

Der Autor weiß, daß er sich nichts vergibt, wenn er auch den Kult anderer Heiliger fördert, in Grenzen allerdings. Viele Kirchen behaupteten, ausschließlich sie besäßen die Reliquien eines bestimmten, als besonders wundermächtig geltenden Heiligen; wenn der Pilgerführer diesen Monopolanspruch anerkennt, ist er schnell dabei, andere Kirchen oder Gemeinschaften zu verspotten oder der Lüge zu bezichtigen, die glaubten, Reliquien dieses Heiligen zu besitzen. Der Autor fordert z. B. die Ungarn, die Mönche des Klosters Chamalières, die Normannen im Raum von Coutances auf zu erröten, verwirrt

292

zu sein, zu schweigen – es sei gänzlich ausgeschlossen, daß der hl. Aegidius an einer anderen Stelle Ruhe gefunden habe als in St. Gilles an der Rhône... Indirekt geht er auch auf den weit verbreiteten Reliquiendiebstahl ein, wobei das Wort ›Diebstahl‹ falsche Vorstellungen weckt: Glaubte jemand, ein Heiliger finde an seiner Ruhestätte nicht die angemessene Verehrung, war die Versuchung groß, die Reliquien ganz oder teilweise mitzunehmen, oft in einer Nacht-und-Nebel-Aktion. Wollte der Heilige nicht übertragen werden, so würde er diese Überführung schon zu verhindern wissen. Nach dem Zeugnis »vieler Menschen« sei es noch nie jemandem gelungen, die Leiber der Heiligen Aegidius, Martin, Leonhard und Jakobus »aus ihren Grabstätten zu entführen«.

Die Überzeugung von der Echtheit der Reliquien hatte weitreichende, auch wirtschaftliche Folgen: Als Zweifel an der Authentizität der Reliquien der Maria Magdalena immer drängender wurden, ging der Wallfahrtsbetrieb in Vézelay im 13. Jahrhundert spürbar zurück, zum großen Schaden nicht nur des gastronomischen Gewerbes am Ort. Von solchen Zweifeln ist in dem Pilgerführer noch nichts zu spüren. Der Autor versichert, daß Maria Magdalena »bis auf den heutigen Tag« hier ruhe und Gott »aus Liebe zu dieser Heiligen« Wunder und Wohltaten wirke.

Ein anderer Heiliger erfreute sich besonderer Verehrung bei Reisenden, die in Gefangenschaft geraten waren. Die dem hl. Leonhard geweihte Kirche (östlich von Limoges) muß einen seltsamen Anblick geboten haben: »Mit größter Verblüffung nur wird man die Balken betrachten, an denen wie an den Masten eines Schiffes die barbarischen Eisen in großer Zahl aufgehängt sind. Dort hängen eiserne Hand- und Fußschellen, Halseisen, Ketten, Blöcke und Fußfesseln, Brecheisen u. a.«, von denen Leonhard Tausende von Gefangenen dank seiner einflußreichen Fürbitte befreit habe. Wiederholt sei er »sichtbar in menschlicher Gestalt auch den in Sklavenhäusern jenseits des Meeres Gefesselten« erschienen, wie die bezeugen, die er »dank der Macht Gottes« befreit habe. Hinter dieser Aussage steckt ein realer Kern: Mitglieder bestimmter Bruderschaften begaben sich freiwillig in die Unfreiheit, um Versklavte auszulösen. Denen mochte es scheinen, als habe der hl. Leonhard menschliche Gestalt angenommen. – Wie in St. Leonhard die Ketten, so hingen in anderen Wallfahrtskirchen aus Silber, Wachs oder Holz geformte Votivgaben mit dem Bild eines Kiefers oder Beines oder Schiffes als Zeichen des Dankes für Befreiung von Zahnschmerzen, Heilung einer Beinverletzung oder Rettung aus Seenot.

In der aus verschiedenen Quellen zusammengetragenen Geschichte vom hl. Eutropius, eines angeblichen Jüngers Jesu, zeigt der Autor sich als Zeitgenosse der Kreuzzüge; bedenkenlos nimmt er übelste Ausschreitungen gegen die Juden in seine Geschichte auf. Eutropius kommt aus Jerusalem zurück, wo auch er Anteil am Pfingstwunder hatte. »Die Juden in seinem Lande ließ er, vom Eifer der Liebe zu Christus entbrannt, mit dem Schwert niedermachen, wegen der Juden nämlich, die in Jerusalem den Herrn zum Tode verurteilt hatten.«

Dieses Kapitel, in dem die Heiligen Aegidius, Saturninus, Fides (Ste. Foy), Maria Magdalena, Leonhard, Fronto, Martin von Tours, Hilarius von Poitiers, Johannes der Täufer, Eutropius, Roland (aus dem Kreis um Karl den Großen, er wird hier als Märtyrer aufgeführt), Dominikus (der Straßenbauer) u. a. gewürdigt werden, schließt ein Gebet ab, in dem einmal mehr die strenge Rechtgläubigkeit betont wird: Wunder wirkt Gott, die Heiligen können dem Menschen helfen durch Fürsprache an Gottes Thron: »Dank ihrer Verdienste und Gebete mögen uns die bislang erwähnten und alle übrigen Heiligen Gottes helfen bei Gott unserem Herrn Jesus Christus, der mit dem Vater und dem Heiligen Geiste lebt und herrscht. Gott von Ewigkeit zu Ewigkeit. Amen.«

Am Ziel

Hat der Pilger sich bis auf einige Tagereisen dem ersehnten Ziel genähert, so kommt er am westlichen Fuß des Kantabrischen Gebirges, schon in Galizien, nach Triacastela; von hier aus nimmt er einen Kalksteinbrocken mit bis nach Castañola. Dort stehen Öfen, in denen der für die Jakobusbasilika nötige Kalk gebrannt wird; der Pilger trägt also direkt zum Bau dieser Kirche bei.

Unmittelbar vor der heiligen Stadt nimmt der Pilger in einem Fluß ein reinigendes Bad an einem ›Lavamentula‹ (wörtlich: Wasche die Geschlechtsteile) genannten Gehölz. Dazu gibt der Pilgerführer folgende Erläuterungen: »Die Pilgerscharen, die von Frankreich nach Santiago ziehen, waschen sich aus Liebe zum Apostel hier nicht nur ihre Geschlechtsteile, sondern den Schmutz am ganzen Körper ab – und währenddessen widerfährt ihnen nicht selten das Mißgeschick, daß ihre Kleidung gestohlen wird!«

In der Nähe des Flusses liegt der »Berg der Freude«, von dem aus man zum erstenmal die Jakobusbasilika sieht. Wer ihn als erster bestiegen hat, gilt als »König« in seiner Pilgergruppe. Wahrscheinlich gehen viele der Familiennamen »König«, »Leroy«, »King« u. ä. auf Pilger zurück, die vor Santiago, Rom, Jerusalem, aber auch vor dem Mont St. Michel in der Normandie und andernorts als erste den »Berg der Freude« bestiegen hatten.

Das neunte Kapitel widmet der Autor der Stadt und der Basilika des hl. Jakobus, das zehnte den Opfergaben. Er beschreibt knapp die Tore und die Kirchen der Stadt, die vielverehrten Wallfahrtsheiligen geweiht sind: Petrus, Michael, Martin, der Heiligen Dreifaltigkeit (in deren Schatten werden hier verstorbene Pilger begraben). Ausführlich geht er auf einen quadratischen, einen Steinwurf breiten arkadenumsäumten und, wie er betont, gepflasterten Platz ein, der durch einen besonders schönen, in Einzelheiten beschriebenen Brunnen geschmückt wurde. An diesem Platz können die Pilger Geld wechseln, bei Gastwirten einkehren, Wein in Schläuchen, Schuhe und -riemen, Taschen und Gürtel, Heilkräuter und Gewürze erstehen, vor allem aber »kleine Muscheln als Beweis dafür, daß sie beim hl. Jakobus waren«. Anders als die Palmzweige der Jerusalempilger, sind die Muscheln der Santiagowallfahrer oft erhalten. Auf der Rückreise durfte man sie sich »an den Hut stecken«, wie einen Ausweis. Allenthalben in Europa wurden sie gefunden. Am Ende seiner Tage ließ der Pilger sich die Muschel in dem festen Glauben mit ins Grab legen, daß der Apostel Jakobus, dessen Grab er in mühevoller Reise aufgesucht hatte, ihn glücklich in die ewige Heimat führen werde.

Eingehend wird die Basilika vorgestellt: Dimensionen, Äußeres, Türme, Altäre usf. Der Schmuck von Portalen, Wänden, Fenstern

u. ä. war als eine Art »Bilderbibel« gedacht; besonders wichtige Szenen der Heilsgeschichte sollten nicht nur durch das Wort der Predigt, sondern auch durch das Bild verdeutlicht und dem Gedächtnis eingeprägt werden. Der Pilgerführer zeigt, daß man offensichtlich auch im Hochmittelalter eine Deutung sogar bei häufig dargestellten Szenen zu schätzen wußte. So heißt es etwa zum Südportal: »Dann die hl. Maria, die Mutter des Herrn, mit ihrem Sohn in Betlehem; die Drei Könige kommen, um den Knaben mit seiner Mutter zu besuchen; sie bieten ihm ihre dreifachen Gaben dar; über ihnen der Stern; ein Engel ermahnt sie schließlich, nicht zu Herodes zurückzukehren.« Moralisierend weist der Autor auf eine Frau, die neben der Szene mit der Versuchung Jesu abgebildet ist: »In ihren Händen hält sie den Kopf ihres Galans, den ihr eigener Mann abgeschlagen hat, der sie nun zwingt, zweimal am Tag den stinkenden Schädel zu küssen. Wie nachdrücklich, wie bewundernswert widerfuhr dieser ehebrecherischen Frau Gerechtigkeit! Allen sei es kundgetan!«

Im Innern der Basilika verdienen natürlich besondere Beachtung das Grab des Apostels Jakobus und der ihm geweihte Altar. Diesen hat der Autor selber vermessen, und er regt den Leser an, zum Schmuck des Jakobusaltares beizutragen: »Das Altartuch müßte neun auf einundzwanzig Handspannen messen.« Wer nicht persönlich die weite Pilgerreise ausführen konnte oder wollte, hatte Gelegenheit, mit der Übersendung einer solchen Gabe sich den mächtigen Apostel gewogen zu stimmen; mehr noch: Mit dem Altartuch war der Schenker selber am Altar präsent. Diese Vergegenwärtigung war auch deshalb gesucht, weil mit ihr Folgen des Todes, das Vergessenwerden, gemildert wurden; daher gedachte man im Kanon der Messe namentlich genannter Lebender und Verstorbener, daher stifteten Wallfahrer Kerzen, daher hingen Geheilte ihre Prothesen oder – wie in der Leonhardsbasilika – ihre Ketten in der Kirche auf: sichtbare Beweise der empfangenen Hilfe, der Dankbarkeit des Geretteten und als bleibende Erinnerung an den einstigen Pilger.

Ins einzelne gehend werden der Baldachin über und Lampen vor dem Altar beschrieben; hervorgehoben werden die »Würde« der Basilika, ihrer Kanoniker und ihrer Kardinäle. Santiago wetteiferte zeitweise mit Rom, was sich in der Ausbildung eines Kardinalkollegiums und – bis auf den heutigen Tag – der Ausrufung von Heiligen Jahren niederschlug.

Keineswegs selbstverständlich ist, daß der Autor auch der Steinmetzen gedenkt, die das schöne Werk geschaffen haben. Besonderes Interesse verdient der Gesamteindruck, den der Bau auf einen Menschen des 12. Jahrhunderts gemacht hat; das Innere der Kirche wirkt noch heute ähnlich auf manchen Besucher: »Wunderbares wurde hier ins Werk gesetzt: Die Kirche ist groß, geräumig, hell. Die Proportionen stimmen: Breite, Länge und Höhe passen zueinander. Der Bau ist ein unsagbar schönes Werk; mit seinem Obergeschoß erinnert er an eine königliche Pfalz. Sollte jemand traurigen Sinnes zur Empore aufsteigen, so wird er – wenn er oben durch die Schiffe schreitet – fröhlich, freudig erregt beim Anblick dieses ungemein schönen Gotteshauses.«

Mit der summarischen Aufzählung von Wundern ehrt der Autor den Apostel und wirbt für die Wallfahrt zum Grab des Jakobus. »Kranken wird hier die Gesundheit, Blinden das Augenlicht geschenkt, Stummen die Zunge gelöst, den Tauben das Gehör verliehen, Lahme können wieder unbeschwert gehen, Besessene sehen sich vom Dämon befreit und, was das größte ist: Die Bitten der Gläubigen werden erhört, ihre Gelübde werden vom Himmel angenommen, die Fesseln der Sünde werden gelöst, den Klopfenden tut sich der Himmel auf, den Trauernden wird Trost zuteil. Hier strömen in großen Scharen Angehörige fremder Völker aus allen Himmelsrichtungen zusammen, hier wollen sie mit ihren Gaben Gott preisen.«

Der Autor betont, daß die Armen, die im Hospiz Hilfe suchen, Anspruch auf den zehnten Teil aller Gaben haben, die am Altar des hl. Jakobus niedergelegt werden. Sollte ein Prälat der Kirche diese Gaben zweckentfremden, so würde diese Sünde immer »zwischen Gott und ihm« stehen. »Alle armen Pilger haben nämlich in der Nacht, die auf ihre Ankunft beim Altar des hl. Jakobus folgt, Anspruch auf volle Beköstigung und Beherbergung – so will es die Liebe zu Gott und zum hl. Jakobus.« Ein Rest dieser gastfreundlichen Aufnahme hat sich bis in unsere Tage erhalten: Wallfahrer, die zu Fuß nach Santiago ziehen, haben Anspruch auf Beköstigung in der Nobelherberge (Parador) gleich neben der Basilika! – Weiter heißt es in dem Pilgerführer,

Kranke müßten dort bis zu ihrem Tod oder bis zur vollständigen Wiederherstellung ihrer Gesundheit »liebevoll« gepflegt werden.

Das letzte Kapitel ist überschrieben »Wie die zum hl. Jakobus Pilgernden aufzunehmen sind«. Die Erwähnung konkreter Straf- bzw. Rachewunder ist zur Abschreckung gedacht: Den Hilfe und Obdach Verweigernden wurde ein Brot zu Stein, stürzte ein Dach ein, wurden etwa tausend Behausungen ein Raub der Flammen. Wer dagegen den Pilger, gleich ob arm oder reich, auf dem Weg von oder nach Santiago liebevoll und ehrfürchtig aufnehme, ihm fürsorglich Obdach gewähre, der beherberge nicht nur den hl. Jakobus, sondern Christus selbst. Mit dieser Versicherung greift der Autor eine weitverbreitete Überzeugung auf. Zur Zeit, da der Pilgerführer aufgezeichnet wurde, hatte 1149 ein gewisser Ritter eine Vision: Tundal sieht im Vorparadies einen König thronen, wahrscheinlich Kaiser Heinrich IV., umgeben von Armen und Pilgern, denen der Kaiser zu Lebzeiten geholfen hatte und die ihm nun mit ihren Fürbitten dienen.

Der Autor des Pilgerführers hat sich wiederholt mit seiner Meinung, seinen Vorurteilen in den Vordergrund gedrängt. Dem entspricht, daß er sein Werk nicht mit einer Bitte zugunsten der Pilger, sondern mit dem eigenen und dem Lob des Lesers abschließt: »Ruhm sei dem, der es schrieb, aber auch dem, der es liest.«

DIE KREUZZÜGE

Mittelalterliche lateinische Quellen bezeichnen Wallfahrt, bewaffnete Wallfahrt und Kreuzzug mit den Worten ›iter‹ und ›peregrinatio‹, Weg, Fahrt bzw. Pilgerfahrt (das Wort ›Kreuzzug‹ wurde erst im 18. Jahrhundert in die deutsche Sprache aufgenommen). Dem entspricht, daß 1189 Kaiser Friedrich Barbarossa bei seinem Aufbruch zum dritten Kreuzzug Stab und Tasche nahm, wie »normale« Wallfahrer. Und doch unterschieden sich die Kreuzzüge erheblich von Wallfahrten: Die von der Kirche ausdrücklich sanktionierte und geförderte Verbindung von Kampf gegen die Heiden, Militarisierung der Pilgerfahrt sowie Verheißung ewigen Lohnes und das Echo, das diese Bewegung in Europa fand, brachten seit dem Ausgang des 11. Jahrhunderts ein neues Element in die Geschichte.

Die Zählung der Kreuzzüge von eins bis sieben bzw. acht ist nicht unproblematisch; denn es gab zwischen dem Heiligen Land und Europa ein ständiges Kommen und Gehen von Pilgern und Kreuzfahrern. Eine weitere Einschränkung: Kreuzzüge wurden nicht nur im Heiligen Land ausgefochten, sondern auch in Spanien und sogar in Deutschland, gegen die noch (oder wieder) heidnischen Slaven. Über den vielen Kreuzzügen darf man nicht die langen Friedenszeiten vergessen, im Heiligen Land zwischen 1192 und 1291 immerhin achtzig Jahre. Andererseits haben die Kreuzzüge in der Zeit von 1095 (Synode von Clermont) bis 1291 (Eroberung von Akkon) Hunderttausende, wenn nicht Millionen von Menschen mobilisiert. Wie andere außerordentliche Ereignisse haben sie eine Fülle von Berichten hervorgebracht, die wir als Quellen nutzen können, nicht nur zu »Reisen« im ursprünglichen, militärischen Sinn. Die Kreuzzüge haben zudem nachhaltig Wirtschaft, Verkehr, Kultur und Literatur beeinflußt und den Angehörigen anderer Kulturen und Religionen abstoßende Seiten der Europäer vorgeführt, die die kollektive Erinnerung von Juden, Muslimen und Griechen jahrhundertelang prägen sollten.

Bewaffnete Wallfahrten?

Zwei der insgesamt spärlichen Bemerkungen zu seiner eigenen Person widmet Lampert den Jahren 1058 und 1059: Am 16. September wurde er zum Priester geweiht; »ich habe dann sofort eine Pilgerfahrt nach Jerusalem angetreten, im Eifer für Gott, aber hoffentlich nicht mit Unverstand.« Zum folgenden Jahr heißt es ähnlich lakonisch: »Ich kehrte nach Beendigung meiner Pilgerfahrt nach Jerusalem am 17. Oktober ins Kloster zurück.« Es bleibt offen, warum der Hersfelder Mönch mit dem Aufbruch nicht bis zum Frühjahr gewartet hat, ob er auf dem See- oder Landweg gezogen ist. Da Lampert auf dieses Ereignis nicht mehr zurückkommt, haben die Schwierigkeiten der Reise – von seinem Kloster bis nach Jerusalem sind es immerhin 3000 Kilometer Luftlinie – sich vielleicht im Rahmen des Üblichen und Erwarteten gehalten. Mit eigenen Erfahrungen könnte es allerdings zusammenhängen, daß er sich ausführlich zu der Jerusalemwallfahrt äußert, die einige Jahre später Erzbischof Siegfried von Mainz, die Bischöfe Gunther von Bamberg, Otto von Regensburg, Wilhelm von Utrecht und viele andere unternahmen; insgesamt soll der Zug etwa 7000 Pilger umfaßt haben. Als die Wallfahrer nur noch wenige Tagereisen von Jerusalem entfernt waren, wurden sie am Karfreitag 1065 von Arabern überfallen, »die auf die Kunde von der Ankunft so prächtig ausgestatteter Männer von allen Seiten in großer Zahl bewaffnet herbeigeströmt waren, um Beute zu machen«.

Wie sollten die Pilger auf die Bedrohung reagieren? Lampert schreibt dazu: »Die meisten Christen hielten es für nicht vereinbar mit ihrem Glauben, sich mit der Faust zu wehren und ihr Leben, das sie zu Beginn der Pilgerfahrt Gott geweiht hatten, mit irdischen Waffen zu schützen.« Manche wurden daher gleich zu Anfang niedergestreckt und ausgeplündert; andere erwehrten sich der Angreifer mit Steinen, die sie gerade fanden; wieder andere flohen. Das Gros zog sich in ein baufälliges Hofareal zurück, in dessen Mitte ein großes, zum Widerstand geeignetes Haus stand; dessen oberes Stockwerk besetzten die Bischöfe von Mainz und Bamberg mit ihren Klerikern. Die Laien bemühten sich, den feindlichen Angriff abzuwehren und die morsche Mauer zu verteidigen; in einem Ausfall gelang es ihnen, den Angreifern sogar Schilde und Schwerter zu entwinden und so gerüstet zum Gegenangriff vorzugehen. Daraufhin fingen die Araber mit einer systematischen Belagerung an.

Am Ostersonntag haben Hunger und Erschöpfung die Widerstandskraft der Verteidiger so weit gebrochen, daß einer der Priester zum Einlenken mahnt: »Sie täten nicht recht daran, daß sie ihre Hoffnung und Stärke mehr auf ihre Waffen als auf Gott setzten und versuchten, die Notlage, in die sie doch mit seiner Einwilligung hineingeraten seien, mit eigenen Kräften abzuwenden.« Sie sollten sich also ergeben, zumal sie ausgehungert und kampfuntüchtig seien. Gott könne ihnen auch anschließend Barmherzigkeit erweisen. Hätten die Feinde sich erst einmal ihrer Schätze bemächtigt, so würden sie frei, unbelästigt und unverletzt weiterziehen können. Der Vorschlag wird angenommen und über einen Dolmetscher den Feinden übermittelt.

Daraufhin steigen deren Anführer in das obere Geschoß. Der Bamberger Bischof als Wortführer bittet, man möge ihnen alles bis auf den letzten Heller nehmen und sie dann ziehen lassen. Der Araberfürst erklärt, er wolle den Christen zunächst all ihre Habe nehmen »und dann ihr Fleisch essen und ihr Blut trinken«. Blutrünstige Worte gehören vielleicht zum Ritual solcher Verhandlungen; jedenfalls haben die Bischöfe und der Chronist sie wohl so verstanden; denn nicht diese Einschüchterung bringt die Wende, sondern eine Geste: Der Anführer der Araber knotet sein langes Turbantuch zu einer Schlinge, die er dem Bischof von Bamberg um den Hals legen will. Lampert schreibt: »Der Bischof aber, ein Mann von edlem Ehrgefühl und vollendeter Würde, ertrug diese Schmach nicht; er schlug ihm mit solcher Gewalt die Faust ins Gesicht, daß er den völlig Verdutzten mit einem Schlag jählings zu Boden streckte, und rief dabei mit lauter Stimme, zuerst müsse er seine Strafe erhalten für den Frevel, daß er als Ungeweihter und Götzendiener sich erfrecht habe, seine unreinen Hände gegen einen Priester Christi zu erheben.« Den Führern der Araber werden die Hände auf den Rücken gebunden, »daß den meisten die Haut aufplatzte und Blut unter den Fingernägeln hervorrann«. Die Laien rufen Gott um Hilfe an, ergreifen wieder die Waffen und besetzen die Mauer. In dem Glauben, ihre Fürsten seien umgebracht, stürzen sich die Araber auf die Christen. Rechtzeitig kommt denen ein rettender Gedanke: Mit der Drohung, sofort die Anführer der Araber hinzurichten, erzwingen sie eine Kampfpause. Die Lage der Belagerten verbessert sich weiter dadurch, daß die nach dem ersten Überfall geflohenen Christen reguläre Truppen alarmiert hatten, die nun anmarschieren und überglücklich die Festgenommenen als langgesuchte Staatsfeinde ergreifen. Die Christen geben ihren Rettern eine gewisse Geldsumme und lassen sich von einem Trupp Leichtbewaffneter nach Jerusalem geleiten. Nach Lampert verlief die weitere Reise – auch die Rückreise – reibungslos.

Lampert zeigt, daß er die Kunst der wohlkomponierten, auf einen Höhepunkt hinlenkenden Darstellung beherrscht; manche Elemente seines Berichtes finden sich in mittelalterlichen Epen, müssen also nicht unbedingt wahrheitsgetreu sein. Obendrein hat er von den Ereignissen erfahren, als die Pilger nach langen Monaten heil in der Heimat angekommen waren – und dann sind sogar besonnene Menschen geneigt, glücklich überstandene Gefahren zu dramatisieren. Trotzdem bildet der Bericht eine wertvolle historische Quelle, spiegelt er doch unterschiedliche Verhaltensweisen gegenüber Angriffen Andersgläubiger.

Lampert tadelt die Pilger, die Ostern offensichtlich in Jerusalem feiern wollten, als »unbesonnen«. Sie waren nicht fähig oder nicht willens, sich auf Gegebenheiten eines fremden Landes einzustellen. Durch eigene Schuld gerieten sie in Lebensgefahr: Wer Reichtum zur Schau stellt, provoziert den Überfall. Wenn man schon Wertgegenstände mit sich führt – man muß ja unterwegs etwas haben, was man gegen Nahrung, Kleidung, Unterkunft veräußern kann – so tarnt man sie so gut wie möglich. So wird es Lampert bei seiner Jerusalemfahrt gehalten haben. Daß man im Mittelmeerraum weitgehend »bargeldlos« reisen, unterwegs bei Banken, Orden, Spitälern entsprechende Dokumente gegen das an Ort und Stelle gültige Geld eintauschen kann, ist erst ein Ergebnis der Kreuzzugsbewegung, das man in der zweiten Hälfte des 11. Jahrhunderts noch nicht erwarten kann.

Lampert deckt im Verhalten Bischof Gunthers einen Konflikt zwischen zwei, von der Familie bzw. der Kirche vermittelten Wertvorstellungen auf: Die Pilger sind zum Grab Jesu unterwegs, der gefordert hatte, die rechte Wange hinzuhalten, wenn jemand auf die linke schlägt. Die Pilger sind auch von ihrer Familie geprägt: Bischöfe stammten zu dieser Zeit aus dem höchsten Adel; der Tod durch das Schwert galt als ehrenhaft, der durch die Schlinge als überaus schimpflich. Bischof Gunther erwidert die ehrenrührige Geste nicht mit Worten, sondern mit Gewalt. Den Faustschlag in das Gesicht des Angreifers rechtfertigt er nicht unter Verweis auf das adlige Standesethos, sondern unter Berufung auf die höchste Autorität: Gegen einen Priester Christi darf ein »Ungeweihter und Götzendiener« nicht dreist seine unreinen Hände erheben!

Wer so argumentiert, weiß sich nicht angesprochen durch das Pauluswort »Wer die Gefahr liebt, wird in ihr umkommen«; ihm kommt nicht in den Sinn, auf eine mit vielen Gefahren verbundene Wallfahrt nach Jerusalem zu verzichten – immerhin hatte schon der hl. Hieronymus betont, man könne von jedem Punkt der Erde aus Gott anrufen. Wer so wie der Bischof von Bamberg denkt, betrachtet es als sein gutes Recht, das Grab des Erlösers und die anderen heiligen Stätten aufzusuchen; im Unrecht sind diejenigen, die einem solchen Vorhaben Hindernisse in den Weg zu legen versuchen.

Mächtige waren wiederholt mit einem zahlreichen, auch bewaffneten Gefolge ins Heilige Land gezogen. Die lokalen Machthaber hatten dagegen im allgemeinen so lange nichts einzuwenden gehabt, wie die Anführer ihre Leute im Griff behielten und ihre Macht nur zur Abschreckung von Wegelagerern einsetzten; so verfuhren ja auch die Mekkapilger.

Lampert sieht die Frage grundsätzlich, wenn er zwei Haltungen einander gegenüberstellt: Die eine legt nahe, im Vertrauen auf Gott geduldig jede Unbill zu ertragen; die andere erlaubt die Verteidigung gegen Angriffe, die man selber als ungerechtfertigt ansieht. Unabhängig voneinander gehen die Jerusalemwallfahrt und die Rechtfertigung des »gerechten Krieges« in das 4. Jahrhundert zurück.

Im November 1095, eine Generation nach dem von Lampert beschriebenen Zusammenstoß zwischen Pilgern und Arabern, beschäftigte sich eine Synode in Clermont unter dem Vorsitz von Papst Urban II. mit innerkirchlichen Fragen, die vor allem die französische Geistlichkeit betrafen. Nichts deutete darauf hin, daß es hier zu einem weltgeschichtlichen Ereignis kommen würde. Am 27. November hielt der Papst vor einem großen Zuhörerkreis im Freien eine Rede, in der er in glühenden Farben die angebliche Bedrückung der Christen des Ostens durch die Türken ausmalte, die Palästina 1071 erobert hatten. Im Namen Christi rief er in beschwörendem Ton Reiche und Arme, vor allem die Ritterschaft, zur Hilfe für die christlichen Brüder im Osten auf. Den Teilnehmern an der bewaffneten Pilgerfahrt wurden besondere Privilegien und geistlicher Lohn in Aussicht gestellt.

Der Erfolg dieser Ansprache muß außerordentlich gewesen sein. »Deus lo volt«, Gott will es, sollen die Massen gerufen haben; Stoffe wurden in Fetzen gerissen, damit die Versammelten sich Kreuze auf die Schultern heften konnten.

Wie mit magischer Gewalt, von der wir uns heute keine Vorstellung mehr machen können, hat der Name Jerusalem jahrhundertelang die Menschen bewegt, Adlige und Bauern, Reiche und Arme, Laien und Kleriker, Bischöfe und Mönche, weit über die eigentliche Zeit der Kreuzzüge hinaus; Kolumbus erinnert sich während seiner ersten Amerikafahrt, Weihnachten 1492, daß er vor dem spanischen Königspaar öffentlich bekannt habe, aller Gewinn aus seiner Unternehmung solle »zur Eroberung der Heiligen Stadt Jerusalem« verwendet werden.

Über ihre Motive waren sich 1095 viele Kreuzfahrer wahrscheinlich selber nicht klar; bei den meisten werden mehrere Beweggründe hinter dem Entschluß zur Beteiligung am Kreuzzug gestanden haben. Die religiöse Begeisterung spielte sicher eine wichtige Rolle: »Sie fühlten«, heißt es einmal, »daß sie bestimmt waren, den christlichen Glauben in seinem alten Glanz wiederherzustellen.« Bauern wird die Gelegenheit willkommen gewesen sein, aus dem harten Alltag zu fliehen; nachgeborene Adlige dürften glücklich gewesen sein,

Aufbruch der Pilger ins Heilige Land. Französische Miniatur aus dem 14. Jh. Träger befördern Gepäck auf eine Galeere; die Fahnen tragen Wappen der vornehmen Pilger. Die Menge des Gepäcks, das man mitführen darf, ist genau geregelt. Seit der Mitte des 13. Jh.s kennt man im Mittelmeerraum schon Schiffe, die besonders für den Transport von Pferden geeignet sind. Durch eine – während der Fahrt unterhalb des Wasserspiegels liegende – Pforte werden die Pferde in den Schiffsbauch geführt.

auf ehrenhafte Weise der Beengtheit des Lebens unter der Quasi-Vormundschaft eines älteren Bruders entgehen zu können. Die Aussicht auf Abenteuer, Beute oder Siedlungsland dürfte etliche gelockt haben; unter den späteren Bewohnern des Heiligen Landes war mancher, dem die Mittel zur Rückreise gefehlt und der gern das Angebot zum Bleiben angenommen hatte. Versuche, die Bewegung in »vernünftige« Bahnen zu lenken, blieben insgesamt erfolglos: Kleriker nahmen auch ohne Zustimmung ihrer Orden, Jungverheiratete auch ohne Einwilligung der Ehefrau das Kreuz; Arme, Kranke, Alte und Kinder sollten zu Hause bleiben – und trotzdem hat es 1212 einen eigenen Kinderkreuzzug gegeben.

Seit der Christianisierung Ungarns (um 1000) war auch der Weg zu Lande frei: Jerusalempilger konnten donauabwärts reisen, durch die heutigen Länder Ungarn, Jugoslawien, Bulgarien, Türkei weiter nach Syrien und Palästina. Man konnte sich auch für den Seeweg entscheiden: Von Marseille, Genua, Pisa oder Venedig aus fuhr man direkt nach Palästina; in späterer Zeit konnte man sich sogar schon in Brügge einschiffen. Schließlich konnte man Land- und Seereise verbinden, bis nach Brindisi zu Lande und von dort mit dem Schiff nach Griechenland oder zur See nach Palästina fahren.

Von den Mächtigen, die sich der Kreuzzugsbewegung 1095 anschlossen, werden manche schon früher im Heiligen Land gewesen sein; sie wußten um Länge und Schwierigkeiten des Weges. Sie schickten Vorauskommandos, die für Unterkunft und Verpflegung, Fähren und Schiffe sorgen und bei den jeweiligen Machthabern die Genehmigung erwirken sollten, durch das Land zu ziehen. Davon unterschieden sich, zumal beim ersten Kreuzzug, große Massen Armer und verarmter Adliger, die mit illusorischen Vorstellungen von dem Abenteuer, in das sie sich gestürzt hatten, aufbrachen und von denen nur wenige das Ziel erreichten. Von beiden Gruppen soll hier die Rede sein, wobei Quellenaussagen aus zweihundert Jahren zusammengezogen werden. Im Folgenden überwiegen die düsteren Seiten der Kreuzzüge; von vielfältigem Unglück und Leid wird deshalb ausführlich gesprochen, weil der größte Teil der Kreuzfahrer mehr oder weniger hilflos den Wechselfällen der Reise ausgeliefert war. Die wenigen Wohlhabenden konnten es sich leisten, für die Überfahrt bequeme Kabinen zu mieten; sie konnten auch höchste Preise für einen Schluck Wasser oder ein Stück Brot bezahlen; sie konnten sich mit Lösegeld aus der Gefangenschaft freikaufen lassen. Die breite Masse der Kreuzfahrer mußte statt dessen hungern und dürsten, wenn nicht verhungern und verdursten; fielen sie in Gefangenschaft, so wurden sie versklavt oder – wenn sie nicht mehr leistungsfähig waren – geköpft.

Kreuzfahrer unterwegs

Wie der Bericht Lamperts von seiner eigenen Wallfahrt zeigt, mußte man für eine friedliche Wallfahrt nach Jerusalem von Mitteleuropa aus mindestens ein Jahr veranschlagen. Kreuzfahrer hatten mit einer längeren Zeit zu rechnen, wenn noch feindliche Städte belagert und erobert werden mußten.

Wegen der Risiken für Leib und Gesundheit machte man vor dem Aufbruch sein Testament und versah sich mit den nötigen Mitteln; aufgrund schlechter früherer Erfahrungen wurden die Teilnehmer am dritten Kreuzzug (1187–1192) verpflichtet, sich mit Geld für zwei Jahre zu versorgen. Mancher zeigte mit dem Verkauf all seiner Besitzungen, daß er endgültig die Heimat verlassen wollte; sollte er mit dem Leben davonkommen, so würde er sich in der Fremde eine neue Existenz aufbauen. Andere verpfändeten ihre Güter, z. B. landhungrigen Zisterziensern, die mehr als einmal die Notsituation adliger Familien zur Arrondierung ihres Besitzes mißbraucht haben. Wurde – wie zu Beginn des ersten Kreuzzuges – plötzlich sehr viel Land, Schmuck u. ä. angeboten, sanken die Preise mit der Folge, daß manche Kreuzfahrer sich stärker als vorgesehen verschulden mußten.

Solche Erfahrungen nährten Animositäten gegen die Besitzenden, vor allem gegen die Juden. Man fragte sich sogar, wieso man Tausende von Meilen reisen sollte gegen die Muslime, wenn man die vermeintlichen Feinde Gottes im eigenen Lande bekämpfen konnte: Es kam zu entsetzlichen Judenpogromen, durch die manche Kreuzfahrer sich die Mittel für die lange Reise beschafften. Judengemeinden wurden erpreßt und gezwungen, mit Empfehlungsbriefen ihre fernen Glaubensbrüder zu nötigen, die Kreuzfahrer auf ihrem weiteren Weg zu unterstützen. Wer geglaubt hatte, sich damit freigekauft zu haben, wer auf den Schutz des Königs vertraute, täuschte sich, wie das Beispiel der jüdischen Gemeinde in Mainz zeigen mag. Der Chronist Salomo bar Simeon berichtet, 1096 habe diese dem Bischof, dessen Großen und den Städtern gegen 400 Mark Silber übergeben, »dem Bösewicht Emicho«, Graf von Leiningen, sieben Pfund Gold und zusätzliche Schreiben, daß die jüdischen Gemeinden »ihn auf seinem Zuge ehren sollen«. Als Emicho und seine Horden erst einmal in der Stadt sind, rufen sie dazu auf, »das Blut des Gekreuzigten zu rächen«! Die Juden setzen sich zur Wehr, müssen aber schließlich aufgeben, da alle, die ihnen Schutz versprochen haben – allen voran der Bischof und seine Leute –, fliehen oder untätig zuschauen. Als die jüdischen Frauen sahen, wie die Männer einer nach dem anderen unter dem Schwert der Leute Emichos fallen, »gürteten sie mit Kraft ihre Lenden und schlachteten ihre Söhne und Töchter und dann sich selbst; viele Männer stärkten sich und schlachteten ihre Frauen, ihre Kinder und ihr Gesinde; die zarte und weichliche Mutter schlachtete ihr Lieblingskind; alle erhoben sich, Mann wie Frau, und schlachteten einer den anderen«. Daraufhin ziehen »die Unbeschnittenen« den Erschlagenen die Kleider aus und werfen sie aus den Fenstern hinaus. Bitten Verletzte um einen Schluck Wasser, so fragt man sie, ob sie sich taufen lassen wollen. »Dann geben wir euch Wasser zu trinken und ihr könnt noch gerettet werden.« Die Verwundeten können nur noch mit Gesten ablehnen. »Jene aber fügten ihnen dazu noch viele neue Schläge bei, bis sie sie zum zweiten Male ermordet hatten.«

Im Frühjahr 1096 erreichen einzelne zucht- und mittellose Horden Ungarn, wo sie sich nach Aussage des Chronisten Guibert von Nogent übelste Ausschreitungen zuschulden kommen lassen: Während die Ungarn »als Christen ihren christlichen Brüdern wohlwollend alles anboten, was sie zu verkaufen hatten, konnten die anderen ihre Leidenschaften nicht zügeln, dachten nicht mehr an die Gastlichkeit und Wohltätigkeit der Ungarn und führten ohne jeden Grund Krieg gegen sie, wobei sie hofften, jene würden nicht wagen, etwas gegen sie zu unternehmen, oder seien völlig außerstande, ihnen Widerstand zu leisten.« Das Sündenregister der Kreuzfahrer ist lang: Mord, Vergewaltigung von Mädchen, Schändung von Ehefrauen, Brandstiftung, Mißhandlung von Wirten, Plünderung – »und alle brüsteten sich mit unbegreiflicher Frechheit, sie würden bei den Türken ebenso hausen«. Kurze Zeit darauf ist von diesen Haufen kaum noch jemand am Leben: Die einen waren im Kampf gefallen, andere auf der Flucht ertrunken; die wenigen Überlebenden ziehen beschämt in ihre Heimat zurück oder schlagen sich abgerissen bis nach Konstantinopel durch.

Anderen Haufen gelingt es, bis nach Kleinasien vorzudringen. Statt die Ankunft kampferfahrener Ritter abzuwarten, provozieren sie die Türken; diese schneiden ihnen die Wasserzufuhr ab. »Die Unsrigen litten dermaßen an Durst, daß sie ihren Pferden und Eseln die Adern öffneten, um das Blut zu trinken; andere warfen Schärpen und Lappen in die Latrinen und drückten die Flüssigkeit aus in ihren Mund; einige urinierten in die Hand eines Gefährten und tranken dann; andere gruben feuchten Boden auf, legten sich nieder und häuften die Erde auf ihre Brust, so groß war das Brennen ihres Durstes.«

308

Immer wieder haben die Kreuzfahrer mit dem Durst zu kämpfen, z. B. bei der Belagerung von Jerusalem im Juni und Juli 1099, zu einer Jahreszeit, in der Temperaturen von 35 bis 40° dort nicht ungewöhnlich sind. Die Feinde hatten kurz vor der Ankunft der Kreuzfahrer Quellen und Brunnen zugeschüttet, Zisternen auslaufen lassen; später verpesteten sie systematisch weitere Wasservorräte mit Tierkadavern. Die Belagerer nähen Rinder- und Büffelhäute zusammen, in denen sie Wasser für Mensch und Tier über weite Entfernung transportieren. Die Kreuzfahrer streiten sich um das wenige, oft verschmutzte, zu überhöhten Preisen verkaufte Wasser.

Durst ist demoralisierender als Hunger; aber auch diesen bekamen die Kreuzfahrer wieder und wieder zu spüren, vor allem bei Belagerungen. Die Preise für Brot, Fleisch, Wein schnellen dann in astronomische Höhen; viele Ritter sehen sich gezwungen, Reittier, Rüstung und bescheidenen Schmuck zu Schleuderpreisen zu verkaufen; Gold, Silber und kostbare Stoffe gab es im Überfluß, heißt es einmal. Feigen-, Wein- und Distelblätter, ausgedörrte Häute von Pferden, Kamelen, Ochsen und Büffeln werden gekocht, unreife Früchte von Feigen gebraten. Wer noch ein Pferd hat, sucht so lange wie möglich, von dessen Blut zu leben; »auf Gottes Barmherzigkeit hoffend, wollten sie sie noch nicht töten«. Da zahlreiche Pferde während des Marsches durch die vielen Wüstenstriche verendet waren, mußten die Ritter oft zu Fuß gehen; Ochsen dienten ihnen dann als Schlachtrosse, Ziegen, Hammel und Hunde dazu, das Gepäck zu tragen.

Andere haben unter den unwegsamen Gebirgen in Kleinasien zu leiden. Nur selten hat man Zeit und Mittel, um Pioniere vorauszuschicken. Ein Chronist berichtet, Herzog Gottfried habe einmal als Vorhut dreitausend mit Äxten und Schwertern bewaffnete Männer ausgeschickt, die den Pfad säubern und verbreitern sollten, damit er für die große Zahl der »Pilger« gangbar würde. »Sie bahnten einen Weg durch die Engpässe eines gewaltigen Gebirges und fertigten auf ihrem Durchzug eiserne und hölzerne Kreuze an, die sie auf Sockel stellten, damit sie unseren Pilgern als Wegweiser dienten. So gelangten wir bis vor Nizäa.« Solche Hilfen dürften die Ausnahme gewesen sein.

Viele Kreuzfahrer hatten beim Zug durch das Gebirge gegen

Mensch *und* Natur zu kämpfen; immer wieder von den Feinden bedrängt, konnten sie nicht die nötigen Sicherungsmaßnahmen ergreifen: »Der Berg war zerklüftet und mit Felsstücken bedeckt; wir mußten ihn auf einem steilen Hang ersteigen, sein Gipfel schien uns an den Himmel zu rühren, und der Gießbach im Grunde des Tales schien der Hölle nahe zu sein. Die Menge staute sich inzwischen, die einen drängten die anderen ... Die Saumtiere fielen von den zerklüfteten Felsen herab und rissen die, auf die sie im Fallen trafen, mit in die Tiefe des Abgrunds. Die Felsstücke, die immerfort losgelöst wurden, richteten eine große Verwüstung an, und diejenigen unserer Leute, die sich nach allen Seiten zerstreuten, um bessere Wege zu suchen, mußten gleichfalls fürchten, entweder selber zu stürzen, oder durch die anderen mitgerissen zu werden.«

Bei anderen Gelegenheiten machen Regen und Kälte den Kreuzfahrern zu schaffen; es fehlt an Zelten, so daß viele Ritter Erkältungskrankheiten zum Opfer fallen. Das Heer Ludwigs des Heiligen wird Mitte des 13. Jahrhunderts von einer furchtbaren Plage heimgesucht: An den Beinen vertrocknete das Fleisch, die Haut bekam wie ein alter Stiefel schwarze und erdfarbene Flecke; das Zahnfleisch entzündete sich; fast keiner überstand die Krankheit. »Wenn die Nase blutete, so war dies das Anzeichen eines baldigen Todes.«

Das Schicksal, das fanatisierte Horden den Juden in Mainz und andernorts bereitet hatten, widerfuhr vielen Jerusalemfahrern im Laufe der Kreuzzüge: Waren sie in islamische Gefangenschaft geraten, standen sie vor der Alternative »Abschwören oder Geköpftwerden«. Wer sich für das Leben entschied, wurde in die Sklaverei verschleppt; oft zogen Hunderte den Tod vor.

Da der Kreuzfahrer mehr als der normale Reisende damit rechnen mußte, unterwegs vom Tod ereilt zu werden, beichtete er vor dem Aufbruch und vor besonderen Gefahren. Nicht jeder Ritter konnte sich – wie Joinville, der 1248 König Ludwig den Heiligen auf den Kreuzzug begleitete – einen Hauskaplan leisten, der immer in seiner Nähe und bereit war, das Sündenbekenntnis entgegenzunehmen. Joinville hat 1250 Gelegenheit, einem Kameraden die Beichte abzunehmen; für Notsituationen wird die sogenannte Laienbeichte auch heute noch von der katholischen Kirche anerkannt. Der Konnetabel von Zypern kniete sich also neben Joinville nieder und beichtete ihm seine Sünden; »und ich sagte ihm: ›Ich spreche Euch los mit der Vollmacht, wie Gott sie mir verliehen hat.‹ Als ich mich erhob, erinnerte ich mich an nichts von dem, was er mir gesagt hatte.«

Drohte die Gefangennahme durch die Feinde, so war mehr als ein Pilger entschlossen, sich durch die eigene oder die Hand eines Vertrauten den Tod zu geben – wie die Juden in Mainz es getan hatten und wie die französische Königin zu tun entschlossen war. Als der König 1250 in Gefangenschaft fällt, organisiert sie, hochschwanger, die Verteidigung des belagerten Damiette. Nach dem Bericht Joinvilles wies sie alle Leute aus ihrem Zimmer mit Ausnahme eines achtzigjährigen Ritters, der ihr besonderes Vertrauen genoß und der sein Lager vor ihrem Bett hatte. Kniefällig bittet sie um eine Gunst, die der Ritter ihr unter Eid verspricht; dann sagt sie: »Ich verlange bei der Treue, die Ihr mir gelobt habt, daß Ihr mir beim Eindringen der Sarazenen in die Stadt den Kopf abschlagt, ehe sie mich ergreifen.« Joinville findet die Antwort des Ritters angemessen: »Seid versichert, ich werde es tun; auch ich hatte daran gedacht, Euch zu töten, bevor sie uns fangen.«

Am Ziel

1096 aufgebrochen, langten die Kreuzfahrer nach entsetzlichen Strapazen und schweren Verlusten drei Jahre später vor Jerusalem an. Wenn das Heer überhaupt so weit hatte kommen können, dann nicht nur deshalb, weil die Uneinigkeit auf seiten der Muslime noch größer war als unter den Kreuzfahrern, sondern auch deshalb, weil diese immer wieder durch Mut und Tapferkeit, Erfindergeist und Ingenieurkunst überraschten; auch später stellten sie ihren praktischen Sinn noch oft unter Beweis, etwa wenn sie eine Flotte zerlegten und auf Kamelrücken vom Mittelmeer zum Roten Meer transportierten.

Jubel erhebt sich, als das Heer von einem Berg aus am 7. Juni 1099 zum erstenmal die Heilige Stadt erblickt; von da an heißt dieser Berg Montjoie, Berg der Freude. Nach mühevoller Belagerung folgen im

Abstand weniger Stunden aufeinander Szenen büßender Zerknirschung, Orgien des Mordens, dann überströmende Dankgebete; die Kreuzfahrer zeigen den Muslimen und Juden in Jerusalem, zu was christliche Ritter und Wallfahrer des Abendlandes fähig sind. Am Donnerstag veranstaltet das Belagerungsheer zu Ehren Gottes einen Bittgang um die Wälle von Jerusalem, den Gebete, Almosen und Fasten begleiten. Am Freitag, den 15. Juli 1099 wird die Stadt gestürmt. Die Verteidiger fliehen von den Mauern, »und die Unsrigen folgten ihnen und trieben sie vor sich her, sie tötend und niedersäbelnd, bis zum Tempel Salomons, wo es ein solches Blutbad gab, daß die Unsrigen bis zu den Knöcheln im Blut wateten«. Die Kreuzfahrer stürmten durch die Stadt, rafften Gold, Silber, Pferde und Maulesel an sich; sie plünderten die Häuser, die mit Reichtümern überfüllt waren. »Dann, glücklich und vor Freude weinend, gingen die Unsrigen hin,

Das Heilige Land aus der Vogelperspektive mit Angabe der Pilgerstationen. Aus dem »Buch der Geschichte«, Lübeck 1474. Im Zentrum Jerusalem, von einer soliden Mauer geschützt; außerhalb der Stadt erkennt man den Kalvarienberg, ›Calvaria‹, mit dem Kreuz.

312

Rückkehr der Kreuzfahrer aus dem Heiligen Land. Die Gesichter der Kreuzfahrer sind von Leid und Entbehrung gezeichnet, ebenso die der Wartenden an Land. Das solide Schiff hat Kastelle auf Bug und Heck, die bei Angriff oder Verteidigung als Brustwehr dienen.

um das Grab unseres Erlösers zu verehren, und entledigten sich Ihm gegenüber ihrer Dankesschuld.« Am folgenden Tag neues Morden: »Die Unsrigen« kletterten auf das Dach des Tempels, »griffen die Sarazenen, Männer und Frauen, an, zogen das Schwert und schlugen ihnen die Köpfe ab. Einige stürzten sich von der Höhe des Tempels hinab.«

Die meisten Kreuzfahrer sahen mit der Erstürmung Jerusalems ihr Gelübde erfüllt und suchten so schnell wie möglich in die Heimat zu kommen. Daher litt das Heilige Land in den fast zweihundert Jahren, in denen hier abendländisch-christliche Herrschaften bestanden, an Menschenmangel, und immer wieder mußten neue Kreuzzüge ausgeschrieben werden. Einer, der vierte, richtete sich nicht, wie vorgesehen, nach Ägypten und Jerusalem, sondern wurde dank der Intrigen Venedigs nach Byzanz »umdirigiert«. Byzanz war vielen Europäern bekannt als größte und reichste Stadt der Christenheit. Bei früheren Kreuzzügen hatte es manchen Ärger mit byzantinischen Machthabern gegeben, oft von den Kreuzfahrern verschuldet. Neidvoll hatten diese auf die geradezu märchenhaft reichen Schätze der Stadt geblickt. Anfängliche Skrupel, ob man einen Kreuzzug, der grundsätzlich den Ungläubigen galt, »umfunktionieren« dürfe zur Eroberung einer christlichen Stadt, wurden bald beschwichtigt: Die Byzantiner waren Schismatiker, seit 1054 gebannt, sie hatten die Gemeinschaft mit Rom aufgekündigt.

Wie Jerusalem, so fällt Byzanz überraschend schnell. Zwar morden die Kreuzfahrer hier nicht so viele Menschen wie dort – Schätzungen sprechen von etwa 2000 Opfern –, doch hinsichtlich Raub, Diebstahl, Einbruch unterscheiden sich die Kreuzfahrer des Jahres 1204 nicht von denen des Jahres 1099, zeigen also auch, daß der Schrecken, den die Kreuzfahrer damals verbreitet hatten, reale Grundlagen hatte. Kirchen und Gräber werden geschändet, Reliquiare zerschlagen, einmalige Kunstwerke zerstört, Schmuck geraubt, seidene Stoffe gestohlen... Der größte Teil der Beute kam nach Venedig. Die Quadriga schmückt bis auf den heutigen Tag die Front des Markusdomes; dessen Schatz stammt weitgehend aus diesem Raubzug (vieles davon wurde auf Veranlassung Napoleons zu Anfang des 19. Jahrhunderts eingeschmolzen; das Übriggebliebene ist immer noch eindrucksvoll). Auch in anderen europäischen Sammlungen geht ein erheblicher Teil der ausgestellten byzantinischen Kunst auf jenen schnöden Überfall zurück.

Daß die Räuber über ein erstaunlich naiv-gutes Gewissen verfügten, verdeutlicht der Bericht des Zisterziensermönches Gunther aus Pairis (bei Colmar im Elsaß) über die Erlebnisse seines Abtes Martin. Um nicht leer auszugehen, wenn sich alle anderen bereicherten, entschloß auch Martin sich, »seine geweihten Hände nach Raub auszustrecken. Aber mit diesen Händen weltliches Beutegut anzutasten, hielt er für unwürdig und machte sich deshalb daran, von den Reliquien der Heiligen einen gehörigen Anteil zusammenzuscharren; daß es deren dort eine große Menge gab, wußte er«. Martin dürfte auch gewußt haben, daß private Plünderung mit der Todesstrafe, Reli-

314

quienraub mit der Exkommunikation bedroht waren. Er sucht und findet eine abgesonderte Stelle, »an der ihm schon die Heiligkeit des Ortes das zu finden verhieß, was er inbrünstig begehrte«. Einen Priester, eine ehrwürdige Erscheinung, herrscht er »mit sanftem Sinn, aber fürchterlicher Stimme« an: »Los, du heimtückischer Alter, zeig mir die wichtigsten Reliquien, die du verwahrst! Sonst mach dich darauf gefaßt, daß du unverzüglich mit dem Tod bestraft wirst!« Der Grieche ist gebildeter als Martin, was sich daran zeigt, daß er sich in der romanischen Verkehrssprache auszudrücken weiß. Er öffnet eine Truhe mit kostbarsten Reliquien, in die der Abt »eilig und begehrlich« beide Hände hineintauchte; »er füllte den Bausch seiner Kutte mit dem heiligen Raub, er und der Kaplan«: Eine Spur vom Blut Jesu, Holz vom wahren Kreuz, ein Stück vom heiligen Johannes, ein Arm des Apostels Jakobus... Auch die Schätze europäischer Kirchen an ehrwürdigen Reliquien rühren zu einem erheblichen Teil aus den Raubzügen in dem 1204 eroberten Byzanz.

Eroberung und zeitweilige Behauptung des Heiligen Landes waren möglich, weil die Kreuzfahrer über Eigenschaften verfügten bzw. sie notgedrungen entwickelten, die Jahrhunderte später die Erfolge der Entdecker und Eroberer möglich machten. Diese Eigenschaften bedingen nicht nur Höhen und Tiefen der Kreuzzugsbewegung, sondern der europäischen Geschichte überhaupt: Opferbereitschaft und Genügsamkeit, Lernwilligkeit und Anpassungsfähigkeit, handwerkliches und technisches Können sowie Improvisationstalent, Begeisterungsfähigkeit und Fanatismus, Tatkraft und Skrupellosigkeit, Überlegenheitsdünkel und Minderwertigkeitskomplexe, Frömmigkeit und Gier nach Reichtümern.

Folgen

Die Folgen der Kreuzzüge für Europa können hier nur skizziert werden. Die Kreuzfahrer bekamen gleich zu Anfang zu spüren, daß sie es mit gleichwertigen Gegnern zu tun hatten; Christen und Muslime bestätigten einander Mut und Tapferkeit.

Im Heiligen Land wuchs nach wenigen Jahrzehnten ein neues Geschlecht heran: »Wir, die wir Abendländer waren, sind Orientalen geworden«, verkündet Fulcher von Chartres, einer der wichtigsten Chronisten der Zeit des ersten Kreuzzuges. Das Heilige Land, so meint er, erweise sich als ein Tiegel, der – auch durch das Band der Ehe – Menschen unterschiedlicher Sprachen und sogar Religionen zusammengeschmolzen habe. »Die verschiedensten Mundarten sind jetzt der einen wie der anderen Nation gemeinsam, und das Vertrauen nähert die entferntesten Rassen einander an.« Diese enthusiastische Schilderung bedeutet allerdings nicht, daß es hier zu einer christlich-islamischen Symbiose gekommen wäre. Mitbedingt durch eine gewisse Desillusionierung nach dem Rausch der Anfangserfolge, konnte sich die Gestalt Saladins, der das Heilige Land bis auf wenige Reste wieder für den Islam eroberte, zwar zur Figur des »edlen Heiden« verdichten und als solche schon in die zeitgenössische Literatur eingehen. Doch die islamische Kultur wurde Europa eher über Sizilien, vor allem über Spanien vermittelt. Trotzdem hat die Kreuzzugsbewegung Europa insgesamt wichtige Anstöße gegeben: Der geographische Horizont weitete sich schlagartig aus. Kaufleute aus Venedig, Pisa, Genua, Marseille, Barcelona richteten in den syrischen Hafenstädten exterritoriale Stützpunkte ein, oft eine privilegierte Stadt in der Stadt mit eigener Kirche, eigenem Warenhaus, Bad, Bäckerei, Mühle, Schlachthaus usf. Europäische Händler saßen in Akkon und Tyrus an den Endpunkten von Handelswegen, die nach Persien, Mesopotamien und Indien führten; mit den Waren erreichten nun ungefilterte Kenntnisse über die fernen Länder die christlichen Kaufleute. Handel und Verkehr blühten auf, auch dank der vielen Kreuzfahrer und Pilger, die Reedern zu regelmäßigen Einnahmen verhalfen. Ritterorden, ursprünglich zum Schutz der Pilger gegründet, fanden Zulauf und breiteten sich über die lateinische Christenheit aus. Als Klammer zwischen Morgen- und Abendland waren sie dank ihrer länderübergreifenden Verbindungen wie kaum eine andere Institution geeignet, ein internationales Bankwesen aufzubauen. Bei den großen Kreuzzugsunternehmungen, zu denen grundsätzlich die ganze abendländische Christenheit aufgerufen war, lernten die abendländischen Völker sich untereinander kennen –

und hassen. Zeitweilig hätte der Mittelmeerraum wieder eine Einheit bilden können wie in den Zeiten des Römischen Reiches – wenn es nicht die Rivalitäten zwischen den christlichen Staaten und Stadtstaaten gegeben hätte, die oft lieber mit den muslimischen Machthabern paktierten, als daß sie sich untereinander verständigt hätten.

Da man schon bald sah, daß man dem Islam mit militärischen Mitteln allein nicht würde beikommen können, suchte man die geistige Aneignung, zu der auch die Wiederbelebung der Mission gehörte: 1143 fordert Abt Petrus Venerabilis von Cluny zur Übersetzung des Korans ins Lateinische auf; zwei Jahrhunderte später regt das Konzil von Vienne (1311) die Einrichtung von Lehrstühlen für Griechisch, Arabisch, Hebräisch und Syrisch an. Kreuzzugsprediger sollten sich mit dem Koran auseinandergesetzt haben; Ludwig der Heilige ließ sich 1250 von arabischsprechenden Dominikanermönchen begleiten. Franz von Assisi hatte sich vergeblich um die Mission unter den Muslimen in Ägypten bemüht; zeitweilig erfolgreich waren seine Söhne, die Franziskaner, mit ihren weit nach Asien reichenden Missionen; auch Wilhelm Rubruk, von dem noch zu sprechen sein wird, zog an den Hof des Großkhans, um dort die Chancen christlicher Mission auszuloten.

Die Eroberung des christlichen Byzanz hat weltgeschichtlich bedeutsame Folgen gehabt. Das Kaiserreich im Osten wurde geschwächt, so daß es nicht mehr seine frühere Funktion als Bollwerk gegen die Muslime erfüllen konnte; 1453 wurde die Stadt von den Türken erobert; keine achtzig Jahre später standen die Osmanen 1529 vor Wien.

Die Kreuzfahrer kamen in eine Welt, mit deren Komfort ihre heimischen Behausungen nicht wetteifern konnten. Sie lernten Zuckerrohr und künstliche Bewässerung, Windmühle und Errungenschaften der arabischen Medizin kennen. In diesem Zusammenhang sei abschließend auf eine caritative Einrichtung verwiesen, die für den Jerusalemwallfahrer nicht weniger wichtig wurde als für Reisende in Europa: Das Hospital in Jerusalem. Um 1070, also noch vor dem ersten Kreuzzug, hatten Kaufleute aus Amalfi in Anlehnung an ältere Einrichtungen ein christliches Hospital gegründet, das ein Bund von Freiwilligen leitete; aus diesen gingen die Johanniter hervor, die im

Laufe der Zeit auch Aufgaben der Grenzsicherung übernahmen und sich damit anderen Ritterorden anglichen. Aus dem Jahr 1187 liegt die Ordnung dieser Stiftung vor, aus der hervorgeht, was seit Jahrzehnten in Jerusalem praktiziert wurde: Sorge für Kranke, Arme, Wöchnerinnen, Säuglinge, Findelkinder. In einem Punkt bot das Jerusalemer Haus weit mehr als abendländische Spitäler: Von Anfang an war die Anstellung ausgebildeter Ärzte vorgesehen. Hier wirkte sich wahrscheinlich das Vorbild arabischer Spitäler aus, an denen auch Ärzte im Dienste der Hilfsbedürftigen standen; vergleichbare Einrichtungen in Europa mußten zu dieser Zeit noch ohne Ärzte auskommen. Auch die übrigen Forderungen der Ordnung konnten sich sehen lassen: Die Krankenbetten sollten so bequem wie möglich gemacht werden, sie sollten eine Zudecke und passende Bettücher haben; vielleicht ist hier an abziehbare Bettücher gedacht, wie sie Battuta bei seiner Reise durch Indien Mitte des 14. Jahrhunderts auffallen. Weiter sollte in dem Jerusalemer Spital jeder Kranke zum Austreten einen Pelz, Schuhe und eine Wollmütze haben. Für die Kinder weiblicher Pilger sollen Wiegen bereitgehalten werden. Es soll dafür gesorgt sein, daß im Haus geborene Säuglinge nicht durch eine etwaige Krankheit der Mutter in Mitleidenschaft gezogen werden. Den Kranken sollen bekömmliche Speisen gereicht werden; ausdrücklich werden frisches Fleisch, frisches Obst und Gemüse erwähnt. Ein »Schusterbruder« sollte, von drei Helfern unterstützt, alte Schuhe instandsetzen, die man dann »für Gotteslohn« an Bedürftige verschenken wollte. Schuster fanden an allen Wallfahrtsorten ihr Auskommen; wer, wie die Johanniter in Jerusalem, Schuhe »um Gotteslohn« an Bedürftige verschenken wollte, mußte über den Rückhalt eines großen Hauses verfügen.

In dem Jerusalemer Spital der Johanniter sorgten sich Ärzte um das leibliche, Geistliche um das seelische Wohl der Gäste, das Haus als Ganzes um das soziale Wohl breiter gesellschaftlicher Schichten. Besonders kümmerte sich das Spital um Angehörige der Unterschicht: Bedürftige wurden gespeist und bekleidet, entlassene Gefangene mit Geld, Arme mit Nahrung, Kleidung und Schuhwerk versorgt, arme Heiratswillige mit einer Minimalmitgift ausgestattet.

Mit ihrem Spital in Jerusalem haben die Johanniter Maßstäbe ge-

318

setzt, an denen sich das abendländische Spitalwesen orientieren konnte – auch wenn es lange Zeit kaum ein Haus gegeben haben wird, das hinsichtlich Beherbergungskapazität und Ausstattung mit dem in Jerusalem hätte wetteifern können: 1170 sollen hier 2000 Kranke betreut und ebensoviele Arme beschenkt worden sein.

Beispiele hatten für Wirtschaft und Gesellschaft im Mittelalter erhebliche Bedeutung. Manches der in Europa im Hochmittelalter gegründeten Spitäler nahm sich eine gegebene Ordnung zum Vorbild und paßte sie den örtlichen Verhältnissen an. Die Deutschherren z. B. unterhielten zahlreiche Spitäler, deren Ordnung sich an der der Johanniter orientierte.

Sicher sah der Alltag auch in dem Jerusalemer Haus häufig prosaischer aus, als die Ordnung es gebot. Aber die meisten Reisenden, die Hunger und Durst, Land- und Seeräubern entkommen waren, dürften schon glücklich gewesen sein, wenn sie – ohne Ansehen von Person und Geschlecht – in der Heiligen Stadt Obdach und Nahrung gefunden hatten. Und: Können wir behaupten, alle 1187 von den Johannitern genannten Ziele seien inzwischen verwirklicht? Darf der Reisende heute, der unterwegs erkrankt, wie selbstverständlich damit rechnen, unabhängig von Stand und Vermögen eifrig und liebevoll bedient zu werden?

REISEN DURCH ASIEN

Mitte des 13. Jahrhunderts kommt es zu einer einzigartigen Bedrohung Europas: Mongolen – auch Tataren genannt – hatten unter der Führung Dschingis Khans seit Anfang des Jahrhunderts in Ostasien ein großes Reich gegründet, das sich von China bis nach Rußland und Persien erstreckte; 1241 vernichteten sie bei Liegnitz ein deutsch-polnisches Heer, nutzten aber den Sieg nicht zur Eroberung Europas, da Kämpfe um die Nachfolge des im selben Jahr verstorbenen Großkhans Ogotai ausbrachen. 1251 konnte sich Mangu Khan, ein Enkel Dschingis Khans, als Großkhan durchsetzen.

Schon 1245, nur wenige Jahre nach der Katastrophe des deutschpolnischen Heeres, entsendet Papst Innozenz IV. drei Gesandtschaften – u. a. die Carpinis – zu dem Mongolenherrscher: Franziskaner und Dominikaner sollten genaue Informationen über dieses unheimlich-furchtbare Volk sammeln, sie sollten die Chancen abtasten, die Mongolen für das Christentum zu gewinnen und deren Ausdehnungsstreben gegen den Islam zu wenden; dann wären Europa Bedrohungen wie die von 1241 erspart und immer neue Kreuzzüge ins Heilige Land überflüssig. Zu dem erhofften Bündnis kommt es nicht, auch nicht zu einer Christianisierung der Mongolen – und doch sind die Gesandtschaften wertvoll gewesen, brachten sie doch erstmals genaue Informationen über Land und Leute in Mittel- und Ostasien nach Europa.

Seit der Mitte des 13. Jahrhunderts ist die Neugier für die riesigen asiatischen Räume geweckt, von denen man seit den Zügen Alexanders gewisse, von Märchen überlagerte Vorstellungen hatte. Als Beispiele für das wache Interesse, die Aufgeschlossenheit der Menschen für das Andersartige und Fremde, seien hier drei Reisende vorgestellt, die uns Berichte hinterlassen haben: Der Franziskaner Wilhelm von Rubruk (geb. um 1215/20, gestorben um 1270) zog in den Jahren 1253–1255 an den Hof des Großkhans nach Karakorum; war dieser nur etwas mehr als zwei Jahre unterwegs, so hielten sich Marco Polo (1254–1324) und Ibn Battuta (1304–1377/78) jahrzehntelang in der Fremde auf. Marco Polo bereiste von 1271 bis 1295 das Mongolenreich einschließlich Chinas sowie weite Teile Südost- und Südasiens. Noch länger – von 1325 bis 1354 – war Battuta, ein islamischer Gelehrter (vielleicht auch Kaufmann), in Asien, Europa und Afrika unterwegs. Bevor einzelne Ereignisse ihrer Reisen vorgestellt werden, sollen Gemeinsamkeiten und Unterschiede skizziert werden.

Battuta hatte den leichtesten Start. Er bewegte sich in den ersten Reisejahren ausschließlich im arabisch-muslimischen Milieu. Polo hatte das Glück, als Siebzehnjähriger von seinem Vater und seinem Onkel, die früher schon längere Zeit bei den Mongolen gelebt hatten, in eine fremde Welt und Sprache eingeführt zu werden. Mit den größten Schwierigkeiten hatte Rubruk zu kämpfen: Gemessen an der Dauer seiner Reise, hat er sich praktisch gar nicht einleben können.

Wegen der wesentlich längeren Dauer seines Aufenthaltes in der Fremde und der besseren Informationsmöglichkeiten kann Marco Polo ausführlicher und vielseitiger berichten als Rubruk. Bei aller Breite der Interessen lassen sich unterschiedliche Schwerpunkte beobachten: Rubruk will missionieren, predigen und möchte schon daher wissen, an welche religiösen Vorstellungen er anknüpfen kann. Zwar bringt auch Polo vielfältige Informationen zu Religion und Kult, doch dürfte er in erster Linie Kaufmann gewesen sein, der aufmerksam Gewerbe, Handel und Verkehr beobachtet. Bei Battuta schließlich fällt das historische Interesse auf: Wie in modernen Reiseführern informiert er – mit deutlichem Schwerpunkt auf der islamischen Zeit – über die Geschichte von Städten, ihrer großen Männer, Bauwerke und Kuriositäten. Anders als Rubruk sind Polo und Battuta nicht an die Gelübde der Keuschheit und Armut gebunden, sondern den Freuden dieser Welt zugewandt; unbefangen berichten sie über das Liebes- und Eheleben der von ihnen besuchten Völker; sie versuchen gar nicht, ihre Sympathien für das – nach ihrer Schilderung – mancherorts freizügige Sexualleben zu verbergen. Über seine eigenen Erfahrungen mit Ehefrauen und Konkubinen äußert sich Battuta mit einer für abendländische Leser ungewohnten Offenheit.

Hinter den Aufzeichnungen stehen unterschiedliche Auftraggeber und Interessenten: König Ludwig IX. von Frankreich und der Ordensobere bei Rubruk, das interessierte Publikum bei Marco Polo, der Sultan von Fez bei Battuta. Rubruk verfaßt seinen Bericht persönlich; die Erzählungen Marco Polos wurden von Rustichello, einem Mitgefangenen in genuesischer Haft, die Battutas von Ibn Juzayy, einem Sekretär des Sultans aufgezeichnet. Die Bearbeiter haben die Form, gelegentlich auch den Inhalt geprägt (bei Marco Polo z. B. die Schlachtschilderungen). Einen weiten Leserkreis spricht Polo gleich mit den Eröffnungsworten an: »Kaiser, Könige und Fürsten, Ritter und Bürger – und ihr alle, ihr Wißbegierigen, die ihr die verschiedenen Rassen und die Mannigfaltigkeit der Länder dieser Welt kennenlernen wollt – nehmt dies Buch und laßt es euch vorlesen.« Die direkte Anrede des Lesers ist mehr als ein der Auflockerung dienendes Stilmittel; denn mindestens Marco Polo verstand sein Buch als Reiseführer, z. B. für die Kaufleute seiner Heimatstadt. Zu Sumatra etwa heißt es: »Merkt es euch: auch hier erscheint der Polarstern nicht«; entsprechend wird aufgezeichnet, von wann an der Polarstern wieder zu sehen ist.

Die drei Autoren beteuern wiederholt, das Beschriebene selber gesehen oder von glaubwürdigen Zeugen in Erfahrung gebracht zu haben; verglichen mit manchen Reiseberichten der Neuzeit bringen sie nur wenige märchenhafte Elemente (z. B. hundsköpfige Menschen) – was nicht heißt, daß die Zeitgenossen das, was die spätere Forschung als wahrheitsgetreu erwiesen hat, auch geglaubt haben. Rubruk, Polo und Battuta sind von einem Wissensdrang beseelt, wie man ihn im Mittelalter gemeinhin nicht erwartet. Dieser paart sich bei Polo mit Stolz und Selbstbewußtsein: »Seit der Erschaffung unseres Urvaters Adam gab es keinen Christen, keinen Heiden, . . . keinen einzigen Menschen irgendwelcher Herkunft, der soviel wußte und erforschte und der über eine solche Fülle von Merkwürdigkeiten Bescheid weiß wie Messer Marco Polo allein.« Battuta schreibt rückblickend bescheidener, wenn auch nicht weniger bestimmt: »Ich habe wirklich – dafür sei Gott gepriesen – mein Verlangen in dieser Welt erreicht, das darin bestand, durch die Welt zu reisen, und in dieser Hinsicht habe ich erreicht, was meines Wissens niemand anders erreicht hat.« Mit ihrer schier unersättlichen Neugier weisen die drei Autoren in die

322

Neuzeit; daß sie selbstverständlich Kinder ihrer Zeit bleiben, wird auch daran deutlich, daß sie es nicht versäumen, von Christen bzw. Muslimen verehrte Heilige und heilige Stätten aufzusuchen und in ihren Berichten gebührend zu würdigen.

Die drei Autoren konnten nur überleben, weil sie sich als anpassungsfähig und robust erwiesen. Relativ harmlos waren noch der Ekel, mit dem Rubruk beim Trinken von Pferdemilch, und der Durchfall, mit dem Polo nach dem Genuß von Dattelwein zu kämpfen hatte. Wie gering die Chancen von Reisenden waren, lebend heimzukehren, zeigen nicht nur detailliert geschilderte Gefahren, sondern auch eine beiläufige Bemerkung Polos: Von den 600 Personen einer Gesandtschaft hätten nur 18 überlebt. Ähnliche, wenn auch nicht ganz so hohe Menschenverluste sind später bei der ersten Weltumsegelung Magellans zu beklagen.

Rubruk, Marco Polo und Battuta gemeinsam ist das leidenschaftliche Interesse für »die anderen«, das sie mehr sehen läßt als ihre Zeitgenossen; dessen war Marco Polo sich bewußt. Rückblickend schreibt er, er habe sich in kürzester Zeit mit Sitten, Sprache und Schrift der Tataren vertraut gemacht; der Großkhan habe seine Aufgeschlossenheit für das Fremde erkannt und seine Fähigkeiten geschätzt. Der Großkhan beweist eine bemerkenswerte Unbefangenheit über Sprach-, Kultur- und Religionsgrenzen hinweg, wenn er den kaum erwachsenen Marco Polo mit einer wichtigen Mission in eine ferne Provinz betraut. »Geschickt und umsichtig entledigt sich der junge Mann seiner Aufgabe. Es war ihm nämlich nicht entgangen, daß der Großkhan diejenigen Gesandten, die bei ihrer Rückkehr aus fernen Ländern nur über ihren Auftrag und nichts über Land und Leute berichteten, für dumm und beschränkt hielt. Er hatte gemerkt, daß dem Herrscher die Mission wohl wichtig war, ihm aber Nachrichten über Zustände, Ereignisse und Lebensgewohnheiten in den bereisten Gebieten noch wichtiger waren.« Da Marco die Wißbegierde des Großkhans kannte, prägte er sich unterwegs Neuigkeiten und Besonderheiten aller Art so gut ein, daß er anschließend genau berichten konnte.

Es ist erstaunlich, wieviele Gegenstände von den drei Autoren erörtert werden, Bereiche, die oft erst in jüngster Zeit von der Geschichtswissenschaft »entdeckt« worden sind. Offensichtlich hat die Begegnung mit fremden Welten den Blick der Reisenden in einer Weise geschärft, wie es Autoren nicht vergönnt ist, die nie aus ihrem eigenen Kulturkreis herauskommen. Hier seien einige der Themen zusammengefaßt, zu denen sich Rubruk, Marco Polo und Battuta mehr oder weniger ausführlich äußern: Naturräumliche Gegebenheiten: Klima, Gebirge, Berge, Flüsse (Länge, Breite), Meere; Flora (u. a. Kultur- und Nutzpflanzen, Saat- und Erntezeiten, Edelhölzer) und Fauna (u. a. domestizierte Tiere); ländliche und städtische Siedlungen; Handel (Märkte, Häfen, Handelswaren, Kaufleute); Gewerbe (Seide, Metallverarbeitung, Nahrungserzeugung, Salzgewinnung); Bergbau (Edelsteine; Erdöl und Steinkohle als Heizmaterial); Völker, Sprachen und Schriften; Religion und Kult (u. a. Zauberei, Teufelsglaube); Sitten und Lebensweisen (Nahrung; Kleidung, Schmuck, Mode; Wohnung, Hausbau; Stellung der Frau vor, in und nach einer Ehe; Totenehrung; Witwenverbrennung); Recht (auch Strafrecht), Verfassung, Verwaltung, Herrschaft und Herrschaftsausübung; Geld- und Finanzwesen (hier vor allem das chinesische Papiergeld); Militärwesen (Waffen, Ritter, Schlachten); Verkehr (Schiffe, Brücken, Straßen); bildende Künste; Körperpflege und Heilkunst (Bäder, Pharmazeutika, Aphrodisiaka) usw. Wiederholt stoßen die Autoren an eine Grenze: Das Neue, Ungewöhnliche ist so überwältigend und vielschichtig, daß sie es nicht angemessen in Worte fassen können. Rubruk bedauert dem französischen König gegenüber einmal, daß ihm nur das Medium der Sprache zur Verfügung steht: »Die Frauen verfertigen sich sehr hübsche Wagen, die ich Euch nur mit einer bildlichen Darstellung zu beschreiben vermöchte. Und alles würde ich Euch abgemalt haben, wenn ich es gekonnt hätte.«

Während Rubruk nach der Ausführung eines räumlich und zeitlich begrenzten Auftrages wieder in den Dienst seines Ordens getreten ist, haben sich Marco Polo und Battuta vom Reiz des Fremden zu immer neuen Reisen bewegen lassen. Gelegentlich sieht man sich an einen griechischen Historiker erinnert: Arrian suchte die Fassungslosigkeit der Menschen angesichts des Tatendurstes Alexanders des Großen in die Worte zu kleiden: »Und es packte ihn das Verlan-

324

gen...« Battuta schreibt einmal: »Ich beschloß, eine Reise zu den Malediven zu unternehmen, von denen ich erzählen gehört hatte.«

Die drei Autoren bilden eine schier unerschöpfliche Quelle nicht nur für den Historiker, sondern auch für die Landeskunde der von ihnen bereisten Länder, für Anthropologie, vergleichende Kultur- und Religionsgeschichte. Hier sollen nur einige Beispiele gebracht werden für die Weite ihrer Interessen; zunächst Rubruk: Auf der Hinreise zum Hof des Großkhans fallen ihm auf der Krim »deutschsprechende« Goten auf, Reste des Volkes, das tausend Jahre früher durch diesen Raum gezogen war. Auf der Rückreise hindern ihn nur Winter und Schnee daran, in Kleinasien einen Abstecher bis zur Euphratquelle einzulegen. Marco Polo beobachtet, daß in der eisigen Höhenluft des Pamirgebirges die Speisen beim Kochen nicht richtig garen. Battuta erwähnt (im Anschluß an antike Autoren?) als bemerkenswert, daß der Nil zur Zeit der größten Hitze, wenn manche Flüsse austrocknen, am meisten Wasser führt.

Die Berichte Rubruks und Battutas zeugen von freiwilliger und unfreiwilliger Beweglichkeit der Menschen ihrer Zeit. Rubruk begegnet im Tatarenreich nicht nur einem Einsiedler aus Jerusalem und weiteren Gesandten des Papstes an den Mangu Khan, sondern auch zahlreichen von den Mongolen nach Innerasien deportierten Russen, Armeniern, Georgiern; manche der 1243 aus Ungarn Verschleppten hatten dort erst seit kurzer Zeit gelebt oder waren auf der Durchreise von den Mongolen gefangengenommen worden: Deutsche Bergleute und Waffenschmiede, eine Frau aus Metz, ein Goldschmied Wilhelm aus Paris, eine gut Französisch und Kumanisch sprechende Frau, der Sohn eines Engländers... Für die Bereitschaft zu großen Reisen spricht auch das Gelübde eines nestorianischen Christen am Hof des Großkhans: Sollte er von seiner schweren Krankheit genesen, so wolle er als Zeichen des Dankes zum Papst nach Rom reisen. Auf der Rückreise begegnet Rubruk einem Armenier, der lieber auswandern will als weiterhin das Joch der Tataren tragen. Von einer nicht minder großen Mobilität in der islamisch geprägten Welt zeugt der Bericht Battutas: In Südrußland spricht ihn ein Jude aus Andalusien auf Arabisch an; in Mangalore/Indien trifft er einen Rechtsgelehrten aus Mogadischu/Ostafrika, der lange in Mekka und Medina gelebt und Indien sowie China bereist hat; in China sieht er einen Mann aus Ceuta/Nordafrika, dessen Bruder er später am Niger begegnen wird.

Die Berichte sind auch deshalb wertvoll, weil ihre Autoren immer wieder – bewußt oder unbewußt – mit ihrer heimischen Welt vergleichen. Daß die Gabel Mitte des 13. Jahrhunderts in Europa noch nicht zum selbstverständlichen Tischbesteck gehörte, zeigen Bemerkungen Rubruks: Seine Gastgeber reichen den Tischgenossen Hammelfleisch »mit der Messerspitze oder einer eigens dazu gefertigten Gabel, wie unsere, mit der wir in Wein eingekochte Birnen oder Obst zu essen pflegen« (das sagt ein armer Franziskanermönch!). Er findet es bemerkenswert, daß bei den Mongolen die Frauen nicht anders als die Männer reiten – offensichtlich war in Europa der Damensitz also recht beliebt. Zum Waschen von Geschirr, Händen und Haaren bemerkt er: »Sie waschen auch niemals ihre Näpfe, sondern wenn das Fleisch gekocht ist, dann spülen sie die Schüssel, in die sie es legen wollen, mit kochender Fleischbrühe aus dem Kessel aus und gießen diese nachher in den Kessel zurück... Wenn sie sich die Hände oder den Kopf waschen wollen, dann nehmen sie den Mund voll Wasser und lassen es langsam aus dem Mund über die Hände fließen, befeuchten damit das Haar und waschen sich den Kopf.« Ähnlich beiläufig erwähnt Battuta, auf den Malediven könne man kostspielige Gefängnisse entbehren; man sperre die Verbrecher in – für Kaufmannsgüter bestimmte – Holzhäuser ein. »Man setzt sie in einen Stock, wie man es in Marokko mit den christlichen Gefangenen tut.«

Neben Aufgeschlossenheit dem Fremden gegenüber findet sich in den Berichten jedoch auch manches voreilige Urteil und Vorurteil. Marco Polo schreibt zu den Bewohnern von »Fugiu«, der Hauptstadt einer chinesischen Provinz, die er vielleicht selber gar nicht gesehen hat, sondern nur vom Hörensagen kennt: »Das Volk ist heidnisch und durch und durch schlecht. Stehlen und Übles tun ist keine Sünde, diese Leute sind die ärgsten Schelme und Räuber auf Erden.« Grundsätzliche Grenzen werden in der Schilderung Battutas deutlich: Wo Glaubensgenossen fehlen, vermißt er das entscheidende Lebensmedium: »Das Land China, so viele Schönheiten es auch enthielt, gefiel mir nicht; im Gegenteil, ich war gar sehr bekümmert, da der Unglaube daselbst die Herrschaft hat. Wenn ich meine Wohnung verließ, sah ich zahllose abscheuliche Dinge. Das versetzte mich derart in Aufregung, daß ich zu Hause blieb und nur notgedrungen ausging. So oft ich Muslime in China erblickte, war mir, als hätte ich meine Familie und meine Verwandten getroffen.«

Angesichts des Neuen werden die Reisenden sich der Stärken und Schwächen ihrer eigenen Kultur bewußt. Battuta ist von der Überlegenheit des Islam ebenso überzeugt wie Rubruk von der des Christentums. Marco Polo behauptet gelegentlich, die Mongolen hätten eine chinesische Stadt nur dank des Könnens »der Venezianer« erobert (die chinesischen Quellen wissen nichts davon). Wichtiger als selbstgefällige Bekundungen der Überlegenheit dürften Äußerungen sein, die dem Fremden eigenes Recht, vielleicht gar eigene Größe zugestehen, und die damit zur Relativierung des vertrauten Standpunktes führen. Marco Polo schreibt zu Quilon in Südwestindien: »Es ist einfach alles anders als bei uns, es ist schöner *und besser*.« Rubruk sieht sich am Hof des Großkhans in Auseinandersetzungen zwischen Angehörigen verschiedener Religionen verwickelt: Im Anschluß an eine Lehrdisputation unter Christen, Muslimen und Buddhisten gibt er Worte des Khans wieder, die den Absolutheitsanspruch des Christentums relativieren und geeignet sind, ähnliche Zweifel zu nähren wie Berichte europäischer Reisender im Zeitalter der Aufklärung: »Aber so wie Gott der Hand verschiedene Finger gab, so gab er den Menschen verschiedene Wege. Euch gab Gott die Heilige Schrift, aber ihr Christen richtet euch nicht danach . . . Uns aber gab er Weissager, und wir tun, was sie sagen, und wir leben in Frieden.«

Wilhelm von Rubruk

Der Gesandte muß aber »einen guten Dolmetscher besitzen oder vielmehr mehrere und auch ein reichliches Reisegeld«. Mit diesen Worten beschließt Rubruk seinen Bericht an den französischen König. Er hatte sich auf seine Reise an den Hof des Großkhans sorgfältig vorbereitet. Er hatte sich mit den Aussagen antiker »Autoritä-

327

ten« zu den von ihm bereisten Ländern vertraut gemacht, hatte mit Menschen gesprochen, die jüngst diesen Raum bereist hatten; er hatte sich mit Geschenken für lokale Machthaber und den Adressaten der Mission versorgt (unzureichend, wie sich herausstellte); schließlich hatte er sich vom französischen König ein Empfehlungsschreiben geben und dieses ins Türkische und Arabische übersetzen lassen. Trotzdem bekundet der Schlußsatz Unbehagen am Verlauf der Reise.

Rubruk bricht am 7. Mai 1253 in Konstantinopel auf; ihn begleiten ein weiterer Mönch, ein Dolmetscher, zwei Tierpfleger, ein Träger und ein junger Sklave. Als er am 21. Mai auf der Krim an Land geht, erfährt er, daß das Gerücht seines Kommens ihm schon vorausgeeilt ist. Anfang Juni beginnt die Landreise; um den 20. Juli herum überquert er den Don, Ende Juli kommt er im Lager des Teilkhans Sartach an. Von diesem erzählt man in Europa, er sei Christ; an ihn war daher das Schreiben des französischen Königs gerichtet. Sartach wagt nicht, aus eigener Machtvollkommenheit die erwünschte Erlaubnis zum Missionieren zu geben, sondern schickt Rubruk weiter an die nächsthöhere Instanz, Baatu. Bei diesem angekommen, ergeht es ihm ähnlich: Baatu schickt ihn weiter zum Großkhan. Auf diese Weise lernt Rubruk weite Teile des Mongolenreiches und schließlich den Großkhan persönlich kennen. An dessen Hof erfährt er, daß die Grenzen zwischen einer diplomatischen Mission und einem Spionageauftrag auch bei den Mongolen fließend sind: Er wird Zeuge, wie ein Gesandter beauftragt wird, aufmerksam in den von ihm bereisten Ländern »die Wege, die Gegend, die Städte, die Festungen, die Menschen und ihre Waffen« zu erforschen.

Rubruk reist seit seiner Ankunft bei Sartach im Auftrag mongolischer Machthaber; ihm stehen daher wertvolle Hilfen kostenlos zur Verfügung: Er kann die mongolischen Gesandtenstraßen mit ihren Pferdeposten benutzen und erhält wegekundige Führer sowie Lebensmittel gestellt. Am 5. August überquert er die Wolga, am 28. September den Uralfluß; zwischendurch hält er sich von der zweiten Augustwoche bis zum 16. September im Lager Baatus auf. Am 27. Dezember kommt er im Zeltlager Mangu Khans an, der ihm am 4. Januar 1254 eine erste Audienz gewährt. Im April zieht er mit dem Hof weiter nach Karakorum (etwa 350 km westlich von Ulan-

328

Bator, heute Hauptstadt der Mongolei). Hier kann nur der Palast des Khans Rubruk beeindrucken; die eigentliche »Hauptstadt« des Mongolenreiches sei etwa so ansehnlich wie der Flecken St. Denis bei Paris! Am 9. Juli bricht Rubruk von Karakorum zur Rückreise auf, zunächst in westlicher Richtung. Vom 16. September bis zum 16. Oktober wird er im Lager Baatus aufgehalten. Da er hofft, den französischen König noch im Heiligen Land zu treffen, reist er weiter in Richtung Süden und Südwesten, am westlichen Ufer des Kaspischen Meeres entlang, durch den Kaukasus und Kleinasien. Zwei Jahre nach seinem Aufbruch von Konstantinopel langt er am 5. Mai 1255 in Curta am Mittelmeer an; nach einem Abstecher über Zypern fährt er über Antiochien und Tripolis nach Akkon.

Die Reise zum Großkhan hat Rubruk über mindestens 15 000 Kilometer durch weite Teile Asiens geführt. Bei sommerlicher Hitze und winterlicher Kälte war er schwersten Strapazen ausgesetzt: Hunger, Durst und Müdigkeit, zu schweigen von seelischen Belastungen: Mißtrauisch beargwöhnt, mußten Rubruk und seine Gefährten sich in einer ihnen fremden Welt zurechtfinden; sie waren angewiesen auf unzuverlässige Dolmetscher und wenig vertrauenswürdige einheimische Führer, vor allem: Sie genossen nicht den Schutz, den offizielle Gesandte erwarten konnten. Als Rubruk auf der Hinreise einmal Ungehaltenheit bekundet, weist ein nestorianischer Priester aus der Umgebung Sartachs die Boten aus dem Westen darauf hin, daß sie »sehr geduldig und demütig« sein müßten. Rubruk hat Gelegenheit, Geduld und Gottvertrauen unter Beweis zu stellen. Einzelheiten dieser Reise sollen im folgenden genauer untersucht werden.

Unterwegs zu Sartach haben Rubruk und seine Begleiter »niemals in einem Hause oder in einem Zelte gelegen, sondern immer unter freiem Himmel oder unter unseren Wagen«. Flußübergänge scheinen keine Schwierigkeiten bereitet zu haben, wie Rubruk am Beispiel des Don zeigt. Am östlichen Ufer haben die Mongolen als Fährleute Russen angesiedelt, die auf kleinen Fahrzeugen Gesandte, Kaufleute und eben auch Rubruk und seinen Troß übersetzen. »Unter jedes Rad schoben sie einen Kahn, dann verbanden sie die Kähne untereinander und ruderten sie hinüber.« Auf der Rückreise lernt Rubruk im Kaukasus eine Schiffbrücke kennen, »die in sich zusammenhielt durch eine quer über den Fluß gespannte große eiserne Kette«. – Nach der Überquerung des Don gibt es eine ärgerliche Panne: Im Glauben, die Leute von der Fährstation müßten Rubruks Gesandtschaft mit Pferden versorgen, hatte der einheimische Führer das Zugvieh, das sie bis zum westlichen Ufer gebracht hatte, zurückgeschickt. »Und als wir nun von diesen Leuten Zugtiere verlangten, beriefen sie sich auf ein von Baatu erhaltenes Privileg, daß sie nur verpflichtet wären, die Ankommenden und Weggehenden überzusetzen. Von den Kaufleuten erhalten sie sogar eine große Abgabe.« Nach einem unfreiwilligen Aufenthalt von drei Tagen bekommen sie schließlich Ochsen, später auch Pferde gestellt; zwischendurch müssen sie zu Fuß gehen.

Am zweiten Adventssonntag (13. 12.) kommt die kleine Karawane spät abends durch die »wirklich schrecklichen Felsen« eines Engpasses; der Führer läßt Rubruk zu Gebeten auffordern, »durch welche die bösen Geister vertrieben werden könnten, die in jenem Engpaß die Menschen plötzlich zu entführen pflegten. Und man wußte nie, was aus ihnen wurde. Zuweilen entführten sie nur das Pferd und ließen den Menschen zurück. Zuweilen rissen sie dem Menschen die Eingeweide aus dem Leib, und das übrige verbrannte auf dem Rükken des Pferdes. Und vielerlei anderes kam dort häufig vor.« Rubruk äußert keinen Zweifel an der Zuverlässigkeit solcher Erzählungen. Er kommt der Bitte gern nach: »Mit lauter Stimme sangen wir dort ›Credo in unum Deum‹, und durch die Gnade Gottes gelangten wir alle unverletzt hindurch.« Auch bei anderen Gelegenheiten ist die Gebetshilfe der Christen gefragt, etwa für den Großkhan, für den auch Muslime und Buddhisten beten, oder zur Abwendung von starkem Wind, großer Kälte und viel Schnee, die bei einer Gebirgsüberquerung die Packtiere gefährden.

Charakteristisch für die synkretistische, bewährte Elemente aus verschiedenen Religionen einschmelzende Einstellung der Mongolen ist eine weitere Bitte: Rubruk möge das hilfreiche Gebet auf einen Schutzbrief schreiben, den sie auf ihrem Kopfe tragen wollten. Rubruk will die Mongolen das Glaubensbekenntnis und das Vaterunser lehren, »das ihr in eurem Herzen tragen werdet, wodurch eure Seelen und Leiber für alle Ewigkeit gerettet werden«; dieser erste Ansatz zur Mission scheitert an der Obstruktion des Dolmetschers.

Die Hoffnung, auf der von den Mongolen angeordneten Weiterreise zum Großkhan ständig mit Lebensmitteln versorgt zu werden, erfüllt sich nicht: Rubruk muß schon im ersten Monat seiner Reise die »eiserne Ration« angreifen – und sich damit eines Teiles der unentbehrlichen Geschenke berauben: »Der Wein ging uns bereits aus, und das Wasser wurde von den Pferden so aufgewühlt, daß es nicht zu genießen war. Hätten wir nicht Zwieback und Gottes Beistand gehabt, so wären wir vielleicht gestorben.« Gelegentlich gibt man ihnen in Lederschläuche abgefüllte Kuhmilch; aber die Delegation mußte sich an Speisen und Getränke der Mongolen gewöhnen, und das hieß, auch an Pferdemilch. Zu diesem Getränk schreibt Rubruk: »Der Kosmos [Pferdemilch] war für mich ganz neu, da ich nie davon getrunken hatte, und ich habe vor Ekel geschwitzt, als ich ihn schmeckte. Er schien aber dennoch ziemlich wohlschmeckend zu sein, wie er es auch in der Tat ist.« Später, am Hof des Großkhans, leiht man ihm und seinen Gefährten einen Kessel und einen Dreifuß, damit sie sich warme Speisen bereiten können. Die Nahrung bestand aus etwas gesottenem Fleisch; in der Brühe wurde Hirse gekocht; gelegentlich gab es Honig, Hirsebier, Butter, saure Milch und ungesäuertes Brot, das in Ochsen- oder Pferdemist gebacken war. Die Vielfalt dieser Speisen weicht bald einer schmaleren Kost: In Asche gebackenes Brot und in Wasser gekochter Teig mit Fleischbrühe als Getränk, »weil wir sonst kein Wasser hatten als solches aus geschmolzenem Schnee oder Eis, und das war sehr schlecht«; sein Genosse wird angesichts der kargen Kost ganz niedergeschlagen.

Über Mittelsmänner erfährt der Khan von dem entbehrungsreichen Leben seiner Gäste; er läßt ihnen Wein, Mehl und Öl verabreichen. Aber damit ist die Not nicht behoben, sondern ärger geworden; denn ein Rubruk wenig wohlgesonnener nestorianischer Mönch erzählt überall im Lager, daß es bei der westlichen Delegation Wein gebe. Daraufhin drängen sich Mongolen und nestorianische Priester »in schamloser Weise wie Hunde bei uns ein ... So brachte uns dieser Wein mehr Betrübnis als Trost, weil wir ohne Ärgernis niemand abweisen konnten.« Rubruk macht die Erfahrung, daß es »ein großes Martyrium ist, zu spenden, wenn man selbst arm ist«.

Für die Rückreise erhalten er und seine Begleiter einen Ausweis, der sie dazu berechtigt, alle vier Tage einen Hammel zu beziehen.

»Mir schien es gerade, als wäre ich in eine andere Welt gekommen.« Mit diesen Worten gibt Rubruk seine Eindrücke von der Begegnung mit den Tataren wieder. Die andere Welt – das bedeutete nicht nur andere Nahrung, Kleidung, auch nicht die für ihn ungewohnte Art, in Zelten zu leben, die aufgebaut auf Wagen transportiert wurden. Die andere Welt – das waren vor allem die Menschen. Rubruk dürfte aus seiner westeuropäischen Heimat die Zudringlichkeit Armer und Kranker gekannt haben. Was er hier erlebte, überstieg das ihm bis dahin Vertraute. Zwar werden er und seine Begleiter nur selten direkt bestohlen; aber die Tataren betteln »in zudringlicher und unverschämter Weise um alles, was sie sehen. Und es nützt nichts, daß man ihnen etwas gibt, denn sie sind undankbar. Sie halten sich für die Herren der Welt und nehmen als selbstverständlich an, daß man ihnen nichts abschlagen darf. Tut man dies dennoch und bedarf man nachher ihrer Dienste, so bedienen sie entsprechend schlecht.« Dolmetscher, Reiseführer, lokale Potentaten – sie alle stellen immer neue Forderungen für sich oder für die Großen, an die sie sich im Auftrag Rubruks wenden; sie drängen sich heran, rempeln Rubruk und seine Begleiter an, um zu sehen, was diese bei sich haben; nichts ist vor ihrem »Interesse« sicher: Zwieback und Wein, Meßgewänder und wertvolle Bücher, liturgisches Gerät – alles weckt die Begehrlichkeit. Rubruk muß unterwegs manches ihm liebe Teil als »Geschenk« hergeben; Kummer bereitet ihm, daß er sich auch von einem Psalter trennen muß, den ihm die französische Königin geschenkt hatte.

Gelegentlich wird nicht deutlich, ob die Mongolen Rubruk und seine Begleiter schikanieren wollen oder ob bei ihnen die Schamschwelle anders gelagert ist. Rubruk ist jedenfalls angewidert: »Zur Erledigung ihrer Bedürfnisse entfernten sie sich nicht weiter, als man eine Bohne werfen kann. Unmittelbar neben uns schwatzend, erledigten sie ihre Schmutzigkeiten, und so verrichteten sie noch vieles andere überaus Ekelhafte.«

Ernster war, daß er sich weder auf die wechselnden Führer noch auf seinen Dolmetscher verlassen konnte. Dieser erweist sich als unfähig, schwierige Sachverhalte angemessen in die Sprache der Mongolen zu übertragen; wenn Rubruk zu predigen versucht, weigert der Dolmetscher sich zu übersetzen; nicht selten sagt er ganz andere Dinge, als Rubruk sie ihm aufgetragen hat, »je nachdem, was ihm einfiel. Als ich die Gefahr erkannt hatte, durch ihn zu sprechen, zog ich es vor, lieber zu schweigen.« Andere Reisende wissen von typischen Dolmetscherlegenden zu berichten, oder sie geben sie guten Glaubens wieder, weil sie sie nicht als solche erkannt haben. – Auf der Rückreise wird Rubruk sich in Kleinasien bewußt, wie sehr er seinem Führer ausgeliefert ist. Er wagt nicht dagegen zu protestieren, daß dieser unterwegs viel zu viel Lebensmittel einkauft, »denn er hätte mich und unsere Diener verkaufen oder töten können, ohne daß jemand hätte Widerspruch erheben können«.

Eine frühere offizielle Gesandtschaft des französischen Königs war auch deshalb gescheitert, weil man am Hofe des Großkhans schon vor ihrer Ankunft wußte, daß der König in Gefangenschaft geraten war, und die Gesandten nun wie Bittsteller erschienen. Trotz seines nur »halboffiziellen« Status – Rubruk will missionieren, aber er kann das Empfehlungsschreiben eines Königs vorweisen – berichtet er wertvolle Einzelheiten zum Status der Mitglieder einer fremden Mission an den Großkhan; hier seien verschiedene Begegnungen zusammengefaßt.

Immer wieder muß er sich ausweisen, muß die Fragen nach dem »Woher« und »Wohin« beantworten. Mit den Bräuchen bei den Mongolen vertraute Christen hatten ihm eingeschärft, peinlich darauf zu achten, »niemals unsere Worte zu ändern«; seine Auskünfte wurden nämlich aufgezeichnet und ihm vorausgeschickt, so daß er beim nächsten Verhör mit abweichenden Auskünften latenten Verdacht verstärkt hätte. Im Laufe seiner Reise beobachtet Rubruk aufmerksam das an den Mongolenhöfen herrschende Protokoll, und er befragt systematisch Gesandte, mit denen er ins Gespräch kommt. Er weiß es zu schätzen, daß am Hofe des Großkhans die Gesandten untereinander Kontakt pflegen dürfen. Er erfährt, daß die Mongolen Gesandte aus Ländern, die ihnen nicht untertan sind, auf weiten Umwegen zum Großkhan führen mit der Absicht, »den Weg länger zu gestalten und ihren Machtbereich als sehr groß zu zeigen«. Hat man sich auf Bogenschußweite dem Palast des Khans genähert, so steigt man vom Pferd; als Demutsgeste legt Rubruk seine Sandalen ab und geht barfuß – zur großen Verwunderung der Mongolen, die anderes Auftreten gewöhnt sind: Rubruk wird einmal Zeuge, wie der Gesandte des Kalifen von Bagdad sich in einer Sänfte zwischen zwei Maultieren zu Hofe tragen läßt. Bevor Rubruk vor den Khan treten kann, wird er »untersucht überall an den Beinen, der Brust, den Armen, ob wir Messer bei uns trügen. Den Dolmetscher nötigen sie, seine Umgürtung mit dem Dolch abzulegen und draußen zurückzulassen in der Hut eines Türhüters.« Soll jemand gedemütigt werden, so wird die Leibesvisitation »in ziemlich schimpflicher Weise« durchgeführt, zu deren Einzelheiten Rubruk sich jedoch nicht äußert. Dem Großkhan tritt man – darauf wird ein nestorianischer Mönch barsch aufmerksam gemacht – mit entblößtem Haupt entgegen.

Rubruk ist Bittsteller; deshalb muß er warten, bis er gerufen wird; »ungerufen geht man nicht zum Hofe«. Reden darf er erst, wenn der Machthaber es angeordnet hat, und auch dann nur ganz kurz – im Gegensatz zum Gesandten. »Was immer ein Gesandter zu sagen die Absicht hat, das hören sie sich an, und stets fragen sie, ob er noch etwas sagen will«, belehrt Rubruk in den letzten Sätzen seines Berichtes den französischen König.

Auf dem Hinweg wird er vor Baatu geführt. »So standen wir vor ihm, so lange, als man braucht, um ein ›Miserere mei, Deus‹ zu beten, und alles verharrte in großem Schweigen.« Währenddessen kann Rubruk das Innere des Zeltes beobachten: Thron, Männer und Frauen, Einrichtung – neben dem Eingang steht immer eine Bank mit Pferdemilch, hier mit großen goldenen, silbernen und mit Edelsteinen geschmückten Bechern. »Baatu betrachtete uns sorgfältig und wir ihn. . . . Endlich erlaubte er mir zu sprechen. Unser Führer gebot uns jetzt, die Knie zu beugen und zu reden. Ich beugte das eine Knie wie vor einem Menschen. Da bestand er darauf, daß ich beide beugte, was ich auch tat, da ich mich hierüber nicht streiten wollte.« Rubruk kleidet den Anfang seiner Rede in die Form des Gebetes, bei dem man kniet. Er erläutert grundlegende christliche Wahrheiten, muß aber die Erfahrung machen, daß sein Gegenüber wenig aufnahmebereit für die fremde Botschaft ist. Das Wort »Wer nicht glaubt, wird verdammt werden« quittiert Baatu mit gelassenem Lächeln, »und die anderen Mongolen begannen mit den Händen zu klatschen, um uns zu verspotten; und mein Dolmetscher bekam einen Schrecken, daß ich ihn beruhigen mußte, keine Angst zu haben«.

Mit dem Großkhan hat Rubruk mehrere Unterredungen. Folgt man seinem Bericht, so ist es ihm gelungen, mit offenem, überzeugendem Auftreten den Respekt Mangu Khans zu erwerben; er rechtfertigt in einer Predigt einmal ausdrücklich das Recht des Armen zu Mundraub; er bekennt sich zu dem christlichen Friedensgebot und zu der von seiner Ordensregel geforderten Armut, und er lebt danach: Er weist wertvolle Geschenke zurück oder gibt sie gleich an Arme weiter, und er bemüht sich um Verständigung unter den zerstrittenen Angehörigen verschiedener christlicher Konfessionen am Hof des Großkhans.

Wie andere Reisende – z. B. Battuta – macht Rubruk die Erfahrung, monatelang nicht zu wissen, was der Großkhan mit ihm vorhat; Bleiben oder Abreisen geht nur mit ausdrücklicher Genehmigung des Machthabers. In einer letzten Unterredung hofft Rubruk, dessen Zustimmung zu einer weiteren Reise zu bekommen. Nach langem Überlegen läßt Mangu Khan die Entscheidung offen, entläßt Rubruk aber mit freundlichen Worten und einer Geste des Friedens: »›Du hast eine weite Reise vor, versorge dich mit Lebensmitteln, daß du gekräftigt in dein Heimatland zurückkehren kannst.‹ Er ließ mir einen Trunk reichen, und dann bin ich von seinem Antlitz hinweggegangen und bin danach nicht mehr vor ihm erschienen. Wenn ich die Macht besessen hätte, wie Moses ein Wunder zu vollbringen, vielleicht hätte er sich gebeugt.«

Marco Polo

Marco Polos ›Il Milione‹ – eine modern anmutende Mischung von Reiseführer, Sachbuch und Unterhaltung – gliedert sich in drei Teile: Eine ausführliche Einleitung berichtet von der Reise seines Vaters und seines Onkels an den Hof des Großkhans, von ihrer Rückkehr als dessen Gesandte zum Papst, von einer neuerlichen Rei-

Abreise Marco Polos aus Venedig.

se zu den Mongolen, auf die sie Marco mitnehmen, und von ihrer
Rückkehr nach vierzehn Jahren. Der Hauptteil beschreibt provinz-,
städte- bzw. länderweise das Mongolenreich von Westen nach
Osten, dann Südostasien und Indien, die Marco Polo auf der langen
Rückreise kennenlernen konnte; ein dritter Teil bringt Nachträge zu
Rußland u. a. In den Bericht eingeflochten sind Informationen, die
Fernkaufleute in Städten wie Venedig, Genua, Florenz brauchen
konnten, Nachrichten über China und Indien, über Reiserouten,
Handelsplätze und Warenangebot, über Land und Leute.

Status- und Sprachschwierigkeiten, die Rubruk zu schaffen gemacht hatten, stellten sich für die Polos nicht: Sie kamen als willkommene und geehrte Kaufleute an den Hof des Großkhans, der ihnen auf
40 Tage Boten entgegenschickt. Marco lernt schnell die Sprache der

Mongolen, gewinnt das Vertrauen des Großkhans und bereist lange Jahre in dessen Auftrag das Reich. Von eigener Handelstätigkeit ist bei ihm nicht die Rede; er bringt allerdings eine interessante Einzelheit zu Formen archaischen Handels, die man auf den Nenner bringen könnte: Herrscher handeln nicht, sie tauschen allenfalls Geschenke aus. Bei ihrer ersten Reise zu den Mongolen waren die älteren Polos von Barca, einem Unterkhan im heutigen Südrußland, ehrenvoll empfangen worden. »Die beiden Brüder schenkten ihm alle Kleinodien, die sie bei sich hatten. Barca nahm sie gerne an, sie gefielen ihm außerordentlich, und als Gegengeschenke gab er ihnen das Doppelte an Wert.«

Hier sollen einige für den Reisenden besonders interessante Bereiche herausgegriffen werden. Rubruk, Battuta und Marco Polo fällt auf, wie vorzüglich im Mongolenreich Botendienst und Nachrichtenübermittlung organisiert sind. An wichtigen Straßen, so schreibt Marco Polo, finde der Gesandte alle fünfundzwanzig bis dreißig (in siedlungsleeren Räumen alle 35 bis 40) Meilen eine Pferdestation mit Gasthaus vor; die Meile darf man hier vielleicht mit etwa 1500 Metern veranschlagen. »In diesem Gasthaus gibt es breite, schöne Betten mit weichen seidenen Laken; den hohen Beamten wird jede Annehmlichkeit geboten.« Sogar Könige wären in diesen Häusern aufs beste aufgehoben. Die ausgeruhten und gut gerüsteten Pferde stehen autorisierten durchreisenden Gesandten zur Verfügung. Marco Polo hält diese Einrichtungen für der Größe des Reiches angemessen: Die Zentrale müsse rasch informiert werden und schnell Entscheidungen übermitteln können.

Im Mongolenreich weisen sich Gesandte durch unterschiedliche Täfelchen aus. Goldtäfelchen dokumentieren eine besondere Befehlsgewalt und den kaiserlichen Schutz, sie berechtigen zu kostenloser Reisebegleitung und Unterkunft. Gelegentlich werden auch den Polos solche Täfelchen verliehen, »worauf geschrieben steht, daß sie überall in seinem [des Großkhans] Reich frei passieren können und daß ihnen und ihrer Gefolgschaft alles für Reise und Unterkunft zur Verfügung gehalten werden müsse.« Ein Täfelchen mit einem Falken dient berittenen Eilboten als Ausweis. Haben diese einen Auftrag erhalten, so »bandagieren sie ihre Körper, binden ihren Kopf ein, und dann reiten sie los in gestrecktem Galopp und reiten und reiten über fünfundzwanzig Meilen bis zum ersten Posten, dort erhalten sie zwei frisch gesattelte Pferde«, und so weiter, ohne zu ruhen, im Laufe des Tages über 250, ausnahmsweise auch bis zu 300 Meilen weit. Ob eine solche Leistung physisch möglich ist, sei dahingestellt.

Zwischen den mit Pferden versorgten Hauptstationen sind alle drei Meilen kaiserliche Läufer angesiedelt, die beim Laufen mit Glöckchen besetzte Gürtel tragen. »Schnell wie der Wind« eilt der Läufer über die Dreimeilenstrecke. Von weitem hört man ihn kommen, und im nächsten Weiler macht sich ein neuer Läufer bereit, übernimmt die Post und rennt, bis er nach drei Meilen auf den dritten Läufer trifft, und so fort. Diese Kuriere legen in 24 Stunden eine Strecke zurück, für die man normalerweise zehn Tage braucht – dieselbe Leistung weiß Battuta aus Indien zu berichten; hier seien die Läufer sogar schneller als die berittenen Boten, vielleicht deshalb, weil sie besser als Pferde in unwegsamem Gelände (Dschungel) zurechtkommen oder weil sie auch nachts laufen. Rechnet man die Tagesleistung zu dreißig Meilen, die Meile zu 1,5 Kilometer, so ergibt sich bei einem Tag- und Nachtlauf eine Geschwindigkeit von etwa zwölf bis dreizehn Kilometern in der Stunde; diese Leistung dürfte im Bereich des Möglichen liegen, werden doch heute im Fünftausendmeterlauf Geschwindigkeiten von weit über 20 Stundenkilometern erreicht. – Die mongolischen Stafettenläufer übermitteln normalerweise Nachrichten, gelegentlich auch frische Früchte für den Khan. Die Läufer sind steuerfrei – man könnte sagen, ihr Dienst besteht im Laufen, so wie manche Unfreie am Rhein zur Schiffahrtsleistung verpflichtet waren.

Marco Polo ergänzt zu Nordrußland: Wegen der vielen Gewässer und Sümpfe kommen Pferde für die Eilboten nicht in Frage. »Auf jeder Poststation werden gut vierzig Hunde gehalten, kräftige Tiere, fast so groß wie Esel.« Die Tataren haben Schlitten gebaut, die von jeweils sechs Hunden gezogen werden und die über Eis, Sumpf und Schlamm gleiten, ohne festzufahren; solche Schlitten, erläutert Polo, benutze man in seiner Heimat im Winter, wenn es regnet und die Wege aufgeweicht sind, zum Transport von Heu und Stroh. »Der Tatarenschlitten wird mit einem Bärenfell bedeckt, und der Bote

338

setzt sich darauf.« Die Tiere brauchen nicht einmal geführt zu werden, da sie den Weg zur nächsten Station kennen; hier stehen neue Schlitten und ausgeruhte Tiere zur Verfügung; die Hunde kehren jeweils zu ihrem Standquartier zurück.

In Venedig wurde die Bevölkerung argwöhnisch von der Obrigkeit überwacht; in italienischen Städten wurden die Fremden im Spätmittelalter sorgfältig registriert. Möglicherweise hat bei der Entwicklung dieser Maßnahmen das chinesische Vorbild Pate gestanden – so wie das Beispiel chinesischer Schiffe, deren Ruder jeweils von mehreren Männern bedient wurden, die Entwicklung der Mittelmeer-Galeere beeinflußt haben dürfte. Es fällt jedenfalls auf, daß nach Meinung Marco Polos die chinesische Art, Fremde und Einheimische zu überwachen, es »wert ist, festgehalten zu werden«: Jeder Bürger verzeichnet über seiner Haustür die Namen aller Hausbewohner, auch der im Haus wohnenden Sklaven und Mitbewohner, ferner die Anzahl der Pferde. Die Namen von Verstorbenen und Neugeborenen werden gelöscht bzw. hinzugefügt. Infolgedessen lasse sich die Einwohnerzahl einer Stadt leicht ermitteln. Zur Zeit Marco Polos waren die europäischen Städte an der Zahl ihrer Einwohner allenfalls in Krisenzeiten interessiert, z. B. bei einer Belagerung, wenn man knappe Vorräte einteilen mußte. – Wer in China Fremde beherbergt, vermerkt schriftlich den Namen des Gastes und das Ankunftsdatum; damit wisse der Großkhan, wer im Laufe des Jahres durch seine Länder reist. Die abschließende Bemerkung Marco Polos könnte schon aus dem Zeitalter des Absolutismus stammen: »Ein kluger Staatsmann versteht solche Meldungen zu nutzen.«

Zu den Bereichen ›Meldewesen‹, Kontrolle der Fremden und Zollabfertigung bringt Battuta Ergänzungen, die zeigen, daß man in den zivilisatorisch hochstehenden islamischen Staaten weit von der chinesischen Perfektion entfernt war. Battuta preist das China seiner Zeit als ein Land ungewöhnlicher öffentlicher Sicherheit: Selbst wenn man monatelang allein reise, könne man sogar beträchtliche Geldsummen unbesorgt mit sich führen. Reserviert steht er dem strengen Regiment in den chinesischen Gasthäusern gegenüber: Der Kaufmann übergibt sein Geld dem Herbergsvater, der dafür haftet und im Auftrag des Gastes einkauft. »Will jener ein Konkubinat eingehen, so ersteht er ihm eine Sklavin, gibt ihm als Wohnung einen Raum, dessen Tür sich im Innern des Gasthauses befindet, und macht die Ausgaben für beide. Die Sklavinnen stehen billig im Preise.« Der Gast kann auch heiraten, wenn er will. »Sein Geld aber in einem lokkeren Lebenswandel auszugeben – das ist etwas anderes: dazu wird ihm keine Möglichkeit gegeben.« Abends werden alle Übernachtungsgäste von zwei Beamten namentlich registriert; die Liste wird versiegelt und die Tür verschlossen. Nach Tagesanbruch erscheinen die Beamten wieder, rufen jedermann namentlich auf und verfassen darüber ein Protokoll. Dann werden die Reisenden zur nächsten Station geführt; dort hat der Verwalter zu bestätigen, daß alle heil eingetroffen sind; für Fehlende wird der Führer verantwortlich gemacht.

Verbrecher werden steckbrieflich gesucht, d. h. mit Text *und* Bild; wer diesem Bildnis gleicht, wird festgenommen. Schiffen wird die Ausreise erst gestattet, wenn Bogenschützen, Sklaven und Matrosen von Behördenvertretern namentlich verzeichnet sind; diese vergleichen bei der Rückkehr ihre Register mit der Schiffsmannschaft; kann der Herr der Dschunke nicht beweisen, daß etwa Fehlende tot, entflohen oder ihnen sonst etwas zugestoßen ist, so wird er festgenommen. Im Anschluß an die Personenkontrolle hat der Schiffsführer ins einzelne gehende Angaben über die Waren zu machen, die sich an Bord des Schiffes befinden. Dann erst gehen alle an Land, und Zöllner überprüfen die Angaben. Finden sie einen ihnen verheimlichten Gegenstand, »so fällt die Dschunke mit allem, was sie enthält, dem Fiskus anheim«. Empört stellt Battuta fest, eine solche Ungerechtigkeit habe er in keinem anderen Land erlebt, weder bei Heiden noch bei Muslimen. Das Schlimmste, was ihm zu diesem Thema einfällt, weiß er aus Indien zu berichten: Dort habe man früher Zollhinterziehung mit der elffachen Abgabe geahndet.

Marco Polo und Battuta scheinen manche Errungenschaft in China für nachahmenswert zu halten: Das Reisen wird erleichtert durch lange und breite steinerne Brücken, durch gepflasterte Straßen, über die man »trockenen Fußes, ich meine, ohne sich zu beschmutzen« reiten oder wandern kann; Landstraßen sind von hohen Bäumen gesäumt, die dem Reisenden Schatten spenden; da die Bäume von weitem zu erkennen sind, können sie den Reisenden vor dem Verirren bewahren. Beeindruckt zeigt sich Polo auch durch die Einrichtung öffentlicher warmer Bäder: »Mit Vergnügen gehen die Leute etliche Male im Monat hin, denn sie haben ein starkes Reinlichkeitsbedürfnis.« In den Schiffskabinen kann sich der Kaufmann »bequem ausruhen«: nach Battuta kannte man in China sogar Schiffe, deren Kabinen jeweils einen eigenen Abort hatten! Battuta lobt Große dafür, daß sie als Hilfe für den Reisenden in Indien in trockenen Landstrichen Brunnen haben graben, in arabischen Ländern Spitäler haben bauen lassen. Battuta ist sich auch des Wertes von Asylstätten bewußt: Spitäler in manchen arabischen Ländern, in Malabar (Südwestindien) das »Asyltor« an der Grenze zwischen Einzelstaaten.

Von Seeräubern und Seesturm können Marco Polo und Battuta aus eigener Erfahrung oder aufgrund der Berichte von Zeugen sprechen. Nach beider Aussagen hat es der Reisende im Indischen Ozean mit humanen Piraten zu tun, die »nur« an Schiff und Ladung interessiert sind. Zu den Piraten, die vor der Westküste Indiens operieren, äußert Marco Polo sich beinah mitfühlend; er sieht in ihnen eher Teilhaber am geschäftlichen Erfolg als Verbrecher: Sie nehmen ihre Familien mit an Bord; sie fahren in Geleitzügen, ein Schiff hinter dem anderen im Abstand von etwa fünf Meilen; auf diese Weise bilden zwanzig Schiffe eine bis zu hundert Meilen lange Kette, mit der sich weite Teile des Meeres kontrollieren lassen; erspäht einer der Piraten eine Beute, so verständigt man sich von Bord zu Bord mit Feuerzeichen und fährt dann mit möglichst großer Übermacht auf das Opfer los. »Händler und Besatzung lassen sie ungeschoren und rufen ihnen zu: ›Geht, besorgt euch neue Waren! Wenn wir Glück haben, werden auch wir später davon profitieren!‹« Wahrscheinlich handelte Marco Polo mit Perlen und Edelsteinen und wußte, daß man diese sowie Geld bei Gefahr in unscheinbarer Kleidung versteckt, z. B. in den Saum oder zwischen Schuhsohlen eingenäht; rechnete man damit, daß einem auch die Kleidung genommen wurde – Battuta büßte einmal bis auf die Hose alles ein: Perlen und Edelsteine, Kleider und Reiseproviant –, so suchte man Preziosen in Körperöffnungen zu verbergen oder sie unmittelbar vor dem Überfall zu verschlucken. Auf diesen Trick haben sich Piraten eingestellt, die ihr Unwesen von Gusurat in Nordwestindien aus treiben und die von Marco Polo als »hinterhältigst« und »bösartig« apostrophiert werden; vielleicht spricht er hier aus eigener leidvoller Erfahrung: Kaufleute, die in ihre Gewalt gefallen sind, werden gezwungen, ein abscheuliches Gebräu, mit Tamarinde versetztes Meerwasser, zu trinken. »Sie erbrechen sich augenblicklich, ihr Magen entleert sich vollständig. Die Piraten fegen das Erbrochene zusammen und durchsuchen es nach Perlen und Edelsteinen.« – So human, wie die »heidnischen« Piraten mit ihren Opfern nach Aussage von Polo und Battuta umgingen, verfuhren die christlichen Portugiesen auf ihren Handels-, Raub- und Terrorfahrten im Indischen Ozean nicht mehr. »Und wir verbrannten das Schiff und all das Volk zu Pulver am 1. Oktober [1502].. [Ende Oktober:] Wir nahmen das Schiff und legten Feuer daran und verbrannten viele von des Königs Untertanen.« Solche Feststellungen schließen wiederholt die Aufzeichnungen eines Unbekannten ab, der zu Anfang des 16. Jahrhunderts auf einem portugiesischen Schiff die ostafrikanische und indische Küste bereiste.

Für den Fall der Seenot hat man Marco Polo gegenüber in Indien ein beinahe idyllisches Bild entworfen: Sobald der Wind mit besorgniserregender Stärke weht, stecken die Passagiere Wertgegenstände, z. B. Perlen und Edelsteine, ferner Kleidung und Nahrung in vorsorglich mitgenommene Lederschläuche. Danach werden alle Schläuche zu einer Art Floß zusammengebunden. Sinkt das Schiff, halten sich die Männer an den Schläuchen fest. »Früher oder später, je nach Strömung, werden sie nach einigen Tagen an Land getrieben, auch wenn sie weit draußen im Ozean sind, zweihundert Meilen sogar. Sooft sie auf See essen oder trinken wollen, entnehmen sie den Schläuchen Speise und Trank; danach blasen sie die Schläuche auf.« So retten sie sich selber, wenn die Fracht auch verloren ist. Zweifel an dieser Darstellung dürften in mehreren Punkten berechtigt sein: Selbst wenn man berücksichtigt, daß der Indische Ozean wärmer ist als die Nordsee, werden nicht viele Schiffbrüchige über die Konstitution verfügt haben, tagelang auf See zu treiben; Lederschläuche ziehen auf die Dauer Wasser, das die Tragfähigkeit mindert. Trotzdem war mit aufblasbaren Schläuchen vielleicht mehr für das Überleben von Schiffbrüchigen getan als auf europäischen Schiffen; deren Beiboot faßte, sofern es seetüchtig war, nur wenige Passagiere.

Aus eigenem Erleben schildert Battuta eine – wahrscheinlich durch eine Spiegelung hervorgerufene – Sinnestäuschung: Im Südchinesischen Meer sieht sich die Schiffsbesatzung plötzlich von einem Berg bedroht, den es nach Meinung der Kenner hier nicht gibt; von diesem »Ruh« glaubt man zu wissen, daß er Schiff und Mannschaft verderbe, sobald er sie zu sehen bekomme. Die Reaktion der Menschen unterscheidet sich nicht von der christlicher Seefahrer, wie Kolumbus einhundertfünfzig Jahre später berichten wird. »Alle Welt nahm seine Zuflucht zu demütigen Gebeten und zur Buße, und die Leute wiederholten immer wieder ihr Sündenbekenntnis. Wir demütigten uns vor Gott im Gebete und baten um Fürsprache bei seinem Propheten. Die Kaufleute gelobten zahlreiche Almosen, die ich für sie eigenhändig in ein Register eintrug... Ich sah, wie die Matrosen weinten und einander Lebewohl sagten.« Battuta schließt die Episode um die Massenpsychose mit den Worten: »Dann aber begnadete uns Gott mit einem günstigen Winde, der uns von seiner [des Ruh] Richtung abbrachte. Wir sahen ihn nicht mehr und lernten seine wahre Gestalt nicht kennen.«

Bei anderer Gelegenheit gerät Battuta im Indischen Ozean in einen heftigen Seesturm. Er beobachtet, wie ein Mitreisender seinen Kopf mit dem Mantel verhüllt und sich schlafend stellt. Nach Abklingen der Gefahr spricht er diesen Pilger auf sein Verhalten an. »Als der Sturm kam, hielt ich meine Augen offen; ich wollte sehen, ob die Engel, die die Seelen der Menschen in Empfang nehmen, gekommen waren. Da ich sie nicht sehen konnte, sagte ich: ›Ruhm sei Gott. Wäre es irgendeinem von uns bestimmt zu ertrinken, wären sie gekommen, um die Seelen zu holen.‹« Trotz aufmerksamen Beobachtens hat der Pilger keine Engel gesehen, »bis Gott uns rettete«. Bei einem Seesturm auf dem Schwarzen Meer kommt Battutas Kabinengenosse von Deck mit dem knappen Bescheid zurück: »Ich empfehle dich Gott.«

Ibn Battuta

Nur wenige Menschen werden im Mittelalter so weit gereist sein wie Battuta. Systematisch hat er den Raum zwischen Tanger und Java, Spanien und dem Niger, Südrußland und Somaliland bereist. Zwischendurch ist er immer wieder nach Mekka gepilgert. Als Gelehrter hat er vom Wohlwollen der Großen in den von ihm besuchten Ländern profitiert, hat sich von dem einen Sultan, Heiligen oder Gelehrten zum anderen empfehlen lassen. Ibn Juzayy, der Battutas Erinnerungen aufzeichnete, sagt im Vorwort von ihm: »Aufmerksamen Sinnes umfaßte er die Erde und reiste durch ihre Städte mit wachem Auge; er erforschte die Unterschiede der Völker und untersuchte die Lebenswege von Arabern und Nichtarabern.«

Am 13. Juni 1325 bricht Battuta, einundzwanzig Jahre alt, von Tanger zu der für den Muslim vorgeschriebenen Wallfahrt nach Mekka auf. Unterwegs sucht er Asketen und Potentaten auf, schaut sich die Sehenswürdigkeiten an und nimmt fast jede Gelegenheit zu einem Abstecher wahr. Es bekümmert ihn nicht weiter, daß er den Nil wieder abwärts fahren muß, da eine Fahrt über das Rote Meer kriegerischer Wirren wegen nicht in Frage kommt. Er reist dann von Kairo in einem weiten Bogen über Damaskus nach Mekka. Seine Beobachtungen zu Damiette, zu Karawansereien, zur Grabeskirche und zur Mekkawallfahrt seien hier vorgestellt.

In abendländischen Schilderungen wird oft über das Mißtrauen islamischer Herrscher christlichen Kaufleuten und Wallfahrern gegenüber geklagt. Aber auch ein überzeugter Muslim mußte mit genauen Kontrollen rechnen. Battuta schreibt zu dem an einem östlichen Nilarm gelegenen Damiette, das Ludwig der Heilige 1249/50 erobert hatte und das zu Battutas Zeit ein wichtiger Marinestützpunkt war: »Niemand, der die Stadt betritt, darf sie anschließend ohne die Erlaubnis des Gouverneurs verlassen. Angesehene Personen führen ein gesiegeltes Ausweispapier mit sich, das sie dem Torhüter zeigen; anderen Personen stempelt man das Siegel auf den Unterarm, den sie vorführen müssen.«

Seit Jahrtausenden bildet die Landenge zwischen Asien und Afrika das sorgfältig bewachte Tor nach Ägypten. Auf dem Weg von Kairo nach Gaza folgt eine Karawanserei – von Battuta Funduk (daher die Bezeichnung ›Fondaco dei Tedeschi‹ in Venedig) und Khan genannt – der anderen: Um einen oft quadratischen, ummauerten Hof mit nur einem Eingang sind einfache Gebäude gruppiert; zu ebener Erde werden Tiere und Gepäck untergebracht, darüber quartieren die Reisenden sich ein. Nach Auskunft Battutas fanden sich außerhalb dieser Karawanserei ein Brunnen und ein Laden, in dem man kaufen konnte, was man für sich und seine Tiere brauchte. Eine dieser Karawansereien, Quatya, dient zusätzlich der Zollabfertigung und Personenkontrolle; zahlreiche Beamte, Schreiber, Notare sind hier mit der Erhebung der am Warenwert orientierten Almosensteuer beschäftigt, einer Abgabe, die dem Staat sehr hohe Einnahmen verschaffte. Wie Battuta schreibt, darf niemand diesen Kontrollpunkt von Ägypten nach Syrien und umgekehrt passieren ohne einen gültigen Ausweis; die Überprüfung soll der Sicherung des Eigentums der Reisenden und der Abwehr feindlicher Spione dienen. Mit Einbruch der Nacht wird der Sand rings um die Karawanserei geglättet; findet der Kommandant des Grenzpostens am nächsten Morgen Spuren im Sand, so beauftragt er Araber, die Person, die diese Spuren hinterlassen hat, zu suchen; unweigerlich werde der Übeltäter eingefangen und vom Kommandanten »nach Gutdünken« bestraft. Ähnlich wird noch heute ein Sicherheitsstreifen an der ägyptisch-israelischen Grenze mehrfach am Tag sorgfältig geglättet. Beduinen können an Spuren auf diesem Streifen jeden Versuch ablesen, illegal die Grenze zu überqueren.

Auf dem Weg durch Palästina besucht Battuta auch heilige Stätten, die Juden, Christen und Muslimen gemeinsam sind, z. B. das Grab Abrahams in Hebron. Zu der nur von Christen verehrten Grabeskirche schreibt er, daß die Christen lügen, wenn sie sagen, sie enthalte das Grab Jesu. Verständnisvoll fährt er fort: »Alle, die als Wallfahrer zur Grabeskirche kommen, sind einer von den Muslimen festgesetzten Steuer unterworfen und verschiedenen Demütigungen, die sie mit großem Unwillen erdulden.«

In Damaskus schließt Battuta sich einer Karawane nach Mekka an;

stolz zählt er die angesehenen Personen auf, die mit ihm zusammen gereist sind. Wie Chaucer im Prolog zu den ›Canterbury Tales‹ zeigt, konnte man auf einer Wallfahrt Menschen aller Schichten kennenlernen. Die Pilger sammeln sich an einem Flecken etwa 15 Kilometer südlich von Damaskus; sie unterstehen von jetzt an einer straffen Disziplin und dem Befehl des »Wallfahrtskommandanten«. Das Amt dieses »Amir al-Hajj« war sehr angesehen. Der Kommandant, nach dem die Karawanen der einzelnen Jahre benannt wurden, hatte die Sicherheit der Pilger gegen Überfälle auf dem Weg nach und von Mekka zu garantieren. Wie Battuta schreibt, achteten erfahrene Kommandanten streng auf militärische Ordnung; Beduinen sollten sich gar nicht erst Hoffnung auf Überfall und Ausplünderung einer Karawane machen.

In Bosra (etwa 110 km südlich von Damaskus) legt die Karawane eine viertägige Pause ein; die Pilger sollen sich mit Reisebedarf eindecken. Auch können diejenigen nachkommen, die in Damaskus ihre Geschäfte noch nicht abgewickelt haben; der Koran erlaubt den Mekkapilgern ausdrücklich, unterwegs Handel zu treiben. Der weitere Weg folgt in einem Bogen – zunächst in südlicher, dann in südöstlicher Richtung – den Wasserstellen. Zu den einzelnen besuchten Orten erzählt Battuta Episoden aus dem Leben Mohammeds und aus der Geschichte bis zur Zeit der Kreuzzüge; gelegentlich streut er sprichwörtliche Redewendungen ein, zu der Wüste südlich Maan z. B. »Wer sie betritt, ist verloren; wer aus ihr herauskommt, ist geboren.« Zu dem heißen, die Wasservorräte austrocknenden »Samun« (Giftwind) heißt es, an einem Ort seien einmal alle, an einem anderen die meisten Pilger elend verdurstet.

Zwischendurch legt die Karawane wiederholt mehrtägige Erholungspausen ein; die Wasserschläuche werden wieder aufgefüllt, die Kamele saufen sich voll, so daß Mensch und Tier für die nächste Durststrecke gerüstet sind. Die Karawane verweilt z. B. vier Nächte in Al-Ela (etwa auf der Mitte zwischen Tebuk und Medina). Bis hierhin und nicht weiter dürfen christliche Kaufleute von Syrien aus reisen; die Pilger können sich bei ihnen mit Proviant und anderem Bedarf versorgen; in Al-Ela können sie ihre Kleider waschen und alles hinterlegen, was sie für das letzte Stück der Wallfahrt nicht unbedingt brauchen. Battuta betont: »Die Einwohner dieses Dorfes sind vertrauenswürdig.« Eine ähnliche »Depotstelle« erwähnt er auf der Mitte des Weges zwischen Mekka und Bagdad; mit solchen Hilfen ist häufiger zu rechnen, als die Quellen davon berichten, auch an den Pilgerwegen der Christen.

Nach einem Aufenthalt von vier Nächten in Medina, einem ersten Höhepunkt der Pilgerfahrt, zieht die Karawane weiter in Richtung Mekka. Jetzt beginnt für Battuta die Wallfahrt im eigentlichen Sinne, äußerlich daran erkennbar, daß er sich umkleidet: Er entledigt sich seiner geschneiderten Kleidung, badet, legt das nahtlose Gewand der Heiligung an, spricht mit Worten und Gesten die vorgeschriebenen Gebete und verpflichtet sich zur Großen Pilgerfahrt; in seiner Begeisterung ruft er immer wieder »Labbaika Allahumma« (O Gott, in Deinem Dienste stehe ich). Nach weiteren anstrengenden Tagen langt die Karawane schließlich an ihrem Ziele an. Battuta beschreibt die historischen Stätten Mekkas: Moscheen, Minarette, Friedhöfe, die umliegenden Berge, den Verlauf von Feiern und Festzeiten, die Bewohner und ihre guten Eigenschaften; er bringt Erinnerungen an Mohammed, Episoden aus dem Leben anderer Glaubensstreiter, Anekdoten aus dem Leben bestimmter Pilger; vor allem aber wendet er sich der Darstellung der heiligen Stätten dieses Ortes zu und hier besonders der Kaaba sowie den Riten und Handlungen der Wallfahrer, worauf nicht weiter eingegangen werden soll.

Battuta reist anschließend nicht zurück – das würde seinem erklärten Grundsatz widersprechen, auf ein und derselben Strecke möglichst nicht zweimal zu reisen –, sondern schließt sich einer anderen Karawane an; deren Kommandant hat ihm einen Platz in einer Sänfte bis nach Bagdad bezahlt (etwa 1 500 Kilometer Luftlinie!). Einzelne Beobachtungen Battutas zeigen, daß mit dieser Karawane wohlhabende Muslime zogen: Mitgeführt wurden große Mengen von Luxusgütern und alle Arten von Nahrung und Obst; man konnte sogar in der Kühle der Nacht reisen, da Fackeln den Kamelen und Sänften vorangetragen wurden; schließlich waren zahlreiche Kamele mit Wasserschläuchen, Lebensmitteln, Medikamenten u. ä. eigens für arme Pilger beladen, wovon bei der Karawane Damaskus-Mekka nicht die Rede ist. Bei jedem Halt wurden in großen Messingtöpfen warme Speisen für die armen Pilger zubereitet. Unterwegs haben Beduinen sich auf die Versorgung der Wallfahrer mit Lebensmitteln eingestellt. Als die Karawane schließlich in die Nähe des Euphrats kommt, eilen ihr Leute entgegen mit Mehl, Brot, getrockneten Datteln und Obst, »und die Teilnehmer gratulieren einander zu ihrer sicheren Reise«.

INDIEN

Aus den zahlreichen weiteren Reisen Battutas sei sein Aufenthalt in Indien hervorgehoben. Battuta gewinnt das Vertrauen des Sultans Mohammed, von dem er folgendes Bild entwirft: »Dieser König ist unter allen Menschen derjenige, der es am meisten liebt, Geschenke zu machen und – Blut zu vergießen. Bei seiner Tür findet man stets einen Armen, der reich beschenkt, oder einen Lebenden, der umgebracht wird.« Battuta zeigt, daß er zu unterscheiden weiß: Er stellt die Fürsorge Mohammeds für Arme und Obdachlose als vorbildlich hin; er ist sich aber auch bewußt, daß er einen hohen Preis für die Pfründe bezahlt, die er am Hof des Sultans genießt: Er erlebt, daß Mohammed hemmungslos einzelne und ganze Gruppen quälen und umbringen läßt. Ein Eingekerkerter erkrankt und kann sich nicht mehr wehren; »die Ratten fraßen ihm die Finger und die Augen, und er starb.« Verleumdete werden wegen Hochverrats geschunden, d. h. die Haut wird ihnen bei lebendigem Leib abgezogen, mit Stroh ausgestopft und öffentlich aufgehängt. Angesichts solcher Scheußlichkeiten fällt Battuta zwar nicht in Ohnmacht – wie bei einer Witwenverbrennung –, aber noch rückblickend entfahren ihm bezeichnende Seufzer: »Gott erbarme sich seiner!«, »Gott bewahre uns vor solchem Tode!«. Wie andere Würdenträger muß auch Battuta Anordnungen des Sultans durch Unterschrift bestätigen, damit er sich später nicht auf Nichtwissen berufen kann. Er spürt, wie sich über ihm die Ungnade Mohammeds zusammenbraut. Er möchte weiterreisen, macht aber – wie viele andere Reisende – die bittere Erfahrung, daß der Abschied nicht gewährt wird. Schließlich wird ihm zu seiner Überraschung die Leitung einer Gesandtschaft nach China anvertraut, die zwar scheitert, ihn aber wieder zum Herren seiner Entscheidungen macht.

348

Aus den Aufzeichnungen Battutas zu seinen weiteren Reisen sei seine Einstellung zum Liebes- und Sexualleben hervorgehoben und entsprechenden Äußerungen Marco Polos gegenübergestellt. Beide Autoren bzw. ihre Schreiber verfügen über die Gabe, die Sinneslust kitzelnde Schilderungen von Frauen exotischer Länder vorzulegen, wobei Polo raffinierter vorgeht als Battuta. Was das eigene Erleben angeht, so hält der christlich erzogene Polo sich diskret zurück; aber er bietet ein breites Spektrum sexueller Verhaltensweisen, beschreibt sexuelle Freizügigkeit von Mädchen und Ehefrauen ebenso gern wie die Untersuchung von Mädchen in Ländern, in denen man auf der Jungfräulichkeit der Braut besteht. Statt vieler Beispiele sei vorgeführt, was er zu den Mädchen der – aller Wahrscheinlichkeit nach von ihm nicht bereisten – Provinz Tibet schreibt. Reisenden würden die Mädchen geradezu aufgedrängt, sie möchten mit ihnen nach Belieben umgehen, dürften sie allerdings nicht mitnehmen. Als Andenken hinterlassen die Reisenden den jungen Frauen, mit denen sie sich nächtelang vergnügt haben, »ein Schmuckstück oder irgendein Andenken, damit diese bei einer zukünftigen Heirat ihre Liebeserfahrungen beweisen können. Es ist Sitte, daß jedes Mädchen mehr als zwanzig solcher Andenken an seinem Halse trägt, um zu zeigen, wieviel Männer schon ihr Vergnügen mit ihm gehabt haben. Die Frau mit dem reichsten Halsschmuck ist die beste und begehrteste; die Tibeter sagen, sie sei begnadet wie keine andere.« Nach der Eheschließung werde auch hier die Gattin in Ehren gehalten, keiner rühre des andern Weib an, Treuebruch gelte als grobes Vergehen. Resümierend meint Polo – er bzw. der Redaktor kommt auf das Thema gern zurück –, es habe sich wirklich gelohnt, dem Leser diesen Heiratsbrauch zu schildern, »und es wäre gar nicht abwegig für einen Burschen von sechzehn bis zwanzig Jahren, dieses Gebiet zu besuchen«. In dem genannten Alter war Marco Polo an den Hof des Großkhans gekommen.

Unverblümt äußert Battuta sich zu seinem Liebesleben. Wollte man zusammenstellen, wieviele Frauen er auf seinen Reisen geehelicht hat, käme man in erhebliche Schwierigkeiten. Das gilt erst recht für Konkubinen und »hübsche Sklavinnen«, die er unterwegs preiswert einkauft und die er im Verlauf seiner weiteren Reisen ebenso wie Ehefrauen und Kinder aus dem Blick verliert; er schreibt dann kühl, er wisse nicht, was aus dieser oder jener geworden sei. Die Frauen des indischen Stammes der Malawa sind, so erinnert sich Battuta, »ausnehmend schön und sind wegen ihres Entgegenkommens in der Liebe und wegen des Übermaßes an Wollust, die sie einem zu verschaffen wissen, berühmt, ebenso wie die Frauen der Mahraten und der Malediven«. Wiederholt äußert sich Battuta zu Aphrodisiaka. Nicht überzeugt haben ihn Pillen, die ein Fakir für einen indischen Sultan zubereitet hatte. Dieser habe sie gegessen, »um sich für den Liebesgenuß zu stärken. Zu ihren Bestandteilen gehörten Eisenfeilspäne. Ihr Effekt gefiel dem Sultan; er aß davon mehr als notwendig und starb daran.« Battuta vertraut natürlichen Mitteln. Er preist die Kokosnuß wegen ihrer den Körper kräftigenden und ihrer »wunderbaren« potenzsteigernden Eigenschaft. Er beobachtet, daß die Bewohner der Malediven sich vorwiegend von Kokosnüssen und einer bestimmten Fischart ernähren. Davon erhalten diese »eine merkwürdige und unvergleichliche Kraft bei der Ausübung des Beischlafes. Die Insulaner leisten darin Erstaunliches. Ich selbst hatte in diesem Lande vier rechtmäßige Frauen, abgesehen von den Konkubinen. Ich war jeden Tag für alle potent und brachte außerdem die ganze Nacht bei der zu, die an der Reihe war; ich lebte in dieser Art anderthalb Jahre.« Der Stellenwert dieser Aussage wird daran deutlich, daß sie sich in einem Abschnitt über die »Bäume der Malediven« findet und Battuta gleich anschließend – bei den Aussagen zu seiner Potenz handelte es sich ja um einen Exkurs zur Kokosnuß – von Orangen, Limonen und schmackhaften, auf den Malediven gedeihenden Wurzelgewächsen spricht.

Rubruk, Marco Polo und Battuta haben das Wissen des Abendlandes von Asien ganz außerordentlich bereichert. Rubruk hatte sich für seine Reise an den Hof des Großkhans auch durch das Studium antiker Autoren vorbereitet. Er hat unterwegs die Aussagen eines Isidor von Sevilla überprüft – durch Augenschein und durch wiederholte Befragung von mit dem Land vertrauten Zeitgenossen. Aus der großen Zahl seiner Forschungsergebnisse seien drei beispielhaft herausgegriffen: In seinem Bericht an den französischen König stellt er fest, daß das antike »Seres« identisch ist mit dem mittelalterlichen »Catai« (China), daß das Kaspische Meer ein Binnenmeer ist und nicht – wie Isidor und andere meinten – Teil des Ozeans, der nach gängiger Vorstellung die ganze bewohnte Welt umspült; Rubruk hat sich auch nach den von Isidor beschriebenen Menschenungeheuern erkundigt. Seine Stellungnahme spricht von dem Gewicht der Tradition, die noch jahrhundertelang auf europäischen Forschungsreisenden (und deren Illustratoren) lasten wird; oft haben die Aussagen von Augen- und Ohrenzeugen weniger Gewicht als die »Autoritäten«: »Man sagte mir, daß man niemals so etwas gesehen habe, und wir verwunderten uns so darüber, ob es wahr sei.« Marco Polo hatte sich bis zu seinem Aufbruch nach Asien nur Bruchstücke gelehrter Bildung aneignen können. Aber er nahm ein wertvolles Element der griechisch-abendländischen Bildung mit auf die Reise: eine genaue Beobachtungsgabe und ein schier grenzenloses Interesse für Land und Leute im allerweitesten Sinne. Battuta und Marco Polo erwähnen – dieser noch häufiger und ausführlicher als jener – die Reichtümer Asiens: Edelsteine und Perlen, Gold und Elfenbein, edle Gewürze und Edelhölzer erscheinen unter der Feder Marco Polos oft so, als könne man sie im »Wunderland« Indien fast mühelos erwerben. Marco Polo zeichnet sich durch eine große Offenheit für das Fremde und die gelegentlich pauschale Anerkennung einer asiatischen Überlegenheit aus. Aber es begegnen auch andere Töne: Im Zusammenhang mit dem legendenhaften Bericht von einem von Muslimen gemarterten Bischof schreibt er: »Es spräche jeder Würde Hohn, wenn Sarazenenhunde Macht über Christen hätten.«

In den Reiseberichten Rubruks, Marco Polos und Battutas nehmen die Schilderungen der Gefahren breiten Raum ein: Der Mensch sah sich in den von den dreien bereisten Ländern bedroht von Krankheit und Seenot, Seeräubern und unberechenbaren Potentaten. Und doch waren solche Schilderungen geeignet, drei wichtige Antriebskräfte der Menschen zu wecken: Das Streben nach Macht durch Ausbreitung der eigenen Herrschaft über die »Heiden«, das Streben nach Besitz, z. B. durch Verdrängung muslimischer Zwischenhändler aus dem Gewürzhandel, schließlich das Streben nach Genuß; die Schilderungen, die Marco Polo und Battuta von den Liebeskünsten der

Frauen in fernen Ländern geben, waren geeignet, die Begierde christlich erzogener Männer um so stärker zu wecken, je mehr in ihrer Erziehung die Sexualität verdrängt worden war.

Es ist nur konsequent, daß Kolumbus für die Vorbereitung der Reise, die ihn auf der westlichen Route nach Indien führen sollte, auch das Werk Marco Polos heranzog. Die Männer, die sich zweihundert Jahre nach Marco Polo, hundert Jahre nach Battuta anschickten, von Europa aus die Erde zu »entdecken«, versprachen sich von ihren Reisen den Gewinn von Macht, Besitz und Genuß.

DIE ENTDECKUNGSREISEN
DES KOLUMBUS

Am dritten August des gleichen Jahres [1492], an einem Freitag, eine halbe Stunde vor Sonnenaufgang, fuhr ich wohlversehen mit vielfältigen Vorräten und zahlreichen Seeleuten von besagtem Hafen [Palos] ab; ich nahm Kurs auf die Kanarischen Inseln, die Euren Hoheiten unterstehen und die in dem erwähnten Ozean liegen, um von dort aus meine eigentliche Fahrtroute einzuschlagen und so lange zu segeln, bis ich Indien erreicht haben würde, um jenen Fürsten die Botschaft Eurer Hoheiten zu überbringen und so zu erfüllen, was sie mir anbefohlen hatten, und daher faßte ich den Vorsatz, während der ganzen Reise mit größter Sorgfalt und Tag für Tag alles aufzuschreiben, was ich täte, was ich sähe und was sich zutrüge, wie man es im folgenden sehen wird.«

In der den katholischen Königen Ferdinand und Isabella gewidmeten Vorrede zu seinem Bordtagebuch entwickelt Christoph Kolumbus das Arbeits- und Forschungsprogramm, an das er sich während seiner ersten Amerikareise gehalten hat. Nachts will er aufzeichnen, was sich tagsüber zugetragen hat, und an jedem Tag, wie weit er des Nachts gesegelt ist; er will eine neue Seekarte anfertigen, in die alle Landgebiete, die im Ozean liegen, mit ihrer genauen Lage eingezeichnet sind; ergänzend will er in einem Buch alles getreulich nach seinem Umriß und unter Angabe von Breite und Länge darstellen; »dabei ist es vordringlich, daß ich den Schlaf vergesse und mich fortwährend der Navigation widme, auf daß ich meinen Vorsatz erfülle; und das wird großer Mühen bedürfen«.

Das Bordbuch des Kolumbus handelt von einer der folgenreichsten Entdeckungsreisen der Geschichte; überliefert ist es nur in einer Bearbeitung von Las Casas. Dieser Dominikanermönch, der früh und öffentlich grundsätzliche Kritik am Verhalten der Spanier in den »Indien« geäußert hat, hat Kolumbus persönlich gekannt. Las Casas hat große Teile des – wahrscheinlich von Kolumbus im Anschluß an die Reise redigierten – Tagebuches wörtlich abgeschrieben, darunter die Vorrede, aus der eingangs zitiert wurde; andere Teile hat er paraphrasiert und geglättet; in diesen Fällen spricht er von Kolumbus in der dritten Person (»der Admiral« bzw. »er«).

Der große Reiz des Bordbuches liegt in seiner Unmittelbarkeit. Kolumbus schreibt oft im Abstand von nur wenigen Stunden zu den Ereignissen, nicht erst am Ende einer Reise (wie Rubruk) oder Jahrzehnte nach den Erlebnissen (wie Marco Polo und Battuta).

Kolumbus hatte das Unternehmen gut vorbereitet: Er reiste auf hochseetüchtigen, bewährten Schiffen. Als Flaggschiff diente ihm die ›Santa Maria‹, eine Nao (etwa 100 Tonnen bei 40 Mann Besatzung); die begleitenden Karavellen ›Niña‹ und ›Pinta‹ (jeweils 60 Tonnen bei 24 bzw. 26 Mann Besatzung) waren nicht nur schneller als die etwas schwerfällige ›Santa Maria‹, sondern auch geeigneter für die Fahrten in der mittelamerikanischen Inselwelt. Anders als Vasco da Gama hatte er keine zur Seefahrt begnadigten Verbrecher, sondern Freiwillige als Matrosen angeworben. Er hatte große Vorräte an Wein, Zwieback, Wasser geladen; er hatte sich mit Waren für den Tauschhandel eingedeckt und mit Glasperlen, Glöckchen, Stoffen und Tand, die er den »Eingeborenen« zum Geschenk machen wollte; er führte Muster kostbarer Gewürze mit, die er den Bewohnern der zu entdeckenden Länder zeigen wollte, ferner Saatgut, das er dem Teil der Mannschaft hinterließ, der bei seiner Rückfahrt nach Europa freiwillig in der Neuen Welt blieb. Schließlich hatte er jahrelang antike und moderne Autoritäten studiert, z. B. Plinius und Marco Polo, die aktuellsten Erdgloben und Karten zu Rate gezogen, auf denen Inseln im Atlantik weit westlich von Europa und Afrika eingetragen waren, die alte und wieder neue Theorie der Kugelgestalt der Erde sich zu eigen gemacht, mit Praktikern gesprochen und mit Wissenschaftlern korrespondiert; dabei war er zu dem Schluß gekommen, daß man Indien über die Westroute müsse erreichen können; auf dieser Route würde er auch den Portugiesen nicht in die Hände fallen, die ihm bei den Kanarischen Inseln auflauern und bei der Heimkehr Schwierigkeiten machen sollten. Schließlich verfügte Kolumbus über praktische Kenntnisse und Erfahrungen, wie auch ein Rückblick in seinem Tagebuch (21. Dezember 1492) zeigt: »Ich bin ohne nennenswerte Unterbrechung dreiundzwanzig Jahre lang zur See gefahren und habe den ganzen Osten gesehen und auch den Westen«; er nennt Chios, England und Guinea.

Im folgenden sollen Verlauf und Ergebnisse der Reise dargelegt werden.

Reiseverlauf

Das Tagebuch reicht vom 3. August 1492 (Ausfahrt aus dem Hafen von Palos in Südwestspanien) bis zum 15. März 1493 (Rückkehr in denselben Hafen). In diese Zeit fällt die »Entdeckung« Amerikas: Am 12. Oktober 1492 gehen Kolumbus und seine Leute auf Guanahaní, einer zu den Bahamas gehörenden Insel (etwa 600 km südöstlich von Miami/Florida), an Land; amerikanisches Festland betrat Kolumbus erst 1498 an der Mündung des Orinoco, auf seiner dritten Amerikareise.

Mitte August erreicht die Flottille die Kanarischen Inseln. Hier nimmt man frisches Trinkwasser, frisches Fleisch und Holz an Bord. Es muß aber auch das Steuerruder der ›Pinta‹ ausgebessert werden; man argwöhnt, der Schaden könne absichtlich von einem der Eigner des Schiffes herbeigeführt worden sein. Von Gomera aus (im Südwesten der Kanarischen Inseln) fahren die drei Segelschiffe am 6. September weiter. Von jetzt an bekommen die Reisenden wochenlang nur noch das Meer, den Himmel und gelegentlich einen Vogel zu sehen.

Am 9. September bekennt sich Kolumbus erstmals zu einer Art »doppelter Buchführung«: »An diesem Tag fuhr er neunzehn Meilen, und er beschloß, weniger zu zählen, als sie tatsächlich zurücklegten, damit sich die Leute, wenn die Reise lang würde, nicht entsetzten und den Mut sinken ließen.« Die theoretischen Erwägungen Kolumbus' hatten einen schwachen Punkt: Im Anschluß an den antiken Geographen Ptolemaios schätzte er die Ausdehnung der Landmasse von Portugal im Westen bis nach »Indien« im Osten auf 230 und die Breite des Ozeans zwischen »Indien« und Europa auf nur 130 Grad;

wir wissen, daß sich die Proportionen genau umgekehrt verhalten (Lissabon–Peking fast 130 Grad). Es war ein Gebot der Klugheit, mit der Möglichkeit einer längeren Fahrt zu rechnen, als die bestmögliche Hypothese vorsah.

Aufmerksam beobachtet die Mannschaft alles, was auf die Nähe von Land hindeuten könnte: Im Wasser treibende Grasbüschel, Krebse, von denen man meint, daß sie sich nur auf eine bestimmte Entfernung vom Land entfernen, Vögel, die nach herrschender Lehre nicht auf dem Meer schlafen, u. ä. Sorgen der Mannschaft spiegeln sich in einem Eintrag unter dem 22. September; Kolumbus ist froh, daß sie auch einmal Gegenwind haben: »Meine Leute fühlten sich sehr beschwingt, bisher hatten sie nämlich gedacht, auf diesen Meeren gäbe es keine Winde, die sie nach Spanien zurückbringen könnten.« Am 25. September glaubt man Land zu sehen; Kolumbus fällt auf die Knie, dankt Gott, und alle sprechen das ›Gloria in excelsis Deo‹. Am nächsten Tag stellt sich heraus, daß man sich getäuscht hat. Gut vierzehn Tage später, am 10. Oktober, gibt Kolumbus erstmals den Unmut der Mannschaft über die lange Reise wieder; daß es sich um eine Meuterei gehandelt hat, vertraut er erst auf der Rückfahrt seinem Tagebuch an. Kolumbus erweist sich als Menschenkenner und verantwortungsbewußter Expeditionsleiter: Er spricht seinen Leuten Mut zu, weckt Hoffnungen auf materielle Vorteile und bekundet Festigkeit: Klagen sei zwecklos, »denn er habe den Weg nach Indien einmal eingeschlagen und müsse ihn nun fortsetzen, bis er das Land mit Hilfe unseres Herrn gefunden habe«. Am folgenden Tag wächst die Spannung, da Treibgut auf die Nähe von Land deutet: Ein »anscheinend mit einem Eisenwerkzeug bearbeiteter« Stock, ein Zweig, an dem Hagebutten hängen. »Bei diesen Anzeichen atmeten sie auf, und alle waren voll Freude.« Zusätzlich zu der vom Königspaar versprochenen Rente setzt Kolumbus für den, der als erster Land sehe, ein seidenes Wams als Prämie aus. Nachts um zwei Uhr wird Land gesichtet.

Begleitet von den Kapitänen der beiden anderen Schiffe fährt Kolumbus in einem bewaffneten Boot an Land. Obwohl sich »nackte Leute« am Strand zeigen, verhalten sich die Seefahrer nicht anders als Entdecker vor und nach ihnen, wenn sie das Land als herrenlos betrachten. Mit Namengebung, Hissen der Flagge und Aufsetzen eines notariellen Protokolls ergreifen sie förmlich von dem Land Besitz: Die von den Bewohnern Guanahaní geheißene Insel wird San Salvador genannt. »Der Admiral entfaltete das königliche Banner und die beiden Kapitäne zwei Fahnen mit dem grünen Kreuz; dieses führte der Admiral zur Kennzeichnung auf allen seinen Schiffen mit den Lettern F [Ferdinand] und Y [Ysabela]: Jeder Buchstabe trug eine Krone, der eine stand links, der andere rechts vom waagerechten Kreuzesbalken.« Kolumbus ruft die Kapitäne, den Schreiber der Flotte und andere, die an Land gesprungen waren, zu sich und fordert sie auf, getreulich zu bezeugen, »daß er vor aller Augen für den König und die Königin, ihre Herren, von der Insel Besitz ergriff, und so tat er es auch und gab die erforderlichen Erklärungen ab«. Der Vorgang wird in einem Protokoll festgehalten. Als bleibendes Zeichen der Besitzergreifung für die Könige und für Gott wird wiederholt ein Kreuz aufgerichtet.

Kontaktaufnahme mit den Indios

Da Kolumbus gleich bei der ersten Landnahme auf Bewohner trifft, kann er sich grundsätzlich über die Menschen äußern; Las Casas zitiert hier wörtlich aus dem Bordbuch; Kolumbus wird diesen Abschnitt kaum am selben Tag so niedergeschrieben, sondern später überarbeitet haben; in diese Aufzeichnungen dürften längere Erfahrungen im Verkehr mit den Eingeborenen eingegangen sein: »Da sie uns große Freundschaft erwiesen und ich erkannte, daß es Leute waren, die sich besser mit Liebe zu unserem heiligen Glauben befreien und bekehren würden als mit Gewalt, gab ich einigen von ihnen ein paar bunte Mützen und etliche Glaskugeln, die sie sich um den Hals hängten, und allerhand andere Dinge von geringem Wert, an denen sie großes Vergnügen fanden, und sie waren uns derart zugetan, daß es ein Wunder war.« Die Menschen schwimmen zu den Booten, bringen Papageien und Baumwollknäuel, Wurfspieße und viele andere Dinge, die sie gegen Glaskugeln und Glöckchen tauschen. Kolumbus fährt fort: »Aber mir schien, als seien die Leute sehr arm an allem. Sie gehen allesamt nackt herum, wie ihre Mutter sie zur Welt

Ankunft des Kolumbus in der Neuen Welt. Obwohl die Entdecker einstweilen nur drei kleine Flecken Land am Rande des Meeres unter sich haben, beherrschen sie und ihre massigen Schiffe das Bild. Im Vordergrund steht Kolumbus in der Pose des vornehm gekleideten Eigentümers; hinter ihm zwei Soldaten, die Musketen geschultert, den Degen griffbereit. Stolz läßt Kolumbus die unbekleideten und unbewaffneten Indios zu sich kommen; in ihren Händen tragen sie den ersehnten Schmuck. Im Mittelgrund wird das Kreuz aufgerichtet; Kolumbus ergreift von »Indien« Besitz im Namen der Katholischen Könige und der Kirche. Im Hintergrund fliehen Indios vor den sich in einem Beiboot ausschiffenden Spaniern. Freundliches Entgegenkommen und Mißtrauen bestimmte die ersten Kontakte zwischen Europäern und »Eingeborenen«.

gebracht hat, auch die Frauen.« Im weiteren beschreibt er die Menschen als »sehr gut gebaut, von sehr schöner Gestalt und sehr angenehmen Gesichtszügen«. Er äußert sich zu Farbe und Fülle des Haares, zur Bemalung der Körper, zum Fehlen von Waffen und Eisen, zu Verletzungen; »ich glaube, man könnte sie leicht zum Christentum

358

bekehren, denn mir schien, daß sie keiner Sekte angehören. Wenn es unserem Herrn gefällt, werde ich bei meiner Abfahrt von hier sechs Leute für Eure Hoheit mitnehmen, auf daß sie die spanische Sprache erlernen. Ich sah auf dieser Insel gar keine Tiere, von keiner Spezies, außer Papageien.« Diese erste Äußerung zu den »Indios« – man glaubte ja, in Indien zu sein; die Bezeichnung »Indianer« erinnert bis auf den heutigen Tag an diesen Irrtum – trägt programmatischen Charakter und sei daher genauer betrachtet.

Kolumbus sah sich auch als Bahnbrecher der Mission, der erkunden wollte, wie und wo Menschen zum wahren christlichen Glauben zu führen seien. Befriedigt stellt er fest, daß die Indios keinen Sekten anzugehören scheinen. Auch hier dürfte er von Marco Polo beeinflußt sein, dem – ebenso wie Rubruk – die nestorianischen Christen am Hofe des Großkhans aufgefallen waren. Für Missionare war es einfacher, Heiden das Evangelium zu predigen als Angehörige christlicher Sekten davon zu überzeugen, daß ihr Weg zum Heil der falsche, der von den Missionaren gewiesene der einzig richtige sei.

Das Missionsanliegen, hier an erster Stelle stehend, wird schon bald von anderen Motiven überlagert: Es geht darum, im Namen der katholischen Könige Herrschaft über Land und Leute aufzurichten, und es geht um Gold. Vom 13. Oktober an zieht sich das Fragen und Suchen nach Gold wie ein roter Faden durch das Tagebuch. Zu den Worten, die er in der Sprache der Indios bringt, gehört »nucay«, Nugget (Goldklumpen). Immer wieder bekommt er zu hören, daß man es auf der Nachbarinsel oder nicht weit entfernt geradezu haufenweise finde. Später deutet er die verheerenden Folgen an, die der Besitz von Gold für die Indios haben sollte: »Er sah, daß sie kein Gold oder andere wertvolle Dinge besaßen und daß man sie in Frieden lassen konnte«. Indirekt begegnet die Suche nach Reichtümern auch schon in einer der ersten Zeilen zu den Einwohnern: Enttäuscht stellt er fest, daß die Bewohner von Guanahaní »arm« sind. Je mehr ihm bewußt wird, daß er wohl kaum mit einem Schiff voll Gold nach Spanien zurückkehren wird, daß sich die Kosten der Expedition also nicht amortisieren werden, desto mehr ist er bereit, andere Reichtümer der Inselwelt herauszustellen: fruchtbare Böden, zum Schiffbau geeignetes Holz usf.

Der Eindruck von der leichten Lenkbarkeit der Indios verstärkt sich in den folgenden Monaten. Kolumbus wird nicht müde zu betonen, die Indios seien einzigartig arglos und gutherzig, friedfertig und leicht zu beherrschen; weder trügen sie Waffen noch wüßten sie etwas von deren Gebrauch – eine große Versuchung, wie er unbewußt unter dem 14. Oktober notiert: »Mit fünfzig Mann kann man sie alle in Botmäßigkeit halten und alles mit ihnen machen, was man will«. Wie stark solche Überlegungen ihn in den folgenden Wochen beschäftigen, zeigt ein Eintrag unter dem 16. Dezember. Hier äußert er sich unverblümt, fast programmatisch, denkt man an das spätere Verhalten der Konquistadoren (aber auch Kolumbus' selbst auf seinen weiteren Reisen, wovon hier nicht mehr gesprochen werden kann): »Ja, sie sind sogar ziemlich feige; wohl tausend von ihnen könnten drei Männern von uns nicht standhalten, und deshalb sind sie dazu geeignet, daß ihnen befohlen wird und daß man sie arbeiten, das Feld bestellen und alles andere tun läßt, was notwendig ist, daß sie Siedlungen anlegen, daß sie lernen, in Kleidern zu gehen, und daß sie unsere Sitten übernehmen.«

Von Anfang an denkt er an die Ausübung und Sicherung (gegen die Kolonisatoren anderer Länder!) von Herrschaft. Da war es für die Adressaten wichtig zu wissen, daß die Indios zutraulich und unkriegerisch seien. Gelegentlich stellt er das Verhalten der Indios dem der Spanier gegenüber: Diese sind maßlos und habgierig, jene freigebig. Von vornherein betreibt er Politik auf lange Sicht: Er verbietet seinen Leuten, den Indios irgend etwas mit Gewalt zu nehmen oder sie allzu schamlos zu übervorteilen; er ehrt die Eingeborenen, wo es ihm angebracht erscheint; er läßt eingefangene Indios wieder laufen, damit sie Gutes von den Ankömmlingen berichten; Missionare und Kolonisatoren, die die Katholischen Könige später aussenden werden, sollen keine Schwierigkeiten haben. Schon auf seiner ersten Amerikareise bekennt sich Kolumbus aber offen zu einer zweigleisigen Politik: Die Indios sollen die zurückgelassenen Spanier als Freunde betrachten *und* Angst vor ihnen haben. Um die Eingeborenen vorbeugend einzuschüchtern, läßt er ihnen Feuerwaffen vorführen.

Die Indios sind Kolumbus bei der ersten Begegnung im wahrsten Sinne des Wortes entgegengekommen. Später macht er oft die Erfah-

360

rung, daß sie beim Nahen der Europäer fliehen. Wiederholt deutet alles darauf hin, daß die Indios meinen, die Spanier seien vom Himmel gekommen. Ist das erste große Staunen vorbei, so wollen die Eingeborenen es genau wissen; sie kommen, küssen den Spaniern die Hände und die Füße und berühren sie, »um zu sehen, ob sie von Fleisch und Blut seien wie sie selbst«.

Als bemerkenswert fällt den Europäern in wärmeren Landstrichen auf, daß die Bewohner unbekleidet gehen, Männer und Frauen, Junge und Alte. Gelegentlich bringt Kolumbus eine leichte Einschränkung: »Allerdings tragen die Frauen ein Stück Baumwolle, das aber allenfalls so groß ist, daß es die Scham verdeckt.«

Schon bei der ersten Begegnung läßt Kolumbus einzelne Indios fangen, die die spanische Sprache lernen und die Spanier ihre eigene Sprache lehren sollen. Es kommt ihm nicht in den Sinn zu fragen, ob die Opfer mit Entführung und »Sprachprogramm« einverstanden sind. Er muß denn auch wiederholt beklagen, die angehenden Dolmetscher seien bei der ersten sich bietenden Gelegenheit geflohen. Um den Entführten die Trennung von ihrem Land und ihren Leuten leichter zu machen, läßt er Männer *und* Frauen in seine Dienste nehmen, und hat mit dieser Politik offensichtlich Erfolg. Er hat den Eindruck, daß die Indios in dem von ihm bereisten Raum ein einheitliches Idiom sprechen (anders als in Guinea, wo die Eingeborenen sich wegen der Vielzahl von Sprachen untereinander nicht verständigen könnten). Daß auch die Europäer in die Sprachschule gegangen sind, zeigt ein Eintrag zum 27. November: Danach konnten die Spanier verschreckten Eingeborenen in deren Sprache versichern, sie brauchten keine Angst zu haben.

Forschungen

Ich will so viel sehen und entdecken, wie es mir möglich ist ... Und so ging er wieder auf Südostkurs, um die Küste entlangzufahren und alles zu entdecken, was es dort gab.« Die Einträge vom 19. Oktober und 27. November 1492 verdichten naturwissenschaftliche und völkerkundliche Interessen Kolumbus' zu einem Programm. Genaues Beobachten und Beschreiben der Erscheinungen sollte sicher auch die Eintönigkeit der wochenlangen Seereise mildern. Aber Kolumbus erwies sich nicht nur zur See als ein Mensch mit einem geschulten, man möchte schon sagen: mit einem wissenschaftlich geschulten Blick.

Eine Woche nach der Abfahrt von den Kanarischen Inseln fällt ihm die magnetische Abweichung auf, die schon Seereisende vor ihm bemerkt haben werden. Aber der Admiral hält sie für erwähnenswert und zeichnet sie als erster in der abendländischen Literatur auf. Bei der Fahrt durch die Weiten des Atlantiks beobachtet er den Sternenhimmel, ferner Richtung, Stärke, Dauer von Meeresströmungen und Winden, er achtet auf Vögel und Fische, den Salzgehalt des Wassers, auf Wolken und Temperatur, Niederschläge und Sicht (nach seiner Beobachtung optimal bei Sonnenauf- und -untergang). Er bestimmt regelmäßig Position und Geschwindigkeit der Flottille; gelegentlich klagt er, das Schwanken des Schiffes erschwere allzusehr die Messungen mit Astrolab und Quadrant. Seine Ergebnisse vergleicht er mit denen der Steuermänner. Auch in der Bearbeitung des Las Casas wird deutlich, daß Kolumbus sich sogar dann einer poesievollen Sprache bediente, wenn es darum ging, nüchterne Beobachtungen während der Seereise festzuhalten; zum 20. Januar 1493, vier Tage nach dem Aufbruch zur Heimreise, heißt es: »In dieser Nacht ließ der Wind nach, nur manchmal gab es ein paar Windböen, und er fuhr im ganzen etwa zwanzig Seemeilen nach Nordosten. Nach Sonnenaufgang fuhr er etwa elf Seemeilen nach Südosten, dann sechsunddreißig Seemeilen, was neun Meilen entspricht, nach Nordnordosten. Er sah unzählige kleine Thunfische. Die Lüfte, sagt er, waren sehr sanft und mild, wie in Sevilla im April oder Mai, und das Meer, sagt er, sei gottlob immer sehr glatt geblieben. Fregattvögel, Sturmschwalben und viele andere Vögel flogen vorüber.«

Das Forschungsfeld weitet sich mit dem Betreten der mittelamerikanischen Inselwelt. Aufmerksam fragt, mißt, erkundet, untersucht Kolumbus – und zeichnet das Ergebnis genau auf: Zusammenhang zwischen den Gezeiten und der Stellung des Mondes bzw. der Lage von Inseln; Länge von Tag und Nacht; Küstenverlauf, Untiefen,

Riffe, Sandbänke; Meeresboden (Anker gehen in felsigem Grund leichter verloren); Tiefe von Hafeneinfahrten und Flußmündungen... Er überlegt, ob an einem bestimmten Ufer auch große Schiffe anlegen können, ob eine Bucht sich eigne zur Anlage eines Hafens und einer Stadt, ein Fluß zum Kreuzen und Wenden von Schiffen, eine Erhebung zum Bau eines Forts. Aus unauffälligen Erscheinungen zieht er weitgehende Schlüsse: Wo das Ufergras bis zum Wasser reiche, sei kaum mit Seestürmen zu rechnen. Hier lädt der Hartholzbestand, dort das Gestein zur Anlage einer Sägemühle bzw. eines Steinbruches (für den Bau von Kirchen) ein. Kolumbus beschreibt Flora und Fauna und kostet die Nutzpflanzen der Indios. Unbekannte Tiere läßt er fangen und präparieren bzw. in Salz einlegen, um sie den Königen vorführen zu können. Auch Früchte, Gräser, Harze, bemerkenswerte Steine läßt er mitnehmen; auf diese Weise wurden Kuriositätensammlungen bereichert, wurde vielleicht gar der Grundstock zu einem naturkundlichen Museum gelegt. Schmerzlich erlebt Kolumbus die Begrenztheit seines Wissens: Viele Pflanzen seien in Spanien sicher sehr geschätzt, weil man aus ihnen Farbstoffe und heilkräftige Spezereien gewinnen könne; »aber ich kenne sie nicht, was ich sehr bedaure«. Bekannt sind ihm u. a. Aloe und Mastix (beide wurden zu Heilmitteln, Mastix ferner zu Lacken, Räucherpulver und einer Art Kaugummi verarbeitet). Zwei Bemerkungen zeigen, daß Kolumbus auf früheren Fahrten aufmerksam den Markt beobachtet hatte: Vom Mastix, den es sonst nur auf der Insel Chios gebe, könne man »hier« eine Ernte im Wert von 50 000 Dukaten erzielen.

Reiz und Reichtum des Landes übersteigen seine Darstellungskraft. Immer wieder greift er zu Superlativen – und muß wenige Tage später einräumen, daß die nächste Insel, auch nach Meinung anderer, noch schöner, noch eindrucksvoller ist als die vorher so außerordentlich gepriesene. »Eure Hoheiten können mir glauben, daß dieses Land das beste und fruchtbarste und mildeste und flachste und schönste ist, das es auf der Welt gibt.« Anders als im afrikanischen Guinea sei die Luft gesund, und keiner seiner Leute habe mit Krankheiten zu schaffen gehabt. Vergleiche fallen zu ungunsten sogar von Spanien aus: Die Landschaften der westindischen Inselwelt seien großartiger als die schönsten Kastiliens. Das Grün von Pflanzen,

Bäumen, Gras leuchte auf den Inseln auch jetzt im Spätherbst noch wie in Kastilien nur im April oder Mai. Kolumbus, rastlos unterwegs auf der Suche nach Gold, Gewürzen und anderen Reichtümern, meist von kühler Rationalität geleitet, läßt sich mehr als einmal zu Ausrufen der Bewunderung hinreißen, gelegentlich auch zum Innehalten und Genießen bewegen: »Alles, was er gesehen, sei so schön gewesen, daß er nicht müde geworden, diese Herrlichkeit anzustaunen und den Gesängen der großen und kleinen Vögel zu lauschen.«

Von den Menschen, die diesen Garten Eden bewohnen, und ihren guten Eigenschaften war schon die Rede. Auch ihr Äußeres kann den Vergleich mit Spaniern aushalten: Männer und Frauen seien, hier beruft sich Kolumbus auf das Urteil von Kundschaftern, »unvergleichlich schön«, zwei junge Frauen hätte man wegen ihrer hellen Hautfarbe für Spanierinnen halten können.

Kolumbus hat auch einen Blick für die materielle Kultur der Indios. Sie wohnen in gepflegten, mit zierlichem Hausrat ausgestatteten Hütten. Sie schlafen in ›hamacas‹; auch diese wie »Netze von Baumwolle« aussehenden Betten werden gegen mitgebrachten Krimskrams eingetauscht und sind schon bald nicht nur auf den Schiffen der Europäer beliebt; über Umwege fand das Wort ›hamaca‹ als »Hängematte« Eingang in die deutsche Sprache. Auf seiner ersten Amerikareise lernt Kolumbus weiter das ›canoa‹ kennen, einen Einbaum, der ein bis einhundertfünfzig Personen Platz biete. Kolumbus freut sich an den schönen Schnitzarbeiten der Kanus; er rühmt das Geschick, mit dem die Indios sich ihrer Boote bedienen: »Sie ruderten mit einer Art Schaufel, die der eines Bäckers gleicht, und es geht damit ausgezeichnet; und wenn ein Boot umkippt, fangen alle an zu schwimmen, richten es wieder auf, und mit hohlen Kürbissen, die sie bei sich haben, schöpfen sie es aus.« Kolumbus staunt über die »wunderbare Zimmermannsarbeit« von Bootslagerhallen. Anerkennend stellt man fest, daß sich die Eingeborenen an der Küste mit Rauchzeichen verständigen.

Beeindruckt zeigen sich die Europäer von einer anderen Form der Rauchentwicklung: Frauen und Männer zogen durch ihre Dörfer, in der Hand »glühende Scheite und Kräuter, mit denen sie die bei ihnen üblichen Räucherungen vornahmen«. Las Casas bringt in seiner

»Allgemeinen Geschichte der Indien« später Ergänzungen zu dem von den Indios ›tobacos‹ genannten, in der Hand getragenen »Feuerbrand«: »trockene Kräuter, die man in ein bestimmtes ebenfalls trockenes Blatt steckt; und wenn es an der einen Seite angezündet ist, dann saugen oder schlürfen oder entnehmen sie am anderen Ende jenen Rauch, indem sie ihn einatmen. Damit schläfern sie ihre Glieder ein und berauschen sich fast«. Las Casas hat »rauchende« Spanier kennengelernt; wegen dieses Lasters getadelt, hätten sie geantwortet, »es stünde nicht in ihrer Macht, damit aufzuhören«. Resignierend stellt Las Casas fest, er wisse nicht, »welchen Nutzen oder Geschmack sie daran fanden«.

Fabeln

Kolumbus hatte sich auch durch die Lektüre antiker und mittelalterlicher Autoren auf die Reise nach »Indien« vorbereitet. Ähnlich wie Rubruk fragt er die Landesbewohner nach bestimmten Erscheinungen. Es hängt sicher mit den Verständigungsschwierigkeiten während seiner ersten Amerikareise zusammen, daß manche Indios Fragen mit dem erwarteten »Ja« beantworten. Von Marco Polo kolportierte, z. T. auf Herodot zurückgehende blutrünstige Geschichten tauchen unter der Feder des Admirals wieder auf: »Er verstand auch, daß es weit von hier Leute mit einem Auge gebe und andere mit Hundeschnauzen, welche Menschen fräßen und alle, die sie fingen, köpften und ihr Blut söffen und ihnen das Geschlecht abschnitten.« Wiederholt ist von Leuten die Rede, die »nur ein Auge mitten in der Stirn hätten«, und von den Männern aus »Caniba« – was deutsch ›Kannibale‹ ergibt. Als Indios tiefe Narben damit erklären, »Kannibalen« hätten ihnen Stücke aus dem Fleisch geschnitten und verzehrt (das Motiv wird später von Voltaire in ›Candide‹ aufgenommen), war für Kolumbus eine kritische Grenze überschritten: »Aber der Admiral«, resümiert Las Casas, »glaubte es nicht.«

Kolumbus rechnet damit, in kurzer Zeit »Cathay«, das Nordchina Marco Polos, zu erreichen, und vor allem »Cipango«, das Marco

Fabelwesen. Seit der Antike (Herodot) geisterten Erzählungen von Fabelwesen durch die europäische Literatur, hundsköpfigen Menschen etwa (zu denen auch Christophorus gehört haben soll) oder Menschen ohne Kopf.

Polo als »unbeschreiblich reich« an Gold und Perlen geschildert hatte. Wiederholt äußert er die Überzeugung, dann die Hoffnung, Kuba sei dieses Cipango (das »Cipango« Marco Polos ist möglicherweise als Japan zu deuten, und dieses liegt 140° östlich von Kuba!).

Bei seiner ersten Fahrt nach Amerika war Kolumbus nur von Männern begleitet; es ist verständlich, daß er und seine Leute einen Blick auch für weibliche Schönheit hatten. Kolumbus glaubt einmal, drei »Sirenen« »sehr weit« aus dem Wasser auftauchen zu sehen, schreibt dann aber enttäuscht: »Aber sie waren nicht so schön, wie sie beschrieben werden, denn sie hatten eher männliche Gesichtszüge« (möglicherweise handelte es sich um Seekühe). Bis weit in die Neuzeit schmückten Kartenzeichner ihre Werke mit »Sirenen« und anderen Fabelwesen, vorzugsweise die Räume, zu denen verläßliche Angaben fehlten. Zu den Motiven, die sich seit der Antike durch die europäische Literatur ziehen, gehören Erzählungen von Amazonen und von Inseln, die nur von Frauen bewohnt werden. Kolumbus wollte

366

auf der Rückreise diese ›Fraueninsel‹ ansteuern, fünf oder sechs ihrer Bewohnerinnen mitnehmen, um auch sie den katholischen Königen vorzuführen.

Die Rückfahrt

Sieht man von dem Verdacht der Sabotage wegen des schadhaften Ruders und einer im Keime erstickten Meuterei ab, so war die Hinfahrt unproblematisch verlaufen. Später entzog sich die ›Pinta‹ sechs Wochen lang dem Befehl des Admirals, weil ihr Kommandant sich Hoffnung auf schnellen Reichtum gemacht hatte. Dann strandete die ›Santa Maria‹; der Verlust war zu verschmerzen, weil sie wegen ihres großen Tiefganges wenig geeignet war für Forschungsreisen durch die westindische Inselwelt. Was brauchbar war, wurde auf die beiden anderen Schiffe verladen oder an Land gebracht, um den in Amerika zurückgelassenen Freiwilligen zu dienen.

Am 16. Januar 1493 bricht Kolumbus zur Heimreise auf. Auf seinem Ost- bis Nordostkurs hat er Glück; wahrscheinlich wußte er von seinen Englandfahrten, daß auf dem Atlantik im Januar mit Westwinden zu rechnen ist: Vier Wochen lang kann er fast ununterbrochen vor dem Wind segeln. Dann fangen die Sorgen an: Beide Schiffe ziehen viel Wasser; die Verpflegung wird knapp; es gibt nur noch Brot, Wein und Bataten (diese in »den Indien« an Bord genommen; Eintrag vom 25. Januar). Gerade zur rechten Zeit erlegen die Matrosen einen Hai und einen Thunfisch.

Am 12. Februar geraten die Schiffe in starken Seegang und Sturm; »und wäre die Karavelle nicht, wie er sagt, sehr gut und bestens instandgesetzt gewesen, hätte er fürchten müssen, zugrunde zu gehen«.

Am folgenden Tag verstärken sich Sturm und Seegang; »das Meer wurde furchtbar«, Kolumbus fährt weite Strecken ohne Segel. In der Nacht zum Donnerstag werden die Wogen »entsetzlich«, sie überspülen das Deck. Kolumbus fährt vor dem Wind, ohne nach der Richtung zu fragen. Der Kontakt zur ›Pinta‹, mit der er sich bis zuletzt mit Lichtsignalen verständigt hatte, reißt ab. »Nach Sonnenaufgang wurde der Wind noch stärker, und die See wogte immer schrecklicher durcheinander.«

An Bord weiß jeder, daß er nur noch auf ein Wunder hoffen kann: »Er befahl, einen Pilger auszulosen, der zur Heiligen Maria von Guadalupe wallfahren und eine fünf Pfund schwere Wachskerze darbringen sollte, und alle sollten geloben, daß jeder, den das Los träfe, die Pilgerschaft antreten würde.« So viele Erbsen, wie Menschen an Bord sind, werden abgezählt und gut gemischt; eine Frucht wurde gekennzeichnet. »Als erster griff der Admiral in die Mütze, und er zog die Erbse mit dem Kreuz; so fiel das Los auf ihn, und von da an betrachtete er sich als Pilger und in der Pflicht, das Gelübde zu erfüllen.« Ein weiterer Pilger wird ausgelost, der zur Heiligen Maria von Loreto (in Mittelitalien) wallen soll, zu dem Gotteshaus, »wo Unsere Liebe Frau viele große Wunder getan hat und immer noch tut«; das Los fällt auf einen Matrosen; der Admiral verspricht, ihm die Reisekosten zu erstatten. Nach seinem Willen soll ein weiterer Pilger entsandt werden, »der eine Nacht im Kloster Santa Clara de Moguer wachen und eine Messe lesen lassen sollte«; wieder fällt das Los auf den Admiral. Daraufhin geloben Kolumbus und alle seine Leute, daß sie, sobald sie Land erreichen, »alle bloß mit dem Hemd bekleidet in einer Prozession zu einer`der Muttergottes geweihten Kirche ziehen würden, um dortselbst zu beten«.

Zusätzlich zu den alle bindenden Gelübden legt jeder persönlich sein Versprechen ab, »weil niemand von ihnen hoffen konnte, mit dem Leben davonzukommen: Alle hielten sich angesichts des schrecklichen Sturmes für verloren«.

Die Gefahr wurde noch dadurch vergrößert, daß das Schiff zu wenig Ballast mitführte; die Ladung war nämlich in dem Maße leichter geworden, wie man Proviant, Wasser und Wein aufgebraucht hatte. Kolumbus hatte auf der »Insel der Frauen« diesem Mangel abhelfen wollen. Sobald wie möglich füllt man die leeren Fässer mit Meerwasser auf.

Zwischen Hoffnung und Verzweiflung hin- und hergerissen, wägt Kolumbus die Gründe ab, die dafür sprechen könnten, daß Gott ihm Rettung oder Verderben zugedacht hat. »Es schien ihm, daß er gerade wegen des heißen Verlangens, diese großen Nachrichten den

Königen zu überbringen und zu beweisen, daß er es recht getroffen hatte mit dem, was er gesagt und was er sich zu entdecken erbötig gemacht hatte, so unendliche Angst hatte, es nicht zu erreichen.«

Er klagt sich der Abnahme des Vertrauens in die göttliche Vorsehung an, glaubt dann aber, hoffen zu dürfen: Gott habe bislang alle seine Wünsche erfüllt, ihn die Mißhelligkeiten bei den Vorbereitungen überwinden und die Hinfahrt trotz Meuterei gelingen lassen, ihm mit seiner Entdeckung einen einzigartigen Triumph geschenkt. Dann wird ihm wieder schwer ums Herz bei dem Gedanken, seine beiden Söhne müßten in Córdoba als Vollwaisen in einem »fremden« (!) Land zurückbleiben, die Könige könnten nicht erfahren, welche Dienste er ihnen auf dieser Reise erwiesen hat. Er entschließt sich, für den Fall, daß er zugrunde gehen sollte, der Nachwelt eine Botschaft zu hinterlassen: Er verdichtet seine bisherigen Aufzeichnungen zu einem knappen Bericht, wickelt das Pergament in Wachstuch, verschnürt es sorgfältig und bittet den etwaigen Finder »inständig, es den Königen zu überbringen«. Er steckt das Päckchen in ein großes Holzfaß, das er ins Meer werfen läßt, »ohne einem von den anderen zu sagen, worum es sich handelte, so daß alle glaubten, es sei irgendeine Andachtshandlung oder ein Gelübde«. Am folgenden Tag, Freitag, legt sich der Sturm etwas, und Land kommt in Sicht. In der Nacht auf Samstag, den 16. Februar, ruht Kolumbus etwas aus; seit Mittwoch hatte er keine Zeit zum Schlafen gefunden, »und er war ganz lahm, weil er fortwährend der Kälte und dem Wasser ausgesetzt war und weil er sehr wenig gegessen hatte«.

Es stellt sich heraus, daß sie auf den zu Portugal gehörenden Azoren sind; Kolumbus meint, trotz des Unwetters seinen Kurs gut bestimmt zu haben; er habe nur geglaubt, schon etwas weiter östlich zu sein. Als erstes will man nun das Gelübde einlösen. Als die eine Hälfte der Besatzung, nur mit einem Hemd bekleidet, am Dienstag in einer Kapelle betet, werden die Männer vom Statthalter der Insel gefangengenommen; erst nach tagelangem Verhandeln und Drohen läßt man sie am Freitag wieder frei. Am Sonntag, den 24. Februar, kann Kolumbus weitersegeln, in Richtung Spanien. Noch einmal gerät sein Schiff in einen fürchterlichen Sturm, »und er sah sich in großer Gefahr, doch Gott wollte sie erretten« (3. März). Wieder läßt Ko-

369

lumbus einen Pilger auslosen, der im bloßen Hemd nach Santa Maria de la Cinta in Huelfa wallen soll, und wieder trifft das Los ihn selbst. Dann legte die ganze Mannschaft das Gelübde ab, den ersten Samstag nach ihrer Ankunft bei Wasser und Brot zu fasten. Am 4. März sichten sie schließlich Land bei Lissabon. Nach weiteren Verdächtigungen und Schwierigkeiten wird Kolumbus vom portugiesischen König zu einer langen Audienz über seine Reise empfangen; dabei läßt der König »ihn die ganze Zeit über sitzen und ihm alle Ehren erweisen«. Am 13. März kann Kolumbus in Richtung Sevilla die Segel setzen; am Freitag, den 15. März fährt er in den Hafen ein, von dem er am 3. August des Vorjahrs aufgebrochen war; »und deshalb, so sagt er, beende er hier diese Niederschrift«.

Nach Aussage des Las Casas schloß Kolumbus seine Aufzeichnungen mit den Worten: »Und ich vertraue auf unseren Herrn und Heiland, daß diese Sache der Christenheit zur größten Ehre gereichen möge, die ihr sonst vielleicht niemals zuteil geworden wäre.«

Kolumbus verband Lernbereitschaft mit Forscherdrang, Kühnheit mit dem Vertrauen in die Richtigkeit theoretischer Überlegungen, missionarischen Elan mit dem Streben nach Reichtum. Er hat technische, ökonomische, gesellschaftliche und politische Möglichkeiten seiner Zeit genutzt. Zu Recht zählt man das Jahr 1492, in dem er die Neue Welt entdeckte, zu den Daten, die das Mittelalter abschließen und die Neuzeit eröffnen. Anders als das Ausgreifen skandinavischer Siedler nach Amerika ein halbes Jahrtausend früher hat die Entdeckung des Kolumbus – und die dieser folgende Eroberung und Erschließung Amerikas durch Europäer – verhängnisvolle Folgen für die »Eingeborenen«, weitreichende Konsequenzen für Bevölkerung, Wirtschaft, Sprache und Kultur »der Amerikas« sowie vielfältige Rückwirkungen auf die europäische Staatenwelt gehabt. Es ist müßig, darüber zu spekulieren, wie die geschichtliche Entwicklung verlaufen wäre, wenn Nord- und Südamerika nicht von Europäern, sondern von China oder Japan aus besiedelt worden wären.

370

BILDUNGSREISEN

Eine »Bibliotheksreise« nach Chartres

Bei der Abreise gewährte mir mein Abt bloß ein Packpferd. Ohne Bargeld, ohne Kleider zum Wechseln und ohne andere notwendige Dinge kam ich nach Orbais.« Der Benediktinermönch Richer von Reims flicht in seine Geschichte des Westfrankenreiches den Bericht von einer Reise ein, die er im März 991 von Reims nach Chartres unternommen hatte und von der im Kapitel »Verkehrserleichterungen« schon gesprochen wurde. Richer hatte eines Tages, als er »zufällig« in der Stadt Reims war, dort einen Reiter aus Chartres getroffen, den er, als Zeitchronist an Neuigkeiten interessiert, gleich befragte: Wer bist du, in wessen Diensten stehst du, was führt dich hierhin, woher kommst du? Der Fremde hatte sich bereitwillig zu erkennen gegeben: Er sei der Bote des Klerikers Heribrand in Chartres und wolle mit Richer sprechen. Der gibt sich zu erkennen und nimmt den Boten beiseite; er liest den Brief seines Korrespondenten, der ihn nach Chartres einlädt; in der Bibliothek der dortigen Kathedrale könne er die gewünschten Schriften lesen.

Als Benediktiner hätte Richer sich an das Gebot der stabilitas loci zu halten; als Wissenschaftler will er auch die Schriften des Hippokrates von Kos kennenlernen, einer der großen medizinischen Autoritäten, dessen »Eid« sich Ärzte heute noch verpflichtet wissen. Viele antike Texte gab es nur in einem, oft sorgfältig gehüteten Exemplar. Wer sie einsehen wollte, mußte weite Reisen unternehmen. Liebhaber antiker Autoren sahen sich gelegentlich in ähnlicher Lage wie Verehrer von Heiligen: Hatten sie den Eindruck, daß Handschrift bzw. Reliquien von den Besitzern nur unzureichend geachtet wurden, wuchs die Versuchung, die Kostbarkeiten »mitgehen« zu lassen.

Die Genehmigung zur Reise scheint Richer ohne Schwierigkeiten bekommen zu haben. Es gab nicht viel vorzubereiten; ein Bursche, der sich um das wenige Gepäck kümmern sollte, war schnell gefunden. Immerhin mußte man mit mindestens vier Tagen, wenn nicht einer Woche rechnen für die Strecke, die man (bei freien Autobahnen) heute in weniger als zwei Stunden zurücklegt (220 km Luftlinie).

Am Abend des ersten Tages genießen Richer und seine Begleiter nach einem Ritt von etwa fünfzig Kilometern in Orbais die Gastfreundschaft eines befreundeten Benediktinerkonventes, einer Insel des Friedens in einer wüsten Welt; je weniger die kommerzielle Gastlichkeit entwickelt ist, desto größer ist die spontane Gastfreundschaft, nicht nur unter Benediktinern, wie die Begleiter Richers bald erfahren. Am nächsten Morgen bricht man in Richtung Meaux auf, wo es eine Brücke über die Marne geben soll. »Aber als ich mit meinen zwei Begleitern auf verschlungene Waldwege geriet, häuften sich die Widerwärtigkeiten«: An Wegkreuzungen geht man fehl und macht einen weiten Umweg; niemand denkt daran, in den fast unwegsamen Wäldern Wegweiser aufzustellen und zu unterhalten. Das Packpferd trabt immer langsamer und verendet plötzlich; annähernd hundert Kilometer in zwei Tagen waren wohl zuviel gewesen. Für das Gepäck gab es nun kein Tragtier mehr; der Bursche, der noch nie eine so lange und so schwierige Reise unternommen hatte, lag nach dem Verlust seines Pferdes apathisch da. Zu allem Unglück regnete es in Strömen, und dann brach auch noch die Nacht herein. Richer läßt den Burschen bei dem Gepäck zurück, schärft ihm ein, was er auf Fragen Vorbeikommender antworten solle und daß er trotz seiner Müdigkeit nicht einschlafen dürfe. Man mußte wohl mit Dieben und Räubern rechnen; nicht von ungefähr reiste der Bote aus Chartres bewaffnet.

Richer reitet mit dem Boten weiter nach Meaux; die abenteuerliche Überquerung der dortigen Marnebrücke wurde schon erwähnt. Bei völliger Finsternis fragt er sich zu seinen Mitbrüdern durch. Über der gastfreundlichen Aufnahme vergißt er nicht seinen Burschen: Er schickt den Boten, der sich wieder einmal bewährt, mit den Pferden zurück; dem gelingt auch das zweite Mal die Überquerung der Brücke. Nach einigem Herumirren und häufigem Rufen findet er den Burschen lange nach Mitternacht; die beiden ziehen es vor, nicht ein drittes Mal das Schicksal auf der Brücke herauszufordern. In der

372

»Hütte eines Menschen wurden sie nach einem ganzen Tag ohne Verpflegung für die Nacht zum Schlafen, aber nicht zum Essen aufgenommen«.

Schlaflos verbringt Richer in Sorge um seine Begleiter die Nacht; er ist erleichtert, als sich beide morgens im Kloster einfinden, gesund, aber ausgehungert. Sie und die Pferde werden versorgt. Richer läßt den Burschen, für den es kein Pferd gibt, im Kloster zurück; dann reitet er mit dem Boten weiter nach Chartres; dort glücklich angekommen, schickt er die Pferde zurück und läßt den Burschen aus Meaux holen. Nach dessen Ankunft kann er in Ruhe die Aphorismen des Hippokrates studieren. »Weil ich aber darin nur medizinische Diagnosen fand und meiner Wißbegier die einfache Kenntnis der Krankheiten nicht genügte«, bat er Heribrand, seinen liebenswürdigen und gelehrten Freund, ein weiteres Buch mit ihm gemeinsam zu lesen; denn Heribrand beherrschte »die Methoden der Pharmazeutik, Botanik und Chirurgie«.

Wie Richer sind jahrhundertelang wißbegierige und bildungshungrige Menschen gereist. Sie wollten Handschriften einsehen, Lehrer hören, Rat holen, fremde Länder und Orte, ferne Denkmale und Kunstwerke kennenlernen. Die Beiläufigkeit, mit der solche Reisen erwähnt werden, zeigt, daß sie als etwas ganz Gewöhnliches galten. In der Kirchengeschichte Bedas ist wiederholt davon die Rede, daß dieser »studienhalber« nach Rom gezogen, jener um des Studiums und Gebetes wegen durch Italien und Gallien gereist sei, ein dritter, dessen Bischofssitz von Feinden zerstört worden war, sich an verschiedene Orte habe einladen lassen, um Kirchenmusik zu lehren. Beda zeigt auch, daß Bildungsreisen der Männer eine Entsprechung hatten; zu seiner Zeit wurden Mädchen vornehmer englischer Familien nach Gallien zur Erziehung geschickt. Wiederholt wurden Frauen gleichsam als Orakel von Menschen aus nah und fern aufgesucht; von einer Äbtissin Hilda schreibt Beda, der Ruhm ihrer Klugheit sei so groß gewesen, daß sogar Fürsten und Könige um ihren Rat gebeten hätten. Wenn es darum geht, wissenschaftliche Neugier zu befriedigen oder Antwort auf Lebensfragen zu erhalten, sind Menschen bereit, Entbehrungen und Gefahren weiter Reisen auf sich zu nehmen.

Im Frühmittelalter hatten Klosterschulen das geistige Leben bestimmt; im 9./10. Jahrhundert ziehen Bischofsschulen zunehmend die führenden geistigen Kräfte im Abendland an; im 11. Jahrhundert mehren sich die Beispiele, daß »Wanderstudenten« bestimmte Studienzentren bevorzugen, z. B. »Hochschulen« im Schatten der Kathedralen von Chartres und Reims. Von Benno von Osnabrück ewta heißt es, er habe sich um 1040 »nach Sitte der Studenten« (studentium more) eine Zeitlang auf die Wanderschaft begeben und andere Städte besucht; dort habe er sich auch um die Bekanntschaft hochgestellter und adliger Männer bemüht. Solche Rechnungen sind oft aufgegangen: Benno machte Karriere und kam auf den Bischofsstuhl von Osnabrück; im 14., 15. und 16. Jahrhundert waren unter den Bischöfen von Passau acht, von Meißen vier, von Dorpat drei Absolventen der Universität Bologna.

Universitäten sind entstanden aus dem eigenständigen Zusammenschluß von Studierenden oder/und Lehrenden, gegründet worden oder aus vorhandenen Schulen hervorgegangen. Die Bezeichnung ›Universität‹ hat nichts mit Bildung zu tun; sie meint den genossenschaftlichen Zusammenschluß von Menschen mit gleichen Interessen. Neben der ›universitas scholarum‹ gab es die ›universitas civium‹, den Zusammenschluß der Bürger einer Stadt, ferner den Zusammenschluß von Kaufleuten. Anders als die Zusammenschlüsse der Pilger waren die der Bürger und Studenten auf Dauer angelegt; wurden sie gar institutionalisiert, so bildeten sie einen Fremdkörper in der ständisch geschichteten, auf hierarchischer Über- und Unterordnung aufbauenden Welt; mit Gleichheit und Selbstverwaltung führten sie ein bedeutsames neues Element in die europäische Geschichte ein. Scholaren schlossen sich – unabhängig von Vermögen oder Stand – als Gleiche zusammen, wählten den Rektor und genossen weitere, von kirchlichen und weltlichen Obrigkeiten oft bestätigte Privilegien. Diese Vorrechte kamen nicht nur der Universität als Korporation zugute, sondern bescherten auch dem einzelnen Studenten einen attraktiven Rechtsstatus: Als Nutznießer kirchlicher Pfründen war er bis auf sieben Jahre von der Residenzpflicht entbunden; das Privileg eigener Gerichtsbarkeit war sehr viel wert in einer Welt, in der oft »kurzer Prozeß« gemacht wurde, wie François Villon im 14. Jahrhundert erfuhr: Mehrfach zum Tode verurteilt, konnte er nur deshalb immer wieder begnadigt werden, weil zwischen Verurteilung und Vollstreckung des Urteils bei Angehörigen der Universität eine längere Zeitspanne lag als bei normalen Sterblichen. An den Universitäten waren die Gegensätze zwischen Klerikern und Laien aufgehoben; in einer Atmosphäre relativer geistiger Freiheit konnten kühne und neue Gedanken verfochten werden. Die Einladung zu einer Disputation, der Thesenanschlag Luthers 1517, bildet bezeichnenderweise eine der Grenzmarken zwischen Mittelalter und Neuzeit.

Das Reisen war für Studenten mindestens ebenso gefährlich wie für das Gros der Bevölkerung. Konkrete Nachrichten über die Umstände ihres Reisens, über Vorkehrungen gegen besondere Gefahren sind selten überliefert. Als Männer vornehmer Abstammung, Nutznießer kirchlicher Pfründen galten Studenten als erpreßbar. Da sie oft noch als Kinder auf die Universität kamen, wurden sie leicht Opfer ihrer Unerfahrenheit; auch deshalb reisten Studenten im allgemeinen in Kleingruppen von zwei bis zehn Personen; wer es sich leisten konnte, gab seinem Sohn einen Diener oder Erzieher mit zum Hochschulort. Brandbriefe von Studenten waren (und sind) oft übertrieben; man wußte, daß man die Lieben daheim zu Tränen und weiteren Geldüberweisungen bewegt, wenn man die eigene Lage in den schwärzesten Farben ausmalt. Sprichwörtliche Redensarten, Legenden und Urkunden beleuchten die Lage reisender Studierender.

»Haec et plus benedicat Dominus« (dieses und mehr segne der Herr) lautete die Antwort, wenn Studenten sich auf dem Weg ins Studium durchbettelten und den Eindruck hatten, der Spender hätte auch etwas mehr geben können. Eine Szene in der Legende des hl. Nikolaus berichtet, der Gottesmann habe Studenten, die ein Wirt umgebracht und eingepökelt hatte, wieder zum Leben erweckt. Mit einer gewissen Rührung spricht Kaiser Friedrich Barbarossa 1158 in einem für die Geschichte der abendländischen Unversität wichtigen Dokument von den Studenten: »Aus Liebe zur Wissenschaft heimatlos geworden, aus Reichen zu Armen, entäußern sie sich selbst, setzen ihr Leben allen Gefahren aus und erdulden oft von den gemeinsten Menschen – was schwer zu ertragen ist – unverschuldet körperlichen Schaden.« Barbarossa gewährt daher wertvolle Privilegien »allen Scholaren, die des Studiums wegen in der Fremde auf Wanderschaft sind, ... durch deren Wissenschaft die Welt erleuchtet und das Leben der Untertanen gebildet wird«: Sie selbst sowie ihre Dienstboten sollen auf dem Weg in die Orte, an denen wissenschaftliches Studium durchgeführt wird, »unbehelligt reisen und dort wohnen dürfen«; sie sollen nicht wegen Schulden eines Landsmannes geschädigt werden, »was man, wie Wir gehört haben, mitunter nach abwegigem Gewohnheitsrecht getan hat«; Streitigkeiten mit Scholaren sollen nicht vor die gewöhnlichen Gerichte kommen, sondern vor den Magister oder den Bischof der Stadt.

Wenn die Obrigkeit in die Selbstverwaltung der Universität glaubte eingreifen zu sollen, kam es schnell zu einem »Exodus«: Scholaren und Lehrer zogen lieber fort, als daß sie auf ihre – oft mühsam erkämpften – Freiheiten verzichtet hätten. Es ist kein Zufall, daß solche »Auszüge« gerade von den ältesten Universitäten überliefert sind, etwa von Oxford nach Cambridge, Paris nach Angers, Bologna nach Padua und Arezzo. Manche »Auszüge« wurden durch Krieg, Seuche, Teuerung oder Spannungen zwischen den Universitätsangehörigen ausgelöst. Aus- und Umzüge von Lehrern und Schülern wurden durch die ohnehin große Mobilität der Bevölkerung, die Anspruchslosigkeit der Bildungshungrigen und dadurch begünstigt, daß der Universitätsbetrieb mit einer sehr bescheidenen Infrastruktur auskam. Anfang des 12. Jahrhunderts überwirft Abaelard sich mit seinen Lehrern, sammelt Studenten um sich und hält Vorlesungen in der Einöde seines Klosters. Besonderer Räumlichkeiten bedurfte es kaum; »Vorlesungen« sind in Paris auch in Häusern auf Seinebrücken gehalten worden. Andererseits wurden bei gegründeten oder gewachsenen und später privilegierten Universitäten gut dotierte Lehrstühle eingerichtet, um Lehrer aus fernen Ländern anzulocken; Karl IV. stellte den Studenten der von ihm 1348 gegründeten Universität Prag die Häuser der vertriebenen oder erschlagenen Juden zur Verfügung. Der Exodus von Lehrern und Studenten, etwa von Prag nach Leipzig, wurde auch dadurch begünstigt, daß andere Städte im allgemeinen gern eine Universität aufnahmen, brachte diese doch einen erheblichen Zuwachs an Ansehen und Wirtschaftskraft mit sich.

Gründungs»wellen« überzogen Europa im 13., 14. und 15. Jahrhundert mit einem Netz von Universitäten. So wie Bauherren neuer Kirchen den »gotischen« Stil, den sie während ihrer Studienzeit in der Ile de France kennengelernt hatten, in ihre Heimat übertrugen, so orientierten sich Gründer von Hochschulen bewußt am Vorbild »alter« Universitäten, die ihnen von Reisen oder eigenen Studien her vertraut waren. Karl IV. »wollte, daß die Prager Universität in jeglicher Hinsicht nach der Sitte und Gewohnheit der Pariser Hochschule geordnet und geleitet werde, auf der einst der König selbst in seinen Jugendjahren studiert hatte«.

Je mehr Universitäten gegründet wurden (im Reich in der zweiten Hälfte des 14. Jahrhunderts z. B. Prag, Wien, Heidelberg, Köln), desto weniger waren die Scholaren zu weiten Reisen gezwungen; die Gründung von Hochschulen läßt sich nicht nur als Maßnahme zum weiteren Landesausbau verstehen, sondern auch als Versuch, Reiselust (und Abfluß von Geld!) einzudämmen sowie durch Einflußnahme auf die Studieninhalte und die Berufung der Lehrer unerwünschte Freiheitsimpulse zu dämpfen.

Trotzdem waren Ende des Mittelalters Tausende von Studenten unterwegs. Man schätzt, daß sich die Zahl der »Immatrikulierten« von 1400 bis 1500 versechsfachte (von etwa 4800 auf etwa 27 000). Selbst wenn von diesen nur jeder fünfte oder vierte Scholar einmal im Laufe seines Studiums den Studienort gewechselt hätte, trugen auch Studenten zur Vereinheitlichung des Abendlandes bei. Sie verbreiteten mit Büchern neue Ideen, z. B. das römische Recht, über ganz Europa.

Wissensdurst und das Streben, antike Autoren kennenzulernen, zeichneten nicht nur Richer im 10. Jahrhundert aus. Die Humanisten betrieben im Spätmittelalter umfangreiche Quellenstudien, unterhielten ausgedehnte »internationale« Korrespondenz und machten weite Reisen zur Erweiterung und Abrundung ihres Wissens.

Petrarca: Das ganze Leben auf Wanderschaft

Mitte des 14. Jahrhunderts stellt Petrarca, einer der bedeutendsten Humanisten, in einem Rückblick fest, daß er sein »ganzes Leben bis zu dieser Zeit stets auf der Wanderschaft verbracht« habe.

Mit Gefahren des Reisens war er seit frühester Kindheit vertraut. Aus Arezzo, wohin sein Vater verbannt worden war und wo er geboren wurde, trug ein kräftiger junger Mann den sieben Monate alten Säugling durch die Toskana nach Pisa: »Jener Jüngling hielt das in Linnen gewickelte Kind an einem Knotenstock hängend in der Rechten, um den zarten Körper nicht durch Berührung zu verletzen.« Als er durch den Arno ritt, »wurde er von seinem strauchelnden Pferd abgeworfen – und fast wäre er selbst in dem reißenden Wirbel umgekommen, während er die ihm anvertraute Last zu retten suchte«. Als Siebenjähriger wäre Petrarca auf einer Reise von Pisa nach Marseille – wie schon erwähnt – beinahe in einem Seesturm umgekommen.

PETRARCA IN KÖLN

Im August 1333 faßt Petrarca Eindrücke von einer Reise durch Frankreich und Deutschland in einem Brief an den Kardinal Giovanni Colonna zusammen. Der Brief zeigt, daß die Begegnung mit fremden Völkern und Orten nicht Vorurteile verstärken und Animositäten wecken muß, wie der Pilgerführer nach Santiago sie zum Ausdruck bringt. In Aachen hat Petrarca die heißen Bäder besucht, wie es fast zweihundert Jahre später auch Dürer tun wird. Dann reist er weiter nach Köln, »berühmt durch seine Lage und seinen Strom, berühmt auch durch seine Bevölkerung«. Er hält mit seinem Erstaunen über die Gesittung »im Barbarenland«, die Schönheit der Stadt, die Würde der Männer, die Anmut der Frauen nicht zurück.

Petrarca erlebt am Johannisfest ein »herrliches Schauspiel«, das er dem befreundeten Kardinal begeistert schildert. Am Flußufer sah er eine große Schar von Frauen. »Ich stutzte... Gute Götter! Was für Gestalten, was für Gesichter, welch eine Haltung! In Liebe hätte entbrennen können, wer nur ein nicht schon gebundenes Herz mitgebracht hätte.« Von einem erhöhten Punkt aus beobachtet er den »unglaublichen Zulauf ohne Gedränge«. Manche Frauen hatten sich mit duftenden Kräutern umwunden und die Ärmel über die Ellenbogen zurückgestreift. »So wuschen sie in fröhlichem Durcheinander die weißen Hände und Arme im reißenden Strom, und mit fremdländischen Murmellauten sagten sie dabei zueinander irgend etwas Reizendes.« Er wiederholt die Erfahrung des Cicero, »daß alle Menschen, wenn sie unbekannte Sprachen hören, gewissermaßen taub und stumm sind«. Doch fehlt es ihm nicht an liebenswürdigen Dolmetschern, die ihm den Sinn des Schauspiels erklären: Bei diesem uralten Landesbrauch seien die Frauen davon überzeugt, jedes im Laufe des Jahres »etwa drohende Unheil werde reinigend weggespült durch die Waschung im Strome an diesem Tage, und im Verfolge werde nur Erfreuliches eintreffen«. Abgeklärt, mit einem Schuß Neid auf solche Einfalt, sinniert Petrarca: »O überglücklich seid ihr, ihr Anwohner des Rheins, wenn dieser euch euer Elend abwäscht; das unsere abzuwaschen hat weder der Po je vermocht noch der Tiber. Ihr sendet euer Leid den Britanniern mit dem Fährmann Rhein hinüber, wir würden das unsre gern den Afrern und Illyrern schikken. Aber wir haben, wie leicht zu erkennen ist, trägere Flüsse.«

Petrarca erinnert sich an die Bitte des Freundes, ihn über jede Einzelheit, die er zu sehen oder zu hören bekomme, »schriftlich genau so zu unterrichten, wie ich es von Mund zu Mund zu tun gewohnt bin«; er sollte weder die Feder schonen noch eigens nach Kürze oder Schmuck des Ausdrucks streben. Petrarca stimmt dem zu; ein Brief solle nicht den Schreiber adeln, sondern dem Leser Nachricht geben. Trotzdem bringt er zum weiteren Verlauf der Reise nur einige Streiflichter: Am 29. Juni bricht er in Köln auf, am 9. August schließt er in Lyon den Brief ab. Im Rheinland haben ihm ein starker Sonnenbrand und der Staub so zugesetzt, daß er sich schon nach der Kühle der Alpen gesehnt habe. Obwohl Krieg herrschte, ist er durch den »dunklen und schreckenerregenden Ardennerwald« gereist, hat aber Glück; »den Sorglosen«, so zitiert er eine Volksweisheit, »steht Gott bei«.

Drei Jahre später berichtet Petrarca einem anderen Freund, Francesco Dionigi, Augustinermönch und Professor der Theologie an der Sorbonne in Paris, über die Besteigung des Mont Ventoux in der Provence. Es dürfte sich hier um eine der ersten Beschreibungen einer Bergbesteigung im Mittelalter handeln, für die kein zwingender Grund bestand; charakteristisch für die Wißbegierde Petrarcas und seiner Zeitgenossen – immerhin rechnet er damit, daß auch der Augustinermönch sich dafür interessiert – ist die Begründung, die Petrarca gleich zu Anfang seines Briefes gibt: Seit langen Jahren schon habe ihn die Begierde getrieben, »die ungewöhnliche Höhe dieses Flecks Erde durch Augenschein kennenzulernen«. Das Streben, sich durch Augenschein von bestimmten Sachverhalten zu überzeugen, zeichnet auch die Entdeckungsreisenden und Naturwissenschaftler dieser Zeit aus.

Petrarcas Brief ist gespickt mit Zitaten und Assoziationen, mit Erinnerungen an antike Bergsteiger und Erfahrungen anderer; die Beschreibung der Bergtour wird auf weite Strecken überlagert von Meditationen über die Reise des menschlichen Lebens.

Lange hat Petrarca überlegt, wen er zu dem beschwerlichen Aufstieg mitnehmen solle. »Der eine war mir zu saumselig, der andere zu unermüdlich, der zu langsam, jener zu rasch, der zu schwerblütig, jener zu fröhlich, der endlich zu stumpfen Sinnes, jener gescheiter als mir lieb.« Schweigsamkeit und lautes Wesen, Wohlbeleibtheit und Körperschwäche, kalte Gleichgültigkeit und heißes Anteilnehmen wecken seine Bedenken. »All das, so schwerwiegend es ist, erträgt man daheim . . . Schwerer jedoch wird alles dies unterwegs.« Schließlich entscheidet er sich, seinen jüngeren, einzigen Bruder einzuladen, der begeistert zustimmt.

In Malaucène, an der nördlichen Flanke des Bergmassivs, von wo heute eine Straße zum Gipfel führt, legen die Brüder einen Ruhetag ein. Am 26. April besteigen sie, jeder von einem Diener begleitet, den 1912 Meter hohen Gipfel, »nicht ohne viel Beschwerde. Er ist nämlich eine jäh abstürzende, fast unersteigliche Felsmasse. Indessen gut hat der Dichter gesagt: Verwegnes Mühen alles zwingt.« Unterwegs begegnen sie einem uralten Hirten, der seine Beredsamkeit aufbietet, ihnen ihr Vorhaben auszureden: Er habe selber vor fünfzig Jahren »in ebensolchem Ansturme jugendlichen Feuers den höchsten Gipfel« erstiegen; mitgebracht habe er nur Reue, Müdigkeit und Kleider, die von Felskanten und spitzem Dorngestrüpp zerrissen waren; seitdem habe man nicht mehr gehört, daß jemand Ähnliches gewagt habe. »Da jener dies uns zuschrie, wuchs uns am Verbote das Verlangen.« Alles entbehrliche Gepäck läßt man bei dem Hirten zurück. Als der sieht, daß seine Warnungen nicht beachtet werden, weist er den vieren einen steilen Pfad mit dem Finger, »wobei er vielerlei zu erinnern wußte und viel hinter uns her seufzte, als wir schon davongegangen waren«.

Anfangs ungestüm, dann langsamer, klettern die vier den Berg hinauf. Der 32jährige Petrarca hat bald mit Mattigkeit zu kämpfen. Er hofft, statt des von seinem Bruder eingeschlagenen steilen direkten Weges zum Gipfel einen bequemeren, sanfteren zu finden; wiederholt läßt er sich zu weiten, nutzlosen Umwegen verlocken. »Als die andern schon die Höhe hielten, irrte ich durch die Täler, während nirgendwo sich ein gelinderer Anstieg eröffnete, vielmehr der Weg sich streckte, und zugleich die unnütze Mühe sich verschlimmerte.« Petrarca rafft alle Kräfte zusammen und holt den Bruder ein. Rückblickend verallgemeinert er seine Erfahrung: »Durch Menschengeist wird die Natur der Dinge nicht aufgehoben, und es kann nun einmal nicht geschehen, daß irgendein körperliches Wesen durch Hinabsteigen zur Höhe gelangt.« Von seinem Bruder ausgelacht, läßt er sich in einem Tale nieder und sinnt über die symbolische Bedeutung seines Tuns nach: Das Leben liegt auf einem hohen, nur über einen schmalen Pfad erreichbaren Gipfel. »Auf dem Gipfel ist das Ende aller Dinge und des Weges Ziel, darauf unsere Pilgerfahrt gerichtet ist.« Statt den Leser, wie er selber gefordert hatte, genau zu unterrichten – z. B. über Flora und Fauna, Gesteine und Aussicht – fährt Petrarca moralisierend fort: »Der Weg durch die irdischen und allerniedrigsten Gelüste ist ebener und, wie es auf den ersten Blick scheinen möchte, bequemer.«

Schließlich langt man auf dem Gipfel an; möglicherweise ist Petrarca unterwegs nicht nur dem greisen Hirten begegnet, denn er schreibt, daß »Waldleute« den Gipfel »das Söhnlein« nennen. Auf der Hochfläche ruhen die Bergsteiger sich aus. Einen Augenblick läßt Petrarca sich von dem Schauspiel beeindrucken; er steht da, »durch einen ungewohnten Hauch der Luft und durch einen ganz freien Rundblick bewegt, einem Betäubten gleich«. Wolken, die er unter sich sieht, erinnern ihn an Berichte von der Besteigung des Athos und des Olymp. Die zum Greifen nahen Alpen wecken in ihm Assoziationen an den legendären Alpenübergang Hannibals, »des wilden Feindes des Römernamens«. Plötzlich packt ihn das Heimweh, noch bevor er sich »unmännlicher Weichlichkeit« zeihen kann: »Ich seufzte, ich gestehe es, nach italischer Luft, die mehr vor dem Geist als vor den Augen erstand, und ein nicht zu erstickender, glühender Drang beseelte mich, so Freund als Vaterland wiederzusehen.« Vom Raum gleitet der Blick auf die Zeit: Vor genau zehn Jahren hat er seine Studien in Bologna abgeschlossen. Über diese zehn Jahre grübelnd, vergißt er, wo er ist.

Schließlich schaut er um sich und sieht nun wirklich, »was zu sehen ich hergekommen war«. Die Begleiter drängen zum Abmarsch, da die Sonne sich schon neige und der Schatten des Berges immer länger werde. In aller Eile versucht Petrarca, das Versäumte nachzuholen. Unter sich sieht er die Rhône (gut 50 km), in der Ferne das Meer (100 km); vergeblich hält er nach den Pyrenäen Ausschau (über 300 km). Er staunt und genießt, dann will er auch die Seele zu Höherem erheben; er greift zu den Bekenntnissen des Augustinus, die ihm der Adressat in einem »faustfüllenden Bändchen allerwinzigsten Formats« geschenkt hatte. Petrarca ruft Gott zum Zeugen an, daß er »zufällig« das 10. Buch aufgeschlagen habe; seinem Bruder liest er vor, eine scharfe Anklage gegen Wißbegier und Reisen: »Und es gehen die Menschen, zu bestaunen die Gipfel der Berge und die ungeheuren Fluten des Meeres und die weit dahinfließenden Ströme und den Saum des Ozeans und die Kreisbahnen der Gestirne, und haben nicht acht ihrer selbst.«

Wie betäubt schließt er das Buch, zornig auf sich selbst, weil er immer noch Irdisches bewundert. Schon längst hätte er von den »Heiden« lernen können, daß außer der Seele nichts bewundernswert, neben ihrer Größe nichts groß ist. Petrarca erklärt, genug vom Berg gesehen zu haben; das innere Auge auf sich selbst gerichtet, steigt er wortlos hinab. Er ist überzeugt, daß das Gelesene für niemand anders als für ihn gesagt wurde. Worte des Augustinus und des Apostels Paulus meditierend, sinnt er über den Mangel an Einsicht bei den Sterblichen, »so daß sie unter Nichtachtung ihres edelsten Teils sich im Vielerlei verlieren und in leeren Schauspielen sich verzetteln und außerhalb suchen, was innen zu finden gewesen wäre.«

Unter solchen Betrachtungen langt er tief in der Nacht, ohne etwas von dem steinigen Weg zu spüren, in der bäuerlichen Herberge in Malaucène an, von wo man vor Tageslicht aufgebrochen war; immerhin ist ihm bewußt, daß die mondhelle Nacht den müden Wanderern willkommenen Beistand gewährte. Während die Diener das Mahl bereiten, schreibt er in einem abgelegenen Teil des Hauses seinem Freund »in Eile und aus dem Stegreif«. Das Vorbild des Augustinus ist ihm zu eigenen Bekenntnissen geraten: Nichts will er vor den Augen des väterlichen Freundes verbergen. Er bittet ihn um fürbittendes Gebet, auf daß seine unruhigen Gedanken sich endlich »zu dem einen Guten, Wahren, Sicheren, Dauernden kehren«.

EINE KAUFMANNSREISE BEI BOCCACCIO

Im ›Dekameron‹, der um 1350 verfaßten Sammlung von hundert Novellen, gewährt Boccaccio Einblick in das Liebes- und Eheleben seiner Zeitgenossen, er beleuchtet auch viele Seiten des risikoreichen Lebens von Kaufleuten. Der eine wird böse betrogen, der andere erleidet Schiffbruch, ein dritter wird von Seeräubern in die Sklaverei verkauft; ein vierter wendet sich nach dem Verlust aller Habe der Piraterie zu, um nach »Erwerb« eines neuen Vermögens wieder das Leben eines biederen Bürgers zu führen. Aber sind Novellen ernstzunehmende Quellen für den Historiker? Dürfen sich einzelne Abschnitte dieses Buches auf Dichtung stützen? Novelle, Komödie und Roman boten den Dichtern seit der Antike einzigartige Freiheiten, auch Menschen der Unter- und Mittelschicht, auch das Alltagsleben zu schildern. Autoren von Tragödien, um eine andere literarische Gattung zu nennen, waren in viel stärkerem Maße an die Gesetze der Gattung gebunden: Tragödien waren Menschen der Oberschicht vorbehalten – bis an die Schwelle des 19. Jahrhunderts, als Schiller mit ›Luise Millerin‹ ein »bürgerliches Trauerspiel« schrieb.

In der zweiten Geschichte des zweiten Tages schildert Boccaccio wirklichkeitsnah Abenteuer eines Kaufmannes, dem seine Blauäugigkeit zum Verhängnis zu werden droht. In die Novelle eingestreut finden sich Beobachtungen zum Alltag des Reisens, zu dem auch die hoffnungsvolle oder bange Frage gehörte, wo und wie man wohl den Abend und die folgende Nacht erleben werde. Boccaccio stattet seinen Helden mit einem gesunden Vertrauen in die Kraft Gottes und die Hilfsbereitschaft der Heiligen aus. Die Frömmigkeit eines Kaufmannes und Formen der Gastfreundschaft werden mit einer Fülle anschaulicher Einzelheiten vorgeführt, wie man sie sonst allenfalls aus verstreuten Quellen zusammentragen könnte. Daher mag es erlaubt sein, diese Novelle ausführlich zu referieren, eher spärlich zu kommentieren, und ihr anschließend die Ratschläge eines Kaufmannes für seine junge Frau gegenüberzustellen.

Der Kaufmann Rinaldo ist in Asti zu Hause, einer Stadt in Oberitalien, etwa fünfzig Kilometer östlich von Turin. Geschäftlich hat er in Bologna zu tun gehabt (etwa 250 km von Asti entfernt) und will offensichtlich auf einem Umweg heimkehren. Von nur einem Diener begleitet, reitet er von Ferrara in Richtung Verona; unterwegs begegnet er drei Männern, die ihm Kaufleute zu sein scheinen; gern schließt er sich ihnen an.

Boccaccios Kritik, das sei »unvorsichtig« gewesen, ist in einem Punkt berechtigt: Man gesellt sich unterwegs nicht vertrauensselig wildfremden Menschen zu; und wenn schon, dann bleibt man bei der Unterhaltung wenigstens einigermaßen zugeknöpft. Daß Einzelreisende die Gesellschaft anderer Reisender suchen – des Schutzes und der Kurzweil wegen – war andererseits ein selbstverständliches Gebot der Klugheit; so verfuhren Wallfahrer, Kaufleute und Studenten.

Aus dem Gespräch entnehmen die neuen Begleiter, daß Rinaldo Kaufmann ist; sie vermuten, daß er Geld bei sich hat, und beschließen, ihn bei der erstbesten Gelegenheit auszuplündern. Um keinen Verdacht zu wecken, benehmen sie sich freundlich und bescheiden; unterwegs unterhalten sie sich mit Rinaldo, so gut sie es nur können, wie gesittete Leute von guter Herkunft. Ein Wort gibt das andere, und schon ist man beim Thema ›Beten‹. Auf die Frage, wie er zu beten pflege, räumt Rinaldo freimütig ein, er sei »in solchen Dingen einfältig und unerfahren«. Auf Reisen bete er morgens, wenn er das Wirtshaus verlasse, immer ein Vaterunser und ein Avemaria für die Seelen der Eltern des heiligen Julian. »Und dann bitte ich Gott und diesen Heiligen, mir für die nächste Nacht eine gute Herberge zu geben. Nun bin ich in meinem Leben schon oft genug unterwegs in großer Gefahr gewesen, bin aber immer noch glücklich davongekommen und am Abend bei ordentlichen Leuten gut beherbergt worden. Darum habe ich auch den festen Glauben, daß der heilige Julian, dem zu Ehren ich jene Gebete spreche, mir diese Gnade von Gott ausgewirkt hat, und ich glaubte, den Tag über eine schlechte Reise zu haben und am Abend kein gutes Unterkommen zu finden, hätte ich sie einmal des Morgens nicht gebetet.« Auf Nachfrage bestätigt er, auch an diesem Morgen so gebetet zu haben. Einer der neuen Begleiter ist überzeugt, daß Rinaldo an diesem Abend eine schlechte Herberge haben werde. Keck erklärt er, schon viel herumgekommen zu sein, doch gebetet habe er nie; trotzdem habe er immer gute Herberge gefunden, »und heute abend werdet Ihr ja noch sehen, wer besser herbergen wird, Ihr, der Ihr gebetet habt, oder ich, der ich's nicht getan habe.«

Als die Reisenden unter mancherlei Gesprächen einen Fluß durchqueren, erscheint dem Trio die Gelegenheit günstig: Der Ort ist abgelegen, die Nacht hereingebrochen. Sie fallen über Rinaldo her, plündern ihn bis aufs Hemd aus, nehmen ihm sein Pferd und rufen ihm höhnisch zu: »Nun geh und sieh zu, ob dein heiliger Julian dir zur Nacht eine gute Herberge geben wird.«

Rinaldo sieht sich von allen guten Geistern verlassen: Sein Vertrauen zu dem mächtigen Schutzheiligen ist erschüttert, ganz zu schweigen vom Verrat seines Dieners, der ausgerissen ist und in einem nahegelegenen Burgflecken ruhig einkehrt, ohne sich um Hilfe für seinen Herren zu bemühen. Der hält zitternd und zähneklappernd vergeblich nach einem Obdach für die Nacht Ausschau; ein Krieg hat jüngst alles verwüstet. Barfuß läuft er durch den Schnee zu dem nahen Burgflecken; als er ankommt, sind die Tore schon verschlossen und die Zugbrücke hochgezogen.

Unter dem vorspringenden Dach eines Hauses, das etwas über die Mauer hinausgebaut ist, hofft er Schutz vor dem Schnee zu finden; er liest verrottetes Stroh zusammen, kauert sich – gegen eine verschlossene Pforte gelehnt – darauf nieder und will so den Tag abwarten. Bitter beklagt er sich über den heiligen Julian, der sein Vertrauen schlecht lohne.

Boccaccio gibt der Erzählung eine überraschende Wende. Es ist kcineswegs selbstverständlich, daß er den zweiten Teil seiner Novelle mit dem Satz einleitet: »Der heilige Julian aber hatte ihn nicht vergessen und bereitete ihm schnell eine gute Herberge.« In dem Haus, unter dessen Dach Rinaldo Schutz sucht, wohnt eine junge, hübsche Witwe, bei der sich am Vortag der Markgraf für die Nacht angesagt hatte; für den Abend hatte er ein Bad und eine köstliche Mahlzeit bestellt. Kurzfristig muß der Liebhaber den geplanten Besuch absagen; sein Diener richtet aus, die Dame möge nicht auf ihn warten. Mißmutig entschließt diese sich, selber in das dem Markgrafen bereitete Bad zu steigen, dann zu Abend zu essen und schlafen zu gehen. Der Name der Witwe bleibt ungenannt; sie erscheint als Verkörperung lebenslustiger Gastfreundschaft.

Das Bad war zufällig in unmittelbarer Nähe der Tür, an die Rinaldo sich lehnt. Die Witwe hört sein Weinen, spürt das Zittern und läßt schließlich ihre Dienerin nachsehen. Schlotternd und zähneklappernd bringt Rinaldo kaum ein verständliches Wort über die Lippen; er fleht die Dienerin an, ihn nicht über Nacht erfrieren zu lassen. Magd und Herrin spüren Mitleid, die Herrin befiehlt, Rinaldo einzulassen. »Das Abendessen steht ohnehin da, mit dem wir beide allein nicht fertig werden können, auch haben wir ja Platz genug, um ihn zu beherbergen.«

Von einer christlich gefärbten Erinnerung an das Gebot, Fremde zu beherbergen, ist nicht die Rede. Angesichts eines schutz- und hilfsbedürftigen Menschen regt sich elementares Mitleid; man ist in der glücklichen Lage, vom Überfluß abzugeben. Als die Witwe Rinaldo sieht, fordert sie den halb Erfrorenen auf, in das Bad zu steigen, »denn es ist noch warm«. Zur Gastfreundschaft gehört, daß man dem Gast Wasser zum Händewaschen reicht, ihm vielleicht – wie Benedikt geboten hatte – die Füße wäscht, oder daß man ihm ein Bad richtet. Mitte des 14. Jahrhunderts war man nicht so anspruchsvoll, für jedes Bad frisches Wasser zu erwarten; oft setzten sich zwei Personen – auch unterschiedlichen Geschlechts und nicht durch das Band der Ehe verbunden – in eine Wanne, ließen sich mit Essen und Trinken bedienen und kosteten nach stundenlangem Schmausen die Freuden der Liebe. Durch das Bad gestärkt, glaubt Rinaldo vom Tod zum Leben zurückgekehrt zu sein. Die Hausherrin läßt ihm Kleider ihres jüngst verstorbenen Mannes zurechtlegen, die ihm wie angegossen passen. Rinaldo hat Grund, Gott und dem heiligen Julian zu danken.

Mittlerweile hat die Witwe im Saal ein großes Feuer anzünden lassen, an dem Rinaldo sich weiter wärmen soll, bevor man sich zu Tisch begibt. Der erkennt in seiner Retterin gleich die Frau von Stande, begrüßt sie ehrerbietig und dankt ihr für die erwiesene Wohltat. Die Hausherrin empfängt ihn freundlich, lädt ihn ein, sich neben sie ans Feuer zu setzen und erkundigt sich nach seinem Mißgeschick. Sie ist weltkundiger als ihr Gast; sie kann seinem Bericht glauben, da sie von der Ankunft des Dieners schon gehört hat. In einem kleinen Nest spricht es sich schnell herum, wenn ein Fremder eingeritten ist.

Gastgeberin und Gast waschen sich die Hände, dann nimmt Rinaldo den ihm zugewiesenen Platz ein. Während des Essens findet die Herrin immer mehr Gefallen an ihm, einem Mann in den besten Jahren, von feiner Gestalt, schönem Gesicht und vorzüglichen Umgangsformen. Anschließend, als sie wieder am offenen Feuer sitzen, gesteht sie offen, wie sehr es sie gelüste, Rinaldo zu umarmen und zu küssen – ein Verlangen, das ihr Gast gern erwidert; »und nachdem sie ihn wohl tausendmal gedrückt und geküßt hatte und ebensooft von ihm geküßt worden war, standen sie miteinander auf und gingen in die Kammer, wo sie sich unverweilt niederlegten und ihren Wünschen volle und öfter wiederholte Befriedigung schenkten, bevor der Morgen anbrach«. Die Witwe lebt in alten Traditionen, wenn sie die Gastfreundschaft auch auf ihr Lager bezieht.

Um kein Gerede aufkommen zu lassen, gibt die Dame am folgenden Morgen Rinaldo ein paar abgetragene Kleidungsstücke, füllt seinen Beutel mit Geld, zeigt ihm den Weg zu seinem Diener, bittet ihn, über das Geschehene zu schweigen, und entläßt ihn durch dieselbe Tür, durch die er nachts aufgenommen worden war. Sobald die Tore geöffnet werden, geht Rinaldo in den Flecken, als komme er von weither. Er findet seinen Diener und zieht die Sachen an, die im Mantelsack von dessen Pferd verpackt waren. Als er gerade aufbrechen will, wird das Trio vorbeigeführt, das man wegen eines anderen Deliktes festgenommen hat. Umgehend erhält Rinaldo Pferd, Kleidung und Geld zurück; es fehlt nur ein Paar Kniebänder, von dem die Übeltäter nicht sagen können, wo sie geblieben sind.

Boccaccio schließt: »Voller Dank gegen Gott und den heiligen Julianus stieg Rinaldo zu Pferde und kam heil und gesund zu Hause an. Die drei Wegelagerer aber schaukelten schon anderntags im Galgenwind.«

Sicher hat nicht jeder Kaufmann, der unter die Räuber gefallen war, ein solches ›happy end‹ gefunden. Die Wegelagerer waren mit Rinaldo glimpflich umgegangen; als lästige Zeugen hätten sie ihn

388

und seinen Diener gleich erschlagen können. Andererseits bezeugt die Geschichte das Interesse der Obrigkeit an der Wahrung des Rechts – zumal nach einem Krieg, wenn alle Ordnung aus den Fugen geraten war. Wer bei einem Verbrechen auf frischer Tat ertappt wird, und Wegelagerei bedeutete Landfriedensbruch, mit dem wird kurzer Prozeß gemacht: Noch am selben Tag oder – wie hier – einen Tag später wird er aufgeknüpft, an einem Galgen oder am nächstbesten Baum; die Bezeichnung »baumeln« könnte daher kommen.

Etwa ein halbes Jahrhundert später als Boccaccio legt ein reicher französischer Bürger ein Hausbuch für seine weit jüngere Ehefrau an. Er rechnet damit, daß sie ihn überleben wird; er will ihr Hilfen geben, die ihr und ihrem künftigen Mann das Leben erleichtern sollen. Da die Sorge für die Geschäfte draußen Männersache sei, müsse der Ehemann »hierhin und dorthin reisen, bei Regen, Wind, Schnee und Hagel, einmal durchnäßt, dann wieder ausgedörrt, einmal in Schweiß gebadet, dann wieder frierend, schlecht verpflegt, schlecht untergebracht, schlecht gewärmt und schlecht gebettet«.

Die Frau soll darauf achten, daß der Mann daheim vorfindet, was der Reisende nach Meinung dieses wohlbeleuchten Bürgers unterwegs am meisten vermißt: Seine Aufzählung liest sich wie ein Echo auf die Novelle Boccaccios. Offenbar haben Boccaccio und der Pariser Bürger die gleichen Erfahrungen unterwegs gemacht, die gleichen Annehmlichkeiten vermißt: Saubere Bettwäsche, weiße Schlafmützen, ordentliche Pelze als Zudecken, »Freuden und Unterhaltungen, Vertraulichkeiten, Liebesdienste und Heimlichkeiten, über die ich nicht rede. Und am nächsten Morgen neue Hemden und Kleider. Fürwahr, solche Dienste halten die Liebe eines Mannes wach und lassen ihn gern wieder heimkommen und seine Hausfrau wiedersehen und sich von anderen Frauen fernhalten.«

In Boccaccios Novelle deutet nichts darauf hin, daß Rinaldo verheiratet gewesen wäre; von Ehebruch kann daher keine Rede sein. Daß auf langen Reisen die Versuchung groß ist, Geborgenheit bei einer anderen Frau zu suchen, weiß der Pariser Bürger; ob er ihr immer standgehalten hat, bleibt offen. Mindestens hat er unterwegs gut beobachtet. Seine Frau sollte einen alten Bauernspruch beherzigen, nach dem drei Dinge den Hausherrn von daheim verjagen: Schadhaftes Dach, qualmender Kamin und zankendes Weib. Wenn ihr an Liebe und gutem Einvernehmen mit ihrem nächsten Mann gelegen sei, solle sie ihm immer sanft, liebenswürdig und fügsam gegenübertreten, gute Laune verbreiten, sich um sein Nachtlager, um Essen und Trinken, Strümpfe und Hemden kümmern. Sonst gebe es Überraschungen und die völlig überflüssige Klage, eine andere Frau habe den Mann verhext: Liebe, Fürsorge, Vertraulichkeiten, Freuden und Vergnügen aller Art – eine andere Verzauberung gebe es nicht.

Die Ermahnungen des Pariser Bürgers betreffen vor allem die Winterzeit: Da man draußen weniger Abwechslung findet als im Sommer, ist man am liebsten zu Hause, wo man allerdings auf Feuer angewiesen ist. Die Tage sind kurz und kalt, künstliches Licht ist teuer, qualmt und stinkt; deshalb verbringt man einen größeren Teil des Tages im Bett. Wahrscheinlich spiegelt die letzte Bitte des wohlmeinenden Ehemannes ärgerliche Erfahrungen unterwegs: »Sorgt im Winter dafür, daß er ein gutes Feuer ohne Qualm hat und sicher ruht und gut zugedeckt ist an Eurer Brust, und so bezaubert ihn. Und nehmt Euch in acht, daß es in Eurem Zimmer und Eurem Bett keine Flöhe gibt.«

GEISSLERPROZESSIONEN

Mitte des 14. Jahrhunderts wird Europa von einer einzigartigen Katastrophe heimgesucht: Die aus dem Orient eingeschleppte Pest fordert Millionen von Opfern. Manche Orte und Landschaften werden vom Schwarzen Tod verschont (oder die Quellen schweigen), andere büßen die Hälfte oder auch mehr ihrer Bevölkerung ein; gelegentlich sollen alle Einwohner an der Seuche gestorben sein – mit Ausnahme des Leichenwäschers.

Die Menschen waren gegen die Seuche, der die Ärzte ohnmächtig gegenüberstanden, nicht immun; zwischen Erkrankung und Sterben lagen oft nur Stunden. Zahllose Menschen flüchteten sich in Massenpsychosen in Form von Judenpogromen und Geißlerbewegung; andere standen gefaßt dem Unvermeidlichen gegenüber; hier genießt man hemmungslos die Freuden dieser Welt, dort spricht man zerknirscht Gebete der Reue. Manche Menschen versuchen zu fliehen – und tragen damit zu einer weiteren Verbreitung des Unheils bei. In der Einleitung zum ›Dekameron‹ bringt Boccaccio eine realistische Schilderung der Pest und eine weitere Variante der Reaktion der Menschen: Da sich in Florenz angesichts des Übels nacheinander alle sozialen Bindungen aufgelöst haben, weicht eine Gruppe von jungen Frauen und Männern auf einen Landsitz aus; in einer heilen Welt vertreiben sie sich mit dem Erzählen oft frivoler Geschichten die Zeit. Später bewogen Pestausbrüche wiederholt Menschen dazu, eine seit längerer Zeit geplante Reise zu unternehmen: Die einen gingen auf eine gelobte Wallfahrt; wahrscheinlich ließ Dürer sich durch die 1505 in Nürnberg aufflammende Seuche dazu bewegen, zu seiner (zweiten) Fahrt nach Venedig aufzubrechen.

Mitte des 14. Jahrhunderts sehen viele Menschen nur noch eine Möglichkeit, dem Wüten der Pest zu entkommen: Mit Gebeten, Gottesdiensten, Prozessionen und Werken der Buße wollen sie den Himmel gnädig stimmen. Seit Jahrhunderten hatte es Menschen gegeben, die sich in der Nachfolge Jesu selber geißelten oder von anderen peitschen ließen. Davon unterscheiden sich spätere Geißlerbewegungen: Nicht mehr einzelne, sondern große Scharen üben diese Form der Buße, zudem nicht im Verborgenen, sondern öffentlich, von einem Ort zum anderen ziehend.

Im Herbst 1348 gehen Geißlerprozessionen von Österreich oder Ungarn aus und erreichen 1349 Böhmen, Sachsen, Franken; sie ziehen von Stadt zu Stadt und kommen schließlich auch in das Rheinland; in den Niederlanden hält sich die Bewegung bis Anfang 1350, länger als anderswo. Die Geißler waren als Bruderschaft organisiert; Kleriker konnten bei ihnen Mitglied, nicht jedoch »Meister« werden, jeder Bruder mußte sich auf 33½ Tage verpflichten. Infolgedessen war für Kontinuität gesorgt, wenn die Prozessionen durch die Lande zogen: Nach und nach schieden einzelne Mitglieder aus, andere gesellten sich dazu. Insgesamt war die Bewegung auf 33½ Jahre geplant; diese Zahl entsprach dem angenommenen Lebensalter Jesu. Die Geißler durften nicht um Obdach bei den Bewohnern der von ihnen aufgesuchten Orte bitten, wohl aber eine Einladung zur Übernachtung annehmen; im Interesse der wirtschaftlichen Unabhängigkeit der Bewegung sollte jeder »Bruder« pro Tag vier Pfennige mitbringen. Es war den Geißlern streng verboten, während der Zeit ihrer Zugehörigkeit zur Bruderschaft mit einer Frau zu sprechen.

Der Straßburger Chronist Closener berichtet ausführlich über die etwa zweihundert Geißler, die am 8. Juli 1349 in seiner Heimatstadt ankamen; in diesem Fall könnte die Zahlangabe glaubwürdig sein. Da er nach den Ereignissen schreibt, begegnen gleich eingangs seiner Darstellung kritische Töne; es wird aber auch deutlich, daß sich zu Anfang breiteste Volkskreise von dem rigorosen Ernst der Bewegung beeindrucken und den Geißlern materielle und ideelle Unterstützung zukommen ließen.

Nähert sich der Geißlerzug einem Dorf oder einer Stadt, so wird er von Glockenläuten begrüßt. Kerzen und kostbare Fahnen vorantragend, schreiten die Geißler in Zweierreihen; sie sind in Mäntel gekleidet und tragen mit roten Kreuzen gekennzeichnete Hüte. In einem Lied (in deutscher Sprache) bitten sie Christus um Hilfe:

392

Wir sullent die buße an uns nemen,
Daz wir gote deste baz gezemen
[daß wir Gott desto mehr gefallen].

Nach dem Einzug in die Kirche knien alle nieder – kreuzweise, mit ausgestreckten Händen, »daz es klaperte«, wie der Chronist spitz bemerkt. Nachdem sie dort eine Weile gelegen haben, fordert der Vorsänger die Geißler dreimal auf, ihre Hände zu erheben, »auf daß Gott das große Sterben wende«.

Wollten sie nun büßen – »alse nantent sü daz geischeln«, schreibt Closener distanziert –, so zogen sie täglich mindestens zweimal, morgens und abends, unter dem Läuten der Glocken, Lieder singend, in Zweierreihen vor die Stadt, zu der »Geißelstatt«: Nur mit einem vom Gürtel bis zu den Füßen reichenden weißen Tuch bekleidet, legen sich alle in einem weiten Ring auf die Erde nieder zu einem Sündenbekenntnis: War jemand ein »meineidiger Bösewicht«, so legt er sich auf eine Seite und reckt seine drei Finger über den Kopf empor; der Ehebrecher legt sich auf den Bauch, usf.; »dabei erkannte man gut, welche Sünden jeder von ihnen begangen hatte« – dieses öffentliche Eingeständnis ist manchem nach Abklingen der Begeisterung verhängnisvoll geworden, da Gerichte den Selbstanklagen nachgingen. – Anschließend schreitet der »Meister« über jedes einzelne Mitglied, berührt ihn mit der Geißel und spricht:

Stant uf durch der reinen martel [Marter] ehre
Und hüt dich vor der sunde mehre.

Dieser steht auf und schließt sich dem Meister an, schreitet über die noch Liegenden, berührt sie mit seiner Geißel und wiederholt die Worte des Meisters. Sind alle losgesprochen, so bilden sie stehend einen Ring; Vorsänger stimmen ein Lied an, das von allen aufgenommen wird. Währenddessen gehen je zwei und zwei Brüder um den Ring und geißeln sich mit Riemen, »die hettent knöpfe vornan, darin worent nolden [Nadeln] gestecket, und schlugent sich uber ihre rücke, daz maniger sere blutete«.

In dem langen Lied wechseln Vorwürfe und die Hoffnung auf Gnade: Christus fragt den Sünder, wie er das Leid lohnen wolle, mit dem er erlöst worden sei; Maria bittet – Teile des Liedes sind dem ›Stabat mater‹ entnommen – ihren Sohn um Erbarmen mit den sündigen Menschen. Hart geht das Lied mit denen ins Gericht, die die Gebote, freitags zu fasten und sonntags zu ruhen, übertreten haben, ferner mit Lügnern und Meineidigen, Wucherern, erbarmungslosen Mördern und Straßenräubern; ihnen allen sei die Hölle sicher. Zwischen den einzelnen Strophen knien die Geißler, werfen sich »kreuzweise« auf die Erde, stehen wieder auf; dann fahren die Vorsinger fort und fordern alle auf, bittend ihre Hände zum Himmel zu recken, auf daß Gott das große Sterben wende,

> Nu hebent uf die uwern arme,
> Daz sich got uber uns erbarme.

Nach diesen Bußübungen kleiden sich alle wieder an; dann wird eine lange, angeblich auf einem Altar in Jerusalem niedergelegte Botschaft Christi verlesen – auch das eine Anklageschrift: Leitmotivisch ziehen sich die Vorwürfe durch den Brief, daß die Menschen weder den Sonntag heiligen noch am Freitag fasten; wegen ihrer Bosheit und Hoffart, wegen ihrer zahllosen Vergehen seien alle erdenklichen Unglücke über die Menschen hereingebrochen: Erdbeben; Schädigung der Saaten durch Käfer, Heuschrecken, Raupen, Mäuse, Reif, Frost, Dürre, Hochwasser; ferner Blitz, Krieg und Überfälle durch die Heiden; am Ende der Heimsuchungen habe der Hunger die Menschen gezwungen, dürres Holz und Tannenzapfen zu essen.

Zwischendurch erhebt die »himmlische Botschaft« schwere Vorwürfe gegen die »höllischen« Juden, weil sie die Erlösungsbotschaft nicht angenommen hätten; dem Bericht von der Geißelfahrt schickt Closener die kurze Notiz voraus, 1349 seien in Straßburg alle Juden verbrannt worden, da sie die Brunnen und andere Gewässer vergiftet hätten.

Priester, die sich weigern, den »Brief« dem Volk zu verlesen, und alle, die der Botschaft nicht glauben wollen, werden mit Verbannung aus dem Himmel bedroht; wer dagegen glaubt, dem komme »min segen in sin hüs«. Segen wird auch jenen verheißen, die gern zur Kirche gehen und Almosen geben, besonders denen, die die »Botschaft Gottes« abschreiben und von Stadt zu Stadt, von Dorf zu Dorf und von Haus zu Haus weiterverbreiten.

Nach der Verlesung des »Himmelsbriefes« geißeln sich die Büßenden wieder. Schließlich ziehen sie in Zweierreihen – Kerzen und Fah-

394

nen voran – Lieder singend in die Stadt und unter dem Läuten der Glocken ins Münster ein; sie werfen sich »kreuzweise« auf die Erde und kehren nach weiteren Gebeten und Übungen in ihre jeweilige Herberge ein.

Die Haltung des Chronisten dieser Bewegung gegenüber ist recht differenziert. Freimütig stellt er fest, daß alle sich von den Geißelungen hätten beeindrucken lassen: Die Obrigkeit habe den Geißlern Zuschüsse aus öffentlichen Mitteln gewährt; nie habe das Volk andächtiger geweint; Ausrufe des Jammers hätten die Verlesung des – allgemein für wahr gehaltenen – »Briefes« begleitet. Fragen der Kleriker nach dessen Echtheit seien mit Gegenfragen beantwortet worden, die an den Grundlagen des Glaubens rüttelten: Wer denn die Evangelien besiegelt habe?! Das Volk habe zeitweise den Geißlern mehr geglaubt als der »Pfaffheit«; viele Laien, unter ihnen auch »biedere« Männer, und zahlreiche »Pfaffen«, unter diesen allerdings keine »Gelehrten«, hätten sich den Geißlern angeschlossen. Aber Closener schreibt auch, es hätten sich »Bösewichter« unter die Geißler gesellt und deren Kurs bestimmt; manche hätten mehrfach die $33\frac{1}{2}$ Tage-Fahrt mitgemacht, nicht aus Frömmigkeit, sondern weil sie Geschmack am Müßiggang gefunden hätten: Wohin sie auch gekommen seien, immer hätte man sie eingeladen und bestens versorgt. Zur Skepsis mahnte auch der Anspruch, Wunder wirken zu können. Die Geißler wollten ein ertrunkenes Kind wieder lebendig machen und trugen es deshalb während der Geißelübung um ihren Ring. Genüßlich stellt Closener fest: »es geschach aber nüt«. Unwillig beobachtet er Risse in der gewachsenen sozialen Ordnung: Auch Frauen, dann sogar Kinder lassen sich in Straßburg von der Bewegung anstecken, fahren über Land und geißeln sich.

Nach einiger Zeit zeigen sich Ermüdungserscheinungen: Glockenläuten und Zuschüsse der Obrigkeit zum Kauf von Kerzen und Fahnen werden eingestellt; es findet sich niemand mehr, der Geißler beherbergen will. Am Ende stehen Verbote: Untersagt wird den Geißlern der Zugang nach Straßburg und allgemein die gruppenweise Selbstgeißelung; »wer sich geischeln wolte, der solt sich in sime hus geischeln heimelich«.

Jetzt traut sich auch die angegriffene kirchliche Obrigkeit mit Verboten aus der Reserve heraus. Die Kirche hatte manchen Grund, dieser Bewegung mißtrauisch gegenüberzustehen: Aus ihrer Sicht maßte der »Meister« sich mit der Lossprechung von Sünden eine Vollmacht an, die dem Priester vorbehalten sein sollte. Nach kirchlicher Lehrmeinung war die Offenbarung abgeschlossen; Visionen und himmlische Mitteilungen mochten dem einzelnen Gläubigen gelten; für die Gesamtkirche konnten sie nicht verbindlich sein. Demgegenüber galten den Geißlern die Priester, die sich weigerten, den »Himmelsbrief« dem Volk vorzulesen, als »Gottes Feinde«.

Insgesamt ist auch die Geißlerbewegung ein Indiz für die große Beweglichkeit der Menschen im Spätmittelalter. Das Streben, Gottes Zorn von den Menschen abzuwenden, verband sich mit Kritik an der Institution Kirche und sozialkritischen Tönen.

EINE SPÄTMITTELALTERLICHE PILGERREISE
INS HEILIGE LAND

1483/84 unternimmt der Mainzer Domherr Bernhard von Breydenbach eine gut vorbereitete Pilgerreise nach Palästina und Ägypten. Mit Dolmetschern und einem niederländischen Maler gehört er zur Begleitung des jungen Grafen Johann von Solms-Lich, der später in Alexandrien an der Ruhr sterben wird. Das uns vorliegende illustrierte Reisebuch – das erste seiner Art – war offensichtlich von vornherein für eine Veröffentlichung gedacht; die Abbildungen wurden nicht einem anderen Werk entnommen, sondern in Holz geschnitten nach Skizzen, die der Künstler unterwegs angefertigt hatte.

Am 25. April – Fest des Evangelisten Markus, dem die Gesellschaft nach Abschluß der ersten Reiseetappe in Venedig ihre Ehre erweisen wird – bricht man von Oppenheim am Rhein aus auf. Über Speyer, Bruchsal, Esslingen, Ulm, Kempten, Innsbruck, Sterzing, Bruneck, Cortina, Conegliano, Treviso braucht man bis nach Venedig fünfzehn Tage; bei 570 Kilometer Luftlinie, geschätzten 750 Kilometern Reiseweg ergibt sich eine achtbare durchschnittliche Tagesleistung von 50 Kilometern.

In Venedig steigen die Pilger bei einem gebürtigen Frankfurter ab. Peter Ugelheimer bedient seine Gäste zuvorkommend, er weist sie auf die verehrungswürdigen Heiligtümer und auf andere Sehenswürdigkeiten der Stadt hin. Wertvoller noch ist seine Hilfe beim Aushandeln des Vertrages mit dem ›Patron‹ einer Galeere, auf der man ins Heilige Land fahren will. Diesem Abkommen lag wahrscheinlich ein Mustervertrag zugrunde (ähnlich heutigen Mietverträgen). Aufgrund böser Erfahrungen früherer Pilger suchten Reisende sich gegen Betrügereien unterwegs und im Heiligen Land abzusichern; der Vertrag enthält sogar eine ›Höhere Gewalt-Klausel‹. Breydenbach zählt auf, wozu der Patron sich verpflichtet: Er stellt der sechsköpfigen Reisegesellschaft acht Plätze zur Verfügung, die er nicht mit Waren belegt; »ohne jeden Einspruch« weist er den Reisenden Raum zu, wo sie hinstellen können, was sie brauchen, wenn sie unterwegs selber kochen: Hühnerkorb, Wasserbehälter, Holz, Salz usf.; den Pilgern steht das Beiboot zur Verfügung, wenn sie an Land gehen wollen, um frisches Wasser, Proviant oder anderen dringenden Reisebedarf zu besorgen. Die Reisenden wollten also die Risiken möglichst gering halten und auch selber für frisches Fleisch - daher die Hühner - und Wasser sorgen; denn der Vertrag sieht immerhin ausdrücklich vor, daß die Pilger täglich zweimal zu essen und zu trinken bekommen, »wie es ehrbaren Leuten von Stand und Geburt ziemt«.

Die Teilnehmer am vierten Kreuzzug waren schamlos ausgebeutet worden: Unter immer neuen Vorwänden hatten die Venezianer die Abfahrt hinausgeschoben; als den Kreuzfahrern schließlich das Geld ausgegangen war, hatten sie sich dem Diktat der Venezianer unterwerfen müssen und 1204 Byzanz erobert. Solche Erfahrungen dürften hinter der Klausel stehen, daß die Galeere zu einem bestimmten Termin auszulaufen und unterwegs die üblichen Stätten und Häfen anzulaufen habe; dort dürfe sie jeweils höchstens drei Tage verweilen – es sei denn, daß widrige Umstände (z. B. ungünstiger Wind) zu einem anderen Verhalten zwängen. In Zypern soll die Reisegesellschaft einen Abstecher nach Nikosia machen können. Der Patron sorgt dafür, daß die Pilger von niemandem beleidigt werden; im Heiligen Land hat er auf die Einhaltung der Termine zu achten und wird deshalb selber bis an den Jordan mitreiten. Breydenbach äußert sich nicht zu den Kosten; er erwähnt wohl die Klausel, nach der der Patron unterwegs Zölle, Geleite, Eselsgelder und alle Schatzung, »welchen Namen sie auch haben mag«, zu begleichen habe; die Reisegebühr (im 14. Jahrhundert rechnete man für ein Pauschalarrangement Venedig-Heiliges Land-Venedig bei einer Reisedauer von acht bis zwölf Wochen mit 25 bis 40 Gulden) wird je zur Hälfte vor der Abfahrt zur Hin- bzw. zur Rückreise fällig, in Venedig bzw. in Jaffa; sollte ein Mitglied der Reisegesellschaft vor der Ankunft im Heiligen Land sterben, so sollen die Kosten anteilig erstattet werden. Glaubwürdige Zeugen sollen dafür bürgen, daß es nicht bei leeren Versprechungen bleibt.

Die Pilger brechen am 1. Juni von Venedig auf, wo sie sich drei

Wochen lang haben umsehen können, aber auch ihre Reisekasse haben strapazieren müssen. Über Parenzo, Korfu, Modon (an der Südwestspitze des Peloponnes), Kreta kommen sie nach Zypern; nach einer Fahrt von drei Tagen langen sie dann am 7. Juli in Jaffa an. Erfahrene Seeleute blieben also auch zu dieser relativ sicheren Jahreszeit in Küstennähe; es wird nicht deutlich, ob es sich hier um eine Vorsichtsmaßnahme gegen einen plötzlichen Wetterumschlag oder gegen etwaige Piraten handelt. Viele der angelaufenen Häfen befanden sich – wie die ganze Insel Kreta – zu der Zeit fest in venezianischer Hand. In Sichtweite des Heiligen Landes stimmen die Reisenden zum Dank für den glücklichen Verlauf der bisherigen Fahrt das ›Te Deum‹ an.

In Jaffa angekommen, schickt der Patron Diener nach Rama und Jerusalem, um freies Geleit zu erbitten; sechs weitere Tage müssen die Pilger an Bord auf den Bescheid warten, was zu dieser Jahreszeit besonders unangenehm ist: Unter der Hitze, bei wenig Wind steigt aus der Tiefe des Schiffes ein ekelerregender Gestank auf; der wird unerträglich, wenn – wovon hier nicht die Rede ist – Galeerensklaven nicht einmal zur Verrichtung ihrer Notdurft von den Bänken losgekettet werden. – »Ruderknechte« des Schiffes, also wohl Freie, werden von den »Heiden« gefangen, geschlagen und verwundet, als sie die Zeit zum Fischfang auf dem Meer nutzen wollen. Später erlaubt man einzelnen Pilgern, an Land zu gehen, um Wein, Brot und Obst zu kaufen.

Schließlich dürfen alle Pilger an Land, aber zunächst werden sie in eine Höhle gesperrt – Breydenbach und seine Begleiter dank der Umsicht ihres Patrons nur für eine Nacht. Der Kontakt zur Außenwelt reißt aber auch dann nicht ab: Christen aus Rama und Jerusalem bieten ihnen Wein, Brot, Hühner, Eier und Früchte zum Kauf an. Die Pilger werden sorgfältig namentlich registriert, erhalten einen Geleitbrief und brechen dann in Richtung Jerusalem auf; eskortiert von türkischen Elitekriegern, werden sie begleitet von Franziskanern, die ihnen aus der Heiligen Stadt entgegengekommen sind. Kurz vor Rama müssen sie auf offenem Feld von ihren Eseln absteigen, zu Fuß weitergehen und ihr Gepäck selber tragen; Hitze und Staub machen dieses Stück Weges zur Qual – um so mehr, als man sich unter den Reisenden wenig tröstliche Dinge erzählt: Frühere Pilger seien unterwegs von Frauen und Kindern mit Steinen beworfen und einige zu Tode getroffen worden. Nach einem Tag- und Nachtritt langt die Reisegesellschaft schließlich am 11. Juli gegen Mitternacht in Jerusalem an. Als erstes streben die Pilger dem Heiligen Grabe zu, um hier den ersehnten Ablaß zu gewinnen; dann erst suchen sie das Pilgerspital auf.

Breydenbach widmet viel Raum der Beschreibung der zahlreichen historischen Stätten im Heiligen Land. Dank der Einflechtung theologisch-historischer Abhandlungen ähnelt der Bericht einem Palästinahandbuch; es ist verständlich, daß das Werk oft aufgelegt und in zahlreiche Sprachen – darunter das Lateinische – übersetzt worden ist. Die Ausweitung fiel Breydenbach deshalb leicht, weil er einen Blick für Land und Leute, für Gewohnheiten und Anschauungen der Menschen hatte. Von Aufgeschlossenheit für das Fremde zeugen auch Ergänzungen: Er bringt Tafeln mit den hebräischen, arabischen, griechischen und chaldäischen Alphabeten sowie ein ausführliches arabisch-deutsches, nach Sachbereichen gegliedertes Glossar: Der Körper (vom Kopf bis zur Zehe), die gesellschaftliche Ordnung (Gott, König, Bauer, Herr, Frau), Wetter, Nahrung, Topographie, Tiere, Finanzwesen, Gewerbe und Berufe, Tageszeiten, Schiffahrt, Verwandtschaftsgrade, Kleidung, zum Schluß in unvermeidlicher Ausführlichkeit die Zahlen.

Schon im ausgehenden 15. Jahrhundert wurde der Fremdenverkehr mit Führungen und Eintrittsgeldern systematisch gelenkt. Die Pilger sehen nicht nur die heilsgeschichtlich wichtigsten Orte wie die Geburtskirche in Bethlehem oder die Schädelstätte vor den Toren Jerusalems, sondern auch eher beschauliche, die Phantasie anregende, von der Tradition geheiligte Plätze, auf dem Berg Zion z. B. die Stelle, an der die Mutter Gottes täglich gebetet, einen Stein, auf dem Jesus gesessen und den Jüngern gepredigt habe.

Ausführlich geht Breydenbach auf das Gemisch von ›Nationen‹, Konfessionen und Religionen in Jerusalem ein. Zwar bekommen Juden, Griechen, Abessinier, Syrer, Türken, kritische Bemerkungen ab: Sie sind im Irrtum befangen (besonders die Juden, da sie ihren Erlöser nicht erkannt haben), sie sind hochmütig und hassen »uns lateinische Christen viel mehr als die anderen Nationen« (die Griechen;

Hye volgen nach ettlich gemeyn wört von sarracenischer sprach yn teutsche zungen verwandelt:

Sarratzenisch

Ras	haubt	barck	glantz	hamar	esel
Sahala	styrn	Rad	düner	baccara	kuw
Shar	har	barath	hagel	keßel	kalß
Ayn	aug	delß	schne	anße	geyß
Eden	or	Sißlith	yß	ganeme	schaff
Onff	naß	choßiß	brodt	woßke	ganß
Fom	mundt	corban	brodt	Dcke	ganser
Soffe	lefftzen	laßem	fleisch	Dic	han
Lesan	zung	yiobn	kese	tefeße	henn
zcenn	zan	someck	vische	kemame	tuß
Angk	halß	thayr	vogel	kepß	hundt
Mabla	kel	keßie	erweyß	kolpß	hundt
Sadar	brust	ful	bonn	eß	kewe
Kaß	hertz	addes	bynsen	seßey	lewe
Koder	leber	sayr	gerst	dußke	ber
Keßd	lung	chameße	getreyd	arnepß	haß
Bathan	magen	doffaßa	apffell	dißß	wolff
Kreß	buch	engaßa	pirn	katt	katz
zende	arm	thyne	fygen	fara	muß
yd	handt	batdich		maut	tod
zabeth	fynger	tabich	müß	meyet	todt
Daßer	ruck	beyde	ey	nefftz	seel
Jomß	syte	enep	truß	geßennem	kranck
Salck	beyn	neßyd	wyn	meyßa	kirchoff
Rocuße	kny	vgwee	vas	caper	graß
Kaßkeel	waden	ayn	brun	cas	kelch
Keßle	fuß	moy	waffer	keteß	büch
Beßym	zehe	byr	cistern	bukel	altar
Tatreßle	solen	naßar	fluß	ducat	ducat
Alla	gott	haft	effig	denar	pfennig
Melack	engel	medine	statt	medin	madyn
Caddis	heyltg	dayan	dorff	trirem	schyff
Sagitßan	tuffel	carije	schloß	fluß	gelt
Meleck	konig	camiffe	kyrch	syd	gut
Araß	herr	baykel	tempel	sarr	böß
Kaßke	frauw	bayt	huß	keßit	suß
Merßesim	edell	huß	closter	morr	bitter
Vellaß	buwer	barßo	turn	cayeß	schon
Viffaß	ackerman	tacka	fenster	aßyas	wyß

Arabisch-deutsches Glossar im Anhang zu Breydenbachs Reisebericht.

diese Beobachtung dürfte seit dem Großen Schisma 1054 und erst recht seit der Eroberung von Byzanz 1204 nicht unzutreffend gewesen sein), sie verschließen ihre Ehefrauen »mit großem Fleiß« (die syrischen Christen). Derartige Beobachtungen gipfeln in der Klage, der ganze Orient beheimate uneinsichtige Ketzer, die das reiche Erbe der frühen Christenheit hätten verfallen lassen.

Die meisten Pilger treten – wie üblich – nach zehn Tagen die Rückreise auf der in Jaffa wartenden Galeere an. Breydenbach und der junge Graf bleiben länger im Heiligen Land, wo sie aufmerksam, aber nicht ganz uneigennützig von den Franziskanern in Jerusalem betreut werden: Breydenbach nennt beiläufig abendländische Große und die Summen, die diese jährlich an die Jerusalemer Franziskaner überweisen.

Auf der Rückreise wollen Breydenbach und der junge Graf in einem großen Bogen das Katharinenkloster auf dem Sinai sowie Kairo und Alexandrien besuchen. In einer fünfzehnköpfigen Gruppe – vor allem Ritter, aber auch zwei Franziskaner, »die mancherlei Sprachen wußten« – bricht man am 24. August, mitten in der Sommerhitze mit fünfundzwanzig Kamelen auf; die neun zusätzlichen Kamele wurden wohl für die einheimischen Führer und das Gepäck gebraucht. Nach fünf Tagen findet man in Gaza keine Herberge; zuletzt werden die Reisenden in einen »unsauberen Hof« gelassen, wo sie unter bloßem Himmel die folgenden Tage und Nächte lagern, »mit großem Verdruß und mancherlei Krankheit«. »Die Heiden betrogen uns in vielerlei Weise, bis unser Geleitsmann mit ihnen wegen Bestellung der Knechte und Kamele übereingekommen war.« Den Weg durch die Wüste beschreibt Breydenbach als »über alle Maßen böse«, bringt jedoch nur wenige Einzelheiten: Nachts schlief man in Zelten; da man auf kranke Mitpilger Rücksicht nehmen mußte, kam man nur langsam voran; es war schwierig, den Kranken eine warme Speise zu bereiten, weil kein Holz aufzutreiben war. »Man findet nichts an der Erde, was wächst oder grünt, nur dürre Stauden, die rissen wir mit der Wurzel aus.«

In Kairo beeindrucken Breydenbach folgende Einzelheiten: Mit bemerkenswerter Leichtigkeit balancieren »viele ihre Küchen auf dem Kopf durch die Stadt, das ist brennendes Feuer, siedende Töpfe und Bratspieße, was wir auch mit unseren eigenen Augen sahen und was sehr verwunderlich ist.« Die Wohnungsnot zwingt mehr Menschen, als Venedig Bürger habe, auf der Straße unter offenem Himmel zu schlafen. Mit gemischten Gefühlen erinnert Breydenbach sich, daß sie auch am Sklavenmarkt vorbeigekommen und das Interesse der Händler gefunden haben; die Erklärung der mamelukischen Eskorte, die Pilger seien nicht verkäuflich, wurde von den Sklavenhändlern mit dunklen Andeutungen quittiert, man werde wohl noch miteinander zu tun bekommen. Mitglieder der Reisegesellschaft zeigen sich beeindruckt vom orientalischen Dampfbad und seiner aufwendigen, marmornen Innenausstattung. Breydenbach achtet auch auf die Fauna: Er beschreibt Nilkrokodile und erkundigt sich nach einem unbekannten Tier, das er in der Wüste gesehen hat; der Reiseführer kennt sein Metier und weiß, was seine Schutzbefohlenen gern hören; er erklärt also, es handele sich um ein Einhorn, das dann auch in den Abbildungen erscheint. Breydenbachs Bericht zeugt von einem kritisch-wachen Geist; von Fabelwesen ist hier weit seltener die Rede als in vielen neuzeitlichen Reiseberichten.

Der Bericht enthält zwar manches Vorurteil, doch mehr Gewicht dürfte der Aufgeschlossenheit für das Fremde zukommen. Breydenbach lobt die Schönheit von Städten, Dörfern, Landschaften, die sie auf ihrer Fahrt nilabwärts von Kairo nach Alexandrien sehen; der Anblick getreidelter Boote weckt bei dem Mainzer Domherren Erinnerungen an seine rheinische Heimat. Vorbehaltlos bringt er bei der Beschreibung von Kairo Superlative: Es gibt, so meint er, wohl keine größere Stadt unter der Sonne. Auch herausragenden Werken arabischer Architektur sucht er gerecht zu werden: Der Sultanspalast in Kairo sei so groß, daß die ganze Stadt Ulm (durch die Breydenbach auf der Reise nach Venedig gekommen war) oder die halbe Stadt Nürnberg hineinpasse; viele kostbare Moscheen gebe es hier mit hohen Türmen; ein Vergleich fällt zuungunsten Roms aus, wo es nach Meinung Breydenbachs nie so viele Kirchen gegeben habe wie in Kairo Moscheen. In Alexandrien steht die gute Stadtbefestigung in einem Breydenbach unerklärlichen Widerspruch zum desolaten Zustand der Stadt mit ihren zahlreichen verfallenen Gebäuden.

Auf der Fahrt nilabwärts bleiben die Reisenden von Erpressung

403

und Schikanen nicht verschont: Man gibt ihnen zu verstehen, daß sie alles verlieren werden, wenn sie sich nicht freiwillig von einem Teil ihrer Habe trennen. Eines Tages sitzt ihr Schiff fest auf dem Grund; sie haben keine gekochten Speisen bei sich, nur hartes Brot und trübes Nilwasser. Daß der Herr von Solms erkrankt und wenig später in der Michaelskirche in Alexandrien begraben werden muß, verwundert unter diesen Umständen nicht; erstaunlich ist eher, daß nur einer unterwegs stirbt. In Alexandrien kommen sie vor verschlossene Tore. Mühsam müssen sie zu Fuß um die Stadt herumgehen und an einem anderen Tor um Eingang bitten, der ihnen nach einer ängstlich durchwachten Nacht gegen hohe Gebühren auch gestattet wird. Aufmerksam stellt Breydenbach fest, daß in Alexandrien viele Herrschaften und Städte eigene Höfe haben, Venedig z. B. zwei, Genua einen.

Am 15. November bricht man von Alexandrien auf. Die Rückfahrt steht in mehrfacher Hinsicht unter einem ungünstigen Stern: Die Jahreszeit ist für Seereisen auf dem Mittelmeer ausgesprochen ungeeignet; erst nach etwa acht Wochen kommt man in Venedig an. Immerhin hatte das Schiff Breydenbachs insofern Glück, als sie wenigstens nicht von Feinden behelligt wurden; denn in dem Krieg zwischen Venedig und dem König von Neapel wäre auch ein venezianisches Handelsschiff aufgebracht worden. An Bord brach eine Seuche aus, die Breydenbach mit dem schlechten Wasser in Alexandrien erklärt. Trotz unruhiger See und widriger Winde kommt man über Modon, wo die Deutschen mit großer Freude im Hof der Deutschherren empfangen werden, nach mancherlei Leiden über Korfu und Dalmatien nach Venedig: Hier wird die Galeere am 8. Januar 1484 unter Glockenläuten und Freudenbekundungen von zahlreichen Barken eingeholt. Breydenbach weiß Gott Lob und Dank, der ihn heil hat zurückfinden lassen.

Der Bericht Breydenbachs steht an der Schwelle vom Mittelalter zur Neuzeit: Trotz aller geschilderten Beschwernisse wird deutlich, wie sehr die Reise ins Heilige Land mittlerweile Routine war. Die typisch mittelalterliche Pilgerreise geht unmerklich in die für die Neuzeit charakteristische Bildungsreise und Kavalierstour über. So andächtig Breydenbach die heiligen Stätten in Palästina aufsucht, so

404

aufmerksam widmet er sich in Alexandrien historischen Zeugnissen, die an Alexander und Pompejus erinnern; unvoreingenommen schildert er Einzelheiten aus dem Alltag einer orientalischen Stadt, anerkennend äußert er sich zu großen Leistungen der islamischen Welt. In dieser Aufgeschlossenheit für das Fremde kommt der unternehmende Geist eines gebildeten Christen zum Ausdruck, der seinen Mitmenschen nicht nur Informationen über ihnen vertraute Gegenstände geben will – daß der Erlöser geboren, am Kreuz gestorben und auferstanden war, wurde in jeder Messe mit dem Glaubensbekenntnis wiederholt –, sondern die Neugier des Lesers weckt, ihm auch Hilfen gibt, die ihm erlauben sollen, sich in eine fremde Welt einzuarbeiten. So lassen sich jedenfalls die dem Werk beigegebenen Alphabete und das Glossar verstehen. Abwertende Äußerungen über andere Kulturen und Kulte fehlen nicht; Muslime werden grundsätzlich als »Heiden« bezeichnet, Juden und nichtkatholische Christen wegen vermeintlicher Verblendung und Irrtümer getadelt. Hier zeigt sich abendländischer Überlegenheitsdünkel. Erfahrungen, wie die Reisenden sie bei ihrer Ankunft in Jaffa und später in Alexandrien machten, Schikanen, Demütigungen waren geeignet, Ressentiments und Rachegedanken gegen Andersgläubige aller Art zu schüren, mindestens jedoch den Wunsch zu wecken, vor solcher Behandlung sicher wenn schon nicht an die heiligen Stätten, so doch an die begehrten Gewürze aus dem Orient zu kommen.

HANDWERKER UND KÜNSTLER

Handwerker und Künstler – die Grenzen zwischen beiden wurden oft willkürlich von Kunsthistorikern gezogen – haben selten ins einzelne gehende Aufzeichnungen über ihre Reisen hinterlassen; im Mittelalter kannte man weder Wanderbücher noch eine amtliche Registrierung der Handwerker. Aufgrund von Werkanalysen und gelegentlichen Bemerkungen in schriftlichen Quellen hat man jedoch Karten gezeichnet, z. B. zur »Verbreitung der Kathedrale«. Aus dem Raum zwischen Amiens und Bourges, Le Mans und Reims führen Pfeile in kühnem Schwung über Flüsse, Gebirge und Meere nach York, Toledo, Nikosia, Prag, Magdeburg, Roskilde, Uppsala. Auch wenn die Entwicklung sicher nicht so geradlinig verlaufen ist, lassen solche Karten ahnen, daß reisende Menschen hinter der raschen Verbreitung des Typus der Kathedrale in Europa standen – Architekten, Steinmetzen, Glasmaler, Auftraggeber, Finanziers. In ihrem Werk nahmen Gemeinsamkeiten Gestalt an, die die abendländische Welt von den byzantinisch und islamisch geprägten Kulturräumen abheben.

Künstler und Handwerker zeichnen sich seit je durch eine (noch) größere Mobilität aus als das Gros der Bevölkerung. Freiwillig oder gezwungen haben sie im Laufe der Geschichte immer wieder in der Fremde ihre Kunst ausgeübt. Deportiert wurden »Spezialisten« wie jüdische Sänger und Sängerinnen aus Jerusalem nach Assur im 8. Jh. v. Chr. Die Grenzen zwischen ›freiwilligem‹ und ›notgedrungenem‹ Ortswechsel sind oft fließend: Wenn einem Bauherren das Geld ausging, waren Handwerker gezwungen, auch auf weit entfernten Baustellen Arbeit zu suchen. Zum Gefolge von Prinzessinnen, die an ferne Fürstenhöfe verheiratet wurden, gehörten nicht nur Geistliche und Ritter, sondern auch Handwerker und Architekten. Auf Bernward von Hildesheim, der bei längeren Reisen aufgeweckte Handwerker in seinem Gefolge hatte, wurde schon verwiesen. Von Reisen, Wallfahrten und Kreuzzügen brachten wohlhabende Reisende Manuskripte, Kunstwerke und Ideen mit, die einheimischen Künstlern Anregungen boten; erwähnt seien in diesem Zusammenhang die vielen Nachbildungen, die die Jerusalemer Heilig Grab-Kirche in Europa gefunden hat.

Wer sich mit dem Gedanken trug, eine Dom- oder Klosterkirche neu zu bauen, hielt Ausschau nach geeigneten Facharbeitern: Oft waren die Kräfte am Ort allzusehr der Tradition verhaftet, dem Neuen nicht aufgeschlossen oder unfähig, kühne Vorstellungen des Auftraggebers zu planen und in die Wirklichkeit umzusetzen. So ließen im 7. Jahrhundert angelsächsische Könige Maurer und Architekten, die sich auf den Steinbau verstanden, von Gallien nach England kommen. Im 11. Jh. arbeiteten griechische Werkleute in Paderborn, an dem ersten Kloster in Prémontré deutsche und französische Maurer, am Dom in Speyer lombardische, an dem in Uppsala französische Steinmetzen. In Xanten lassen sich zeitweise Werkleute aus Douai, Utrecht, Antwerpen, Brüssel, Münster, Köln, Mainz, Trier und Nürnberg nachweisen. Von der Beweglichkeit ganzer Bauhüttenverbände legen gemeinsame Merkmale an den Kathedralen von Laon und Chartres, Amiens und Reims, Chartres und Straßburg Zeugnis ab. Die Türme von Laon dienten als Vorbilder beim Bau der Dome in Bamberg und Naumburg.

Selten notierten Künstler, was ihnen unterwegs Bemerkenswertes auffiel. Eines der wenigen erhaltenen Musterbücher stammt von dem pikardischen Baumeister Villard de Honnecourt, der um 1230 die berühmtesten Kathedralen seiner Zeit studierte und wichtige Details in einem für seine Bauhütte bestimmten Buch festhielt. Was in späterer Zeit von einzelnen Handwerkern gesagt wurde – Neugier und Fernweh seien die Hauptgründe zur Wanderschaft gewesen –, dürfte auch für Villard gegolten haben; nachweislich ist er bis nach Ungarn gekommen. Er reiste freiwillig, um sich weiterzubilden; erst zu Beginn der Neuzeit wurde Handwerkern eine mindestens einjährige Wanderzeit zur Pflicht gemacht. Sie diente dem Sammeln und dem Austausch von Erfahrungen, der wirksamen und großräumigen Verbreitung von Techniken und Beschlüssen (z. B. zur Warnung anderer Gesellen vor unredlichen Meistern).

Was die Beweglichkeit der Menschen seit der Jahrtausendwende begünstigte, kam auch Handwerkern und Künstlern zugute: Zunehmender Wohlstand, so daß nicht nur Kirchen Kunstwerke in Auftrag geben und erwerben konnten; Austausch materieller Güter dank Handel und Messen; Austausch von Ideen, Büchern, Handschriften dank des Zustroms von Schülern zu anerkannten Hochschulen; Aufgeschlossenheit weltlicher und geistlicher Herrscher für fremde Kulturen; die »Internationale« der kirchlichen Orden; politische Verwicklungen, militärische Unternehmungen und dynastische Verflechtungen. Beispiele mögen die Aussage veranschaulichen: Die Kathedralschule von Chartres entwickelte sich zu einer »internationalen« Gelehrtenrepublik; der fast gleichzeitige Bau gotischer Kathedralen in Magdeburg, Toledo und Roskilde erklärt sich damit, daß die Erzbischöfe dieser Orte während ihrer Studien in Paris die neue gotische Kunst kennengelernt hatten. In den Kreuzzügen sahen sich die Westeuropäer plötzlich Meisterwerken byzantinischer und islamischer Kunst gegenüber; Ludwig der Heilige ließ sich von seinem Architekten ins Heilige Land begleiten. Spitzbogen, Kreuzrippen und Bündelpfeiler haben in der christlichen Architektur Armeniens und in den Bauten des Islam existiert, lange bevor die gotische Baukunst sie übernahm. Friedrich II. versammelte an seinem Hof Künstler und Gelehrte aus dem christlichen, jüdischen und islamischen Kulturbereich. Dank der Einfügung Süditaliens und Siziliens in das Stauferreich und der Eroberung von Byzanz (1204) konnten byzantinische Architektur und Künste intensiver auf die mittel- und nordeuropäischen Künstler einwirken als früher; auf den Generalkapiteln der Zisterzienser wurden auch Fragen der Architektur und bildenden Künste erörtert und für den Orden entschieden. Zisterziensische Werkleute waren bei weltlichen und kirchlichen Herrschern so geschätzt, daß Kaiser und Äbte sich wiederholt Spezialisten für besondere Aufgaben ausliehen. Im Gefolge von Geldverleihern und Kaufleuten kamen Künstler von England nach Köln, von Florenz nach Brügge.

Ein Handwerker auf Wanderschaft

Gegen Ende des Mittelalters äußern sich gelegentlich auch Handwerker und Künstler über ihr eigenes Leben. Hier sollen die »Memoiren« eines ehemaligen Schneiders und die Tagebuchaufzeichnungen eines gelernten Goldschmiedes und Malers vorgestellt werden. Da die stellenweise triumphale Aufnahme Dürers in den Niederlanden den Eindruck erwecken könnte, als hätten Handwerker unterwegs ein angenehmes Leben geführt, sei der bittere Rückblick Butzbachs auf die Zeit seiner Lehre und seiner Tätigkeit als Klosterschneider vorangestellt.

Der 1478 in Miltenberg geborene Johannes Butzbach wurde einem »tüchtigen Meister« anvertraut. Für die zweijährige Lehrzeit hatte sein Vater im voraus sechs Goldgulden und zwanzig Ellen Tuch gegeben. Die Erinnerungen Butzbachs machen verständlich, daß mancher Handwerker sich lieber den Gefahren der Straße als den Schikanen und Demütigungen eines Meisters aussetzte. Rückblickend erinnert Butzbach sich an »unmenschliche Nachtwachen, wodurch ein junger Mensch körperlich völlig heruntergebracht wird«; morgens von drei oder vier bis abends neun oder zehn, bisweilen auch elf oder zwölf Uhr mußte er hart arbeiten; er wurde geplagt mit Wassertragen, Hauskehren, Feuerstochen, mit Hin- und Herlaufen und Aufträgen in und außerhalb der Stadt, an Festtagen mit Schuldeneintreiben. Von Meister, Meisterin und Dienstboten mußte er »herbe Worte und mitunter noch härtere Schläge« einstecken, dazu Kälte und Hitze, »schwarzen Hunger« und Durst bis zum äußersten ertragen. Besonders verhaßt waren ihm das »Sammeln oder richtiger das Stehlen des Wachses von den Leuchtern in der Kirche zum Gebrauch im Geschäft« und der Betrug am Kunden, zu dem er immer wieder gezwungen wurde: Auf dem Schneidertisch gab es ein »Auge« genanntes Loch und darunter einen großen Korb; in dieses Auge wurden kleine und größte Stoffreste geworfen. Reklamierte ein Kunde, so wurde ihm kühl eröffnet, »es wäre kaum so viel übriggeblieben, als womit man ein Auge vollmachen oder bedecken könne«; damit war der Korb unter dem »Auge« gemeint, nicht das Auge des Schneiders.

Es ist verständlich, daß ein solches Leben die Wanderlust des Gesellen beflügelte. Butzbach begab sich nach Mainz, wo er eine ihm zusagende Stelle als Klosterschneider fand. Auch hier war er für wesentlich mehr als nur die Klosterschneiderei zuständig: Um fünf Uhr morgens mußte er Wasser in die Sakristei tragen, oft in der Messe ministrieren; wurden Gäste weltlichen Standes im Kloster bewirtet, so hatte Butzbach bei Tisch zu bedienen. Mittwochs ging er mit dem für die Wirtschaftsführung zuständigen Kellner nach Bingen, um dort jedesmal für zwei Gulden Eier zu kaufen und andere notwendige Besorgungen zu erledigen. Öfter ritt er mit, wenn der Abt Klöster visitierte oder wenn Brüder nach Frankfurt, Mainz, Kreuznach und anderen Orten zu reisen hatten. »Mitunter auch reiste ich allein, um Geschäfte abzumachen. Auch mußte ich mit Konventualbrüdern in die Weinlese und in die Heuernte gehen oder auch dieselben begleiten, wenn sie auswärts predigen gingen.« An Werktagen mußte er morgens um vier Uhr in der Kirche sein bis zum Beginn der Fünf-Uhr-Messe. Wer hier fehlte oder wer nicht zur Beichte ging, bekam an diesem Tage seine Portion Wein entzogen, »welche für mittags und abends zusammen bloß zwei Becher voll ausmachte«. Zudem erhielten die Laienbrüder normalerweise den geringeren, zuletzt über die Trester gegossenen Kelterwein aus einem besonderen, »Konventsstümpfchen« genannten Faß. Nur an Festtagen waren sie in Kost und Trunk dem Konvent gleichgestellt.

Trotz dieser nicht gerade geruhsamen Lebensweise ist Butzbach bei den Benediktinern eingetreten und nach Studien in den Niederlanden ein bedeutender Humanist geworden.

Das Reisetagebuch Albrecht Dürers

In der Familie Dürer war vieles Reisen selbstverständlich. Albrechts Vorfahren waren einst nach Ungarn ausgezogen, sein Vater von dort nach Nürnberg zugewandert. Albrecht war auf der Wanderschaft 1490–94 nach Basel, Colmar und Straßburg, 1494/95 sowie 1505/07 nach Venedig gekommen. Von hier aus hatte Dürer Bologna und Ferrara kennengelernt. 1518 reist er nach Augsburg, 1519 in die

Schweiz. Bis dahin war er mit europäischen Zelebritäten bekanntgeworden, angefangen mit Kaiser Maximilian, für den er 1512–15 arbeitete, über Jakob Fugger, den er porträtierte und dessen Faktor in Antwerpen ihn gleich nach seiner Ankunft zum Essen einladen wird, bis zu Zwingli, dem späteren Reformator Zürichs. Auf seinen Reisen wird Dürer sich Fremdsprachen angeeignet haben; nach Ausweis des Tagebuches machte ihm in den Niederlanden die Verständigung mit Italienern, Franzosen, Portugiesen, Niederländern keine Schwierigkeiten.

Am Donnerstag nach Kiliani »hab ich, Albrecht Dürer, uf mein Verkosten und Ausgeben mich mit meinem Weib von Nürnberg hinweg in das Niederland gemacht«. Dürer versucht gar nicht, den Stolz des Künstlers, der längst internationale Anerkennung gefunden hat, hinter Demutsfloskeln zu verbergen. Sein Selbstbewußtsein spiegelt sich in der Eröffnung mit »ich, Albrecht Dürer«, in der Betonung »uf mein Verkosten und Ausgeben«, und in der Tatsache, daß er überhaupt ein Reisetagebuch führt und die Aufzeichnungen für aufhebenswert hält.

Aber wozu überhaupt die Reise? Dürer wollte sich von dem neuen König Karl V. eine Rente bestätigen lassen, die Kaiser Maximilian ihm auf Lebenszeit ausgesetzt hatte und die ihm jeweils von seiner Heimatstadt Nürnberg ausbezahlt wurde. Mindestens ebenso wichtig dürfte für ihn gewesen sein, das Ansehen auszukosten, das er als nun beinahe Fünfzigjähriger in Europa genoß.

In seinem Tagebuch – in einer modernen Ausgabe gut vierzig engbedruckte Seiten – hält Dürer fest: Reiseverlauf; Ausgaben und Einnahmen; Bemerkenswertes unterwegs.

REISEVERLAUF

Dürer bricht im Hochsommer, am 12. Juli 1520 von Nürnberg auf. Über Bamberg reist er zunächst bis nach Frankfurt (20. Juli), weiter mit dem Schiff nach Köln (25. Juli), von dort über Land nach Antwerpen (2. 8.). Von hier aus unternimmt er Reisen durch die Niederlande, die seinerzeit das heutige Belgien, die heutigen Niederlande und nördliche Teile Frankreichs umfaßten. Am 3. Juli 1521 tritt er von Antwerpen die Heimreise an; das Tagebuch endet mit der Ankunft in Köln am 15. Juli.

Dürer reist zusammen mit seiner Frau Agnes und deren Magd Susanna. Er führt zahlreiche eigene Werke mit, aus deren Erlös er unterwegs seinen Lebensunterhalt bestreiten oder die er Gönnern und Gastgebern verehren will; den Wert eines verschenkten Bildes oder Druckes in Gulden hält er jeweils in seinem Tagebuch fest. Von Nürnberg aus wird er schon Briefe an Freunde und Bekannte geschrieben haben, die er unterwegs aufsuchen wollte; wahrscheinlich war auch das Quartier bei Jobst Planckfeldt in Antwerpen von langer Hand bestellt.

Am zweiten Tag muß Dürer bei Forchheim 22 Pfennig für Geleit bezahlen. Möglicherweise hat ihn diese Ausgabe in der Absicht bestärkt, eine hochgestellte Person um ein Zollbefreiungs- und Empfehlungsschreiben zu bitten. Jedenfalls sucht er den Bischof von Bamberg auf und macht ihm mehrere Werke zum Geschenk. Solche »Verehrungen« waren nicht selbstlos: »Der lud mich zu Gast, gab mir ein Zoll- und drei Fürderbrief und löset mich aus der Herberg, do ich bei einen Gulden verzehret hab.« Auch später in Antwerpen räumt Dürer offenherzig ein, daß er sich wichtige Leute geneigt machen will; einmal notiert er: »Ich hab konterfet Herren Nicolaum, ein Astronomus, der wohnet bei dem König von Engeland, der mir zu viel Dingen fast [sehr] förderlich und nützlich ist gewesen.«

Bis weit über den Bereich des Bistums Bamberg hinaus erweist sich das bischöfliche Schreiben, das ihn einen Gulden Kanzleigebühr gekostet hat, als äußerst wertvoll. Immer wieder notiert Dürer: »wies mein Zollbrief, do ließ man mich zollfrei fahren« – zwischen Bamberg und Frankfurt sechsundzwanzig-, zwischen Frankfurt und Köln weitere zehnmal. Dem von Kaiser Friedrich Barbarossa herbeigeführten Fürstenspruch gegen willkürliche Mainzölle war also, wenn überhaupt, kein langfristiger Erfolg beschieden gewesen.

Auf der Rheinstrecke kommt Dürer mit dem bambergischen Dokument nicht mehr so glatt durch wie früher: In Ehrenfels muß er zahlen; sollte er innerhalb von zwei Monaten eine entsprechende Bestätigung vorlegen können, »so wolt mir der Zöllner die 2 Gulden an Gold wiedergeben«. Dürer war weit länger als zwei Monate unter-

412

wegs; vielleicht hat er einen anderen mit der Rückforderung der Summe (immerhin mehr als fünf Gramm Gold) betraut. Der Zöllner in St. Goar erkundigt sich, wie man es bislang mit dem »Zollbrief« gehalten habe; Dürer nutzt diese Unsicherheit zu seinen Gunsten: »Do saget ich, würd ihm kein Geld geben.« Auch in Boppard beim trierischen Zoll läßt man ihn fahren. »Allein ich mußt anzeigen mit ein Schriftle unter meinem Signet, daß nit gemeine Kaufmannsware führet, und er ließ mich willig fahren.« In Lahnstein kommt Dürer nicht nur ungeschoren, sondern gar mit einer Kanne Wein beschenkt davon: Der Zöllner freut sich, Dürer kennenzulernen und bittet ihn um eine Empfehlung bei dem Erzbischof und Kurfürsten von Mainz. Frau Dürer war dem Zöllner schon bekannt, vielleicht von Reisen zu Messen her, auf denen sie Werke ihres Mannes verkaufte.

Offensichtlich gab es auf dem unteren Main zu Anfang des 16. Jahrhunderts einen regelrechten Linienverkehr, denn von Frankfurt nach Mainz fuhr Dürer an einem Sonntag »im Früheschiff«. Das Itinerar Dürers zeigt einmal mehr, daß man mit dem Schiff im allgemeinen schneller, meist wohl auch bequemer reiste als zu Lande; nur bei Sturm mußte man vorsichtig sein. Auf einer seiner Reisen von Antwerpen aus fährt Dürer im November 1520 von Köln aus rheinabwärts. In Emmerich hat er notgedrungen »stillgelegen« wegen eines »großen Sturmwindes«. Dürer nutzt die Zeit zu einem »köstlichen Mahl« und zu zwei Porträtstudien. Im weiteren Verlauf dieser Reise gerät er ein zweites Mal, diesmal auf der Maas, in einen solchen Sturm, »daß wir Bauerpferd dingten und reiten ahn [ohne] Sattel« bis nach Herzogenbusch.

Auf einer Ausflugsfahrt nach Seeland lernt Dürer Gefahren des Meeres kennen: Als er in Arnemuiden aus dem Schiff steigen will, reißt plötzlich das Seil, und ein starker Wind treibt das Boot weit aufs Meer hinaus. An Bord sind nur zwei alte Frauen, der »Schiffmann« mit einem kleinen Buben sowie Dürer und sein Begleiter. »Do schrien wir alle um Hülf, aber niemand wollt sich wagen.« Der Schiffmann weiß sich nur noch die Haare zu raufen. Folgt man dem Tagebuch, so hat Dürer, die ›Landratte‹, in Angst und Not seinen klaren Kopf bewahrt, obwohl die an Land Gestiegenen das Schiff schon aufgegeben hatten: »Do sprach ich zum Schiffmann, er sollt ein Herz fahen [fassen] und Hoffnung zu Gott haben und nachdächt, was zu tan [tun] wäre.« Dank eines kleinen Segels, das mit seiner Hilfe gesetzt wird, und der Hilfe, die man ihnen vom Land aus gibt, wird die Gefahr gemeistert.

Das Reisen zu Lande war langsamer, teurer und mit mehr Ärger verbunden als eine Schiffsreise: Für die Strecke Bamberg-Frankfurt (die zum Teil wohl auch zu Wasser zurückgelegt wurde) erhält der Fuhrmann sechs Gulden in Gold; dazu kommen für die Reisegesellschaft die Auslagen für Nahrung und Herberge, die angesichts der relativ kurzen Tagesetappen stärker zu Buche schlagen. Bei der Rückreise ist später davon die Rede, daß Dürer dem Fuhrmann und dessen Buben für die Strecke Antwerpen–Köln Lohn (13 »schlechte Gulden«, mindestens 6 Goldgulden) und Beköstigung schuldete. In Brüssel verliert er zwei Tage, weil er keinen Fuhrmann findet. Ein andermal notiert er: »der vorgedingt Fuhrmann hat mich nit geführt; bin mit ihm uneins worden«. Auf dem letzten Abschnitt der Reise, von dem das Tagebuch berichtet, beklagt Dürer erheblichen Zeitverlust, da der Fuhrmann »ward irre auf dem Weg«.

Verglichen damit kam Dürer auf seinen weiten Schiffsfahrten billiger und offensichtlich ohne Ärger davon. Für die Strecken Frankfurt-Mainz und Mainz-Köln zahlt er 1 Gulden 2 Weißpfennig bzw. 3 Gulden; dazu kamen Trinkgelder für das Ein- und Ausladen u. ä. an den »Buben« (wohl des Schiffers) und den Schiffsknecht.

Wie gelegentlich des unfreiwilligen Aufenthaltes bei Emmerich äußert sich Dürer oft nur ungenau zu Zeit und Inhalt der Mahlzeiten. Es sieht so aus, als sei unterwegs und in Antwerpen eine Hauptmahlzeit üblich gewesen, morgens oder abends. Verstreute Bemerkungen zeigen, daß Dürer – nach modernen Vorstellungen – recht gesund gegessen hat: Brot, Geflügel, Eier, häufig Obst; Fleisch, Eier und Birnen nahm man auch in Mainz an Bord, wo es wohl eine Kochgelegenheit gab. Als Getränk erscheint in den Aufzeichnungen im allgemeinen Wein, gelegentlich Bier. Während seines Aufenthaltes in der Welthandelsstadt Antwerpen zeigt sich Dürer angetan von kulinarischen Raritäten – Zuckerhut, überzogener Zucker, Marzipan – und Wein aus Frankreich und Portugal. Oft ist pauschal von »köstlich Mahl« die Rede, meist mit der Angabe, wieviel es ihn gekostet hat oder wessen Gast er gewesen ist. Während Dürer sich gütlich tut, ißt seine Frau nach Ausweis des Tagebuches oft »in der Herberg«. Mit entwaffnender Offenheit führt er genaue Strichlisten über die Mahlzeiten, die er bei seinem Wirt (das Essen zu 2 Stüber, Getränke extra; die beiden Frauen mochten »heroben kochen und essen«) oder in Gesellschaft anderer Personen in Antwerpen zu sich nahm: »So oft hab ich mit dem Tomasin [reicher Seidenhändler aus Genua] gessen: iiiii iiiii ii... Diese Mal hab ich mit mir selb gessen iiiii iiii«. In größeren Abständen rechnete Dürer mit dem Wirt ab, der auch Werke seines Gastes in Zahlung nahm.

Von der Unterkunft spricht er selten und nur pauschal. Zwar heißt es gelegentlich »hübsche Herberg«, doch bleibt offen, auf welche konkreten Annehmlichkeiten sich das Lob bezieht: Qualität des Essens, Komfort der Betten, Einrichtung der Zimmer, Sauberkeit von Bettzeug oder sanitären Einrichtungen (sofern vorhanden)? Nur einmal hält Dürer Ärger in der Herberge fest: Auf einer der Rundreisen wird er um einen Teil seiner Nachtruhe gebracht: »Und die Gesellen wurden mit dem Wirt uneins«, so daß man zur Nachtzeit wieder aufbricht und sich unterwegs am nächsten Morgen stärkt.

AUSGABEN

Die Ausgaben für Essen und Trinken, Unterkunft und Verkehr bilden die größten »Blöcke« in Dürers Reisebudget. Daß es dabei nicht bleiben konnte, mögen seine Aufzeichnungen zum Oktober 1520 verdeutlichen, als Dürer nach Aachen zur Krönung Karls V. reiste. »Ich hab kauft ein Traktat Luthers um 5 Weißpfennig. Mehr ein Weißpfennig für die Kondemnation Lutheri, des frommen Manns. Mehr 1 Weißpfennig für ein Paternoster. Mehr 2 Weißpfennig für ein Gürtel. Mehr ein Weißpfennig für 1 Pfund Licht. Ich hab 1 Gulden gewechselt zur Zehrung. Ich hab dem Herrn Leonhart Groland mein groß Ochsenhorn geben müssen. So hab ich Herr Hans Ebner mein zederbaumen großen Paternoster geben müssen. 6 Weißpfennig vor ein Paar Schuh geben. Ich hab 2 Weißpfennig für ein Totenköpflein geben. Ich hab 1 Weißpfennig für Bier und Brot geben«.

Einige Erläuterungen: Ein rheinischer Weißpfennig (Albus) enthielt 1520 etwa 0,5 g Silber. Der Nominaltagelohn eines Meisters im Baugewerbe belief sich in Köln zu dieser Zeit auf fünf Albus, den Gegenwert von etwa 20 Kilogramm Roggen, des wichtigsten Brotgetreides. – 1520 veröffentlichte Luther seine drei großen programmatischen Schriften ›An den christlichen Adel deutscher Nation‹, ›Von der babylonischen Gefangenschaft der Kirche‹, ›Von der Freiheit eines Christenmenschen‹. In seinem Tagebuch bekundet Dürer lebhafte Sympathien für den Reformator, zu dem er sich schon Anfang 1520 bekannt hatte; gelegentlich gehen seine dürren Einträge in ein leidenschaftliches Gebet für Luther und für die Einheit der Christen über. Das Nebeneinander von »neuer« und »alter« Zeit wird deutlich in der Anteilnahme am Schicksal des Wittenberger Mönches und dem gleichzeitigen Kauf eines Rosenkranzes. Den Gürtel brauchte Dürer später als Geschenk. Das Ochsenhorn und den »zederbaumen« Rosenkranz hatte er vorher gekauft; es ist also verständlich, daß er ihn unter »Ausgaben« erwähnt. Die Herren Ebner und Groland, denen er Ochsenhorn bzw. Zederbaum-Rosenkranz hatte »geben müssen«, waren Nürnberger Ratsherren aus der Abordnung, die die Reichsinsignien für die Krönung Karls V. von Nürnberg nach Aachen gebrachte hatte; wiederholt war Dürer ihr Gast gewesen, wie er ausdrücklich festhält: »Ich hab Herberg, Essen und Trinken zu Prüssel [Brüssel] bei mein Herren von Nürnberg gehabt, und haben nichts dafür von mir nehmen wollen. Desgleichen hab ich auch zu Ach [Aachen] 2 Wochen mit ihn gessen, und haben mich geführt gen Cölln und haben auch nichts dafür wollen nehmen«. Zur Zeit der Krönung mußte man in Aachen sicher mit höheren Preisen als normalerweise rechnen. – Wer Licht zum Lesen oder Arbeiten brauchte, mußte selber dafür sorgen; Bienenwachs war nicht billig, aber zur Anfertigung von Lichtern beliebt, weil es fast geruchlos verbrennt. Nach Ausweis seines Tagebuches schafft Dürer unterwegs nur selten Kleidungsstücke an; Handschuhe, einmal erwähnt, dürften eher Statussymbol für das Krönungsfest gewesen sein als Kälteschutz. Wiederholt mußte Dürer neue Schuhe kaufen; ein Paar Stiefel kostete mit einem Gulden etwa soviel wie vier Paar Schuhe. Kostbare Stoffe kaufte Dürer, oder er bekam sie geschenkt; er ließ sich u. a. zwei Mäntel und

416

einen wertvollen Rock anfertigen, der von Schneider und Kürschner aus Kamelhaargewebe mit teurer Pelzverbrämung gearbeitet wurde. Bei dem Totenköpflein könnte es sich um eine Elfenbeinarbeit gehandelt haben. Dürer hat manches unterwegs gekauft, was man heute zu Kuriositäten rechnen würde und was er entweder bei passender Gelegenheit wieder verschenken wollte (oder mußte) oder was er als ›Souvenir‹ mit heimzubringen gedachte: Einen Magnetstein und einen elfenbeinernen Kamm; für zwei »kalekuttisch helfenbeine Salzfaß« legte er immerhin jeweils einen Gulden an. Wie beiläufig erwähnt er hier Gegenstände aus Indien (und an anderer Stelle aus Amerika); zur Zeit seiner Reise in die Niederlande lagen die Fahrten des Kolumbus und des Vasco da Gama noch keine dreißig Jahre zurück.

Nicht unerhebliche Ausgaben entstanden Dürer aus seinem Bedarf an Zeichen- und Malmaterial (Pinsel, Farben, Kohlestifte, Holz): Dürer »konterfeite« viele Menschen, denen er begegnete, um sich ihnen gegenüber erkenntlich zu zeigen oder um mit Bildern Schulden zu begleichen; so schreibt er etwa, daß er den Leiter der königlich-portugiesischen Handelsniederlassung in Antwerpen, mit dem er wiederholt speiste, »mit dem Kohln konterfeit« habe. Dazu kamen Skizzen – von Köpfen ebenso wie vom Antwerpener Hafen –, die er in sein »Büchlein« eintrug. Für seine weitreichende Korrespondenz mußte er Papier, Pergament, Tinte kaufen und Briefboten entlohnen.

Unter den »Dienstleistungen« sind an erster Stelle die Aufwendungen für Verkehr und den Transport seiner umfangreichen Habe zu nennen. In Antwerpen erkrankte Dürer an chronischer Malaria; in einem Atemzug notiert er im Frühsommer 1521 Ausgaben für die Wiederherstellung seiner Gesundheit und Aufwendungen für das Seelenheil seiner Frau: »Mehr hab ich dem Doktor geben 6 Stüber. Ich hab aber der Apothekerin geben 10 Stüber, zu Klistieren. Mehr 4 Stüber in die Apotheken. Dem Münch, der mein Frauen Beicht hat, dem hab ich 8 Stüber geben. Ich hab 8 Gulden um ein ganz Stück Haraß geben. Aber hab ich geben um 14 Elln fein Haraß 8 Gulden.« Auch diese Posten seien kurz erläutert: Zur Zeit Dürers waren manche Ärzte hervorragende Diagnostiker; aber ihnen fehlten die Mittel für eine angemessene Therapie: Oft mußte man sich begnügen mit Klistier (Einlauf) und Aderlaß (dieser war nach neueren Erkenntnissen der Gesundheit nützlicher, als man lange angenommen hat). Bei »mein Frauen Beicht« handelt es sich wohl kaum um die obligatorische Osterbeichte, für die noch im 20. Jahrhundert schriftliche Bescheinigungen ausgestellt wurden und für die Dürer selber 10 Stüber notiert. Mit »Stück Haraß« ist Stoff aus Arras im heutigen Nordfrankreich gemeint, einer der Metropolen der spätmittelalterlichen Textilproduktion in Europa. 24 Stüber gingen auf einen rheinischen Gulden.

Dürer konnte es sich nicht leisten, Boten hochgestellter Persönlichkeiten mit einem kleinen Trinkgeld abzuspeisen. Als weitgereister Mann wußte er um die Bedeutung, die Untergebene für Stimmung, Laune und Entscheidungen ihrer Herrschaft haben können. Trinkgelder waren fällig, wenn er Kunstwerke und historische Stätten besichtigen oder auf einen Turm steigen wollte, um die Aussicht auf eine Stadt genießen zu können; der Stadtknecht bekommt jeweils zwei Weißpfennig dafür, daß er Dürer den Krönungssaal im Aachener Rathaus und den Altar des Stephan Lochner in Köln zeigt.

Für »Waschen« wird nur einmal eine Ausgabe notiert; Körper- und Bettwäsche wurden wohl von der Dienerin Susanna bzw. den Wirtsleuten gereinigt. Wiederholt tauchen Ausgaben für den Bader auf (zum Rasieren, vielleicht auch für einen Aderlaß) und für das Baden, vor allem in Aachen, wo Dürer die schon von Karl dem Großen geschätzten warmen Quellen aufgesucht haben wird. Schließlich werden gewissenhaft auch Summen und Orte registriert, wo Dürer beim Spiel verloren (jeweils drei, vier Stüber) oder »mit Spiel gewunnen« hat (einmal zwei Gulden).

EINDRÜCKE UNTERWEGS

In Brüssel besichtigt Dürer aus Mexiko stammenden goldenen und silbernen Schmuck, Waffen, Kleidung u. ä.; er hält mit seiner Bewunderung nicht zurück: »Und ich hab aber all mein Lebtag nichts gesehen, das mein Herz also erfreuet hat als diese Ding. Dann ich hab darin gesehen wunderliche künstliche Ding und hab mich verwundert der subtilen Ingenia der Menschen in fremden Landen. Und der

Ding weiß ich nit auszusprechen, die ich do gehabt hab.« Der Überschwang, mit dem er Werke außereuropäischer Künstler anerkennt, ist ungewöhnlich. Charakteristisch für Dürer ist die Offenheit, mit der er die »subtilen Ingenia«, den überaus feinen Geist von Menschen fremder Länder, würdigt.

Nicht nur hier bedient sich Dürer des Unsagbarkeitstopos; er muß einräumen, daß er seine Eindrücke nicht angemessen in Worte zu kleiden vermag. Er preist Werke der Architektur, Stadtensembles (Brügge, Gent, Mecheln, Brüssel), Feste (Prozessionen in Antwerpen, Krönung Karls V.); er hat einen Blick für die Beginen (»Witwen, die sich mit ihrer Hand nähren und ein besonder Regel halten«), das Innere der Abtei Middelburg (»überköstlich schön Gestühl«), aber auch für eine Dorfstraße (Ecloo, »ein mächtig groß Dorf, ist [ge]pflastert«) und ein großes Bett in Brüssel (»do 50 Menschen mügen innen liegen«). Immer wieder fließen ihm Superlative in die Feder; er muß offen zugeben, daß er ein Haus wie das des Bürgermeisters von Antwerpen »in allen teutschen Landen nie gesehen« hat. Dürer ist um eine Erklärung für Wohlstand und kulturelle Blüte, die er in den Niederlanden beobachtet, nicht verlegen. Was er mit dem Blick auf Antwerpen nüchtern feststellt, gilt für den ganzen Raum, den er in Gesprächen mit Kaufleuten, Künstlern, Politikern, vor allem aber durch Augenschein auf seinen Reisen durch Flandern und Brabant, Hennegau und Artois kennengelernt hat: »denn do ist Gelds genug«.

Wiederholt zeigt sich, daß Dürer an der Grenze zwischen zwei Epochen steht. Die Reise gehört – nach Durchführung, Beobachtungen unterwegs, ausführlicher Beschreibung mit Dürer im Mittelpunkt - schon zu den vom 16. bis zum 18. Jahrhundert beliebten Bildungs- und Kavaliersreisen. Aber Dürer steht auch noch in der mittelalterlichen Welt, etwa bei seiner Sorge für das Seelenheil: er betet (wahrscheinlich) den Rosenkranz, geht zur Beichte, sucht unterwegs Pilgerstätten auf: Wie die Wallfahrer jahrhundertelang vor ihm, läßt auch er sich Heiltümer zeigen: »Ich hab Kaiser Heinrichs Arm, Unser Frauen Hemd, Gürtel und ander Ding von Heiltum gesehen« in Aachen; in Düren »in der Kirchen gewest, do Sant Anna Haupt ist«; in Köln »zu S. Ursula in ihr Kirchen gewest und bei ihrem Grab, und hab der heilig Jungfrauen und der andern groß Heiligtum gesehen«.

419

Von Beginn seiner Reise an macht Dürer die Erfahrung, daß er willkommen ist; man drängt sich, ihn kennenzulernen und zu bewirten. Ein Freund lädt ihn in Mainz in ein Gasthaus ein; der Wirt erlaubt dem anderen nicht, die Zeche zu bezahlen; »wollt selbst mein Wirt sein«. Leitmotivisch zieht sich ein Satz durch die Aufzeichnungen: »Und sie beweiseten mir viel Ehr.« »Sie«, das sind der Bischof von Bamberg und die Franziskaner in Köln, Künstler und Monarchen. Es ist nicht verwunderlich, daß der gelernte Goldschmied oft bei Goldschmieden zu Gast ist. Wenige Tage nach seiner Ankunft in Antwerpen sieht sich das Ehepaar Dürer (und die Dienerin!) von der Malerzunft im Gildenhaus am Großen Markt eingeladen. Dürer ist empfänglich für die Hochachtung, die man ihm an diesem Abend erweist: Mit fürstlichen Ehren führt man ihn zu Tisch: »do stund das Volk auf beeden Seiten, als führet man ein großen Herren. Es waren auch unter ihnen gar trefflich Personen von Namen, die sich all mit tiefen Neigen auf das allerdemütigste gegen mir erzeigten.« An der Tafel fallen ihm auf »alle Ding mit Silbergeschirr und andern köstlichen Gezier und überköstlich Essen«. Spät in der Nacht geleitet man Dürer feierlich »mit Windlichtern« heim; beim Abschied versichern die Gastgeber ihn ihres guten Willens; Dürer solle machen »was ich wollt, darzu wollen sie mir all behülflich sein«.

Um Dürer zu feiern, unterstreicht man Gesten, wie sie den Großen dieser Welt geziemen, mit Geschenken: Der Rat der Stadt Antwerpen und viele hochgestellte Einzelpersonen verehren ihm Weinpräsente, ferner Schmuck (Korallen), Zuckerwerk, Bücher, eine elfenbeinerne Pfeife, einen Papagei; seiner Frau schenkt man kostbare Stoffe (Brabanter Samt, besten schwarzen Atlas), Goldgulden, Rosenwasser, einen kleinen grünen Papagei. Auch diese Gaben – Tuch aus Kalikutt in Indien, der Papagei aus Malakka – weisen auf die explosive Reiselust der Menschen hin, nun auch in außereuropäische Räume.

Dürer verkehrt unterwegs in höchsten gesellschaftlichen Kreisen. Christian II., König von Dänemark, legt Wert darauf, daß Dürer ihn »konterfeiet ... mit dem Kohln« und daß er zusammen mit ihm speist. Auf seiner Rückreise ist Dürer Gast des Banketts, das Christian II. zu Ehren Karls V. gibt, und zu dem auch die Regentin der Niederlande sowie die Witwe des Königs von Aragon geladen sind.

Solche Einladungen spiegeln das Ansehen, dessen Dürer sich in Europa erfreut; er kostet den Ruhm aus, den er sich in Jahrzehnten harten Mühens erarbeitet hat. Eines seiner Ziele, wenn nicht das Hauptziel der Reise, hat er erreicht: Karl V. bestätigt ihm die von Maximilian ausgesetzte Leibrente. Mit den unübersehbaren Ehrungen und Anerkennungen kontrastiert eine Gesamtwertung, die Dürer gegen Ende seiner Reise dem Tagebuch anvertraut: »Ich hab in allen meinen Machen, Zehrungen, Verkäufen und andrer Handlung Nachteil gehabt im Niederland, in all mein Sachen, gegen großen und niedern Ständen.« Gemessen an dem, was Dürer insgesamt in sein Tagebuch einträgt, ist das Gesamturteil nicht gerechtfertigt. Möglicherweise erklärt es sich mit einem plötzlichen Aufflackern der Malaria oder harmlosem Mißgeschick, wie es ihm und seiner Frau genausogut in Nürnberg hätte widerfahren können: Ein Dieb hat seiner Frau den Geldbeutel abgeschnitten, er selber hat unterwegs einen Gulden verloren.

Die Reise Dürers in die Niederlande bezeugt die große Mobilität der Bevölkerung Europas zu Beginn der Neuzeit, sie ist auch Abbild der Internationale von Künstlern und Geistesgrößen: Bei seiner Fahrt rheinabwärts und als Wallfahrer steht Dürer in jahrhundertealten Traditionen. Geschenke wie Papageien, Korallen, indisches Tuch galten als selten und wertvoll; und doch spiegelt die Art, wie Dürer sie in seinem Tagebuch festhält, nicht das große Erstaunen, sondern eher Genugtuung über selbstverständliche Ehrungen. Dürers Tagebuch zeigt, wie ein berühmter, anerkannter Künstler geehrt wird von Herrschern, Händlern, Humanisten, Künstlern, wie er Kontakte knüpft und pflegt, wie er Eindrücke in sich aufnimmt und in Worte zu fassen sucht. Manches von dem, was in den nächsten Jahrhunderten zu beobachten ist - das Zusammenwachsen der Welt zu einer einzigen, vielfach differenzierten Zivilisation – nimmt Dürer wie in einem Hohlspiegel schon in seinem Niederländischen Tagebuch vorweg.

AUSBLICK

Bei einem solchen Thema fällt es schwer, griffige »Ergebnisse« auf einen Nenner zu bringen. Jede Aussage zwingt zur Differenzierung, jedes »So und so ist es gewesen« verlangt nach einem einschränkenden »Aber«.

Reisen im Mittelalter - das war nicht das Privileg einer bestimmten Schicht. Arme und Reiche, Kleriker und Laien, Frauen und Männer, Junge und Alte bevölkerten die Straßen. Zwar schreibt Richer in dem Bericht über seine Reise von Reims nach Chartres, sein Diener sei vorher noch nie so weit gereist; doch dürfte – zumal seit der Jahrtausendwende - ein großer Teil der Bevölkerung häufiger gereist sein, viele Menschen sogar mehrmals im Jahr, z. B. zu einem nahen oder fernen Wallfahrtsort.

Man reiste in klarer Kenntnis der Gefahren, die zumal Frauen drohten. Möglicherweise sind auch in dieser Hinsicht die Unterschiede zur Gegenwart weniger ausgeprägt, als man meinen möchte; der moderne Massentourismus hat Straßenräuberei und Piratenunwesen zu neuem Leben erweckt.

Neben vielfältiger Förderung des Reisens, z. B. durch den Bau von Brücken und die Anlage von Spitälern, standen im Mittelalter Verbote, etwa der Wallfahrt zu fernen Zielen oder des Studiums in der Fremde. Im Frühmittelalter plädierte Bonifatius dafür, Frauen Fernwallfahrten zu untersagen; im Hochmittelalter bezweifelte Petrus Venerabilis den Sinn der Reisen ins Heilige Land; am Übergang zur Neuzeit zählte Sebastian Brant auch die zu den »Narren«, die alle Länder erforschen wollten. Die Vielzahl von Herrschaften und Gewalten in Europa begünstigte das Nebeneinander widersprüchlicher Anordnungen; unter diesen Umständen konnte sich – anders als in einem zentralistischen Staat wie China – keine bestimmte Auffassung auf die Dauer durchsetzen, so daß dem einzelnen ein größerer Freiraum blieb.

Ob Wandermönch oder König, Kaufmann oder Student – man war es gewohnt, auf strapaziösen Reisen Gesundheit, Vermögen und Leben zu riskieren. Das Reisen war so selbstverständlich geworden, daß jedes Mittel genutzt wurde. In offenen Booten reisten Mönche von Irland nach Island, Skandinavier von Norwegen nach Amerika. Das zeigt, daß nicht die Mittel, sondern die Motive entscheidend waren. China verfügte wesentlich früher als Europa über hochseetüchtige Schiffe, Heckruder und Kompaß; aber hier waren Wille und Neugier zur Entdeckung ferner Länder weniger ausgeprägt. Infolgedessen wurde nicht von dem kulturell und technisch hochstehenden, sich auf dem Gefühl der Überlegenheit ausruhenden China, sondern von einem rückständigen Europa aus die Neue Welt entdeckt.

Das Reisen nivellierte soziale Unterschiede: Unter Hitze und Ungeziefer, Staub und Krankheit hatten alle zu leiden; der Wohlhabende wird allerdings aufgrund seiner besseren Ernährung weniger anfällig für manche Infektionen gewesen sein. Nivellierend wirkten - bei allen Unterschieden – auch der Glaube und die Wallfahrt zu heiligen Stätten, im Islam vielleicht stärker als im Christentum. Mekkapilger – ganz gleich, ob von weißer, schwarzer oder gelber Hautfarbe, ob aus Afrika oder Asien, ob König oder Bettelmann, ob mit berberischer oder malaiischer Muttersprache – fühlten sich einig in der Erfahrung allumfassender Solidarität und in der Suche nach dem Wohlgefallen Gottes. Die Wallfahrt nach Mekka verbindet als ein Element langer Dauer Mittelalter, Neuzeit und Gegenwart; sie festigt, trotz Spannungen und Spaltungen, jedes Jahr neu das Zusammengehörigkeitsgefühl der islamischen Staaten untereinander und gegenüber der Welt der »Ungläubigen«.

Warum reist du, warum nimmst du derartige Strapazen auf dich? Mancher Reisende hätte wahrscheinlich Schwierigkeiten gehabt, einleuchtende Antworten auf solche Fragen zu geben. Die meisten Menschen empfanden das Leben als ein Jammertal, sahen sich mitten im Leben vom Tod umfangen. Wer in einer zugigen Hütte haust, den kann ein Fluß- oder Gebirgsübergang nicht schrecken, die Aussicht auf gelegentliche gute Versorgung in einem Kloster aber sehr wohl locken. Missionare, Könige, Bischöfe, Päpste, Krieger, Handwerker, Künstler wußten oder meinten zu wissen, warum sie die Straßen bevölkerten. Tausende gelüstete es nach - modern gesprochen - Tapetenwechsel, andere nach Abenteuern, vielleicht auch nach Beute. Wieder andere nutzten die Teilnahme an einem Kreuzzug oder einer »Pflichtreise« dazu, sich in der Ferne nach besseren Lebensbedingungen umzuschauen. Von den Bauern, Handwerkern und Kaufleuten, die die Ostsiedlung trugen, war in diesem Buch nur wenig die Rede. Mancher wird, bevor er endgültig seine Heimat verließ, zunächst einmal eine Erkundungsreise unternommen haben, wie es Auswanderungswillige heute noch tun. Die aus Deutschland stammende Familie des Londoner Ratsherren Arnald Fitzhedmar ist sicher nicht die einzige, die im Anschluß an eine Pilgerfahrt nach Canterbury sich entschloß, im Lande zu bleiben. Das durch die Kriege zwischen Christen und Muslimen entvölkerte Nordspanien wurde auch durch Santiago-Pilger aufgesiedelt. Die Matrikeln der Universitäten und die Bürgerbücher mittelalterlicher Städte sind voll von den Namen derer, die zunächst nur der Studien oder des Handels wegen gekommen waren, sich dann aber auf Dauer in der lieb gewordenen neuen Heimat niederließen. Das heißt nicht, daß die Bindungen zur »alten« Heimat abgerissen wären. Die Reformation fand auch deshalb in Siebenbürgen schnell Anhänger, weil es zwischen Ungarn und Deutschland ein Kommen und Gehen von Studenten und Bergleuten, Kaufleuten und Mönchen gab.

Die grundsätzliche Leichtigkeit des Reisens begünstigte ein flexibles Ausweichen vor Spannungen. Kurzfristig mochten auch Frauen ein- oder mehrmals im Jahr mit einer Wallfahrt der Arbeit in Haus und Hof entfliehen, um unter Menschen zu kommen; mittelfristig konnte ein Vater-Sohn-Konflikt dadurch entschärft werden, daß der junge Mann auf einige Jahre in die Fremde ging, allerdings mit der Absicht wiederzukehren; langfristig sind Menschen bewußt oder unbewußt Spannungen ausgewichen, wenn die Nahrungsdecke zu dünn wurde, der Hof einem nachgeborenen Sohn keine Entfaltungsmöglichkeit bot. Wer einer Spannung auszuweichen meinte, trug sie oft nur weiter. Konnten sich gesuchte Fachleute – Handwerker und Bergleute, Kaufleute und Bauern – mit ihren Forderungen nach besseren Arbeitsbedingungen nicht durchsetzen, so reisten ihre tatkräftigsten Vertreter fort, legal oder illegal. Sie trugen zur Verbreitung von Spezialkenntnissen bei; ihre Ansprüche standen in scharfem Gegensatz zu den Lebensbedingungen der einheimischen Arbeitskräfte, nicht selten auch zu den Erwartungen dessen, der sie gerufen hatte. Da sie sich besserer Arbeitsbedingungen als die Menschen ihrer neuen (oft auch ihrer alten) Heimat erfreuten, schufen sie ein Konfliktpotential. Längerfristig trugen sie im allgemeinen dazu bei, auch die Lebensbedingungen der nichtprivilegierten Bevölkerung am Ort zu verbessern.

Die Folgen der Begegnung von Menschen unterschiedlicher Sprache, Kultur, Religion sind nicht berechenbar. Reisen kann bilden, zur Erweiterung des Horizontes, zum Abbau von Vorurteilen führen; es kann auch Animositäten verstärken und nationale Vorurteile schüren. Oft zeugen die Quellen von Enge, ja Gehässigkeit von Menschen, die es besser wissen müßten. Verleumdungen – z. B. der vom Autor des Pilgerführers gegen die Navarresen erhobene Vorwurf widernatürlichen Geschlechtsverkehrs – lassen sich weit in die Antike zurückverfolgen und auch in der Moderne aufweisen. Bösartigkeit ist keine Frage der Bildung. Möglicherweise ist es sogar eher eine Ausnahme, wenn Petrarca die Rheinländer so wohlwollend schildert, wenn Dürer der Kunst der Indios höchstes Lob spendet. Einer der großen abendländischen Geschichtstheologen, Bischof Otto von Freising, hatte auf dem zweiten Kreuzzug 1147 auch Ungarn kennengelernt; rückblickend konstruiert er etwa zehn Jahre später einen Gegensatz zwischen dem Land und seinen Bewohnern: Jenes sei anmutig, reich und so schön wie das Paradies Gottes. Die Bewohner aber seien in Sitten und Sprache bäurisch und ungeschliffen, mit »häßlichem Gesicht, tiefliegenden Augen, von Wuchs klein, in Sitten und Sprache wilde Barbaren«; man müsse das Schicksal tadeln oder sich vielmehr über die göttliche Duldsamkeit wundern, daß sie dieses schöne Land menschlichen Scheusalen – denn Menschen könne man sie kaum nennen – ausgeliefert habe.

Die dichotomische Einteilung war so einfach und bequem: Im Pilgerführer nach Santiago einerseits »wir aus Franzien«, andererseits Navarresen, Basken, Kastilier; beim Übergang vom Mittelalter zur Neuzeit hier »Wir«, die Europäer, Christen, Abendländer, Guten, Zivilisierten..., dort »die Anderen«, die Barbaren, die Bösen...

Arrogant mögen noch immer Teile der eigenen Großgruppe verfemt und verleumdet werden, doch im Kontakt mit der außereuropäischen Welt werden sich die Europäer ihrer Gemeinsamkeiten bewußt und richten ihren Überlegenheitsdünkel gegen Nichteuropäer: Indios, Inder, Chinesen. Man weiß wenig von ihnen und kann ihnen deshalb nicht gerecht werden. Wie die führende Schicht in Portugal die Inder einstufte, das verraten die Geschenke für die örtlichen Machthaber, die Vasco da Gama zu seiner Reise um das Kap der Guten Hoffnung mitgegeben wurden; man bildete sich ein, indische Große mit Kleinigkeiten erfreuen zu können, wie die »Eingeborenen« an den Küsten Südafrikas.

Aber auch hier muß man unterscheiden. Neben aller Borniertheit zieht sich wie ein roter Faden durch die europäische Geschichte eine - verglichen mit anderen Kulturen – ungewöhnliche Offenheit für das Fremde. Diese ist dem Wunsch eines Schülers zu vergleichen, der lernen und wenn möglich seinen Lehrer übertreffen will. In dieser Darstellung wurde das Moment des Wissensdranges betont; das Verlangen, unbekannte Länder zu erforschen, unbekannte Völker kennenzulernen, bekundete sich in unterschiedlicher Weise. Ein Bischof wie Bernward von Hildesheim ließ sich unterwegs von talentierten Handwerkern begleiten, die auf das Neue achten sollten. Europäische Künstler studierten die Werke byzantinischer und islamischer Kunst und suchten es morgenländischen Künstlern und Architekten gleichzutun. Die Glossare, die Breydenbach seinem Bericht beigibt, und das Bordbuch des Kolumbus zeugen von dem Wunsch, sich durch Erlernen fremder Sprachen Zugang zur Welt »der anderen«, zu ihrem Denken, zu ihrer Kultur zu verschaffen, und zwar nicht nur im Interesse von Ausbeutung und Gewinn. Im Spätmittelalter wurden auch an Universitäten Grundlagen für das spätere Fach »Orientalistik« gelegt, lange bevor eine vergleichbare »Okzidentalistik« an arabischen oder chinesischen Hochschulen betrieben wurde.

Die Reformation brachte in einer Hinsicht einen Bruch in die Reisetätigkeit: Pilgerfahrten zu fernen Wallfahrtsstätten schliefen in »neugläubigen« Kreisen ein. Doch fast nahtlos schloß sich schon vor der Reformationszeit ein anderer Typus des Reisens an: Auf der Kavaliersfahrt wurden oft dieselben Ziele besucht, zu denen Pilger

gewallt waren: Nun wollte man nicht mehr Ablässe oder die Fürsprache eines Heiligen gewinnen, sondern Werke der bildenden Künste,
die frühere Generationen zu Ehren dieser Heiligen geschaffen hatten,
kennenlernen. In »altgläubigen« Kreisen kam den Wallfahrten plötzlich vermehrtes Gewicht zu; demonstrativ bekundete man nun seinen Glauben an die Vermittlerrolle der Heiligen und an die Heilskraft
guter Werke.

Wer von den Auswirkungen des Reisens spricht, darf die materiellen Güter nicht übersehen: In einem Jahrhunderte währenden Prozeß
verdrängten die aus der Neuen Welt stammenden Kulturpflanzen
Mais und Kartoffel den Hirsebrei; Kakao und Ananas, Tomaten und
Gewürze bereicherten den Speisezettel; die Hängematte erleichterte
den Seereisenden das Schlafen an Bord eines schwankenden Schiffes.
Aus Amerika stammt auch der Tabak, der zusammen mit dem Kaffee
den Alkohol (teilweise) verdrängte. Manche Erfolge Europas in der
Neuzeit könnten sich auch damit erklären, daß die Arbeits- und Ge-
staltungskraft der Menschen nicht mehr – wie vordem – durch Alkohol gelähmt, sondern durch den Genuß von Kaffee und Tabak stimu-
liert wurde.

Das Reisen von Millionen von Menschen im Mittelalter trug zur
Ausbildung von Gemeinsamkeiten bei, die bis in die Gegenwart wei-
terwirken. »Internationalen« verklammerten das Abendland; die des
Adels, der Kirche im allgemeinen, der Mönchsorden im besonderen,
der Kaufleute, der Wallfahrer, der Juden, der Handwerker und Steinmetzen, der Künstler, der Gebildeten, der Rechtsgelehrten, sie lebten
vom Austausch von Menschen, Briefen, Ideen, Handschriften, Waren, vom Gespräch über Grenzen der Herrschaften, Sprachen und
Kulturen hinweg. Begegnungen von Mönchen (z. B. auf den Generalkapiteln ihrer Orden) und Kaufleuten (z. B. auf den großen Messen), Reisen von Scholaren zu fernen Universitäten, deren Diplome
in der ganzen abendländischen Christenheit anerkannt wurden, trugen dazu bei, daß Europa mehr wurde als nur ein geographischer Begriff. Das Abendland wurde vernetzt, ein gemeineuropäisches Wir-
Gefühl entstand. Dieses wirkte sich negativ aus, wenn es zur arrogan-
ten Abschottung gegen »die anderen« führte, positiv, wenn es einem
Mitglied dieser »Internationalen« den Eindruck verlieh, auch bei ei-

nem Wechsel des Wohnsitzes nicht in der Fremde zu leben. Der Humanist fühlte sich in Gemeinschaft von seinesgleichen und der geliebten Handschriften und Bücher in Florenz, Paris, Heidelberg und London gleichermaßen »zu Hause« – was Regungen des Heimwehs bei einem Mann wie Petrarca nicht ausschloß.

Auch dank der intensiven Reisetätigkeit von Millionen von Menschen hat das Mittelalter Gemeinsamkeiten ausgebildet, die langfristig stärker waren als die Konfessionsgrenzen im 16. und 17., solider als die Grenzen der Nationen im 19. und 20. Jahrhundert, fester als der »Eiserne Vorhang« in unserer Zeit.

ANHANG

ZEITTAFEL

(Die *kursiv* gesetzten Zahlen verweisen auf
die entsprechenden Textstellen.)

406   Die Vandalen setzen über den gefrorenen Rhein *33*

429   Die Vandalen überqueren die Straße von Gibraltar *60*

502   Fränkisch-gotisches »Gipfeltreffen« auf einer Loire-insel *104*

ca. 530   Gründung des Klosters Monte Cassino durch Benedikt von Nursia *118*

ca. 532   Flucht des Attalus *195–199*

ca. 590   Bischofsversammlung in Verdun *30*

ca. 628   König Edwin läßt an Brunnen Schöpfgefäße befestigen *52*

7. Jh.   Bischof Aidan reist zu Fuß durch Stadt und Land *49*
Der ›weiße‹ und der ›schwarze‹ Ewald missionieren in Friesland *97f.*

716–754   Reisen Bonifatius' *200–207*

718   Empfehlungsschreiben des Bischofs von Winchester für Bonifatius *200*

718/19   1. Romreise Bonifatius' *169*

726   Willibald reist im Winter zur See von Tyrus nach Konstantinopel *31*

737/38   3. Romreise Bonifatius' *200*

742   Concilium Germanicum regelt u. a. den Dienst der »Militärpfarrer« *205*

ca. 745   Abt Sturmi zieht durch die Wildnis im Gebiet von Fulda *46*

753   Papst Stephan und König Pippin beraten auf dem Hofgut Quierzy *224*

754   Missionsreise und Tod Bonifatius' in Friesland *206f.*

Seit 755   ›Maifeld‹ statt Märzfeld im Frankenreich *26*

Seit 758   Pferdetribut der Sachsen *37*

768   Reise Pippins zum hl. Martin und zum hl. Dionysius *216*

768–814   Karl d. Gr., »Reisekönigtum« *208–218*

772   Trockenheit gefährdet ein fränkisches Heer in Sachsen *213*

781   Rüstungsembargo der Franken gegen Slaven *37*

784/85   Hochwasser und Überschwemmungen behindern ein fränkisches Heer *213*

787   Heimkehr Karls d. Gr. von seiner 2. Romreise *188 f.*

790   Die Pfalz in Worms brennt ab *212*

791   Avarenfeldzug scheitert an Pferdeseuche im fränkischen Heer *38*

797–802   Gesandtschaft Karls d. Gr. zum Kalifen von Bagdad *40, 85*

798   König Alfons sendet Karl d. Gr. ein Zelt *103*
       Empörung der »Nordleute jenseits der Elbe« *98*

799   Papst Leo III. flieht nach Paderborn *230*

800   Romreise Karls d. Gr., Kaiserkrönung *145, 231–233*
       Gesandtschaft aus Jerusalem an Karl d. Gr. *30, 103*

ca. 800   Seeräuber machen die Nordseeküste des Karolingerreiches unsicher *27, 234*

803   Missi dominici bereisen das Gebiet von Paris und Rouen *219 f.*

Nach 804   Aufgebotsschreiben an den Abt von St. Quentin *220–223*

811   Karl d. Gr. läßt den Leuchtturm bei Boulogne wiederherstellen *65*

816   Die Regel Benedikts für Klöster im Karolingerreich verbindlich *118*

Seit 827   Missionsreisen Anskars nach Skandinavien *92*

860   Kaufleute reiten über das gefrorene Meer nach Venedig *32*

ca. 905   Zollweistum von Raffelstetten *42*

909   1. Romreise Ulrichs von Augsburg *244*

921   »Gipfeltreffen« Karls III. und Heinrichs I. auf dem Rhein *105*

923–973   Visitationsreisen Ulrichs von Augsburg *32, 244–248*

928/929   Winterfeldzug Heinrichs I. gegen Brennabor *33*

943   Liutprand von Cremona reist in drei Tagen von Pavia nach Venedig *55*

944   Liutprand reist nach Byzanz *103f.*

962   Kaiserkrönung Ottos I. in Rom *145, 232*

971 oder 972   3. Romreise Ulrichs von Augsburg *244*

981   Aufgebotsschreiben an kirchliche und weltliche Große *222, 270f.*

982   Sarazenen »kidnappen« Abt Majolus von Cluny *167*

991   Richer reist von Reims nach Chartres *153, 371–373*

997–1016   Einfälle der Wikinger in England *236f.*

ca. 1000   Auf ihren Fahrten erreichen Wikinger Nordamerika *24, 242, 370*
            Ungarn christianisiert; Landweg zum Hl. Land frei *305*

1000   Eklat bei der Weihe des Klosters Gandersheim *248f.*

1000/01   Bernward v. Hildesheim reist nach Rom *96, 138f., 229*

1002   Überführung der Leiche Ottos III. von Italien nach Aachen *190*

1011–31   Fahrten Grettirs *237–243*

1012   Der Pilger Coloman als Spion verdächtigt und hingerichtet *103*

1028   Seefeldzug König Knuts nach Norwegen *237*

1033   Hungersnot und Kannibalismus im Abendland *116*

1035   Das Recht der Leute des Klosters Limburg regelt auch Botendienste *93*

ca. 1040   Benno von Osnabrück »nach Sitte der Studenten« auf Wanderschaft *374*

1054   Großes Schisma zwischen Rom und Byzanz *83, 314, 402*

1058/59   Lampert von Hersfeld pilgert nach Jerusalem *300*

1062   Staatsstreich bei Kaiserswerth *57f.*

1065   Deutsche Pilger in Palästina von Arabern überfallen *300–303*

1066   Herzog Wilhelm von der Normandie erobert England *62*

ca. 1070   Kaufleute aus Amalfi gründen ein Hospital in Jerusalem *317*

1073   Heinrich IV. flieht von der Harzburg *76f.*

1074   Aufständische bekräftigen den besonderen Status von Gesandten *99*

1077   Heinrich IV. überquert im Winter die Alpen. Canossa *169–171, 272*

1080   Bau von Steinbrücken über den Gers *154*

ca. 1080   Konstitutionen von Hirsau *108, 134*

1083   Gottesfrieden im Erzbistum Köln verkündet *147*

1095   Synode von Clermont; Beginn der Kreuzzugsbewegung *95, 246, 299, 304ff.*

1096–99   1. Kreuzzug *107, 307–313*

1096   Massaker an Juden in Mainz *307f.*

1099   Erstürmung von Jerusalem *309, 311ff., 314*

ca. 1100   Dominicus von La Calzada befestigt einen Teil des Pilgerweges nach Santiago *48*

1115–26   Norbert von Xanten wirkt als Wanderprediger *38, 253–256*

1120/30   Kapitelle in Autun: Flucht nach Ägypten, Hl. Drei Könige *43, 132f.*

1125   Bernhard von Clairvaux besucht die Große Kartause *257*

1126   Einzug Norberts von Xanten in Magdeburg *256*

1128   Abaelard bricht sich beim Sturz vom Pferd einen Halswirbel *38*

1130   Bau einer steinernen Brücke über die Loire *154*

1135   Einzug Bernhards von Clairvaux in Mailand *266*

ca. 1140   Pilgerführer nach Santiago *282–298*

1143   Abt Petrus Venerabilis fordert zur Übersetzung des Korans auf *317*

1146   Bernhard von Clairvaux reist durch Deutschland *263*

1147   Otto von Freising lernt auf dem 2. Kreuzzug Ungarn kennen *425*

              Erzbischof Albero empfängt Papst Eugen III. in Trier *256*

1148   Erzbischof Albero von Trier reist in einer Sänfte nach Reims *50, 256f.*

1149 Erzbischof Albero reist zu Schiff nach Frankfurt zum Reichstag *249f.*

Vision des Tundal *298*

1152 König Friedrich I. reist zur Krönung nach Aachen *55*

1153 Beisetzung Bernhards von Clairvaux *267*

1157 Klage über neue Mainzölle *58*

1158 Verlegung der Isarbrücke von Oberföhring nach München *46*

Friedrich Barbarossa privilegiert Studenten *375f.*

1164 Überführung der Reliquien der Hl. Drei Könige nach Köln *130*

1184 Hoffest in Mainz *27, 212*

1185 Fertigstellung der Rhônebrücke bei Avignon *48, 157*

1187 Ordnung des Johanniterspitals in Jerusalem *318f.*

1187–92 3. Kreuzzug *307*

1188 Englisch-französische Kreuzfahrerflotte im Mittelmeer *63*

1189 Kaiser Friedrich Barbarossa bricht zum Kreuzzug auf *299*

1190 Die Leiche Kaiser Friedrich Barbarossas nach Seleukia überführt *190*

Erstmalige Erwähnung des Kompasses im Abendland *65*

1192 Richard Löwenherz gefangengenommen *128*

ca. 1200 Öffnung des Gotthard *169*

1201 Generalbevollmächtigte Gesandte verhandeln mit Venedig *95*

1198–1204 4. Kreuzzug; Eroberung von Byzanz *313ff., 317, 398, 402, 404*

1211/12 Winterfeldzug im Baltikum *34*

1212 Kinderkreuzzug *155, 305*

1216 Massentaufe im Baltikum *215*

1224 Lübeck läßt das Strandrecht zu seinen Gunsten einschränken *71*

1227 Aufbruch des Landgrafen Ludwig zum Kreuzzug *190*

1228 Den Dominikanern wird der Besitz von Pferd und Wagen verboten *37*

1229 Vertragliche Regelung der Rechte christlicher Pilger in Palästina 108

1220–30 Sachsenspiegel 158–161

ca. 1230 Villard de Honnecourt studiert Kathedralen seiner Zeit 407

1235 Kaiser Friedrich II. kommt mit exotischen Tieren nach Deutschland 40

1236 Kaiser Friedrich II. läßt die Frage des Straßenzwangs untersuchen 146

1240 Kaiser Friedrich II. urkundet zugunsten der Leute des Tales Schwyz 167

1241 Die Mongolen vernichten ein deutsch-polnisches Heer bei Liegnitz 150, 320

1243 Die Mongolen verschleppen Menschen aus dem Balkanraum 325

1245 Gesandtschaft Carpinis zu den Mongolen 100, 320

1248–54 1. Kreuzzug Ludwigs d. Hl. 140, 310f., 317, 344

1248 Aufbruch und Einschiffung Joinvilles 69, 184f., 310

1253–55 Reise Rubruks an den Hof des Großkhans der Mongolen 42, 139, 320–335

1269 Privileg des Fürsten von Novgorod für die Hansekaufleute 86

1271–95 Marco Polo bereist das Mongolenreich sowie Südost- und Südasien 321–343

Seit 1288 Venezianische Gesandte zur Berichterstattung verpflichtet 95

1291 Eroberung von Akkon; Ende der Kreuzfahrerstaaten 282, 299

Seit 1300 Ausrufung von »Heiligen Jahren« 282

1310–13 Italienzug Heinrichs VII. 31, 169, 269–281

Seit 1311 Feierliche Ausfahrt des ›Bucintoro‹ 27

1311 Das Konzil von Vienne fördert das Erlernen »exotischer« Sprachen 317

1314 Ausbau des Weges durch die Eisackschlucht 169

1323 Über die gefrorene Ostsee kann man zu Fuß nach Schweden gehen 33

1325–54   Ibn Battuta durchreist große Teile Afrikas, Asiens und Europas *75, 321–327, 344–352*

1333   Petrarca berichtet über eine Reise an den Rhein *378f.*

1336   Petrarca besteigt den Mont Ventoux *380–383*

1347–53   Die Pest wütet in Europa *81, 391*

1348   Gründung der Universität Prag *376*

1348–50   Geißlerzüge *391–396*

1349   Die Straßburger Juden werden verbrannt *394*

ca. 1350   Boccaccio verfaßt das *Dekameron* *384*

1357   Gründung eines Botendienstes in Florenz *96*

1370   Die Hanse schränkt gegen Dänemark das Strandrecht ein *71*

ca. 1370   Johannes von Hildesheim: Legende von den Hl. Drei Königen *135*

ca. 1380   Bau der 1962 freigelegten Hansekogge *57*

1385   Herzog Leopold von Österreich fördert den Bau des Arlberghospizes *162*

1387   Anlage eines Karrenweges am Septimer *169*

ca. 1387   Chaucer, Allgemeiner Prolog zu den *Canterbury Tales* *26*

1388–92   Hanseboykott gegen Brügge *87*

1391–98   Bau des Stecknitzkanals zwischen Lübeck und der Elbe *56*

1394   Abenteuer des Hans Schiltberger *72f.*

1396   Königin Margarethe I. von Dänemark läßt »Krüge« einrichten *131*

1414   Hus reist zum Konstanzer Konzil *98*

1427   Portugiesen entdecken die Azoren *180*

1453   Sarazenen erobern ein Pilgerschiff *73*

1453   Byzanz belagert und erobert *54, 145, 150, 317*

1479   Fahrt des Sebald Rieter ins Hl. Land *71*

ca. 1480   Laonikos Chalkokondyles lobt die Lage Mitteleuropas *25*

1483/84   Bernhard von Breydenbach reist nach Palästina und Ägypten *397–405*

1490–95   Wanderjahre Dürers *410*

1492   Eroberung von Granada *180*

1492/93   1. Amerikareise des Kolumbus *18, 63, 69, 182, 305, 353–370*

1494–98   Wanderjahre des Johannes Butzbach *409f.*

1497/98   Vasco da Gama reist um Afrika nach Indien *63, 71, 73–75, 182*

1498   Kolumbus betritt erstmals das amerikanische Festland *355*

          Arnold von Harff pilgert nach Santiago *130*

1500   Cabral entdeckt Südamerika *24, 180*

1502   »Terrorfahrten« der Portugiesen im Indischen Ozean *342*

1505   Dürer bricht zu seiner zweiten Fahrt nach Venedig auf *391*

1506   Bericht eines Venezianers über die Indienfahrt der Portugiesen *68*

1518/19   Michelangelo läßt eine Straße bauen *48*

1520/21   Albrecht Dürer reist in die Niederlande *410–421*

1521   Weltumsegelung Magellans *181*

QUELLEN UND LITERATUR

Es sollte mich freuen, wenn der Leser sich durch die Lektüre dieses Buches zum Studium mittelalterlicher Quellen anregen ließe, von denen eine große Zahl in deutscher Übersetzung vorliegt, wenn er beim Besuch von Museen auf die Darstellung der Reisewirklichkeit in den bildenden Künsten achtete, wenn er bei der Besichtigung historischer Stätten sich in die Lage mittelalterlicher Reisender versetzte.

Bei einem so weit gefaßten, zehn Jahrhunderte umspannenden Thema und der Fülle der vorliegenden Fachliteratur war Vereinfachung geboten, wo man sich eine Differenzierung nach Raum, Zeit, Quelle, sozialer Stellung der Reisenden gewünscht hätte. Jeder Abschnitt hätte eingehende Vorarbeiten verdient – auch zur Repräsentativität der Quellen und zum Grad der Glaubwürdigkeit mancher Autoren; solche Studien waren nicht zu leisten, da die Arbeit in überschaubarer Zeit abgeschlossen werden sollte. Häufiger als mir lieb ist, mußte ich aus zweiter und dritter Hand schöpfen, mich auf Übersetzungen, Bearbeitungen und Darstellungen stützen.

Das nachfolgende Verzeichnis nennt Quellen und Literatur, denen ich mich verpflichtet weiß; aus ihm geht nur andeutungsweise hervor, wie wertvoll Nachschlagewerke und Handbücher für meine Arbeit gewesen sind. Hätte ich Einzelaussagen belegen wollen, z. B. zu Marco Polo oder Dürer, so wäre der vorgesehene Umfang des Buches gesprengt worden.

Abkürzungen:
AQ: Freiherr-vom-Stein-Gedächtnisausgabe. Ausgewählte Quellen zur deutschen Geschichte des Mittelalters. Darmstadt. – ND: Nachdruck

Abaelard: Die Leidensgeschichte und der Briefwechsel mit Heloisa. Üb. und hg. von Eberhard Brost. Heidelberg ^{4}1979

Altdeutsche Gespräche, in: Die althochdeutschen Glossen, gesammelt und bearbeitet von Elias Steinmeyer und Eduard Sievers. Bd. 5, Berlin 1922

Alte Landkarten. Von der Antike bis zum Ende des 19. Jahrhunderts. Hg. von Ivan Kupčik. Hanau ^{3}1985

The Anglo-Saxon Chronicle. Üb. und hg. von G. N. Garmonsway. London, New York 1975

Atlas der Entdeckungen. Die großen Abenteuer der Forschungsreisen in Wort, Bild und Karte. Text von Gail Roberts. München 1976

Atlas zur Kirchengeschichte. Die christlichen Kirchen in Geschichte und Gegenwart. Bearb. von Jochen Martin. Freiburg, Basel, Wien ²1987

Die Reise des Arabers Ibn Batuta durch Indien und China (14. Jahrhundert). (Bibliothek denkwürdiger Reisen 5). Bearb. von Hans von Mžik. Hamburg 1911

The Travels of Ibn Battuta. A. D. 1325–1354. Translated with revisions and notes from the Arabic text edited by C. Defrémery and B. R. Sanguinetti by H. A. R. Gibb. 1–3. (Works issued by the Hakluyt Society Second Series No. 110, 117, 141). Cambridge 1958, 1962, 1971

Beda der Ehrwürdige: Kirchengeschichte des englischen Volkes (Texte zur Forschung, Bd. 34). Hg. und üb. von Günther Spitzbart. Darmstadt 1982

Die Regel des heiligen Benedictus, üb. von P. Franz Faeßler, in: Die großen Ordensregeln, hg. von Hans Urs von Balthasar, Zürich, Köln ²1961

De Sancto Benedicto, Fundatore pontis Avenionensis, in: Acta Sanctorum, Aprilis II, Rom 1866

Ekhart Berckenhagen: Schiffe, Häfen, Kontinente. Eine Kulturgeschichte der Seefahrt. (Veröffentlichung der Kunstbibliothek Berlin 91) Berlin 1983

Das Leben des heiligen Bernhard von Clairvaux (Vita prima). Hg., eingeleitet und üb. von Paul Sinz. (Heilige der ungeteilten Christenheit) Düsseldorf 1962

Giovanni Boccaccio: Das Dekameron. Üb. von Karl Witte, durchgesehen von Helmut Bode. Nachwort von Andreas Baur. München ¹⁹1979 (I, 2 Jude Abraham; II, 2 Kaufmann Rinaldo; II, 5 Blauäugiger Freier; IX, 6 Gelegenheitswirt)

Briefe des Bonifatius; Willibalds Leben des Bonifatius nebst einigen zeitgenössischen Dokumenten. Bearb. von Reinhold Rau (AQ IVb). 1968

Arno Borst: Lebensformen im Mittelalter. Frankfurt/M., Berlin 1973

Marjorie Nice Boyer: Medieval French Bridges. A History. Cambridge, Mass. 1976

Bernhard von Breydenbach: Die Reise ins heilige Land. Üb. und Nachwort von Elisabeth Geck. Wiesbaden 1977

Bernardo Gomes de Brito: Portugiesische Schiffbrüchigenberichte 1552–1602. Hg. und üb. von Andreas Klotsch. Leipzig, Weimar 1985

Carlrichard Brühl: Fodrum, Gistum, Servitium Regis. Studien zu den wirtschaftlichen Grundlagen des Königtums im Frankenreich und in den fränkischen Nachfolgestaaten Deutschland, Frankreich und Italien vom 6. bis zur Mitte des 14. Jahrhunderts. Köln, Graz 1968

Aus des Johannes Butzbach Wanderbüchlein, in: Quellen zur Geschichte des deutschen Handwerks, hg. von Wolfram Fischer (Quellensammlung zur Kulturgeschichte 13). Göttingen 1957

Johann de Plano Carpini. Geschichte der Mongolen und Reisebericht

1245–1247. Üb. und erläutert von Friedrich Risch (Veröffentlichungen des Forschungsinstituts für vergleichende Religionsgeschichte an der Universität Leipzig. II. Reihe, Heft 11). Leipzig 1930 (mit Beglaubigungsschreiben Papst Innozenz' IV. vom 5. März 1245)

Lionel Casson: Reisen in der Alten Welt. München 1976

Aus dem Geschichtswerk des Laonikos Chalkokondyles, in: Europa im XV. Jahrhundert von Byzantinern gesehen (Byzantinische Geschichtsschreiber II). Graz, Wien, Köln ^{2}1965

Geoffrey Chaucer: Die Canterbury Tales. Üb. und hg. von Martin Lehnert. München 1985

Pierre Chaunu: L'expansion européenne du XIIIe au XVe siècle. Paris 1969

Wolfram Claviez: Seemännisches Wörterbuch. Bielefeld, Berlin 1973

Fritsche (Friedrich) Closeners Chronik. 1362. In: Die Chroniken der oberrheinischen Städte. Straßburg. 1. Bd. (Die Chroniken der deutschen Städte vom 14. bis ins 16. Jh., 8. Bd.). Leipzig 1870, ND Göttingen 1961 (u. a. zu den Geißlern)

Christoph Columbus: Schiffstagebuch. Üb. von Roland Erb. Leipzig 1980

Ernährungslehre und Diätetik. Ein Handbuch in vier Bänden, hg. von Hans-Diedrich Cremer, Ludwig Heilmeyer u. a. Stuttgart, New York 1972–1980

Diercke Weltatlas. Braunschweig ^{181}1974

Dokumente zur Geschichte der europäischen Expansion. Bd. 1: Die mittelalterlichen Ursprünge der europäischen Expansion. Hg. von Charles Verlinden und Eberhard Schmitt. München 1985

Herbert Donner: Pilgerfahrt ins Heilige Land. Die ältesten Berichte christlicher Palästinapilger (4.–7. Jh.). Stuttgart 1979

Winfried Dotzauer: Deutsches Studium in Italien unter besonderer Berücksichtigung der Universität Bologna, in: Geschichtliche Landeskunde Bd. XIV, Wiesbaden 1976

Albrecht Dürer: Schriften und Briefe. Hg. von Ernst Ullmann. Leipzig 1978, Berlin 1984

Eike von Repgow: Der Sachsenspiegel. Hg. von Clausdieter Schott. Zürich 1984

Einhard: Leben Karls des Großen. In: AQ V. 1955, ND 1980

Ekkehard IV. St. Galler Klostergeschichten. Üb. von Hans F. Haefele. (AQ X), 1980

Europäische Wirtschaftsgeschichte. Deutsche Ausgabe hg. von Knut Borchardt. Bd. 1: Mittelalter. Stuttgart, New York 1978

F. M. Feldhaus: Die Technik. Ein Lexikon. 1914, ND München 1970

Historia von D. Johann Fausten, dem weitbeschreyten zauberer und Schwarzkünstler. Hg. von Richard Benz. Stuttgart 1964

Adolph Franz: Die kirchlichen Benediktionen im Mittelalter. 2 Bde. 1909, ND Graz 1960

Kaiser Friedrich II. in Briefen und Berichten seiner Zeit. Hg. und üb. von Klaus J. Heinisch. Darmstadt 1968

Frutolfs und Ekkehards Chroniken und die anonyme Kaiserchronik. Üb. von Franz-Josef Schmale und Irene Schmale-Ott (AQ XV). 1972

Vasco da Gama: Die Entdeckung des Seewegs nach Indien. Ein Augenzeugenbericht 1497–1499. Hg. von Gernot Giertz. Stuttgart ^{2}1986

Gastfreundschaft, Taverne und Gasthaus im Mittelalter. Hg. von Hans Conrad Peyer unter Mitarbeit von Elisabeth Müller-Luckner (Schriften des Historischen Kollegs. Kolloquien 3), München, Wien 1983

Pietro Gerbore: Formen und Stile der Diplomatie. Reinbek b. Hamburg 1964

Rudolf (Raoul) Glaber: Les Histoires, in: L'An Mille, üb. und hg. von Edmond Pognon. Paris 1947

James Graham-Campbell: Das Leben der Wikinger. Krieger, Händler und Entdecker. Berlin, Hamburg 1980

Gregor von Tours: Zehn Bücher Geschichten (Fränkische Geschichte). (AQ II/III). 5. bzw. 6. Aufl. 1977 bzw. 1974 (III, 15 Flucht)

Die Geschichte vom starken Grettir. Eine altisländische Saga. Üb. von Paul Herrmann. Düsseldorf, Köln 1958

Herbert Grundmann: Religiöse Bewegungen im Mittelalter. Darmstadt ^{3}1970

Handbuch der deutschen Wirtschafts- und Sozialgeschichte. Hg. von Hermann Aubin und Wolfgang Zorn. Bd. 1. Stuttgart 1971

Handwörterbuch zur deutschen Rechtsgeschichte. Bd. 1 ff., Berlin 1971 ff.

Henry Hersch Hart: Vasco da Gama und der Seeweg nach Indien. Bremen 1965

Hartmann von Aue: Der arme Heinrich. Hg. von Friedrich Neumann. Stuttgart 1964

Ders.: Erec. Mittelhochdeutscher Text und Üb. von Thomas Cramer. Frankfurt/M. 1977

Vera und Hellmut Hell: Die große Wallfahrt des Mittelalters nach Santiago de Compostela. Tübingen 1964

Kaiser Heinrichs Romfahrt. Die Bilderchronik von Kaiser Heinrich VII. und Kurfürst Balduin von Luxemburg 1308–1313. München 1978

Heinrich von Lettland: Livländische Chronik. Üb. von Albert Bauer. (AQ XXXVI). 1975

Helmold von Bosau: Slawenchronik. Üb. von Heinz Stoob. (AQ XIX). ^{4}1983

Johannes von Hildesheim: Die Legende von den Heiligen Drei Königen. München 1963

442

Historischer Atlas der Schweiz, hg. von Hektor Ammann und Karl Schib. Aarau 1951. Karte 17: Die großen Verkehrsstraßen des Mittelalters

Juden im Mittelalter. Eingeleitet und zusammengestellt von Dieter Berg und Horst Steur (Historische Texte, Mittelalter 17). Göttingen 1976

Homer: Die Odyssee. Üb. von Wolfgang Schadewaldt. Zürich 1966

Der Jakobsweg. Mit einem mittelalterlichen Pilgerführer unterwegs nach Santiago de Compostela. Ausgewählt, eingeleitet, üb. und kommentiert von Klaus Herbers. Tübingen 1986

Joinville: Histoire de Saint Louis, in: Historiens et Chroniqueurs du Moyen Age. Ed. Albert Pauphilet und Edmont Pognon. Paris 1958

Karl der Große. Lebenswerk und Nachleben. Hg. von Wolfgang Braunfels. 5 Bde. Düsseldorf 1965–1968

Othmar Keel u. a.: Orte und Landschaften der Bibel. Ein Handbuch. Bd. 1: Geographische Landeskunde. Einsiedeln, Zürich, Köln, Göttingen 1984

Die Kreuzzüge in Augenzeugenberichten. Hg. und eingeleitet von Régine Pernoud, Deutsch von Hagen Thürnau. München ^{2}1972

Karl Kroeschell: Deutsche Rechtsgeschichte. Reinbek b. Hamburg 1972/73

Kulturgeographie. Bearb. von Julius Wagner (Harms Erdkunde Bd. IX). München, Frankfurt u. a. ^{4}1969

Lampert von Hersfeld: Annalen. Üb. von Adolf Schmidt. (AQ XIII) 1973

Wolfgang Lautemann, Bearb.: Mittelalter (Geschichte in Quellen Bd. II). München 1970

Lebensbeschreibungen einiger Bischöfe des 10.–12. Jahrhunderts. Üb. von Hatto Kallfelz. (AQ XXII) 1973. – Enthält: Leben der (Erz)Bischöfe Ulrich von Augsburg, Bruno von Köln, Bernward von Hildesheim, Benno II. von Osnabrück, Norbert von Magdeburg, Albero von Trier

Die Legenda aurea des Jacobus de Voragine, aus dem Lateinischen üb. von Richard Benz. Köln und Olten 1969

Jacques Le Goff: Kultur des europäischen Mittelalters. München, Zürich 1970

Albert C. Leighton: Transport and Communication in Early Medieval Europe AD 500–1100. Newton Abbot 1972

Lexikon des Mittelalters. Bd. 1 ff. München und Zürich 1977 ff.

Liudprands Werke, in: Quellen zur Geschichte der sächsischen Kaiserzeit. Bearb. von Albert Bauer und Reinhold Rau. (AQ VIII) ^{2}1977

Friedrich Ludwig: Untersuchungen über die Reise- und Marschgeschwindigkeit im XII. und XIII. Jahrhundert. Berlin 1897

Frédéric Mauro: Die europäische Expansion (Wissenschaftliche Paperbacks 17). Stuttgart 1984

Hans Eberhard Mayer: Geschichte der Kreuzzüge. Stuttgart ^{5}1980

Hanna Molden: Arlberg. Paß, Hospiz und Bruderschaft. Wien 1986

Der Nibelunge Noth und die Klage. Hg. von Karl Lachmann. 1878, ND Hamburg 1948.

Das Nibelungenlied. Üb., eingeleitet u. erläutert v. F. Genzmer. Stuttgart 1956

Otto Bischof von Freising: Chronik oder Die Geschichte der zwei Staaten. Üb. von Adolf Schmidt. (AQ XVI) ^{4}1980

Ders. und Rahewin: Die Taten Friedrichs, oder richtiger: Cronica. Üb. von Adolf Schmidt, hg. von Franz-Josef Schmale. (AQ XVII) ^{2}1974

Francesco Petrarca. Dichtungen, Briefe, Schriften. Auswahl und Einleitung von Hanns W. Eppelsheimer. Frankfurt/M. 1956

Petrus Damiani: Sermo de S. Nicolao episcopo et confessore. In: Migne, Patrologia latina, Bd. 144, Paris 1853

Physische Geographie. Bearb. von Julius Wagner (Harms Erdkunde Bd. VIII). München, Frankfurt u. a. ^{6}1971

Marco Polo: Il Milione. Die Wunder der Welt. Üb. aus altfranzösischen und lateinischen Quellen und Nachwort von Elise Guignard. Zürich 1983

Plutarch: Römische Heldenleben. Üb. und hg. von Wilhelm Ax. Leipzig 1934

Edgar Prestage: Die portugiesischen Entdecker. Bern, Leipzig, Wien 1936

Prokop: Gotenkriege. Griechisch-deutsch, hg. von Otto Veh. München 1966

Quellen zur Geschichte des deutschen Bauernstandes im Mittelalter. Hg. von Günther Franz. (AQ XXXXI) ^{2}1974

Quellen zur deutschen Verfassungs-, Wirtschafts- und Sozialgeschichte bis 1250. Ausgew. und üb. von Lorenz Weinrich. (AQ XXXII) 1977

Quellen zur Hansegeschichte. Hg. von Rolf Sprandel. (AQ XXXVI) 1982

Reallexikon der Germanischen Altertumskunde. Bd. 1 ff., Berlin, New York ^{2}1973 ff.

Die Reichsannalen, in: Quellen zur karolingischen Reichsgeschichte. Erster Teil. Bearb. von Reinhold Rau. (AQ V) 1955, ND 1980

Yves Renouard: Procédés d'information et grandes découvertes, in: Charles Samaran (ed.): L'Histoire et ses méthodes. Paris 1961

Jean Richard: Les récits de voyages et de pèlerinages (Typologie des sources du moyen âge occidental, 38). Turnhout 1981

La Chanson de Roland, ed. bilingue par Yves Bonnefoy. Paris 1968

Der Bericht des Franziskaners Wilhelm von Rubruk über seine Reise in das Innere Asiens in den Jahren 1253/1255. Üb. aus dem Lateinischen, hg. und bearb. von Hermann Herbst. Leipzig 1925

Sog. Rufus Chronik. In: Die Chroniken der deutschen Städte 28, Lübeck 3. Leipzig 1902, ND Göttingen 1968

Pierre André Sigal: Les Marcheurs de Dieu. Pèlerinages et pèlerins au Moyen Age. Paris 1974

Otto von Simson: Das Mittelalter, II: Das Hohe Mittelalter. Propyläen Kunstgeschichte Bd. 6. Berlin 1972

Walter Stein: Handels- und Verkehrsgeschichte der deutschen Kaiserzeit. (Abhandlungen zur Verkehrs- und Seegeschichte Bd. 10). 1922, ND Darmstadt 1977

Tacitus: Germania. Üb. und hg. von Josef Lindauer. Reinbek bei Hamburg 1968

Thietmar von Merseburg: Chronik. Üb. von Werner Trillmich. (AQ IX) ^{5}1974

Lois Totschnig: Das Hospiz zu St. Christoph. Landeck o. J.

Le Roman de Tristan et Iseut. Renouvelé par Joseph Bédier. Paris 1958

Unterwegssein im Spätmittelalter (mit Beiträgen von František Graus, Jürgen Miethke, Ludwig Schmugge, Knut Schulz), Zeitschrift für historische Forschung, Beiheft 1, 1985

Giorgio Vasari: Lebensläufe der berühmtesten Maler, Bildhauer und Architekten. Üb. aus dem Italienischen von Trude Fein. Zürich 1974

Walther Vogel: Geschichte der deutschen Seeschiffahrt. Bd. 1: Von der Urzeit bis zum Ende des XV. Jahrhunderts. 1915, ND Berlin, New York 1973

Walahfrid Strabo: Leben des hl. Gallus. In: Quellen zur Geschichte der Alamannen III. Heidelberg 1979

Werdendes Abendland an Rhein und Ruhr. Ausstellungskatalog zur Ausstellung in der Villa Hügel. Essen ^{3}1956

Westermanns Großer Atlas zur Weltgeschichte. Vorzeit, Altertum, Mittelalter, Neuzeit. Bearb. von Hans-Erich Stier u. a., Braunschweig 1969

Widukinds Sachsengeschichte, in: Quellen zur Geschichte der sächsischen Kaiserzeit. (AQ VIII) 1977

Wissenschaftliche Tabellen (Documenta Geigy). Ausgabe 1955. Basel o. J.

Bildnachweis

REGISTER

Das Register soll querschnittartiges Lesen erleichtern; Vollständigkeit wurde nicht angestrebt. *Kursiv* gesetzte Seitenangaben verweisen auf Abbildungen.

Aachen 40, 190, 210, 213, 224, 229, 234, 269, 281 f., 378, 416, 418 f.

Abaelard 38, 132, 252, 254 f., 258, 267, 376

Ablaß 154, 163

Abschied 183 ff., 190, *191*

Adam von Bremen 60

Afrika 21, 24, 29, 60, 176, 180, 345

Aidan, Bischof 49, 69

Albero von Trier 50, 57, 102, 249–252, 256 f., 259, 271

Alexander, -roman 17, 178, 320, 324, 405

Alexandrien 28, 402–405

Almosen 99, 163

Alpen 44, 53, 165–171, 272, *273*, 379, 382

Althing 28

Amerika 14, 18, 24, 54, 61, 63, 68, 126, 149, 179–182, 242, 353 ff., 367, 370, 417, 423, 427

Ankunft (adventus) 186 ff., 218, 231, 246, 266, 278, 392, 404

Anno, -mirakel 57, 151, 153

Anschirrung, Kummet 37, 48, *55*, 173

Anskar 92

Antwerpen 407, 411–414, 417

Aphrodisiaka 88, 350

Araber, Arabisch 24, 40, 60, 101, 106, 179 f., 204, 300 ff., 304, 317, 325

Arlberg 140, 162 ff.

Arme, Armenherberge, Armut, Armutsbewegung 16, 35, 41, 48 f., 80, 118, 120 ff., 126 f., 163 f., 172, 185, 193, 199, 247, 253, 259, 297, 318, 335, 347 f., 357, 359

Arnold von Harff 130

Asien 21, 25, 35, 40, 176, 179, 320–352

Asyl 84, 147, 341

Attalus 195–199

Augustinus 382 f.

Ausweis 50, 99, 114, 332 f., 337, 344 f.

Autun *43*, 132, *133*

Avignon 48, 55, 131, 154–157

Bad 87, 114 f., 118, 134 f., 172, 281, 285, 295, 341, 347, 386 f., 403, 418

Bamberg 58 f., 407, 411 f., 414

Barfuß 48 f., 185, 255 f., 334, 386

Ibn Battuta 28, 35, 40, 67, 75, 91, 108, 179, 318, 321–327, 335, 337–352, 354

Bayeux, Teppich von *62, 277*

Beda Venerabilis 49, 52, 69, 97, 109, 200, 203, 373

Beglaubigungsschreiben 99 f.

Begleiter 111, 380

Beiboot 238, 398

Beichte 160, 310, 343, 393, 396, 410, 417 f.

446

Beisetzung 190, 192, 207
Belagerung 52, 54, 76, 275 f., 280, 301, 309
Benedikt von Nursia 82, 115, 118, 121 f., 183, 185, 188, 207, 241, 248, 257, 261, 266, 387
Bénézet 48, 154 ff.
Benno von Osnabrück 19, 48, 374
Berg der Freude (Montjoie) 295, 311
Bernhard von Clairvaux 107, 116, 186, 246, 253–268
Bernstein 76, 88, 90
Bernward von Hildesheim 94, 96, 138, 172 f., 186, 229, 245, 248 f., 406, 426
Berthold von Zähringen 99
Besitzergreifung, Namengebung 149, 357 f.
Bett 30, 114, 128, 131 ff., 226, 245, 285, 290, 318, 337, 389 f.
Bettelorden s. Orden
Bettler 11, 115, 172
Bildung, Bildungsreise 371–383, 404, 419, 426
Bischöfe 30, 37, 94, 96, 117, 186, 188, 193, 206, 208, 229, 244 f., 271, 274, 300 ff., 376, 412 f., 423
Boccaccio 116, 128, 133 f., 183, 384–391
Bologna 269, 410
Bonifatius 56, 169, 179, 188, 200–207, 212, 214 f., 233, 235, 242, 422
Boot s. Schiff
Bordell 135
Bote, Gesandter, Gesandtschaft 11, 17, 26, 30, 92–105, 109, 117, 121, 128, 203 f., 210, 218 f., 228, 234, 260, 269, 274, 278, 320, 323, 327, 333 f., 337 f., 371, 417 f.
Botschafter, ständige 95

Brant, Sebastian 422
Brautwerber 93, 101
Breydenbach, Bernhard von 397–405, 426
Brief 93, 102, 117, 203 f., 371, 378 ff., 394 f.
Bruderschaft 80, 126 f., 157, 163 f., 293, 392
Brücke 16, 45–49, 56, 58, 80, 105, 126, 151, 153–158, 161, 197 f., 214, 221, 285 f., 340, 372, 386
Brun, Erzbischof 172, 245
Brunnen 52, 115, 135
Burg 52, 79, 386
Buße, Büßer 14, 49, 80, 100, 185, 243, 253, 255, 288, 343, 391 f.
Butzbach, Johannes 409 f.
Byzanz 13, 31, 40, 42, 54, 60, 90 f., 101, 103, 137, 143, 145, 150, 210 f., 243, 308, 314 f., 317, 328 f., 398, 402, 408

Cabral 24, 180
Campo Santo Teutonico 190
Capitulare de villis 225–230
Carpini, Johannes de Plano de 38, 100, 179, 182, 320
Chalkokondyles 25
La Charité sur Loire 122
Chartres 371, 373 f., 407 f., 422
Chaucer 26, 131, 346
China 18, 25, 40, 65, 90 f., 102, 105, 135, 173, 175, 179, 326 f., 336, 339 ff., 348, 351, 365, 370, 422 f.
Christophorus 47, 163 f., 184, 366
Closener, Fritsche 392–395
Cluny 82 f., 94, 122, 229, 257
Coloman 103
Container 54

Dante 270
Depotstelle 347
Dolmetscher 327–330, 332 ff., 361, 397; s. auch Sprache
Dominikaner s. Orden
Dominikus, Straßenbauer 48, 294
Drei Könige 130, 132, *133*, 135, 184, 292
Dürer 132, 195, 378, 391, 409–421, 425
Durst und Hunger 11, 16, 52, 62, 69, 72 f., 76, 121, 142, 180, 183, 215, 301, 306, 308 f., 319, 346, 373, 394, 409

Eidgenossenschaft 13, 148
Eike von Repgow 158–161
Einbaum 53, 364
Einhard 41, 165, 232
Ekkehard von St. Gallen 52, 99, 135, 186
Elefant 40, 103, 169
Elisabeth v. Thüringen 99, 190–193, *191*
Empfehlungsschreiben 51, 82, 117, 183, 200 ff., 328, 333, 344, 412
Entdecker, Entdeckungen 24, 68, 80, 88, 180, 315, 353 ff., *358*
Erec 130
Ernährung 16, 24 f., 28 f., 32, 37, 39, 43, 48, 50, 52, 62, 64, 73 f., 80 f., 88, 111, 121, 126, 128, 136, 164, 196, 198 f., 201, 213, 225, 238, 258, 261, 287, 289 ff., 309, 318, 331, 348, 367, 398 f., 402, 414, 423; s. Schiffsproviant
Esel 35, 37–44, 46, 251, 256
Etzlaub, Erhard *174*
Europa 11, 17 f., 21, 24 f., 32 f., 40 f., 44, 53, 59, 81, 84, 149 f., 175 f., 181, 210, 214, 315, 317–321, 407, 423, 427

Fabel, -tiere, -wesen 365 ff., *366*, 403
Fähre, Fährleute 13, 16, 47, 51, 80, 151 ff., 156 f., 161, 287 f., 329 f.
Färöer 22, 67
Faustsage 17, 178
Feind 30, 59, 85, 113, 301, 309
Fest 27, 84, 88, 185, 208, 211, 218, 224, 256, 275, 277, 279, 302, 410
Feuer 51, 64, 114, 116, 198, 222, 241 f., 290, 387 f.
Feuer-, Licht- und Rauchzeichen 72, 143 f., 341, 364, 367
Flagge 143, 149
Flasche 50, 52
Flaschenpost 369
Floß 53, 57, 342
Flucht 76, 98, 195–199
Fluchtburg 79
Flußübergang 32, 42, 47, 51, 152 ff., 214, 226, 329, 378, 386
Fondaco dei Tedeschi 87, 136, 345
Forscher, Forschungen 178–182, 361 ff.
Frankfurt 55, 59, 88, 224, 229, 249, 264, 410–414
Franz von Assisi 317
Franziskaner s. Orden
Frau 34, 43 f., *43*, 50, 73, 80, 82, 85, 97, 116, 126, 147, 149, 151 f., 167, 170, 175, 181, 185, 190 ff., 204 f., 216 ff., 239 f., 248 ff., 261 ff., 272, *273*, 274, 277, 285, 290, 296, 305, 307 f., 311, 313, 318, 326, 339 f., 349 f., 358, 361, 364, 366 f., 373, 378 f., 386 ff., 392, 395, 415, 422, 424
Fremde, Fremdenkontrolle 13, 112 ff., 135, 198, 339 f.

Friede 80, 86, 100, 118, 147, 158f., 185, 206, 214f., 222, 231, 233, 236, 243, 253, 259, 266, 270, 327, 335, 359

Friedrich Barbarossa 27, 55, 58f., 190, 212, 299, 375f., 412

Friedrich II. 40, 100, 108, 114, 146, 167, 192, 408

Frost, Frostbeulen 27, 30, 32f.

Fugger, Jakob 411

Fulda 32, 46, 77, 122, 206f., 268

Fulrad, Abt 220–223

Furt 16, 32, 47, 152, 214

Fußgänger 38, 47–50, 109, 138, 141, 154, 158, 170, 198, 227, 275, 399, 404

Fußwaschung 115, 118

Galeere 61, 141, 305, 339, 397, 402

Gandersheim 230, 248

Gastfreundschaft 97, 113–118, 121, 126f., 139, 199, 201ff., 220–223, 241, 260, 262, 289f., 372, 387

Gasthaus 13, 46, 80, 102, 110, 116f., 122, 124f., 128–137, 129, 164, 167, 199, 216, 285f., 295, 339f., 383, 385f., 415, 420

Gastmönche 120

Gebärden 107f., 266

Gebet 71, 84, 87, 118, 140, 183f., 192f., 203, 208, 215f., 221, 233, 245, 284, 294, 312, 330, 334, 343, 347, 356, 383, 385f.

Gefahren 13f., 15, 16, 29, 47, 58, 68f., 81f., 146, 154, 160, 170f., 183f., 199, 202f., 258, 287f., 351, 375f., 422

Gefangenschaft 42, 72, 128, 276, 293, 306, 311; s. auch Sklaverei

Gefolge 120, 270, 273

Geisel 96, 98, 100, 195f., 215, 229, 235

Geißler 260, 391–396

Geld, Kosten 34, 38, 50f., 56, 95, 121, 154, 183, 198, 202, 227, 256, 284, 287f., 295, 302, 307, 327, 339, 371, 385, 392, 398, 415–418

Geleit 86, 88, 100, 126, 147f., 160, 398, 412

Gelübde 69, 75, 185, 232, 325, 368ff.

Generalbevollmächtigte 95

Genua 28, 31, 275, 277ff., 336

Gepäck 34, 42, 50, 64, 101, 198, 206, 261, 282, 304, 309

Gericht 79, 158, 160

Gesandter, Gesandtschaft s. Bote

Geschenk 102ff., 121, 203, 223, 241, 250, 256, 274, 278f., 328, 331f., 337, 354, 357, 412, 420, 426

Geschwindigkeit 17, 23, 54, 56, 61, 64, 68, 138–144, 240, 272, 397

Gewürz 88, 90, 136, 204, 354, 364, 405

Gezeiten 22ff., 31, 60, 63

Gipfeltreffen 104f.

Glaber, Rudolf 116

Glockenläuten 78, 164, 193, 392

Gokstadboot 63, 140

Gold 312, 359, 364

Gottesfrieden s. Friede

Gotthard s. Pässe

Gregor von Tours 30, 104, 196

Grettir 31, 57, 62, 64, 237–243

Grönland 18, 24, 66, 68, 149, 179, 181, 242

Grundruhr 147

Gruß 96, 130, 185, 231, 266

Guibert von Nogent 41, 107, 308

Hängematte 364

Handel, Händler s. Kaufleute

Handwerker 88, 108, 173, 188, 297, 364, 406–421, 423 f.

Hanse 13, 57, 63, 71 f., 86 f., 90, 108, 148 f.

Harun al Raschid 40, 85

Haustiere 160

Heiligenverehrung 83, 102 f., 130, 139, 163, 183, 185 f., *187*, 190, 203, 205 f., 216, 232, 235, 244, 252, 292 ff., 314 f., 323, 397, 427

Heiliges Jahr 282, 297

Heiliges Land 63 f., 84, 115, 143, 176, 192, 299, 303–306, *312 f.*, 315 f., 320, 397–405, 408

Heinrich I. 33, 104 f., 229

Heinrich IV. 57, 76 f., 99, 169 ff., 229, 272, 298

Heinrich VII. 25, 31, *36*, 44, 169, 269–281, *273, 277*

Heinrich von Lettland 34, 215

Helmold von Bosau 115

Herberge s. Gasthaus

Herrschaft 105, 145–150, 360

Hildegard, Königin 208, 216 f.

Hinkmar von Reims 223

Hirsau, Konstitutionen von 108, 134

Hirte 29, 77, 96, 260, 381

Hochwasser 14, 27, 32, 47, 139, 213

Hof, Hofgut 45, 77 ff., 87, 211 f., 224–230, 273

Hospiz s. Spital

Hotelschiff 249 f.

Hufeisen 37, 41, 47 f., 173

Hulk 63

Hund 34, 43, 87, 160, 309, 338 f.

Hunger s. Durst

Hus, Jan 98

Hygiene s. Körperpflege

Indien 18, 25, 29, 35, 40, 63, 67 f., 71, 73, 88, 90 f., 93, 104, 108,
179–183, 204, 316, 318, 326, 336, 338, 340 ff., 348–353, 356 f., 417

Indio 126, 143, 357–361, 363 f.

Inkognito 102, 265

Internationale 130, 421, 427

Investiturstreit 19, 149, 249

Irland 22, 61, 423

Isidor von Sevilla 350 f.

Islam 13, 36, 42, 82, 84 f., 88, 106, 145, 150, 179, 182, 316 f., 320, 327, 405, 423

Island 18, 22, 24 f., 28, 61 f., 65, 67 f., 90, 149, 179, 181, 237 f., 240, 242 f., 423

Itinerar 46, 208, *209*, 264, 413

Jagd, Jäger 76 f., 203, 205, 213, 248

Jahreszeiten 26–34, 95, 101, 103, 140, 142, 169 f., 192, 198 f., 213, 241 f., 278, 285, 287, 364, 367, 390, 402, 404, 411

Jammerbucht 56

Jeanne d'Arc 155

Jerusalem 28, 30, 35, 41, 103, 131, 176, 190, 243, 282, 295, 300, 302–306, 309, 311–314, *312*, 317 ff., 325, 345, 394, 399 f., 402, 406 f.

Jesus 16, 35, *70*, 82, 118, 155 ff., 179, 248, 253, 255, 294, 298, 303, 315, 392, 400

Jiddisch 106 f.

Ibn Jobair 142

Johannes von Hildesheim 135

Johanniter s. Ritterorden

Joinville 69, 184 f., 188, 310 f.

Juden 82, 84 f., 96, 106 f., 116, 147, 156, 280, 294, 307 f., 310 f., 325, 376, 391, 394, 400, 405

Julian, hl. 47, 183, 385–388

Kairo 40, 345, 402 f.
Kaiserswerth 57
Kamel 35, 38 ff., 309, 311
Kannibalismus 116, 365
Kanu 364
Karavelle 63, 354 ff.
Karawane 35, 39, 40, 86, 90, 345 ff.
Karl der Große 30, 40 f., 46 f., 55 ff.,
  65, 72, 77, 85, 96, 98, 101, 103 f.,
  145, 156 f., 165, 167, 188 f., 196,
  208–234, 240, 247, 278, 284, 294,
  418
Karl IV. 98, 210, 376 f.
Karten 46, 67 f., 109, 142, 174, 176,
  353 f., 406
Kaufleute, Handel 11, 13, 15, 26 f.,
  32, 42, 46, 48, 53 f., 58 f., 69, 81 f.,
  85–92, 89, 94 ff., 108 f., 135 f.,
  147 f., 154, 161, 168, 179, 182,
  240 ff., 251, 254, 260, 288, 316 f.,
  321 f., 330, 336 f., 343, 384 f., 423 f.
Kavalierstour 404, 419, 426
Kind 41, 155, 162, 240, 395
Kinderkreuzzug 155, 305
Kirche 78 f., 82, 84 f., 87, 94, 116 ff.,
  145 ff., 396, 407 f.
Kleidung 32 ff., 43, 49 f., 99, 102,
  125, 132, 166, 183, 198, 255 f.,
  283, 290 f., 318, 347, 360 f., 368 ff.,
  371, 394, 416 f.
Klima 21–34, 118, 131
Kloster 40, 77 ff., 94, 108, 115,
  117–122, 126 f., 133 f., 168, 183,
  185, 188, 193, 229 f., 253 f., 261,
  268, 274 f.; s. Mönch
Köln 27, 55, 282, 378 f., 407, 411,
  415 ff.
König 11, 50, 86, 94–97, 121, 146,
  186, 188, 213, 220–230, 273, 307,
  337, 423
Königsboten 218 ff., 228

Königsdienst 220–223, 249–252
Königshof s. Hofgut
Körperpflege 126, 131, 133 ff., 326,
  341
Kogge 57, 63, 141
Kolumbus 63, 65, 67, 69, 73, 80,
  108, 143, 149, 182 f., 304, 343,
  352–370, 358, 417, 426
Kompaß s. Nautische Instrumente
Konstantinopel s. Byzanz
Konzil s. Synode
Korakle 61, 68
Kosten s. Geld
Kranke, Krankheit 14, 30, 38, 50, 71,
  80 f., 122, 126, 134, 139, 148, 180,
  183, 185, 189, 192, 263 ff., 285,
  297 f., 310, 363, 402; s. Malaria,
  Pest, Skorbut
Kreuzfahrer, Kreuzzug 28, 34, 41,
  43, 52, 63, 69, 84, 90, 95, 106 ff.,
  115, 128, 143 f., 180, 185, 188,
  190, 192, 209, 254, 263, 299–320,
  313, 398, 407 f.; s. Pilger
Krieg, Krieger 12, 26, 32 f., 45 f., 60,
  77, 81, 92, 213, 220 f., 229, 236 f.,
  270 f., 276, 379, 423
Krönung 229, 232 f., 279 f., 415 f.
Küche 88, 118, 119, 128, 226, 402 f.
Kulturlandschaft 76–81
Kumpan 111
Kunst, Künstler 92, 172 f., 277,
  406–421, 423
Kurierdienst 17, 30, 94, 138, 338

Läufer 93, 102, 141, 338
Lampert von Hersfeld 57, 76 f., 98 f.,
  170 f., 300–304, 306
Landesausbau 81, 166, 203, 377
Landfriede s. Friede
Landreise 29, 31, 45–52, 56, 58
Landschaftserlebnis 258

Las Casas 353, 357, 362, 364f., 370
Latrine 120, 134f.
Lebensmittel s. Ernährung
Lederschlauch 52, 91, 331, 342
Legat 94, 124
Leibesvisitation 97, 334
Leo III., Papst 230−233
Leonardo da Vinci 17
Leonhard, hl. 293f.
Leuchtturm 22, 65
Licht 128, 133, 416, 420
Liebesleben 321, 349f., 352, 384, 388
Liutprand von Cremona 42, 55, 91,
    97, 99, 101, 103f., 137
Lösegeld 98, 128, 159, 195, 235, 306
Loreley 58
Lotse 63, 67
Ludwig d. Hl. 104, 140, 184f., 189,
    310, 317, 322, 344, 408
Ludwig, Landgraf 99, 190ff., 191
Lübeck 56, 71, 73, 140, 284
Luther 375, 415f.

Märchen 17, 52, 81, 91, 144, 178,
    207, 320, 322
Magellan 74, 181, 323
Magnetische Abweichung 362
Mahl 188, 195, 231, 256, 280, 413,
    420f.
Mai-, Märzfeld 26
Mainz 27, 55, 58f., 207, 212, 229,
    250, 307, 310f., 403, 407, 410,
    413f., 420
Malaria 25, 28, 47, 81, 280, 417, 421;
    s. Krankheit
Marco Polo 50, 67, 80, 108, 140,
    143, 179, 182, 321−327, 335−343,
    336, 349−352, 354, 359, 365f.
Markt 27, 80, 146
Marseille 28, 278, 378
Maulbronn 79, 115, 122

Maulesel, Maultier 38, 40f.
Meeresströmungen 22ff., 60, 68,
    142, 362
Meilenstein 45
Mekka 40, 84, 104, 303, 325,
    344−348, 423
Menschenfresser s. Kannibalismus
Messe 88, 102, 242, 413
Meuterei 69, 73, 356, 367
Michelangelo 48
Mission, Missionar 46, 82f., 92, 94,
    97f., 109, 179, 200, 206, 235, 317,
    320f., 328, 330, 333f., 357ff., 423
Mönch, -tum 82f., 91, 96, 118, 134,
    161, 253, 423; s. Kloster
Mongolen 11, 37, 44, 50, 82, 93,
    100, 102, 104, 138f., 149f., 179,
    320, 325f., 329−333, 336f.
Monsun s. Winde
Mont Ventoux 380−383
Moor s. Sumpf
München 46

Nachrichtenübermittlung 30, 89,
    92−105, 115, 140, 143f., 260, 337f.
Nahrung s. Ernährung
Natur 13f., 65, 76−81
Nautische Instrumente, Navigation
    18, 65−71, 142, 175, 353, 362, 423
Neue Welt s. Amerika
Nibelungenlied 97, 102, 152f., 184,
    196
Nikolaus, hl. 69, 84f., 375
Norbert von Xanten 35, 38, 96, 101,
    107, 121, 132, 250, 253−260
Novgorod 34, 54, 86f.

Ochse 37, 40ff., 56, 309
Odyssee, Odysseus 23, 28, 113−116,
    136
Orden, Bettelorden 29, 37, 78, 83,

452

94, 109, 127, 214, 230, 260f., 268, 317–320, 402, 408, 427; s. Ritterorden
Orgel 103
Osebergschiff 20, 34
Ostsiedlung 149, 424
Otto I. 27, 97, 172, 210, 232
Otto III. 96, 186, 190, 248, 281
Otto von Freising 99, 425

Pässe 27f., 31, 125, 139f., 162, 166ff., 216, 272, 278, 284, 286
Papst 11, 50, 94ff., 116, 131, 186, 208, 230ff., 256, 325, 423
Paris 58, 88, 116, 210f., 224, 229, 380, 408, 428
Passat s. Winde
Paulus, Apostel 11, 145, 156, 244, 247, 383
Paulus Diaconus 196, 199
Pavia 55, 211, 277
Pest 71, 81, 84, 182, 260, 391
Petrarca 278, 378–383, 425, 428
Petrus Damiani 85
Petrus Venerabilis 106, 285, 317, 422
Pfalz 55, 78, 210, 212, 227, 274
Pferd, Pferdewechsel 35–38, 40–44, 50, 56, 95, 101f., 120, 138–141, 152ff., 160, 172f., 195ff., 210, 222, 224, 226f., 251, 256f., 274f., 280, 284, 287, 308f., 337, 371f.
Pferdemilch 323, 331
Pilger, -reise 11, 13, 16, 26, 28, 34, 50, 64, 69, 71, 73, 80f., 84, 91f., 94, 96, 99, 102f., 108f., 115, 117f., 120f., 123, 130f., 147, 149, 154f., 161, 168, 170, 176f., 185, 189f., 204, 207, 232, 243, 250, 259f., 263f., 282–319, 304, 343–348, 368, 381, 385, 391, 397–405, 407, 419, 421ff., 426f.

Pilgerabzeichen 283
Pilgerführer nach Santiago 112, 127, 151, 282–298, 378, 425
Pippin 103, 215f., 224
Piraten 13, 22, 60, 69, 72, 86, 92, 184, 234f., 319, 341f., 384, 422
Pisa 28, 31, 275, 277f., 281, 378
Plutarch 45
Positionsbestimmung 64, 66ff., 240, 362
Prämonstratenser s. Orden
Predigt, -reise, Prediger 259ff., 333, 335, 410
Prémontré 78, 121, 259, 407
Privileg 86, 89, 94, 121, 161, 375f.
Prokop 97, 99, 144
Protokoll 231f.
Pyrenäen 165, 167, 210, 285ff.

Quellen, histor. 18ff., 40, 46, 48, 76, 97, 137, 151, 170, 175, 183, 197, 209, 220, 269, 302, 384
Quirini 68

Raub, Räuber 11, 13, 49, 51, 77, 79, 86, 92, 147f., 167, 184, 198, 202, 207, 262f., 319, 346, 372, 388f., 394, 422
Recht 79, 145–150, 158, 218, 220, 374, 388f.
Regensburg 49, 224
Reichskirche 221, 271
Reichstag 208, 211ff., 223, 244, 249
Reims 50, 224, 257, 259, 371, 374, 407, 422
Reiseberichte 139, 176, 181, 351
Reisekönigtum 95, 146, 208–233
Reit-, Zug- und Lasttiere 26f., 35–45, 47f., 89, 169, 310, 330, 372
Religion 82ff., 90, 156, 176, 321, 327, 400

Reliquien s. Heiligenverehrung
Ren 43
Residenz 210, 229, 329
Rhein 33, 45, 53 ff., 57, 76, 105, 214, 224, 230, 244, 379
Rhône 48, 53, 55, 155 ff., 382
Richard Löwenherz 128
Richer von Reims 153, 371 ff., 377, 422
Rieter, Sebald 71
Ritterorden 126, 131, 316 ff.
Rodung 49, 76 f., 172, 267
Roland, Rolandslied 167, 294
Römerstraße 17, 45 f., 199, 214
Rom 19, 28 f., 38, 83 f., 94 ff., 116, 124, 145, 190, 196, 200, 203 ff., 208, 211, 215 f., 229 ff., 243 ff., 251, 269–282, 295 f., 325, 373, 404
Rubruk, Wilhelm von 42, 44, 81 f., 96, 102, 138, 179, 182, 317, 320–325, 327–337, 350 f., 354, 359, 365
Ruder, Rudern 54, 56, 60 ff., 69, 175, 423

Sachsen 37, 56, 83, 101, 213 ff., 224, 229, 234 f.
Sachsenspiegel 36, 86, 132, 158–161
Sänfte 18, 50, 167, 210, 245, 257, 334, 347
Saga 22, 66, 181, 237–243
Salz, -straße 47, 56, 90, 162, 242, 363
Santiago de Compostela 48, 78, 84, 115, 130, 149, 151, 282–298, 424
Sarazenen 60, 72 f., 79, 167, 204, 234, 291
Saumtier s. Reit-, Zug- und Lasttiere
Scham 290, 332, 361
Schiff, -bau, -fahrt 18, 24, 28, 30 f., 33 f., 52–75, 140 ff., 166, 172, 175, 185, 206 f., 218, 234–243, 252,

265, 277, 278, 306, 311, 340 ff., 404, 411 ff., 423
Schiffbruch s. Seenot
Schiffbrücke 214, 329
Schiffsproviant 73–75, 354, 367; s. Ernährung
Schiltberger, Hans 72 f.
Schlafkammer 126, 129, 131, 133
Schlitten 33 f., 43, 338 f.
Schlittschuhe 33
Schmuggel 103
Schnee 14, 27, 29, 33 f., 139, 164, 166
Schneereifen, -schuhe 33 f., 164
Schuhe s. Kleidung
Schweiz 53, 244, 411
Schwimmen 57, 198, 252
Sebaldus, hl. 283
Seefahrt s. Schiffahrt
Seekarte s. Karten
Seenot 11, 14, 61, 70, 240, 278, 342, 384
Seeräuber s. Piraten
Seezeichen 67, 71
Segel, Segeln 54, 56, 60 f., 63, 69, 141, 175
Segelanweisung 66 f.
Seide, Seidenstraße 39, 88, 90 f., 102
Sendgericht s. Synode
Shetlandinseln 22, 67
Siebenmeilenstiefel 16
Sigismund, König 187
Skier 33
Sklave, Sklaverei 34, 42, 72, 88, 104, 293, 310, 340, 349, 399, 403
Skorbut 73 ff.
Solms-Lich, Johann von 397, 404
Speyer 19, 229, 264, 269, 407
Spionage 97, 103, 148, 328, 345
Spital 38, 80, 124–127, 162 ff., 168, 285 f., 297, 317 ff., 400
Sprache 13, 18, 85, 88, 90, 96, 102,

106–112, 259, 288 ff., 315 f., 321, 336 f., 359, 379, 400, *401*, 402, 411, 426

St. Gallen, Klosterplan von St. Gallen 52, 99, *119*, 122, 134, 186, 221, 227, 268

St. Guilhem-le-Désert 78

St. Michel 21, 282

St. Quentin 220 ff.

Staatsbesuch 230–233

Stab 50, 102, 185

Stabilitas loci 82, 248, 254, 261, 371

Stadt 37, 48, 79 f., 94 f., 126 f., 130 f., 135, 211, 224, 258, 268, 339

Städtebund 148

Stapel 148

Steigbügel 19, 173

Stephan II., Papst 206

Steuerruder 61, 63, 175, 278

Strandrecht 71, 147, 241

Straßburg 53 f., 260, 407, 410

Straße, Weg 27, 29 f., 33 f., 41, 45–49, 56, 59, 76 ff., 90, 93, 126, 146, 149, 158 ff., 165, 169, 214, 221, 285 f., 309, 340

Straßenverkehrsordnung 158–161

Studenten 11, 94, 136, 267, 374–377, 385, 423

Sturm s. Winde

Sumpf 47 f., 76, 79, 81, 165, 214, 338

Synode 26, 50, 83, 95, 117, 120, 205 f., 214, 244, 247, 256, 271

Tabak 364 f.

Tacitus 56, 76 f., 203

Talsohle 47, 165

Tannhäuser 284

Tataren s. Mongolen

Taubenpost 144

Taufe 214 f., 247

Testament 124, 154, 183, 307

Träger 42, 90, 167, 169, *304*

Tragaltar 83

Treideln 29, *55*, 59, 403

Trier 55, 256, 259, 282, 407

Tristan und Isolde 72, 101

Tritt-, Pferdestein 36, 45, 80

Übernachtung, Unterkunft 28 f., 31, 48, 50 f., 53, 64, 81, 113–137, 213, 238, 267, 329, 373, 392, 402 f.; s. Gasthaus

Ulrich, Bischof 32, 144, 244–250

Ungarn 79, 234, 305, 308, 410

Universität 94 f., 254, 374–377, 424, 426 f.

Urban II., Papst *246*, 304

Vasco da Gama 63, 67, 71, 73 ff., 104, 183, 354, 417, 426

Venedig 27 f., 32, 55, 64, 71, 87, 95, 136, 142, 314, 327, 336, 339, 345, 391, 397 f., 403 f., 410

Verkleidung 115, 128, 161, 250 ff.

Villard de Honnecourt 407

Villon, François 375

Visitation 244, 248 f., 410

Vitus, hl. 83

Völkerrecht 98 f.

Völkerwanderung 11 f., 33, 45, 59, 145, 168, 234 f.

Vogelflug 65, 67

Vorurteil 111, 289–292, 298, 326, 403, 425

Votivgabe 122, 294

Waffen 148 f., 198, 203, 205, 221, 238, 243, 300, 372

Wagen, Karren 13, 18 f., 27, 32, 37, 40 ff., 45, 48 ff., 53, 80, 90, 140, 158, 173, 222, 230, 245

Wald 76 f., 81, 166, 197, 292, 372, 379

Wallfahrer, Wallfahrt s. Pilger

Waltharius-Epos 196

Wandermönche, -prediger 96, 107, 250, 253–268, 423

Wasser 24, 31, 39, 48, 52, 64f., 69, 71, 78, 114ff., 166, 207, 222, 242, 287, 290, 308f., 331, 346, 404

Weg, Wegebau s. Straße

Wegweiser 165f., 309, 372

Weihrauch 88, 90, 135, 186, 204

Wein 29, 56, 88, 90, 121, 137, 203, 206f., 230, 261, 289f., 295, 338

Wetter s. Klima

Widukind von Corvey 83, 143

Wikinger, Nordmänner 24, 27, 54, 58f., 61ff., 65–68, 72, 141, 149, 152, 179

Wilhelm der Eroberer 62

Willibald, Bischof 31, 91

Winde 14, 24, 28–31, 61f., 64f., 68–71, 70, 73ff., 142, 175, 184f., 238f., 341, 343, 356, 362, 367ff., 404, 413f.

Wirt, Wirtshaus s. Gasthaus

Wüste 11, 24, 33, 39, 52, 402

Wüstung 81

Wunder 32, 151, 153, 156f., 260, 263f., 297, 368, 395

Zelt 27, 33, 50, 60, 103, 116, 120, 206, 212, 216, 242, 274, 310, 332, 402

Zisterzienser s. Orden

Zoll, Zöllner 13, 42, 46, 58f., 88, 91, 147f., 161, 198, 288, 339f., 345, 398, 412f.

Klassische Italienreisen

Johann Gottfried Seume
Spaziergang nach Syrakus

dtv klassik

Johann Gottfried Seume:
Spaziergang nach Syrakus
Vollständige Ausgabe. Herausgegeben und
mit einem Anhang versehen von Albert Meier
Originalausgabe. dtv 2149

Johann Caspar Goethe
Reise durch Italien
im Jahre 1740
(Viaggio per l'Italia)

dtv klassik

Johann Wolfgang
von Goethe

Italienische Reise

Hamburger Ausgabe

dtv klassik

Johann Gottfried Herder
Italienische Reise

Briefe und Tagebuchaufzeichnungen
1788–1789

dtv klassik

Johann Caspar Goethe:
Reise durch Italien
im Jahre 1740
(Viaggio per l'Italia)
Deutsche Erstausgabe
Übersetzt und
kommentiert
von Albert Meier
Originalausgabe
dtv 2179

Johann Wolfgang
von Goethe:
Italienische Reise
(Hamburger Ausgabe)
Mit 40 Illustrationen
nach zeitgenössischen
Vorlagen
Herausgegeben und
kommentiert
von Herbert von Einem
dtv 2200

Johann Gottfried
Herder:
Italienische Reise
Briefe und Tagebuch-
aufzeichnungen
1788 – 1789
Herausgegeben und
kommentiert
von Albert Meier
und Heide Hollmer
Originalausgabe
dtv 2201

Europa im Mittelalter

Joachim Bumke:
Höfische Kultur
Literatur und
Gesellschaft im
hohen Mittelalter
2 Bände
dtv 4442

Ferdinand
Gregorovius:
Geschichte
der Stadt Rom
im Mittelalter
7 Bände, dtv 5960

Kaiser Friedrich II
Sein Leben in
zeitgenössischen
Berichten
Herausgegeben von
Klaus J. Heinisch
dtv 2901

Kaiser und Reich
Klassische Texte
zur Verfassungs-
geschichte des
Heiligen Römischen
Reiches deutscher
Nation
Herausgegeben von
Arno Buschmann
dtv 4384

Franz Irsigler/
Arnold Lassotta:
Bettler und Gaukler,
Dirnen und Henker
Außenseiter
in einer mittel-
alterlichen Stadt
Köln 1300-1600
dtv 11061

Reinhard Lebe:
Als Markus nach
Venedig kam
Venezianische
Geschichte im
Zeichen des
Markuslöwen
dtv 11060

Régine Pernoud:
Königin der
Troubadoure
Eleonore von
Aquitanien
dtv 1461

Régine Pernoud:
Christine de Pizan
Das Leben einer außer-
gewöhnlichen Frau
und Schrifstellerin
im Mittelalter
dtv 11192 (März 1990)

Der Prozeß
Jeanne d'Arc
Hrsg. von Ruth
Schirmer-Irmhoff
dtv 2909

Philippe Reliquet:
Ritter, Tod und Teufel
Gilles de Rais oder
Die Magie des Bösen
dtv 11174

Barbara Tuchmann:
Der ferne Spiegel
Das dramatische
14. Jahrhundert
dtv 10060

Geschichte der deutschen Literatur im Mittelalter

Dieter Kartschoke:
Geschichte
der deutschen
Literatur
im frühen Mittelalter

dtv

Joachim Bumke:
Geschichte
der deutschen
Literatur
im hohen Mittelalter

dtv

Thomas Cramer:
Geschichte
der deutschen
Literatur
im späten Mittelalter

dtv

Dieter Kartschoke:
Geschichte der
deutschen Literatur
im frühen Mittelalter
Originalausgabe
dtv 4551

Joachim Bumke:
Geschichte der
deutschen Literatur
im hohen Mittelalter
Originalausgabe
dtv 4552

Thomas Cramer:
Geschichte der
deutschen Literatur
im späten Mittelalter
Originalausgabe
dtv 4553

Das reichhaltige moderne Studienwerk für alle, die an der Literatur- und Kulturgeschichte des deutschen Mittelalters interessiert sind. Vor dem Hintergrund der politischen, sozialen und kulturellen Verhältnisse werden die literarischen Strömungen, Formen und Gattungen sowie die Dichter und Schriftsteller mit ihren Werken und ihrem Publikum ausgiebig geschildert.

Der Begriff Literatur ist sehr weit gefaßt – er reicht von Zaubersprüchen und einfachen Liedern über die reiche Lyrik und die großen Epen, Bibelübersetzungen, Predigten und Mysterienspielen bis zu Legenden und Viten und zu Städtechroniken, Rechts- und Naturbüchern. Es ist die Literatur aus acht Jahrhunderten, von den ersten, oft fragmentarisch überlieferten althochdeutschen Zeugnissen bis zu den Schriften der Humanisten Erasmus und Melanchthon.

Kulturgeschichte Brasiliens

**Gilberto Freyre:
Herrenhaus
und Sklavenhütte**
Ein Bild der brasilianischen Gesellschaft

dtv/Klett-Cotta

**Gilberto Freyre:
Das Land in der Stadt**
Die Entwicklung der urbanen
Gesellschaft Brasiliens

dtv/Klett-Cotta

Gilberto Freyre erzählt vom Alltag
in der brasilianischen Kolonial-
gesellschaft, von der Lebensart der
weißen Herren und der Plackerei
der schwarzen Sklaven, zu Hause,
auf der Straße, in der Kirche und
auf der Plantage, von der Kleidung
der Menschen, vom Essen und von
der Liebe, von ihren Bräuchen
und Riten, ihrer Religiösität und
Magie.

Faszinierend berichtet er von der
schwarzen Volkskultur und ihrem
enormen Einfluß auf den Kultur-
wandel Brasiliens. Für Freyre, der
sich immer auch als Schriftsteller
und Poet verstand, liegt darin die
wichtigste Erklärung für die
»ethnische Demokratie« Brasiliens,
in der es weder Rassenhaß noch
Rassenkampf gibt.
dtv/Klett-Cotta 4554

In dem Folgeband zu seiner epoche-
machenden Studie ›Herrenhaus
und Sklavenhütte‹ untersucht der
große Soziologe und Kulturanthro-
pologe die Entwicklung Brasiliens
im 18. und 19. Jahrhundert zu einer
städtischen Gesellschaft: Das Interesse der Kolonialmacht Portugal an
seiner bisher ausschließlich agrari-
schen und daher wenig einträg-
lichen amerikanischen Kolonie
wurde durch die Entdeckung von
reichen Bodenschätzen neu geweckt. Die Veränderungen, die
diese Re-Europäisierung mit sich
brachte, beschreibt Freyre so lebendig, anschaulich und kunstvoll, daß
sich der Leser in einen Roman versetzt fühlt. Auch in diesem Buch
dient das »Casa grande«, das
Herrenhaus, als Modellfall für den
Wandel der Kultur- und Lebensformen. dtv/Klett-Cotta 4537

Das Programm im Überblick

Das literarische Programm
Romane, Erzählungen, Anthologien

dtv großdruck
Literatur, Unterhaltung und Sachbücher in großer Schrift zum bequemeren Lesen

Unterhaltung
Heiteres, Satiren, Witze, Stilblüten, Cartoons, Denkspiele

dtv zweisprachig
Klassische und moderne fremdsprachige Literatur mit deutscher Übersetzung im Paralleldruck

dtv klassik
Klassische Literatur, Philosophie, Wissenschaft

dtv sachbuch
Geschichte, Zeitgeschichte, Gesellschaft, Politik, Wirtschaft, Religion, Theologie, Kunst, Musik, Natur und Umwelt

dtv wissenschaft
Geschichte, Zeitgeschichte, Philosophie, Literatur, Musik, Naturwissenschaften, Augenzeugenberichte, Dokumente

dialog und praxis
Psychologie, Therapie, Lebenshilfe

Nachschlagewerke
Lexika, Wörterbücher, Atlanten, Handbücher, Ratgeber

dtv MERIAN reiseführer

dtv Reise Textbuch

Beck-Rechtsliteratur im dtv
Gesetzestexte, Rechtsberater, Studienbücher, Wirtschaftsberater

dtv junior
Kinder- und Jugendbücher

Wir machen Ihnen ein Angebot:

Jedes Jahr im Herbst versenden wir an viele Leserinnen und Leser regelmäßig und kostenlos **das aktuelle dtv-Gesamtverzeichnis.** Wenn auch Sie an diesem Service interessiert sind, schicken Sie einfach eine Postkarte mit Ihrer genauen Anschrift und mit dem Stichwort »dtv-Gesamtverzeichnis regelmäßig« an den dtv, Postfach 40 04 22, 8000 München 40.